CLÉMENT MAROT

« Clément Marot, premier poète français de son temps »

Within the image:
CLEMENS MAROTIVS PRIMVS
SVI TEMPORIS POETA GALLICVS
La mort ny mord

Jean-Luc Déjean

CLÉMENT MAROT

Fayard

DU MÊME AUTEUR

ROMANS

Les Voleurs de pauvres, Gallimard, Prix Fénéon.
Bella des garrigues, Gallimard.
Mémoires d'un menteur, Julliard.
Honneur aux assassins, Julliard.
Les Loups de la Croisade, Fayard.
Le Cousin de Porthos, Lattès, Prix Alexandre Dumas.
Les Dames de Byzance, Lattès.
L'Impératrice de Byzance, Lattès.
Les Légions de Byzance, Lattès.
Le Pic et la Poudre, Lattès, Sélection du Reader's Digest.

HISTOIRE

Quand chevauchaient les comtes de Toulouse (1050-1250), Fayard.
Marguerite de Navarre, Fayard.

ESSAIS

Le Théâtre français d'aujourd'hui (1945-1974), Nathan-Alliance Française.
Le Théâtre français d'aujourd'hui (1945-1985), Nathan Université.

POÉSIE

La Feuille à l'envers, Gallimard.

ROMANS JEUNESSE

Le Premier Chien, Livre de poche, Hachette.
Les Chevaux du roi, Livre de poche, Hachette.

Enfin la matière même des ouvrages de l'esprit, matière non proprement corruptible, matière singulière et faite de relations les plus immatérielles qui se puissent concevoir, cette matière de parole est transformée sans se transformer. Elle perd ses rapports avec l'homme. Le mot vieillit, devient très rare, devient opaque, change de forme ou de rôle. La syntaxe et les tours prennent de l'âge, étonnent et finissent par rebuter. Tout s'achève en Sorbonne.

Paul VALÉRY,
Oraison funèbre d'une fable.

INTRODUCTION

Marot, dans la plupart des esprits, reste comme un léger souvenir lumineux. Qui est-il au juste ? Nous en avons entendu parler au lycée. Mieux, nous en avons sans doute appris par cœur quelques vers, la fable : *Le Lion et le Rat,* par exemple. Il était drôle. Entre génies à louer par superlatifs, il venait faire un tour de piste dans nos études secondaires, et nous gardons pour lui de la gratitude. Les écoliers n'ont pas toujours l'occasion de rire en épluchant les auteurs du programme.

La plupart seront étonnés de savoir qu'il n'a écrit qu'une fable, et que si La Fontaine a une dette envers lui, elle concerne seulement sa façon de conter. *Le Lion et le Rat* fait partie d'un coq-à-l'âne. Qui se souvient de ce genre littéraire marotique ?

Cette vague révérence assortie d'un sourire, c'est déjà un hommage non négligeable. Elle est trop peu de chose pour ceux qui, comme moi, tiennent Clément Marot pour l'un des plus importants poètes de son temps, des plus clairs témoins de sa bouillante époque. Près de cinq cents ans après sa naissance, sa légende d'amuseur demeure. Rien de plus légitime : personne mieux que Marot, si ce n'est Rabelais, ne sait nous faire parvenir l'écho de ce rire du xvie siècle : malicieux chez l'un, truculent chez l'autre, puissamment exprimé par la poésie du premier, par la prose du second. Il broche, sur le vacarme des canonnades, les hurlements de haine, la haute voix des suppliciés dont résonne ce temps de déchirements et d'intolérance.

Est-il facile à approcher ? Il s'en faut de beaucoup. Son œuvre, considérable en volume, enrichie, hélas ! de beaucoup de morceaux apocryphes, reste à la disposition des curieux, tandis que les érudits s'y penchent depuis des siècles avec des fortunes diverses. Mais Clément, l'homme vivant qu'il fut ? Il est difficile d'en parler à coup sûr, si l'on ne veut interpréter, mettre un brin de supposition dans le ragoût des faits attestés par les textes.

Pourquoi ? D'abord, Marot, comme tout écrivain, peintre, architecte, musicien français de son temps, était trop petit sur le plan social pour intéresser les annalistes. Nous devons donc nous fier à ce qu'il dit de lui-même, à ce qu'en disent ses amis et ses adversaires. De là vient la seconde raison de son obscurité relative : les amis exagèrent leurs compliments, les adversaires leurs perfidies. Quant à Marot lui-même, il raconte plus d'un mensonge, parlant de ses heurs et surtout de ses malheurs. Pour commencer, il possède un naturel blagueur. Ensuite et surtout, son anticonformisme face aux ultras de la Sorbonne intégriste et intolérante[1] l'oblige à se protéger par mensonges, omissions et écran de fumée verbale.

La biographie de Marot au quotidien, établie par des faits patents, tiendrait en moins de cinquante pages aérées. Par bonheur, ce qu'il eut de poids auprès de puissants protecteurs nous fournit d'utiles témoignages complémentaires. L'examen *a contrario* des attaques de ses ennemis — et Dieu sait s'il eut le don de s'en faire — contrebalance des éloges outranciers, met parfois une utile barrière entre vérité et légende. De plus, les remue-ménage politiques et religieux auxquels il se trouve mêlé nous le désignent parfois, nous le dessinent à des dates clés, lavé ou accusé par ses œuvres, sa conduite, les partis qu'il prend.

1. La prépondérance de la faculté de théologie en la Sorbonne faisait confondre ces deux administrations distinctes. Les théologiens — qui étaient docteurs après dix-sept ans d'études en moyenne — voyaient leur corps enseignant, pourfendeur d'hérésies, appelé en bloc « la Sorbonne ». D'où les sorbonards, sorbonagres et sorbonicoles de Rabelais.

Mal connu du public actuel, Marot ? Assurément. Pourtant, depuis des siècles, de patients chercheurs ont éclairé peu à peu sa vie et son œuvre.

Les études marotiques fiables ont commencé vers la fin du XIXe siècle avec la génération d'Abel Lefranc. Depuis la très imparfaite mais très riche édition Guiffrey[2] — complétée après sa mort survenue en 1887 —, de nombreux ouvrages d'ensemble ont raffiné les uns sur les autres. Chacun a ses mérites propres. Des études partielles les complètent et les éclairent selon la personnalité de leurs auteurs, ainsi qu'une foule d'articles de revues historiques et littéraires, dus au plus éminents seiziémistes. Les travaux de Joseph Vianey, Henri Guy, Pierre Villey, Jean Plattard, Pierre Jourda, Verdun Louis Saulnier sont, à des titres divers, éclairants et passionnants.

Claude-Albert Mayer a donné une édition critique complète, ainsi qu'une précieuse bibliographie des œuvres, qui rectifie et complète celle de Villey. J'ai adopté la nouvelle façon dont il classe et numérote les *Épîtres*, sépare vraies et fausses *Élégies*, définit dans le détail ce qu'il appelle « l'économie des œuvres de Marot ». Je ne suis pas toujours d'accord sur les conclusions — ni sur les extrapolations — de cet esprit lucide et acide. Il reste que cet ouvrage, publié à Londres, partiellement réédité, constitue actuellement le plus solide ouvrage universitaire de référence.

Tandis qu'un auteur toujours révéré s'éloigne de siècle en siècle, il résulte de cette absence progressive un mal et un bien. Un mal, car d'une époque à l'autre se modifie davantage le territoire mental du lecteur. Un bien, car, avec le temps, les études sérieuses s'arment les unes par les autres. Au-delà des passions et des anachronismes, je suis persuadé que le *poïéïn*, l'acte créateur du poète, du peintre, du musicien, peut enfin être perçu en dehors de toute contingence temporelle, de toute datation : perçu en dehors même

---

2. Guiffrey consacra les trente dernières années de sa vie à l'édition des œuvres de Marot. Il eut le mérite de découvrir des inédits marotiques, et le tort d'accepter des textes apocryphes.

de l'œuvre finie qui, pour sa part, subira les contraintes d'une époque donnée et portera ses couleurs. Ainsi enseigne-t-on la poïétique désormais.

★

A ceux que ce livre aura mis en appétit, je conseille la lecture ou relecture, d'abord, du poème lui-même, de Marot en tous ses états : cela va de soi. Qu'ils aillent consulter ensuite ces études savantes, ces articles riches en nuances. Leur austère lecture est pimentée par les piques acérées que chaque « marotiste » successif inflige à ses prédécesseurs. Les savants n'ont jamais été tendres les uns envers les autres quand ils explorent le même terrain. Le styliste Tacite approuvait-il les emportements naïfs de Tite-Live ? Les très subtils théologiens des xie et xiie siècles seront tenus pour des garnements par Thomas d'Aquin.

Ne cédons pas au charme seul. Ce que Marot conserve de fraîcheur dans l'expression de son art, d'accessible même dans sa langue, de drôle dans ses néologismes, tout cela est mieux perçu par qui n'y entre pas de plain-pied. La connaissance préalable du personnage, de son environnement, des drames de son époque, de la mentalité de la cour royale où il sert, de la ville où il réside, sont de première importance pour ne pas le lire superficiellement, et surtout pour bien le comprendre.

Presque toutes ces études de fond et de forme sur la vie, l'œuvre, la versification, la place même de Marot sont destinées à des chercheurs où à des étudiants. Elles restent donc trop souvent allusives par rapport à un fonds supposé connu. Beaucoup d'entre elles abandonnent à ses faibles lumières le lecteur dépourvu d'érudition seiziémiste, qui aime Marot d'instinct — comme il convient d'abord d'aimer la poésie — et qui désire le connaître un peu mieux.

Nulle époque plus que la nôtre — si ce n'est celle de Marot — n'a montré distance plus grande entre savoir et culture. Il existe pourtant, entre la forteresse et la place publique, un chemin qu'il est amusant de chercher, plaisant et utile de prendre.

Une autre barrière, moins facile à franchir que celle de la spécialisation, se présente à ceux qui lisent les ouvrages écrits sur Marot depuis le XVIIIe siècle. C'est celle de la religion : plus exactement, de la récupération de ce poète par les différentes confessions chrétiennes.

Était-il catholique ? De formation, à coup sûr. L'*Ave Maria* qu'à la fin de sa vie il inclut dans la traduction des Psaumes nous en assure, si besoin était. Pourtant, dès qu'il est entré au service de Marguerite d'Alençon, qui sera de Navarre, le voici introduit dans le milieu des évangélistes, des réformistes qui veulent aménager la foi romaine. Après 1520, la contestation fait craquer les coutures du dogme. Les ultracatholiques — qui ont la force et les bûchers pour eux — en deviennent d'autant plus intolérants. Épris de liberté, même en ce domaine interdit, Marot dépasse bientôt sa chère protectrice, écrit des vers de coloration réformée : on dira, après 1529, des paroles « protestantes ».

Marot catholique ou protestant ? Nous donnerons prudemment notre avis à la fin de cet ouvrage. Ce qui étonne les lecteurs impartiaux, c'est que certains, parmi les plus crédibles exégètes de Marot, font de son attitude religieuse un sésame pour ouvrir la porte de ses poésies les moins « engagées ». « Les ultras l'ont persécuté à tort, car il est resté catholique, ce qui le définit », déclare X. Mais Y réplique avec fureur : « Il est devenu protestant, ce qui l'explique de fond en comble. » La guerre des chrétiens — que les œcuménistes mènent aujourd'hui à son terme — livre autour de Marot ses dernières batailles. Les uns en viennent à reprocher à des critiques de ne rien comprendre à Clément, car « ils haïssent le catholicisme ». D'autres déclarent que Marot est, à l'évidence, prostestant, et vouent aux gémonies ceux qui le croient fidèle à l'*Ave Maria*.

Dans plus d'une étude sérieuse, l'appartenance du poète à l'une ou l'autre des familles chrétiennes qui vont se déchirer pendant des siècles est posée en préalable à sa personnalité proprement littéraire. Fanatisme, naïveté, ou mélange de ce mal et de ce bien ? La recherche de Marot ne passe pas seulement par d'honnêtes combats d'érudits. Il faut la suivre à travers les transports contradictoires de chrétiens qui — juste mais embarrassant retour des choses — ont mangé du lion.

*

Je dois en commençant déclarer un parti que j'ai pris. Citant Marot, j'essaierai de le rapprocher du lecteur en traduisant, dans ses vers, les mots et expressions désormais incompréhensibles. Trahison, diront les puristes. Trahison envers les puristes, certes, mais non envers le public actuel. Il va sans dire que je conserverai les mots obsolètes et les tournures oubliées quand ils sont nécessaires à la cadence des vers ou à la sonorité de la rime. Ailleurs, j'essaierai de rendre plus claire cette langue, qui est si vivante qu'il faut la garder en vie.

Je crois nécessaire de souscrire à cet à-peu-près, quand l'idiome marotique devient trop obscur. Dans l'une de ses épigrammes les plus délicieuses, le poète déclare qu'on le lira en France « tant qu'*oui* et *nenni* se dira ». Nenni, hélas ! ne se dit déjà plus. Va-t-on pour autant ne plus lire Marot ? Gardons le beau *nenni*, et allons à la note.

Il va de soi, en revanche, malgré l'affection que Marot m'inspire, que je tiens pour peu de chose les « livres de sentiment ». La mode en est passée, ne le regrettons pas : le romantisme gâte Michelet. Pour transformer Clément en personnage de roman, il ne faudrait rien moins qu'un Dumas. Pour inscrire autour de son enfance, ses amours, ses malheurs, des fioritures imbéciles, nous avons eu, au XVIIIe siècle notamment, de pâles enjoliveurs. Certaines de leurs fables ont pris force de légende. Or, s'il n'est pas choquant de proposer une hypothèse bien étayée quand les faits demeurent inconnus, il faut sans cesse lutter, chez les hagiographes de « saint Marot », contre le légendaire. Il faut lutter aussi, considérant l'homme et l'œuvre, contre les stéréotypes. Le « bon Marot » de Montaigne, l' « élégant badinage » de Boileau sont des arbres bien plantés dans les manuels : ils cachent la forêt marotique, où tout n'est pas bon, ni badin.

Mon propos est simple : c'est d'approcher le lecteur de notre temps d'un poète qui brave le temps, sans l'expliquer par ses rouages, sans l'inventer à nos mesures. Pour tout homme, cultivé ou non, la poésie en tous ses aspects, de la chanson au grand lyrisme, de l'épigramme à l'épopée, reste un important recours. Marot, singulier dans nos lettres, fait partie de ces lumières qui brillent au-delà des âges, ces lumières pures ; méfions-nous des abat-jour.

Cheminant à travers cette œuvre sans jamais cesser d'y découvrir — grâce souvent à d'autres — des perspectives nouvelles, je m'étonnais de la voir réduite à la portion congrue des « morceaux choisis ». « Morceaux » vous a un côté charcutier. Choisis ? Chacun n'élit pas pour son plaisir les mêmes épices.

Dans l'œuvre considérable de Marot, tout amateur émerveillé ou agacé peut découvrir des lieux étranges, dont l'entrée se trouve dissimulée. Ce poète, non pas modeste, mais souvent dépassé par son propre pouvoir, trouve ailleurs qu'il ne cherche, excelle où on ne l'attend pas. Il est de ceux dont Jean Cocteau — son cousin éloigné et si proche — déclarait dans *Le Coq et l'Arlequin :* « Il arrive qu'un artiste pousse en tâtonnant une porte secrète, et que cette porte cache un monde. »

Disons encore que l'époque où paraît Marot est des plus étrangères à notre mentalité d'hommes du XXᵉ siècle finissant. Une extrême prudence est nécessaire pour aborder sous tous les angles ce « dissimulateur par nécessité ». Une prudence qui doit s'armer d'une bonne connaissance de l'histoire événementielle du XVIᵉ siècle français, et savoir des convulsions de la foi chrétienne entre 1510 et 1545, des fureurs multiples de l'intolérance, de l'intrépidité des contestants. La poésie de Marot reste en dehors du temps par ce pouvoir de ses vers : nous toucher encore. Mais n'oublions pas, pour aller vers lui, de le situer.

★

Il convient donc d'inscrire Marot dans la Renaissance. Le mot « Renaissance » n'est pas une clé mais un passe-partout. Renaissance de quoi ? En Italie, cela est clair dès le trecento, lumineux au quattrocento. Dante et Cavalcanti, prêchant pour la littérature en langue contemporaine, s'opposent à la ruée des chercheurs qui découvrent, dans les greniers, les manuscrits de la splendeur littéraire latine. Plusieurs générations de lettrés s'enthousiasment pour les chefs-d'œuvre du passé oublié de la péninsule. Ils les font, littéralement, renaître. Un double courant s'installe dès lors : celui de la reconnaissance du passé, celui de la renaissance des lettres. A Florence, par exemple, où va se produire l'un des grands miracles de la création artistique, Salutati et Bruni mettent en « latin élégant » les grands auteurs grecs, tandis qu'en même temps se diversifie et se « baroquise » l'influence des poètes de langue italienne du trecento, de Pétrarque avant tous les autres.

Double renaissance littéraire donc au quattrocento, assortie d'une troisième qui allumera les bûchers : l'inlassable curiosité des chercheurs se tourne vers les textes sacrés, c'est-à-dire déclarés intouchables. Elle essaie de trouver les ponts entre la pensée antique et la sensibilité « moderne ». Thomas d'Aquin avait « christianisé » Averroès et surtout Aristote. Marsile Ficin va surimprimer Platon sur le fonds amoureux des poèmes médiévaux, et voici, né d'un faux sens, l'amour « platonique » recouvrant l'amour pétrarquien : il envahira les lettres d'Italie et de France.

En Italie toujours, la peinture, par une émulation admirable, échappe, de trouvaille en trouvaille, aux naïvetés angéliques des fresquistes primitifs. Les peintres de chevalet, qui rivalisent d'une ville à l'autre, donnent au monde des monceaux de chefs-d'œuvre divers. Enfin Léonard de Vinci atteint la perfection et ferme la porte du quattrocento. Il faut renaître encore, et paraît Raphaël.

Restons encore en Italie renaissante pour nous pénétrer

d'une capitale évidence. Le style gothique, en matière d'architecture, n'a pas pris dans la péninsule l'importance qu'il a connue au nord. Gothique, cela veut dire barbare, bon pour les Goths. La construction de voûtes sur croisée d'ogives, connue dès l'Antiquité, utilisée déjà dans les pays arabes, a élevé les murs des églises, leur a ouvert les yeux, a créé des merveilles en France, en Europe du Nord, en Italie du Nord même. Pour les puristes italiens de la Renaissance, ces Goths n'ont pas droit de cité. C'est au classicisme antique que vont se référer les théoriciens d'un art architectural nouveau, Alberti en particulier.

Mais la France ? Son xve siècle reste, malgré la richesse de ses œuvres en tout domaine, « médiéval »[3]. La peinture, influencée plus par les Flamands que par les Italiens, n'y produit que des fulgurations isolées. La littérature, des phénomènes comme François Villon, des poètes de transition comme Charles d'Orléans ou Gringore. L'horrible mot de « transitoire », qui semble enlever toute originalité au créateur, s'applique impitoyablement à ceux qui, usant du passé, seront abandonnés par une marche en avant. C'est à cette position fragile qu'un très grand poète comme Charles d'Orléans doit d'être méconnu.

Qu'arrive-t-il ? En France, l'Italie ! Depuis Louis XII, les rois français sont obnubilés par une idée fixe : conquérir Milan. Ils enverront là-bas, avec des fortunes diverses, des armées. Ils en ramèneront des artistes, des savants, des érudits, un état d'esprit : la Renaissance. Il faut bien déclarer que les lettres françaises ne renaissent pas d'une antiquité française, mais gréco-latine. Le « latin élégant » fait bientôt fureur, et voici nos « cicéronés » en lutte contre le latin de cuisine de la Vulgate chrétienne. Pétrarque et sa douteuse descendance feront une brillante entrée en force sur la Loire dès le piteux retour de Charles VIII. Cela, que Vianey ignorait[4], sera démontré après lui.

Qu'ont-ils en main, ces auteurs de la génération de

3. Voir ci-dessous, chapitre II.
4. *Le Pétrarquisme en France.*

Clément Marot, nés autour de la prodigieuse année 1492 qui redessine les mentalités ? Une mode : le fouillis verbal des rhétoriciens, qui n'est pas sans intérêt, mais n'a pas d'avenir. Qu'ont-ils en l'esprit, ces nouveaux ? L'élan des savants, des penseurs, des poètes italiens qui façonnent une renaissance de la connaissance et de la création. Par ailleurs, les voici conduits, guidés par ces deux esprits phares éclairant les avenues du xvie siècle : Érasme et Lefèvre d'Étaples, le railleur et le timide, qui lancent comme malgré eux sur une pente ouverte le char de la contestation religieuse.

Notons, bien que Marot ne s'en soit probablement pas soucié, le tort que fait aux arts français la mode italienne, qui devient en France un moteur de création. En architecture, le gothique, qui s'essoufflait dans son rococo flamboyant, a divergé vers un style tout imprégné de ses leçons, mais suprêmement élégant. Il présidera notamment aux hardiesses gracieuses des châteaux de la Loire. L'esprit renaissant, tout italien, y mettra enfin bon ordre. Tout le xvie siècle français résistera au néoclassicisme, des Chambiges à Philibert De l'Orme. Cédant toutefois peu à peu, il laissera le xviie siècle capituler. Vive Mansart et l'H.L.M. de Versailles ! Nous verrons Marguerite de Navarre discuter avec l'érudit Boyssonné des théories d'Alberti et s'en délecter, elle qui eut la chance d'habiter Blois et Chambord en sa jeunesse. Même résistance de la peinture française à la Renaissance italienne. Certes, c'est sur la Loire que va mourir Léonard de Vinci, importé par François Ier. Mais les Clouet viennent de Flandre.

Et Marot ? Le voici, tout jeune, dans le train des rhétoriqueurs. Le voici s'en dégageant pour créer ; d'abord à l'intérieur de genres poétiques médiévaux, puis de manières antiques qu'il adapte à la langue française ; parallèlement, par invention personnelle, génie personnel. Après 1525, Marot devient le terme d'un passé condamné, l'initiateur d'un grand avenir. La transition s'effectue en dehors de lui : il ne fait qu'être l'auteur de rondeaux puis de *concetti*, la mode ayant tourné. Assuré enfin contre les vicissitudes de la mode, il fourbira ses *Épigrammes* et cisèlera ses *Psaumes*. Avec

Rabelais son ami, il catalyse l'esprit de curiosité, le désir de changement de son temps. Renaissance ? Le mot sera appliqué à la génération qui suit Rabelais et Marot, qui marche sur les routes qu'ils ont tracées. « Faisons neuf en imitant l'Antique », propose du Bellay. Marot, qui n'a rien proposé, l'a fait avant lui.

Pour singulière que soit son œuvre, Clément Marot n'est pas un lien entre poésie ancienne et poésie nouvelle. Il est le premier en date des « nouveaux », et leur guide qu'ils feignent d'ignorer dans ce rôle. Isolé, Marot ? Oui, par son tour inimitable dans la satire et la goguenardise. Pionnier, lui ? Certes. Nous dirons comment le grand lyrisme français à venir utilisera ses trouvailles en oubliant de le nommer.

Louons les seiziémistes contemporains d'avoir tiré Marot du magasin des farces et attrapes pour lui donner sa vraie dimension poétique. Ce « badin », ce « baladin », cet « oiseau du ciel » fut l'homme le plus spirituel de son temps. L'œuvre marotique a dû attendre des siècles pour qu'on lui rende ce qu'elle mérite : l'admiration, parfois la ferveur. Parfois aussi l'agacement, quand il dérange les idées reçues sur son époque, sur son temps. Rien de plus inégal, chaotique que la poésie de Marot. Elle va du meilleur au pire, ou l'inverse, en un tournemain. Elle garde après des siècles l'un des plus étranges pouvoirs des grandes œuvres : étonner encore.

PREMIÈRE PARTIE

Un jeune homme doué

CHAPITRE PREMIER

L'enfance

Sur le printemps de ma jeunesse folle
Je ressemblais l'hirondelle qui vole.

Clément MAROT,
Églogue au roi sous les noms de Pan et Robin.

LES RACINES

Le 12 août 1532, Clément Marot fait imprimer la plupart des poèmes qu'il a écrits pour les réunir dans un recueil : *L'Adolescence clémentine* [1], *par Clément Marot de Cahors en Quercy, valet de chambre du roi*. Il va avoir trente-six ans. Ses protecteurs sont puissants : François Ier, qui l'a pris dans sa maison, et la sœur du roi, Marguerite de Navarre. Étant de cour, il compte beaucoup d'amis, dont plusieurs véritables. Ses poèmes lui assurent déjà une brillante réputation. Il ne lui manque que la célébrité : *L'Adolescence clémentine* y pourvoira. Le livre sera réédité sept fois en trois ans. Paris, la province, la cour et la ville y verront un chef-d'œuvre, et le feront savoir.

Ce bel esprit, pensent pourtant les théologiens de la

1. Il faut entendre « adolescence » au sens latin. L'*adulescentia* (dix-sept à trente ans) suivait la *pueritia*, l'enfance (jusqu'à dix-sept ans). L'homme était considéré comme *adultus*, adulte, après trente ans.

Sorbonne, est un esprit fort. Il sent le soufre, comme son intouchable protectrice Marguerite. Ce n'est pas assez de l'avoir emprisonné en 1525 pour avoir « mangé du lard » en carême. Marot n'ignore pas qu'il est suspect à ceux qui dressent les bûchers. Dans *L'Adolescence clémentine*, on ne trouve pas cet *Enfer* qu'il composa justement en prison. Le recueil fait d'autre part justice des libelles qu'on lui attribue injustement et qui lui font tort.

1532. Suspect ou non, Marot ne consent jamais aux pseudonymes, même anagrammatiques, comme Rabelais ou Des Périers. Il évite de répandre les textes qui le feraient condamner mais pavane son prénom dans le titre, et signe de son nom. Il ajoute : « Valet de chambre du roi ». L'énoncé de cette charge auprès du souverain est un bon abri contre les orages. La Sorbonne, même quand elle enrage, cède tout au roi, et ménage encore sa sœur. Moins évidente paraît l'apostille qui suit : « De Cahors en Quercy ». Marot, certes, est né dans cette ville ; il en fait parade. La plupart de ses œuvres seront par la suite frappées du même sceau : « Clément Marot, de Cahors en Quercy ».

A cette époque, il n'est pas exceptionnel d'indiquer, après son nom, son lieu de naissance. Cette ancienne coutume est même une obligation pour les gens d'Église un peu élevés. Jusqu'à l'ordonnance de Villers-Cotterêts, promulguée en 1539 par François Ier, l'état civil n'existait pas en France. Par la vertu de cette ordonnance, les curés vont être obligés de tenir à jour leurs registres de baptêmes. Tout au long du Moyen Âge, rien de plus fantaisiste que les règles de l'onomastique : les nobles portaient le nom d'un fief ou de leur château ancestral. Les vilains adoptaient celui de leur père, de leur mère, d'un village, d'un lieu-dit, d'un saint, à moins d'endosser ou de perpétuer un surnom.

D'autres, surtout quand ils se dépaysent et deviennent notoires, se laissent désigner par leur lieu d'origine, s'ils ne le renient. Le grand penseur de l'évangélisme, Jacques Lefèvre, sera connu sous le nom de Lefèvre d'Étaples, *Faber Stapulensis,* honorant ainsi le vieux port romain d'Étaples, *Stapulae,* qui l'avait vu naître. Jean Le Maire ou Lemaire, le plus original des rhétoriqueurs, signera « Le Maire de Belges ». Son bourg natal de Belges[2] était dans la mouvance de Valenciennes, l'Athènes du Nord. De même, Clément Marot tiendra à faire savoir qu'il est fier de son Cahors, dans le Quercy.

Marot naît donc dans cette ville en 1496, où il passe les dix premières années de son existence. Ses anciens biographes — à moins d'être aussi cadurciens — tiennent ce fait pour un détail sans signification. Mais la marque de l'enfance ne demeure-t-elle pas toujours en nous ? Pour la chérir ou la haïr, chacun s'y réfère aux heures d'introspection et de choix. Il semble, à voir partout en exergue chez Marot « Cahors en Quercy », que l'enfance du poète ait été heureuse : il le déclare avec force détails.

Bizarrement, les deux œuvres dans lesquelles Marot parlera avec tendresse de ses jeunes années — *L'Enfer* (1526) et l'*Églogue au roi sous les noms de Pan et Robin* (1539) — diffèrent en tout : le propos, le ton, le style.

L'Enfer est une diatribe contre la justice, la police, l'acharnement des ultracatholiques. L'*Églogue au roi*, une « bergerie » dans un décor sylvestre, plaidoyer courtisan d'un homme qui tente de rentrer dans les bonnes grâces du roi. Ces poèmes portent témoignage et regret d'une enfance joyeuse. Composés à treize ans de distance, ils se placent à deux temps durs de la vie de Marot, quand le poète se trouve obligé de renoncer à suivre le fil de son insouciance ordinaire. En 1526, il sait qu'elle mène en prison ; en 1539, qu'elle le tire vers l'exil.

Quand il rime *L'Enfer*, Clément entre dans « l'an trentième de son aage ». Cette année-là prend fin son « adolescence », terminée dans une geôle, et il doit penser à Villon et ses prisons. Marot évoque les doux souvenirs qu'il reprendra dans l'*Églogue au roi* un peu plus tard. Après avoir stigmatisé ceux qui l'ont mené « aux fau-

---

2. Aujourd'hui Bavay.

bourgs de l'enfer », il songe au pays de son enfance. Le ton change, le sarcasme disparaît. Plus de coléreuse envolée, plus de flèches : de l'eau, des pierres et des ombrages. Le Marot du cœur :

> *Entends après quant au point de mon être*[3]
> *Que vers midi*[4] *les hauts Dieux m'ont fait naître :*
> *Où le Soleil non trop excessif est*
> *Par quoi la Terre avec honneur s'y vêt*
> *De mille fruits, de mainte fleur et plante :*
> *Bacchus aussi sa bonne vigne y plante*
> *Par art subtil, sur montagnes pierreuses*
> *Rendant liqueurs fortes et savoureuses.*
> *Mainte fontaine y murmure et ondoie*
> *Et en tout temps le laurier y verdois*
> *Près de la vigne, ainsi comme dessus*
> *Le double mont des Muses, Parnassus :*
> *Dont s'ébahit la mienne fantaisie*
> *Que plus d'esprits de noble Poésie*
> *N'en soient issus. Au lieu que je déclare*
> *Le fleuve Lot coule son eau peu claire*
> *Qui maints rochers traverse et environne*
> *Pour s'aller joindre au droit fil de garonne*
> *A bref parler, c'est Cahors en Quercy.*
>   (*L'Enfer*, v. 377-395)

La critique nous démontre qu'il s'agit là d'une résurgence virgilienne. Certes, Virgile n'eût pas désavoué ce *locus amoenus*, cet endroit charmant, et Marot, qui n'est pas un érudit, veille à se conformer à la mode littéraire. Comme ses confrères, il s'applique à respecter les règles de l'héritage poétique gréco-latin. Mais plus qu'un décor de théâtre en plein air, c'est le charme de Cahors, de sa rivière et de ses collines qui paraît en ces vers.

Le vieux Cahors n'a guère changé de nos jours. Nous sommes en ces lieux « vers midi », par la végétation et le

3. Quant à moi-même.
4. Vers le Midi.

climat. Il y reste la verdoyante douceur des pays situés sous la Loire, l'explosion des fleurs au printemps, la somptuosité des vergers en fruits, exaltés dans le poème. Et que dire de Bacchus, des vignerons qui ont su maintenir le vin de Cahors ? Marot[5] parle savamment de la culture de la vigne. Elle est plantée non au creux des fonds, mais sur le cailloutis des « montagnes pierreuses », ce qui corse le vin. Cette « liqueur » sera « forte » et « savoureuse ».

Le Lot en sa superbe boucle de cuivre — « son eau peu claire » — ceint la ville. Des rochers y coupent le courant, en escarpent les bords. En quelques vers qui seront réputés imitatifs, Marot décrit le site de Cahors, ses verdures, ses eaux, ses senteurs, ses saveurs. A la fin d'un poème caustique, il s'abandonne à la douceur du souvenir de l'enfance. Un passage de l'*Églogue au roi*, bien des fois repris, nous indique la façon de vivre de l'enfant Marot au tout début du XVIᵉ siècle. Texte plagié de Lemaire de Belges, dira-t-on avec quelque raison. Comme ces jeux rustiques ressemblent à ceux que Ponocrates enseignera à Gargantua ! Rabelais plagie-t-il à son tour ? Et si tous les enfants campagnards s'amusaient de la même façon ?

> *Sur le printemps de ma jeunesse folle*
> *Je ressemblais (l'hirondelle) qui vole*
> *Puis ça, puis là : l'âge me conduisait*
> *Sans peur ni soin, où le cœur me disait*
> (v. 15-18)

Il va cueillir du houx pour faire de la glu, et ainsi prend des oiseaux, les met en cage. Il traverse les rivières à la nage, apprend à se servir d'une fronde pour chasser les loups — voire ! — ou abattre des noix :

> *Ô quantes fois aux arbres grimpé j'ai*
> *Pour dénicher ou la pie ou le geai*

5. Marot, et non *Maro*, qui était le *cognomen*, le tiers-nom de Virgile. Marot lui-même s'amuse plusieurs fois de cette coïncidence — dans *L'Enfer* même. Ses amis s'en serviront pour le flatter, ses ennemis pour l'abaisser. Nous retrouverons cette équivoque.

Ou pour jeter des fruits jà mûrs et beaux
A mes copains qui tendaient leurs chapeaux
                                        (v. 28-31)

Plus imaginaire — ou copiée ailleurs —, la chasse aux fouines et surtout « aux blanches hermines ». Quant à dénicher les oiseaux, tout jeune garnement qui trouve accès aux bois sait le faire et y trouve un plaisir cruellement innocent.

Ainsi Marot, sous les traits du berger Robin, parlant au roi François devenu Pan, roi des bergers, revient-il à quarante-trois ans, dans son *Églogue,* au paradis de sa verte enfance, évoqué naguère dans *L'Enfer.* Qu'importe que Virgile ait pris l'Arcadie à la Grèce pour la placer dans les environs de Mantoue ! « *Et in Arcadia ego !* » dit Marot à son tour, et l'Arcadie devient la tendre campagne carducienne. Imitation, reprise de situations, de personnages et de thèmes. Nul n'est plus influencé que les poètes français du xvie siècle, et Marot autant que tout autre. A travers l'Italie du trecento et du quattrocento, l'Antiquité, ses dieux, ses déesses, ses légendes envahissent le fonds de la poésie lyrique et le renouvellent. Seuls les médiocres copient. Les autres se singularisent en imitant, avant de développer leur génie original.

Le jeune Clément court les bois et les buissons. Enfance libre, goût de liberté absolue qui l'habitera sans cesse, même quand il servira les grands et les louera en vers. L'épitaphe de Virgile finit ainsi : « *Cecini pascua, rura, duces* » (« J'ai chanté les pâtures, les champs, les grands de ce monde »). Aux pâtures et aux champs du Quercy qui nourriront son esprit d'indépendance, Marot donnera bien peu, si ce n'est l'amour, qui paraît dans l'*Églogue au roi* et à la fin de *L'Enfer.* Aux grands de ce monde il confiera sa fortune, et, pour finir, y perdra jusqu'à la vie. Reprenons *L'Enfer,* au lieu-dit Cahors :

A bref parler, c'est Cahors en Quercy
Que je laissai pour venir querre[6] *ici*

6. Chercher.

Mille malheurs auxquels ma destinée
M'avait soumis. Car une matinée
N'ayant dix ans en France fus mené :
Là où depuis me suis tant promené
Que j'oubliai ma langue maternelle
Et grossement[7] *appris la paternelle*
Langue française, ès grand'Cours estimée.
(v. 395-403)

Le paradis fut bientôt fermé. Le jeune Clément se trouve
« étrangé » — exilé — pour la première fois. Il part pour un
autre pays, la France. Ne voyons dans cette affirmation
aucune fantaisie « autonomiste ». Le Quercy, après avoir
appartenu aux comtes de Toulouse, fut revendiqué par les
Anglais, mais revint au xve siècle à la couronne de France.
Un petit paysan de Cahors parlant belle et riche langue d'oc
ne savait pas ces choses. La France, c'était là-bas, loin, sur
une autre planète. Cet exil va représenter une inimaginable
élévation.

Retenons de ces vers une évidence oubliée : Marot est un
Méridional d'origine et de langage. Pour le langage, il
s'adaptera. Au reste, son père lui avait à coup sûr appris le
français, ne pratiquant lui-même aucun autre idiome. Le
meilleur français possible, déclare la suite de l'*Églogue* : le
poète, en ce premier déracinement, dut cesser de pratiquer la
langue de l'amour premier et des jeux d'enfance, de la mère
et des « compaings ».

JEAN MAROT, DE BAS EN HAUT

Marot ne dit pas un mot de sa mère, sinon qu'elle parlait la
langue d'oc, non le français. On a souvent conclu de cette
omission que la dame mourut en couches, ou dans le bas âge
de Clément. Le poète n'évoque-t-il pas sa petite enfance
comme le vagabondage d'un enfant livré à lui-même ?

7. Grossièrement.

Quand Jean Marot quitte Cahors en 1506 pour suivre sa bonne fortune, il n'emmène que Clément. Abandonne-t-il alors sa femme et d'autres enfants ? C'est improbable. Jugeons du père par le fils. Clément Marot se mariera à son jour, vers 1529. Il aura des enfants, fille et garçon, ses « marotteaux ». Exilé, il les confie à la bonté de ses protecteurs. Mais sa femme ? Dans ses poèmes, si souvent consacrés à l'amour, il n'en parle pas davantage qu'il ne mentionne sa mère.

La mode, il est vrai, s'y opposait. Villon a sans doute écrit pour sa mère l'admirable ballade *A la Vierge Marie*. Marot admire Villon, mais sans l'imiter. L'époque ne s'y prête plus. Les modèles à suivre sont dans l'Italie moderne et antique, dans la poésie et la mythologie où grouillent les nymphes et les bergers de convention. Un peu plus tard, dans Pétrarque revu et ampoulé. L'amour maternel, l'amour conjugal ne font pas recette parmi les prairies du grand Pan.

Ces réserves gardées, admettons la thèse courante : Marot ne connut pas sa mère. Il montre en revanche une grande affection envers son père, qu'il admire. Nous verrons comme il l'établit dans le « paradis des rhétoriqueurs ». A Jean Marot, son fils doit sa chance, le pied à l'étrier, et d'être issu de rien pour vivre près des rois.

Jean Marot, qui parfois est nommé des Maretz, naquit dans le bourg de Mathieu, en la plaine de Caen. Sa famille y faisait souche, nous montrent plusieurs indices, depuis des générations. Famille sans fortune ni élévation, mais non point démunie. A une date impossible à préciser, pour des raisons qui nous restent obscures, Jean Marot quitte sa Normandie natale. Il s'établit à Cahors comme bonnetier — certains disent chapelier. Il s'y marie. Cahors est l'une des villes du Midi où le cadastre sera établi de bonne heure. Nous possédons celui de l'année 1500. Sur ce point, faisons confiance aux touchantes *Chroniques du Quercy* de l'abbé de Foulhiac, plus affabulateur naïf qu'historien crédible [8]. Une

8. Un exemplaire de ces *Chroniques* peut être consulté dans la délicieuse bibliothèque de Cahors.

maison, « entre le Pont-Vieux et la Porte-Neuve », est attribuée à Marot-Rozières ou Rouzières. Le beau-père de Marot serait un Rouzières, « dit Lalbencat ». Ce surnom renvoie au village de Lalbenque, joli lieu dans les environs de la ville.

Laissons un instant l'histoire assise sur preuves irréfutables pour nous promener le long de la légende cadurcienne. Dans l'un des mieux limés de ses chefs-d'œuvre, l'*Épître au roi, pour avoir été dérobé* (1531), Marot, avec sa goguenardise habituelle, déclare :

> *Car depuis peu j'ai bâti à Clément*
> *Et à Marot, qui est un peu plus loin.*
> (v. 114-115)

Or qu'advient-il ? On découvre près de Cahors un lieu nommé Marot, et non loin de là, à Cézac, l'église Saint-Clément. L'affaire est faite. Sur la cloche de Saint-Clément se trouvent deux vers :

> *J'ai la langue pendante au milieu de mon corps,*
> *J'appelle les vivants et sonne pour les morts.*

On a affirmé que ces vers sont de Marot, qu'il avait bien ces châteaux nommés pour rire dans l'*Épître au roi*. Certain auteur ajoute même qu'il engageait de grosses dépenses pour les entretenir ! Laissons ces fables touchantes. Si le jeune Clément a eu sous les pieds un seul arpent de propriété, c'était — pure hypothèse que rien n'appuie — chez son grand-père maternel, à Lalbenque. Cette assertion, fondée sur le seul surnom du bonhomme, ne vaut pas plus que le vent de la cloche de Saint-Clément.

Ce qui est attesté, en revanche, c'est que le bonnetier Jean Marot n'eut pas la vie belle dans le Cahors qu'il habita jusqu'en 1506. En 1496, lors de la terrible crue du Lot, les eaux montent jusqu'à la porte des dominicains, emportant l'une des piles du Pont-Vieux et ses deux arches. Il faut rebâtir aussitôt car ce pont est justement celui du péage. Clément Marot naît cette année-là, dans le quartier des Badernes ravagé par l'inondation.

En 1504, grave disette. Plus de grain, pas de pain. En 1506 enfin, l'année où Jean Marot et son fils s'en vont, une épidémie s'est déclarée. La peste, dira-t-on. Le typhus plutôt, né de l'accumulation des immondices dans les rues. De plus, le père Jean ne réussit pas dans ses affaires. Le voici ruiné. Or il va s'élever jusqu'à une hauteur inimaginable pour ce petit commerçant déraciné. Non par miracle, mais grâce à un talent de poète et à un coup de chance.

Car Jean Marot, Normand exilé, marchand de bonnets sans envergure, honore les Muses et pratique la poésie. Dans l'*Églogue au roi*, Clément en apporte témoignage. Son père est poète, et le nourrit dans l'amour des transports poétiques, revus et transposés dans le genre sylvestre :

> *Il me soulait[9] une leçon donner*
> *Pour doucement la musette entonner*
> *Ou à dicter quelque chanson rurale*
> *Pour la chanter en mode pastorale.*
> *Aussi le soir, quand les troupeaux épars*
> *Étaient serrés et remis dans leurs parcs,*
> *Le bon vieillard après moi travaillait[10]*
> *Et à la lampe assez tard me veillait*
> *Ainsi que font (pour) sansonnets ou pies*
> *Auprès du feu bergères accroupies.*
>
> (v. 57-66)

Ôtons à Jean et à Clément les oripeaux de la bergerie. Il reste un père qui instruit son fils dans l'art de la poésie. L'âge du « vieillard », nous l'ignorons, mal instruits de sa supposée date de naissance. 1450 ? Mais alors, c'est à cinquante-six ans qu'il aurait quitté Cahors pour les châteaux de la Loire. Si beaucoup de pans restent obscurs dans la vie de Clément, la vie de son père demeure dans l'ombre jusqu'à 1506.

Là, d'un coup, Jean passe de la ruine à la fortune. Le voici appelé auprès d'Anne de Bretagne, reine de France pour la

---

9. Il avait l'habitude de.
10. Dans le sens incorrect du français actuel : « être après quelqu'un », le harceler, l'obliger à faire quelque chose.

seconde fois. Veuve en effet de Charles VIII, elle épousa en 1499 le successeur de ce dernier au trône de France, Louis XII, cousin du défunt. Deux fois reine, mais duchesse de Bretagne jusqu'à sa mort, jalousement gardée à ce titre par ses époux successifs, elle tient sa cour à Blois. Qu'y vient faire un marchand de bonnets ? Exercer le métier de « facteur », comme l'on disait parfois alors : *factor* est la modeste traduction latine du grec *poîètès*, qui, entre autres, signifie « poète ». Jean Marot emploie lui-même « facteur » pour « poète » dans le *Voyage de Venise*, à la fin d'un rondeau honorant le roi Louis XII :

> Ô ! vous facteurs parlant beau comme un ange
> D'honneur et los [11] donnez un million
> Au roi Louis.

Entre la verve commerciale d'un marchand de chapeaux et le « parler beau comme un ange » existe un abîme. Il fallut bien que Jean Marot se démontrât par ses vers, depuis sa ruelle du vieux Cahors, pour être distingué si haut. Ce qui suppose qu'il ait acquis d'abord la culture, ou du moins le frottis de culture suffisant à la fin du xvᵉ siècle « pour honorer les Muses ». Lire, écrire, quel pas déjà ! Que dire de l'ascension vers la connaissance des lettres à la mode, et de leur pratique ? Même rimailleur de vocation, il fallait être instruit de ce qui plaisait. Jean Marot eut, à n'en pas douter, des protecteurs lettrés qui l'instruisirent et lui ouvrirent leur bibliothèque. Certains, dont Guiffrey [12], penchent pour Jacques Colin [13], futur abbé de Saint-Ambroise à Bourges. En réalité, nous ne savons par qui ni comment Jean fut aidé, guidé. Avant 1506, Jean Marot comptait trop peu pour qu'on s'intéressât à lui. Par la suite, il écrira des vers de devoir et de circonstance. D'humeur aussi, quand son service lui en laissera le temps.

Nous savons en revanche qu'il fut appelé auprès d'Anne de

11. Louange.
12. Marot, *Œuvres complètes*, édition Guiffrey, réédition Plattard, Slatkine Reprints, 1969 (*cf.* bibliographie).
13. V. 1485-1547.

Bretagne par Michelle de Saubonne, devenue par mariage baronne de Soubise, dame de Parthenay. En 1506, alors demoiselle d'honneur et conseillère écoutée de la reine, Michelle de Saubonne recommande Jean Marot, et du coup le fait agréer à la cour. Trente ans plus tard, en 1536, Clément Marot la rencontre en Italie. Elle sert Renée de France, duchesse de Ferrare. Le duc n'aime pas Michelle, et la renvoie en France. Clément, exilé lui-même à Ferrare, a trouvé en cette dame une utile protectrice et lui écrit une épître [14] quand on la bannit. Nous apprenons que celle qui vient d'aider le fils avait fait naguère la fortune du père.

> (Car) longtemps a, tu fus première source
> De bon recueil à mon père vivant
> Quand à la cour du roi fut arrivant
> Où tu étais (alors) la mieux aimée
> D'Anne, partout reine tant renommée.
>   (v. 18-22)

Voici donc la magicienne qui tira Jean Marot de Cahors et de la médiocrité pour en faire un poète à gages. Certains prétendent sans preuves qu'elle entendit parler de lui par Jean Lemaire de Belges, mais il est certain que la même Michelle de Saubonne parvint à attirer le poète de Valenciennes à la cour d'Anne de Bretagne. Clément Marot le confirme dans la même épître :

> Adieu la main qui de Flandres en France
> Tira jadis Le Maire le Belgeois.
>   (v. 38-39)

Ce beau coup ne fut accompli qu'en 1512, six ans après l'élévation de Jean Marot. Si Lemaire recommande Jean en 1506, nous devons croire que Michelle de Saubonne écoutait déjà les conseils du « Belgeois » alors que celui-ci brillait dans une cour rivale ; croire aussi que le bonnetier de Cahors avait

14. *Épître à Madame de Soubise, partant de Ferrare pour s'en venir en France* (1536). Nous verrons aussi qu'en cet exil il admire et loue les filles de Michelle de Saubonne, Madame de Pons et Renée de Parthenay.

su se faire lire et protéger par Lemaire, célèbre depuis 1505 par ses *Épîtres de l'amant vert*. Jean Marot a pu envoyer à Lemaire des vers qui lui ont plu, et décider ce dernier à le recommander à Madame de Saubonne, qui était déjà en rapport avec lui. Pure hypothèse, étayée seulement par l'affection et l'admiration que Clément Marot vouera toujours à Lemaire de Belges. La préface de *L'Adolescence clémentine* nous en assure.

La Vray-disant advocate des dames serait la première œuvre de l'ex-bonnetier composée après son admission dans la maison d'Anne de Bretagne, bien que la dédicace date de décembre 1506. Certains prétendent que les vers qui firent passer Jean Marot de l'obscurité à la vive lumière des cours sont perdus. Mais Jean aurait-il laissé perdre ensuite les vers qui avaient établi sa fortune ? De plus, si la dédicace est postérieure à son entrée en fonction, pourquoi le poème lui-même ne serait-il pas antérieur ? Enfin, quelle pièce de vers aurait, mieux que celle-là, attiré l'attention de la conseillère d'Anne de Bretagne ? *La Vray-disant advocate des dames* est un vibrant plaidoyer en l'honneur des femmes. Étant nos mères, elles ont toutes les vertus, proclame l'auteur. Rien ne pouvait mieux le faire remarquer par une cour de dames, à une époque où la « querelle des femmes » — ouverte dès *Le Roman de la Rose* en sa seconde partie — ne cessait de rebondir. Prenons ce texte pour le meilleur « laissez-passer » qui pût être alors.

1506. Voici donc Jean Marot reçu, inscrit sur les rôles d'Anne de Bretagne. Le voici sorti de son obscurité. Il chantera les louanges du roi Louis XII, que d'indulgents flatteurs nomment « le père du peuple ». Marot père et fils arrivent à Blois. Le père voue au roi deux longs poèmes, aussi lourds et confus que les campagnes italiennes qu'ils vantent : *Voyage de Gênes* (1506-1507) et *Voyage de Venise* (1509). La guerre est belle. Dès 1508, l'empereur Maximilien d'Autriche, Ferdinand d'Aragon, Florence, le terrible pape Jules II s'allient à la France dans la ligue de Cambrai. L'année suivante, les Français battent les Vénitiens à Agnadel, sans l'aide de leurs alliés. Jean Marot écrit :

En Agnadel sur le camp de Vella
Louis Douzième occit et debella [15]
Sans le secours d'empereur roi ou pape
Vénitiens, leur donnant telle estrape [16]
Que seize mille et plus moururent là.

Tous ces vers officiels sont de la même encre pâlichonne.
« Un versificateur, non un poète », juge Pierre Jourda,
résumant l'opinion générale. Il y a pourtant, dans certaines
pièces à forme fixe du vieux Marot, du souffle et un réel
talent. Certaine allégresse aussi dans les avenues de la
paillardise, où s'ébattra quelquefois son fils avec plus de
légèreté. Ainsi un rondeau sur le thème : faut-il choisir une
Française ou une Lombarde pour faire l'amour ? Le refrain
en est : « Pour le déduit [17] ». En voici la fin :

Française est entière et sans rupture
Douce au monter, mais fière à la pointure
Plaisir la mène, au profit ne regarde.
Conclusion, qui qu'en parle ou brocarde
Françaises sont chef d'œuvre de nature
          Pour le déduit.

Sans doute tout un train de galanteries un peu lourdes est-
il plus « attribué » au vieux Jean que de sa véritable main.
N'oublions pas que la pruderie n'est de mode que dans les
pièces officielles. Le fonds gaillard des siècles précédents
souffle fort et dru sur les chansons et œuvres mineures. Il
s'épanouira dans le chef-d'œuvre français du siècle, sous la
plume de Rabelais.

Pour gagner ses gages, Jean Marot flatte le roi et son
épouse. Anne de Bretagne meurt au début de 1514. Devenu
veuf, Louis XII entretient le suspens de la course au trône.
Toujours sans héritier mâle, il épouse la trop jeune et très
jolie sœur d'Henry VIII, Mary d'York. En meurt-il ? En tout

15. Mit hors de guerre
16. En Italien : *strappatta ;* en bon français : « râclée ».
17. « Pour l'amour charnel ».

cas, il meurt le dernier jour de la même année. Son cousin François d'Angoulême devient François Ier. Dure année pour le poète de la défunte ! Il ne croit pas que la jeune Mary puisse donner un enfant au roi, et joue Angoulême gagnant. Dès la mort de Louis XII, il adresse à François un double rondeau dont la fin est très explicite :

> *Pour ces raisons, mon haut seigneur et maître*
> *Fleuron de lys que l'hermine fait croître*
> *Espoir français*[18], *des Bretons l'entretien*
> *Je vous supplie que vous fassiez ce bien*
> *De me coucher en vos papiers et mettre*
> *En bon état.*

On ne saurait être plus direct. Quand son tour viendra de postuler la faveur de François Ier, Clément y mettra plus de façons et d'esprit. Mais enfin, le jeune roi accepte la requête du « facteur » de sa tante. En remerciement, Jean Marot lui adresse une ballade où s'épanche le soulagement d'avoir sauvé sa place. Après la mort de sa protectrice, le poète se trouvait — c'est le refrain — « Mince de biens et pauvre de santé ». Il était malade :

> *Lors eussiez vu le pauvre maître Jean*
> *Plus étonné*[19] *que n'est un chat-huant*
> *De tous oiseaux battu et tourmenté.*
> *J'avais le teint de couleur d'espellan*[20]
> *Plus maigre et sec que la jambe d'un paon*
> *Mince de biens et pauvre de santé.*

Tout va pour le mieux désormais. Le début du poème nous a rassurés, maître Jean a obtenu la place, il est « retenu » :

> *Puisqu'ainsi est, très illustre seigneur*
> *Qu'il vous a plu me faire cet honneur*
> *Grâce et bienfait que de me retenir*
> *(Parmi) vos serfs dont me (crois) le mineur*

18. François et français avaient la même orthographe.
19. Littéralement : foudroyé.
20. Il nous dit plus loin : « Plus jaune que safran ».

Grâce vous rends, car ce m'est (tel) bonheur
Que de meilleur ne pouvais obtenir.

Dès lors, Jean Marot, dont nous ne savons pas grand-chose, sinon qu'il dut travailler dur et longtemps avant que la chance ne le tirât de son trou, reste attaché à la personne du roi François Ier. Il meurt à la fin de 1526, à un âge avancé. L'année suivante, nous verrons son fils lui succéder en sa charge.

Des œuvres où Clément Marot fait montre de piété filiale, nous parlerons plus loin. Notons déjà ce vers de l'*Épître au roi, pour succéder en l'état de son père* (1527). Il y demande à François d'accueillir le fils après le père. Ce dernier, déclare-t-il, n'avait au monde aucun trésor ni bien, sinon l'honneur de figurer dans la maison royale :

Car, vous vivant, toujours se sentait riche.

Louer son père est d'un bon fils. Le montrer adorant son roi n'est pas maladroit quand on sollicite.

PAR CŒUR ET À REBOURS

Âgé de dix ans à peine quand il suit son père à la cour, le jeune Clément doit aller à l'école. Le seul — mais catégorique — témoignage que nous a laissé Clément sur ses professeurs a été bien souvent cité :

En effet, c'étaient (grandes) bêtes
Que les Régents du temps jadis :
Jamais je n'entre en paradis
S'ils ne m'ont perdu ma jeunesse[21].

Il n'y a là aucune équivoque. La scolarité de l'enfant Clément a été confiée à des sots. C'est du moins l'opinion que le poète en a quand il écrit à son ami Lyon Jamet, en 1535, à trente-neuf ans, alors que l'un et l'autre sont exilés à Ferrare. Aurait-il écrit de même avant d'être appelé à servir Marguerite d'Alençon, la future reine de Navarre ? Jusque-là, les

---

21. Deuxième *Épître du coq en l'asne envoyée audict Jamet* (1535).

rudiments appris, il avait été page, puis clerc à la Chancellerie, et la brièveté de ses études classiques ne lui pesait guère.
N'oublions pas que l'humanisme ne se développe en France
qu'au début du xvie siècle. Marot ne dira pas comme Villon,
regrettant d'avoir été paresseux :

> *Hé Dieu si j'eusse étudié*
> *Au temps de ma jeunesse folle...*

En sa propre « jeunesse folle », assagie par force, Marot
« ressemblait l'hirondelle qui vole [22] ». Ensuite on le mit à
l'école — à Orléans ? A Paris ? — dans un de ces innombrables collèges où pontifiaient des régents, ces professeurs
asservis à la scolastique médiévale. Étudia-t-il ? Sans doute.
Peu d'années y passèrent. L'humaniste toulousain Boyssonné
déclare sévèrement : « *Marotus latine nescivit* » (« Marot ne
savait pas le latin »). Mais il appartient à la famille des
puristes, qu'on nomme avec impertinence les « cicéronés » ;
ceux-ci méprisent les mal-instruits qui n'ont de la langue
latine qu'une teinture. Marot n'est pas un latiniste, ni même,
comme tant de pédants de son époque, un latiniseur, ni un
« latineur », comme dit Montaigne par dérision. Il a étudié
trois ou quatre ans sous de « grandes bêtes » qui lui ont certes
appris « *rosa,* la rose », mais connaissaient mieux les *Questiones* de saint Thomas d'Aquin que les périodes cicéro-
niennes et les harmonies virgiliennes.

L'école finie, Marot s'est jeté dans Virgile avec bien peu de
bagage. Il s'y jeta d'enthousiasme, traduisant en vers la
première églogue des *Bucoliques*.

Revenons au début de ce coq-à-l'âne, éblouissant en ses
facettes.

> *Ce grec, cet hébreu, ce latin*
> *Ont découvert le pot aux roses*
> *Mon Dieu, que nous verrons de choses*
> *Si nous vivons l'âge d'un veau* [23].

22. *Églogue au roi sous les noms de Pan et Robin,* v. 16.
23. *Ibid.,* v. 6-9.

Les érudits qui enseignaient hors Sorbonne — au futur Collège de France — ouvraient aux esprits curieux des horizons insoupçonnés. Sitôt qu'il fut reçu au service de Marguerite, Marot put comprendre que l'on commençait à « voir des choses » au-delà des leçons traditionnelles. Ayant exploré et révélé les auteurs anciens profanes, les humanistes de l'Europe entière entreprennent de traduire les textes sacrés. Les deux étoiles de la nouvelle illumination chrétienne vont être Érasme et Lefèvre d'Étaples. Dans son quatrième coq-à-l'âne, Marot note la mort d'Érasme (1536) avec une feinte désinvolture[24]. Ce grand esprit était le familier de Charles Quint, ennemi juré de François Ier. Mais Lefèvre d'Étaples, traducteur de la Bible et des quatre Évangiles, restera toute sa vie le protégé de Marguerite ; Mourant, il la constituera son héritière, c'est-à-dire continuatrice de son œuvre de tolérance évangélique.

« Le pot aux roses » découvert par le grec, l'hébreu, le latin, ce sont justement ces textes sacrés jusque-là cachés aux chrétiens par l'interdiction formelle de les traduire. Il faudra attendre le concile de Trente (1545) pour que l'armée des jésuites, reprenant en main l'enseignement, en fasse un instrument moderne de la Contre-Réforme catholique. Érasme lui-même laisse éclater son indignation quand il parle des sottises et des brimades qu'il dut endurer dans sa jeunesse au collège de Montaigu, à Paris, en 1495, dix ans avant que Clément Marot ne passe à son tour aux mains des « bêtes ». En 1539, Montaigne, âgé de six ans, entre au collège de Guyenne ; entre plusieurs bons maîtres, il étudie sous les mêmes esprits bornés qui abêtissaient le jeune Marot : « On nous apprend à vivre quand la vie est passée », écrira-t-il. « Cent écoliers ont pris la vérole avant d'être arrivés à [la] leçon d'Aristote [sur] la tempérance[25]. »

24. En fait, il avait traduit ses *Colloques*, et lui voue une laudative épitaphe.
25. MONTAIGNE, *Essais*, livre I, chapitre XXVI.

Il fallait en effet près de vingt ans pour acquérir les plus hauts grades universitaires. Lisons dans Rabelais, né deux ans avant Clément Marot, la satire de cet enseignement scolastique absurde et dérisoire prodigué à Gargantua encore tout enfant : « De fait, on lui enseigna un grand docteur en théologie nommé maître Thubal Holopherne, qui lui apprit son abécé, si bien qu'il le disait par cœur et à rebours, et il y fut cinq ans et trois mois. Puis il lui lut Donat, le *Facet*, Théodolet et Alanus, *in Parabolis*, et y fut treize ans, six mois et deux semaines. Mais notez que cependant il lui apprenait à écrire gothiquement et écrivait tous ses livres, car l'art d'impression n'était pas encore d'usage [...]. Puis il lui lut *De modis significandi* [26], avec les commentaires de Heurtebise, de Fasquin, de Tropditeux, de Gueulehaut, de Jean le Veau, de Billonio, Brelingandus, et un tas d'autres : et y fut de dix-huit ans et onze mois. Et le sut si bien qu'à l'épreuve il le récitait par cœur et à l'envers, et prouvait sur ses doigts à sa mère que *De modis significandi non erat scientia* [27]. »

La joyeuse véhémence de cette dérision fera mettre Gargantua à l'index par la Sorbonne. Sous la violente satire, on sent poindre la vérité. Le « par cœur et à rebours » ne semble pas imaginaire. Les noms grotesques des « commentateurs » cachent d'illisibles gloses imposées aux jeunes esprits. Quant à la conclusion sur l'impossibilité scientifique de communiquer, elle résume cavalièrement cette évidence : l'enseignement des enfants était confié à des cuistres qui savaient beaucoup en ne sachant que mauvais latin pontifié absurdement.

Ce qui exaspère Clément Marot et Rabelais quand ils songent, le premier à ses brèves mais ineptes études, le second à ses interminables années d'université, c'est qu'ils ont manqué le train des aventures de l'esprit. En leur jeune âge, en effet, après 1500, l'humanisme se développe en France. Les idées, les méthodes, les synthèses nouvelles commencent à fleurir, tandis qu'ils en sont réduits aux

26. « Les façons de faire comprendre ».
27. « Les façons de faire comprendre, on ne les connaissait pas. »

vieilleries médiévales. « Perdu ma jeunesse », écrit Clément Marot. Il la retrouvera !

LE PIED À L'ÉTRIER

Arrivé sinon célèbre, Jean Marot forme des desseins pour l'avenir de son fils. Il veut lui donner d'abord cet « abécé » qu'il est commode de savoir dès l'enfance. L'engager ensuite en de longues études universitaires ? Ce serait un pari : le père ne mourrait-il pas avant que le fils soit docteur ? Quel bien, de surcroît, pouvait penser un poète de cour des pédants de la scolastique ? Jean a déjà montré, dès Cahors, la poésie et ses façons au jeune Clément. La chansonnette pastorale du moins, si nous en croyons l'*Églogue au roi*. La raison conseille au vieux Marot de « placer » son fils, à peine dégrossi, en une bonne maison prometteuse d'avancement.

Les documents nous manquent, mais jugeons du caractère de Jean Marot d'après son succès final. Un succès longuement préparé, et qui n'arrive pas par hasard. Il a le sens de l'intrigue : il le prouve en 1514 à la mort de sa protectrice, se faisant recevoir dans les bonnes grâces de François d'Angoulême. Il agira donc en faveur de Clément pour assurer de bonne heure sa fortune. Pendant les premières années de sa charge poétique, Jean Marot se fait des amis, parmi les autres poètes à la mode, les rhétoriqueurs, mais aussi parmi les jeunes loups de l'entourage royal. Anne de Bretagne morte, Jean Marot distingué par le jeune roi François Ier, reçu en sa maison comme « valet de chambre », il devient utile. Ne disons pas qu'il soit important : les artistes sont encore peu de chose. Les gages des grands architectes, Pierre Nepveu ou Pierre Ier Chambiges, nous le montrent. Pourtant, être le poète d'un jeune roi épris de poésie, rimeur lui-même, c'est avoir l'oreille royale.

Comment, dès lors, s'étonner que Clément Marot, vers sa quatorzième année, soit reçu page chez le seigneur de Neufville ? Ce dernier est lui-même un homme « né » de

fraîche date. Son père, Nicholas, s'enrichit dans la marée. La
noblesse de Nicholas II de Neufville sent encore le poisson.
Mais cet homme remarquable, qui figurera en 1518 parmi les
négociateurs de la paix franco-anglaise, a les dents longues. Il
a aussi un indiscutable talent d'homme d'État. Il appartien-
dra à ce noyau de fins politiques et de financiers adroits qui,
sans siéger aux deux conseils du roi — Conseil d'État,
Conseil étroit —, en feront appliquer les décisions. « Clerc
du secret » ou « secrétaire des Finances », Nicholas II jouera
un rôle important, et fondera, en épousant Geneviève
Legendre, fille du seigneur de Villeroy, une dynastie de
grands serviteurs de l'État[28]. Sans doute à la suite de services
rendus, il ajoute à son nom celui, déjà plus illustre, de
Villeroy.

Clément Marot entre donc comme page chez les Neufville.
Il réside à Paris, dans une maison ornée d'un grand jardin :
les Tuileries. La couronne rachètera ce site pour en faire un
parc et en borner plus tard le Louvre. Qui aujourd'hui,
passant aux Tuileries, se souvient du jeune Marot ? Il fut là,
pourtant, et ce n'était pas un mince honneur. Jusqu'au siècle
précédent, les pages demeuraient valets d'écurie ou de
cuisine, pris dans les rangs du « commun ». Dès le règne de
Louis XII, on veut qu'ils soient de noblesse et servent de
gardes d'honneur à leurs maîtres. Le temps des exceptions
durait encore : Clément Marot, né vilain, en est une.
Obtenant ce poste, il s'élevait déjà d'un degré au-dessus de sa
naissance. En homme sage, Neufville rend service à Jean
Marot. Il a besoin que toutes les bouches le louent dans
l'entourage du souverain.

Aucun document, bien entendu, sur le service de Clément
près de son brillant maître. A-t-il, comme l'exigeaient les
règles, reçu là les rudiments de l'art militaire ? C'est improbable. Lui si peu tourné vers les armes, si horrifié par la guerre,
lui qui toujours par quelque mot nous indique les états qu'il

28. Tous les Villeroy à venir — marquis, puis ducs — seront auprès
des rois eux-mêmes. Ils ont en commun l'habileté à faire carrière, une
longévité peu commune, l'art de bien se marier.

exerça, n'aurait-il pas mentionné son apprentissage de guerrier en herbe ? Il était « pris » et non pas « né », or seuls les
nobles sont promis, par honneur, au combat. Clément dira à
Jamet, dans le troisième coq-à-l'âne, ce qu'il pense des
champs où l'honneur exagère :

> Il ne faut qu'un trait d'arbalète
> Passant au travers de la tête
> Pour étonner[29] un bon cerveau.
> J'aimerais autant être veau
> Qui va droit à la boucherie
> Que (d') aller à telle tuerie.
> C'est assez d'un petit boulet
> Qui (frappe) un soudard au collet
> Pour empêcher de jamais boire
> Fi, fi, de mourir pour la gloire
> Ou, pour se faire grand seigneur
> Aller mourir au lit d'honneur
> D'un gros canon parmi le corps
> Qui passe tout outre dehors.
> Par ma foi, je ne voudrais point
> Qu'on gallât[30] ainsi mon pourpoint.
>   (v. 195-210)

Clément Marot, qui ne sera d'Église ni d'Université, ne
voudra jamais tâter de l'état militaire. Comment certains ont-
ils pu croire qu'il avait combattu à Pavie ? Tout au plus
suivra-t-il le premier mari de Marguerite, le duc d'Alençon,
au camp d'Attigny (1521). Encore écrira-t-il à sa protectrice
plus des malheurs des populations civiles touchées par la
guerre que du *Triomphe général de l'armée gallicane*[31].

Le page Clément est si peu tourné vers la préparation
militaire par son maître Neufville que celui-ci le fait admettre
comme clerc au Palais. La main de Neufville apparaît dans

29. Foudroyer (propre et figuré).
30. « Égratignât » ou « décorât », selon les sources.
31. Les emportements contre la guerre sont de règle chez les
rhétoriqueurs. Molinet appelle les briseurs de paix des « mangeurs de
bonshommeaux ».

cette nomination de complaisance. De l'état de page, qu'il conserve ou non, voici Clément passé clerc de procureur. Avait-il quelque lumière de jurisprudence ? Avait-il été seulement étudiant en droit — « en décret », disait-on encore —? Certes non. Toute charge importante s'achète, toute place modeste et prometteuse s'attribue moins par mérite que par protection. Dans sa ballade *Du temps que Marot était au Palais à Paris*, Clément nommera son nouveau patron, l'obscur procureur Jean Grisson :

> *Adieu vous dis, mon maître Jean Grisson,*
> *Adieu Palais*[32]...
>   (v. 9-10)

Une belle et morne carrière de fonctionnaire peut s'ouvrir devant ce jeune homme reçu dans l'administration. Jean Marot doit soupirer de soulagement. Son fils sera poète, espère-t-il. Mais s'il ne réussit pas dans cette carrière alors bien encombrée, du moins pourra-t-il s'élever parmi les serviteurs de la Chancellerie. En un mot, assurer son avenir dans la robe, si sa plume n'y suffit pas.

Clément fut-il bon clerc de « chat-fourré » ? Tout ce que son œuvre révèle de son caractère nous en ferait douter, et notre doute est étayé par une déclaration du poète. En 1528, il écrit au chancelier Duprat, le grand maître du Sceau, qui aurait été son grand patron si Clément avait persévéré dans l'état de fonctionnaire, pour lui demander l'argent qu'on lui doit. S'il l'obtient, dit-il,

> *Je bénirai des fois plus de sept l'heure*
> *Le Chancelier, le Sceau et le Scelleur*[33].

Mais il ajoute en confidence ce que la cour et la ville savent déjà à cette date :

---

32. Il s'agit d'une épître en prose, que double une épître en vers et que complète un rondeau, le tout adressé à Marguerite. Le ton en est aussi peu militaire que possible.

33. *Épître XIII, au chancelier du Prat, nouvellement cardinal.*

C'est pour Marot, vous le connaissez (lui)
Plus léger est que volucres coeli [34],
Et a suivi longtemps Chancellerie
Sans profiter rien touchant scellerie [35].

L'intéressé lui-même nous apprend qu'il a gardé « long-temps » son travail de clerc et qu'il n'en a pas « profité ». Nous devons entendre cela en deux sens : il n'en a rien tiré de concret et il n'y a pas excellé. « Longtemps », cela peut vouloir dire plusieurs années. Le procureur Grisson trouva-t-il en lui un employé zélé ? Nous ne le savons pas. Nous verrons plus loin que sa ballade « du temps qu'il était au Palais » parle seulement de son amour mal reçu pour une « fillette », et finit par un « envoi » très égrillard.

Il reste que Marot se trouve bien protégé et placé par Nicholas II de Neufville. Ce grand financier lui a donné sa chance. Dans sa maison d'abord, où il apprend les bonnes manières. Neufville, en bourgeois parvenu, doit exiger de son personnel d'honneur une tenue irréprochable dans le service. Autour de lui, Clément a d'autres pages, un écuyer, des « domestiques » de premier rang qui lui enseignent le bon ton. Il le gardera, ayant comme don naturel l'élégance du cœur et celle du style.

Des années plus tard, en 1538, Clément Marot rééditera à Lyon *Le Temple de Cupido,* avec la dédicace primitive : « A Messire Nicholas de Neufville, Chevalier, Seigneur de Ville-roy ». Certes, Neufville est plus assurément noble en 1538 qu'en 1518, et tout à fait Villeroy désormais. Il n'a cessé de prendre de l'importance. Mais l'épître dédicatoire au roi, qui suit, n'a pas effacé la reconnaissance de Marot envers son ancien maître : n'y voyons pas seulement affaire d'intérêt. Il écrit cette reconnaissance avec émotion :

« En revoyant les écrits de ma jeunesse pour les mettre plus clairs qu'avant en lumière, il m'est entré en mémoire que, étant encore page et à toi, très honoré

34. Les oiseaux du ciel.
35. Sellerie ou scellerie : fonctions relatives au Sceau.

Seigneur, je composai, par ton commandement, la quête de Ferme Amour : laquelle je trouvai au meilleur endroit du *Temple de Cupido,* en le visitant, comme l'âge le requérait. C'est bien raison, donc, que l'œuvre soit à toi dédiée, à toi, qui la commandes, à toi, mon premier maître, et celui seul (hormis les princes) que jamais je servis. »

Ce sont ainsi trois chances, non pas deux, que le seigneur de Neufville a finalement données à Clément Marot. Il le prend comme page ; il le fait engager comme clerc ; cependant, il le pousse à composer de la poésie. Jean Marot a trouvé là le meilleur des soutiens pour « lancer » son fils. Clément, lui, y reconnaît le meilleur des maîtres. Il choisira : il ne sera ni la moitié d'un page ni fonctionnaire, mais poète. Poète dans une époque où la poésie s'empêtre.

CHAPITRE II

L'état des lieux

*Car la Rhétorique est autant bien répandue
par tout le poème comme par toute l'oraison.*

Thomas SÉBILLET,
Art poétique français (1548).

L'ÉTRANGE XVᵉ SIÈCLE

Depuis fort longtemps, même les écoliers savent que
« Moyen Âge » est une expression aussi confortablement
absurde que celle de « Temps modernes » qui lui succède. La
France, par exemple, a connu quelques changements entre
Clovis et Charles VI, puis entre Charles VII et la Cinquième
République. L'histoire des mentalités, après l'histoire des
arts, a finalement banni le Moyen Âge pour le restituer en
époques diverses et parfois affrontées.

« Le Moyen Âge, nous apprend pourtant l'*Encyclopédie
Larousse* (édition de 1960), est la période comprise entre le vᵉ
et *le début ou la fin du xvᵉ siècle* », et cette définition est moins
naïve qu'il n'y semble d'abord. Le xvᵉ siècle, en effet, peut
paraître « médiéval » par certains aspects, tout à fait
« moderne » par d'autres. Il faut avoir l'humilité de parcourir
les lieux communs d'où partent les avenues singulières.

Si nous numérotons les siècles à l'italienne, le xvᵉ siècle,

c'est le quattrocento, le prodigieux creuset des arts renouvelés, du savoir antique retrouvé. C'est le miracle de
Florence, la ruée de l'humanisme vers la sagesse oubliée, si ce
n'est occultée. La peinture, de Masaccio jusqu'à Vinci, va de
découvertes en accomplissements. Dans la dernière année du
quattrocento, Léonard de Vinci peint *La Cène*. Sont morts
peu auparavant le vieux Léon Batista Alberti (1404-1472), le
jeune Giovanni Pic de La Mirandole (1463-1494). Comme
Léonard, ils incarnent l'idéal de ce temps, en ce lieu : savoir
et faire. Pic de La Mirandole déclarait pouvoir discuter « *de
Omni re scibili* », de tout ce qui se pouvait savoir. Le *Traité de
l'architecture* d'Alberti, paru après sa mort, ne résume pas son
auteur : architecte, certes, mais aussi peintre, sculpteur,
philosophe. De même ni *La Cène* ni *La Joconde* ne résument
Léonard, que l'on ne cesse de découvrir en ses recherches,
inventions, prophéties concrètes.

Toute cité italienne d'importance, à cette époque, développe un climat favorable à des explosions créatrices. Y
aurait-il eu « miracle florentin » sans le mécénat des Médicis,
de Cosimo le Vieux à Lorenzo, qui meurt en 1492 ? Rome
s'affirme comme capitale du monde chrétien. Martin V s'y
établit solidement (1420). Après lui, des papes mécènes
comme Nicolas V et Sixte IV — le premier créant la
Bibliothèque vaticane, le second rassemblant des œuvres
d'art — ouvrent la route aux papes banquiers, les Borgia, et
au théocrate éclairé Jules II [1].

Naples ? Sous la maison d'Anjou, elle était capitale intellectuelle, quand elle accueillait Boccace et Pétrarque. Sous
Aragon, elle devient cité industrielle de premier plan, avec
vocation au mécénat. Charles VIII de France en verra — et
en saisira — des merveilles, avant d'être reconduit chez lui la
pique dans les reins, forçant le passage à Fornoue (1495). Et
que dire de Venise, qui n'amorce son déclin de cité méditer-
ranéenne souveraine qu'après 1453 ? La longue famille des

---

1. Les papes du quattrocento s'entourent d'humanistes. Ainsi le Pogge
(1380-1459), grand découvreur des textes de l'Antiquité, qui fut le
secrétaire de plusieurs d'entre eux.

Bellini va jusqu'à Giovanni. Mantegna y épouse la fille de Jacopo. Des uns, de l'autre, sortira l'art majeur de la cité des doges : Titien paraîtra, puis Tintoret.

En France, le xvᵉ siècle n'est que ruées confuses. Guerre civile entre Armagnacs et Bourguignons. En 1415, Henry V d'Angleterre écrase à Azincourt la chevalerie française, et conquiert ensuite la Normandie. En 1420, le dauphin — futur Charles VII — est déshérité par le traité de Troyes. En 1422, le nouveau roi d'Angleterre Henry VI est déclaré à Paris roi de France. Charles VII attendra que Jeanne d'Arc survienne et réveille le « sentiment national » pour secouer le joug étranger. Elle passe comme un beau météore. Charles VII, sacré par ses soins, n'entre dans Paris qu'en 1437. En 1449 la Normandie est reconquise par la victoire de Formigny. En 1453 enfin, par la victoire de Castillon, les Anglais sont chassés de Guyenne. 1453, date clé pour la chrétienté : Constantinople tombe aux mains des musulmans, sapant les arrières de Venise. 1453, date clé aussi pour l'humanisme : les savants de l'ancienne Byzance sont contraints d'émigrer, apportant leur immense savoir — et des livres. Le plus illustre fut Bessarion, cardinal par la grâce d'Eugène IV, qui vint s'installer à Venise avec sa prodigieuse bibliothèque.

Huit ans plus tard, Louis XI monte sur le trône de France. Les humanistes et les artistes d'expression française sont bientôt divisés en deux blocs. Après la mort de Charles le Téméraire, Louis XI reprend la Bourgogne. Les Bourguignons pourtant gardent la Franche-Comté, et ce qui s'appelle aujourd'hui Hollande, Belgique, Luxembourg. La fille du Téméraire épouse Maximilien de Habsbourg ; les Bourguignons sont désormais assurés par la puissance de l'Autriche. Marguerite d'Autriche créera l'un de ces lieux où bouillonne l'esprit. En face, les descendants de Louis XI rameuteront enfin, sur la Loire et à Paris, les forces vives d'un savoir qui partout fait craquer les coutures de la scolastique.

Quand le jeune Clément Marot prend sa plume vers 1515, une véritable tempête littéraire éclate. La tradition poétique jette ses derniers feux dans le baroque éclaté des grands rhétoriqueurs, mais déjà l'Italie pétrarquisante montre le bout de sa mode. Cependant, l'hétérodoxie née de la traduction des textes sacrés commence à se faire jour chez les clercs, chez les lettrés. En 1517, Martin Luther fera tomber la foudre.

Car le xve siècle est tenu par un très fort lien médiéval : l'orthodoxie romaine. Vers 1250, Thomas d'Aquin avait rameuté les théologiens qui se disputaient les dépouilles de saint Augustin. Au moment où essaimaient les universités, il leur imposait la voie scolastique. Rome le voulait. Les textes sacrés demeuraient intouchables. C'est pour avoir tourné sa curiosité vers la kabbale que Pic de La Mirandole est banni (1487). Or, depuis le tout début du xvie siècle, les héritiers des grands humanistes italiens osent s'attaquer à la traduction de la Bible, des Évangiles, à discuter de patristique : l'*Enchiridion militis christiani* d'Érasme paraît en 1503 ; les *Commentaires sur les épîtres de saint Paul,* par Lefèvre d'Étaples, en 1512.

Médiéval donc, ce xve siècle français qui engendre pour finir Clément Marot, par la continuité des modèles dans les lettres françaises, par la très ancienne tradition de la folie qui servira bientôt de véhicule à la contestation. Après Sébastien Brandt[2], Érasme encore[3], puis Rabelais, né en 1494. Après les étranges figures des chapiteaux romans, Jérôme Bosch (v. 1455-1516). Au xvie siècle, Bruegel l'Ancien (v. 1525-1569). Au ruisseau de cette folie se rattachent certaines formes de la chanson et de la fatrasie. Nous verrons plus d'un grand rhétoriqueur, et Clément Marot lui-même, boire à cette source.

« Moderne », ce xve siècle français où l'Université n'enseigne que les « universaux », et où François Villon est une île ? Oui, par le remue-ménage des idées, par l'importation des chefs-d'œuvre italiens — précédée par le fort vent des humanistes d'outre-Pô. Moderne par la gestation d'un nouvel ordre architectural qui bâtira des châteaux sur la Loire. Trois rois français, Charles VIII, Louis XII, François

2. Auteur de la célèbre *Nef des fous* (1494), souvent imitée et plagiée.
3. *Éloge de la folie* (édité à Paris en 1511).

Ier, tireront le meilleur de leurs folles ambitions de conquête en Italie : des lettrés et des livres. Moderne, car l'imprimerie, après 1470, se déchaîne en toute ville d'importance, multipliant l'accès aux ouvrages de l'Antiquité, sinon encore aux textes sacrés. L'Église, à travers la Sorbonne, commence à froncer les sourcils. Charles VIII, Louis XII, leur cour, la cour de la duchesse puis reine Anne de Bretagne s'engouent pour les belles-lettres en leur état rhétoriqueur.

Évolution ? Certes. Révolution ? Il s'en faut encore beaucoup. Avant de lire les premières œuvres attestées de Clément Marot, évoquons les liens qui les tiennent : une « manière » qui durera, celle des grands rhétoriqueurs. Ils sont là, non pas cherchant des voies nouvelles à la poésie, mais raffinant sur les trouvailles du passé ; gardant le fond, exaspérant la forme. « Anciens » par leur inspiration, leur piétinement, leur conformisme en tout, sinon dans l'ingéniosité de la rime et de l'assonance. Jusqu'au milieu du règne de François Ier, possédant deux « lieux clos », la cour de France et celle de la gouvernante des Pays-Bas, et ainsi deux puissants mécénats, ils font la mode. Clément Marot devra passer d'abord sous leurs fourches Caudines. Les portes de la « Renaissance française » n'ont pas été ouvertes par la charge de Marignan.

LA MODE DE LA RHÉTORIQUE

La rhétorique, selon l'étymologie (*rhétorikè*), c'est l'art de parler, de dire. Nous connaissons l'importance du rhéteur dans la philosophie grecque de l'Antiquité. Bizarrement, c'est à une époque où l'éloquence change d'habits, au début de l'ère chrétienne, que Quintilien essaie de redorer ses anciennes rigueurs. Mais son *Institution oratoire*, qui condamne le jeune Sénèque au nom d'un Cicéron passé de mode, retentit moins que la *Rhétorique* d'Aristote, l'un des plus solides traités écrits par le Stagirite. Trois siècles séparent Quintilien d'Aristote, qui sera ressuscité par Averroès d'abord, puis par les philosophes chrétiens que somme Thomas d'Aquin.

La rhétorique, ne touchant pas aux matières de la foi chrétienne, n'a pas été foncièrement travestie. Selon la définition aristotélicienne, c'est la « dialectique des vraisemblances ». Elle traite de l'art du « discours » et se distingue de la poétique, étudiée à part. Il semble donc curieux que, du xvᵉ au milieu du xvıᵉ siècle, de Chastellain[4] à Jean Bouchet[5], toute une école de poésie française se soit appelée « les rhétoriqueurs ». Sans modestie, ils se nommaient eux-mêmes « les grands rhétoriqueurs », montrant par ce choix qu'ils transportaient dans la poésie l'art du discours. Les plus originaux parmi les poètes du premier xvıᵉ siècle, Lemaire de Belges, puis Clément Marot, sont d'abord astreints à les imiter. L'un et l'autre, par génie personnel, leur échapperont. Lemaire se disait, déjà connu, l'élève du rhétoriqueur Guillaume Crétin, l'un des plus vantés de son temps. Clément Marot, s'il secoue les chaînes d'une mode tenace, les portera à ses débuts. Il en gardera les marques longtemps, et une réputation injustement diminuée.

Qu'étaient donc ces rhétoriqueurs, dont l'œuvre fit fureur pendant près d'un siècle ? Une fin de race littéraire, qui montre parfois des lumières et quelques éblouissements superficiels. Au fond, ils écrivent des pièces convenues, par nécessité. Ce sont tous les clients (*clientes*) du roi de France, de la reine Anne de Bretagne, de la maison ducale puis impériale de Bourgogne-Pays-Bas-Autriche. Des poètes à gages, payés pour chanter les victoires guerrières de leurs maîtres, les naissances, les décès survenus dans l'illustre famille qui les emploie. Ils haïssent souvent la guerre, mais auront tout de même à chanter comme petits Homères la

4. Georges Chastellain (1403-1475), « le Grand Georges » pour ses émules, était surnommé « l'Aventurier ». Voué à la Bourgogne, il se retirera à Valenciennes et y deviendra l'oracle des poètes rhétoriqueurs.
5. Jean Bouchet (1476-v. 1557), surnommé « le Traverseur », fut le dernier rhétoriqueur pur. Protégé par François Iᵉʳ, il écrit beaucoup de platitudes avec gentillesse. Clément Marot et son ennemi Sagon rechercheront l'un et l'autre son aval littéraire.

prise par leur patron de quelque modeste Ilion. Sont-ils d'Église et vertueux ? La maîtresse du seigneur devra pourtant leur inspirer quelque morceau empli de louanges superlatives et mythologiques.

Deux exemples nous convaincront de cette servitude. Jean Molinet[6], né à Desvres, près de Boulogne-sur-Mer, sent monter en lui de bonne heure la sève poétique. Il possède une bonne culture de « latiniseur ». Ce qu'il lui faut avant tout pour se mettre à écrire, c'est un protecteur. De par le lieu de sa naissance, il est plus tourné vers les maîtres de la Flandre que vers la France. Il erre longtemps à la recherche d'un employeur. Il essaie de plaire à Charles le Téméraire, mais celui-ci n'a-t-il pas pour historiographe Chastellain[7], le « Grand Georges » en personne ? Par chance, Chastellain meurt en 1475. Molinet prend aussitôt sa place. Il s'y fera connaître par un attachement aveugle à la descendance du Téméraire, Marie et Maximilien de Habsbourg, puis à leur fille Marguerite d'Autriche. Chastellain avait joué les modérateurs entre Bourgogne et France ; Molinet, lui, a trop peur d'être pauvre pour ne pas rester absolument partial envers son patron. Il y gagnera d'être anobli à la fin de sa vie. Ses armes porteront trois petits moulins, trois « molinets », tournant au vent ; jamais au vent de France. Molinet, dont Clément Marot admire « les vers fleuris[8] », écrit en 1492 l'*Art de rhétorique vulgaire*[9] *qui déclare la poétique des rhétoriqueurs.*

Quant à Lemaire de Belges[10], Marot le nommera carrément le « nouvel Homère ». Montaigne l'aura en sa « librairie », démontrant que le « Belgeois » est passé à travers les flèches de la Pléiade. Pourtant, il faillit ne pas « arriver », par suite de mauvais hasards : il trouvait certes des protecteurs, mais ceux-ci mouraient à peine l'avaient-ils engagé, ou mourait quelqu'un de leur parentèle. Le pauvre Lemaire fut pris dans un cauche-

6. 1435-1507.
7. Auteur d'une *Chronique des ducs de Bourgogne.*
8. *Complainte de Monsieur le Général Guillaume Preud'homme* (1543).
9. « Vulgaire » est à entendre au sens de « commune ».
10. Jean Lemaire de Belges (1473-v. 1522). Assurément le plus grand poète parmi les rhétoriqueurs. Injustement oublié par la postérité.

mar de nécrologies successives. Son premier employeur, Pierre de Bourbon, meurt. Le poète écrit l'éloge funèbre, et passe au service du comte de Ligny. Ce dernier succombe à son tour en 1503. Lemaire reprend donc sa plume noire pour composer la *Plainte du Désiré*, où il fait paraître ce qu'il a de talent et de culture. La rhétorique lasse, dit-il, s'appuie sur la musique et la peinture. Cela nous permet de connaître ce que les lettrés de ce temps-là aimaient des peintres italiens, français et flamands, des Bellini à Fouquet et à Van der Weyden.

Du coup, Marguerite d'Autriche engage le poète, sans doute sur les instances de Molinet, qui est l'oncle de Lemaire. Ce dernier respire : sa nouvelle protectrice paraît en fort bonne santé. Hélas ! c'est son époux, son très aimé Philibert de Savoie, qui « défuncte ». Voici donc à écrire une « déploration » de plus. Lorsqu'en 1506 c'est le frère de Marguerite qui meurt, Lemaire récidive. Cette fois, la *Couronne margaritique* sera en prose, et de souffle court. Il a déjà donné ! Si ce poète de grand talent n'avait acquis la célébrité par ses deux premières *Épîtres de l'amant vert*, on l'aurait pu croire voué aux éloges funèbres. Mais ne l'était-il pas ? L'amant vert, c'est le perroquet de Marguerite d'Autriche, qui est mort et dont l'âme s'exprime !

La dépendance matérielle des rhétoriqueurs va de pair avec l'étroitesse du public. Les humanistes, eux aussi, connaissent un splendide et dangereux isolement. Lorsque Érasme publie au début du XVIe siècle ses *Adages*, spicilège tiré des meilleurs auteurs, des plus profonds penseurs, ses amis s'en indignent. En mettant les diamants de l'esprit sur la place publique, il trahit les initiés. En fait, avant que la religion et surtout la Réforme ne s'en mêlent, les humanistes ressemblent plus à des alchimistes qu'à des savants du Moyen Âge. Les savants enseignaient la scolastique, les alchimistes gardaient pour eux ce qu'ils découvraient. L'humanisme avant 1520, dans l'Europe entière, établit une rupture entre savoir et culture que d'autres époques ont connue ou connaîtront, pour leur plus grand désavantage.

L'humaniste sait, et diffuse ses connaissances vers un petit groupe d'initiés. Le professeur patauge dans une culture périmée et gorge des générations d'étudiants de *questiones* absurdes, de compilations hors d'âge, d'un vocabulaire obsolète. On arrive donc à ce paradoxe : ceux qui savent n'enseignent pas, ceux qui ne savent plus que de vieilles lunes pontifient dans les universités. Ce processus — aussi dangereux s'il est inversé et que le savoir se réfugie à l'école tandis que la culture dépérit — n'est ni nouveau au xve siècle, ni absent à la fin du xxe. Il est, en tout cas et en tout sens, déplorable. Beaucoup de gens ont cru que l'imprimerie, établie en France depuis 1470, frénétiquement développée après 1500, allait abolir cet ordre d'échanges ; que le livre imprimé véhiculerait tout vers tout le monde. Or les tirages sont d'abord minimes et destinés à un petit nombre. Non pas à ceux qui savent lire, et ne pullulent pas : la plupart ne lisent que du vieux latin et des produits de la scolastique enseignante. Il faudra que la contestation religieuse s'affirme pour que le public grossisse.

Que dire des poètes à gages avant le milieu du règne de François Ier ? La diffusion première de leurs œuvres concerne les employeurs seuls et l'entourage de ces derniers. Elle s'étend aux autres cours, parallèles ou concurrentes : le roi de France et sa sœur se piquent de littérature, et s'entourent d'écrivains gagés. En face, auprès de Marguerite d'Autriche — qui rime aussi —, il y a les successeurs du « Grand Georges », dont Molinet et son neveu Lemaire pour un temps. La façon dont le parti adverse circonvient ce dernier en dit long sur la rivalité des mécènes. Un autre public non négligeable, bien que clairsemé, se forme chez les gens de robe, les bourgeois aisés. Certaines grandes villes développent des cénacles littéraires. Lyon, qui jouera un si grand rôle dans l'évolution de la poésie française, est exemplaire à cet égard. Le Lyonnais Jean Perréal[11] reste le protecteur déclaré de plusieurs poètes, dont encore Lemaire, qui lui doit beaucoup à ses débuts.

Les rhétoriqueurs se lisent beaucoup entre eux, écrivant plus souvent en français qu'en latin. Chacun, dans ses

11. V. 1455-v. 1530.

préfaces, se déclare le dernier de tous, et porte aux nues ses confrères. Ainsi espère-t-il, souvent avec raison, que les autres lui renverront la politesse.

Il existe donc une mode qui dure ; une mode qui consiste à écrire la poésie sur les mêmes thèmes, dans les mêmes formes fixes, raffinant seulement sur la musique verbale. Innover sans racine, briser les tabous est impensable à une époque où la sacro-sainte Antiquité — revue et débilitée — vient imposer ses dieux de bergerie et ses Vénus idylliques. Imposer, non proposer. Cela se fait depuis près de deux siècles. Guillaume de Machaut [12], le grand ancêtre, écrivait, lui qui finit chanoine de Reims :

> *Vénus je t'ai toujours servie*
> *Depuis que ton image vis*
> *Et dès lors que parler ouïs*
>   *De ta puissance.*

LA RHÉTORIQUE, MODE D'EMPLOI

Guillaume de Machaut est l'une des grandes figures du XIVe siècle. Compositeur, il rénove l'art musical et ouvre la voie aux créations polyphoniques des XVe et XVIe siècles. Poète estimable, il introduit le « dit », récit en vers où la réalité soutient la fiction. Certains ont déclaré qu'il avait « inventé » les poèmes à forme fixe : chant royal, ballade, rondeau, lai, virelai. Inventé, non : il les a définis. Tels, ils subsisteront dans la poésie française jusqu'aux romantiques, du moins en ce qui concerne ballades et rondeaux. Alfred de Musset fera des rondeaux délicieux.

Machaut, ce musicien, propose de mettre en vers la rhétorique. Non pas la « vraie », celle des discoureurs et des disputeurs. Aristote avait clairement séparé cette rhétorique-là de la poétique. La cloison élevée entre les deux avait cédé aux coups des poètes latins. Horace et Ovide notamment —

12. 1300-1377.

leur *Art poétique* le démontre — souhaitaient déjà unir dans la
poésie le grand son et le grand sens. Machaut, pour sa part,
propose de « rhétorique versifier ». Cela sera utile à celui qui
glorifie l'amour dans le Prologue du *Dit du Vergier* :

> *Et si fait faire de beaux vers*
> *Nouveaux et de mètres divers,*
> *L'un est de rime serpentine,*
> *L'autre équivoque et léonine,*
> *L'autre croisée et rétrograde,*
> *Lai, chanson, rondeau ou ballade,*
> *Aucune fois rime sonnant,*
> *Et, quand il lui plaît, consonnant.*

Ces recommandations, si bien suivies par les grands
rhétoriqueurs, nous ont poussé à parler de Machaut comme
du « grand ancêtre ». En réalité, il est probable que Jean
Molinet, quand il définit les principes de son école dans l'*Art
de rhétorique vulgaire* (1492), n'a pas connu l'œuvre de
Machaut, qui durait pourtant à travers les redites de ses
épigones. Eustache Deschamps [13], son successeur immédiat,
peut-être son parent, écrit un *Art de dictier* qui reprend les
suggestions du maître et marie la poésie à la musique. De
nombreux textes de législature poétique, souvent anonymes,
raffinent sur Machaut au xve siècle. Molinet aura connaissance de Jacques Legrand et de son traité *Des rimes, et
comment doivent se faire* (1400). Il lira le *Doctrinal de la seconde
rhétorique* de Baudet Hérenc (1432). Dans ce « mode
d'emploi » se trouvent les façons et manières d'être poète,
dont il rendra compte au milieu de l'ère des grands rhétoriqueurs qui les « baroquisent ».

Les grands rhétoriqueurs feront loi pendant près de
soixante-dix ans (vers 1450-vers 1520). Deux vagues successives les porteront tour à tour. La première culmine avec
Meschinot et Milet, la seconde avec Molinet, Crétin, Octovien de Saint-Gelais. Successifs mais semblables en leurs
goûts, ils se définissent par leurs constantes : fidélité au

13. 1346-1406.

Roman de la Rose et à Alain Chartier; dévotion à l'ingéniosité, qui doit être l'essentiel dans le domaine de la rime et de l'assonance.

Le Roman de la Rose (1236-1280) reste le modèle invoqué par tous les poètes français jusqu'à Marot inclus. Alain Chartier [14] en était tout empli, malgré son talent personnel. L'originalité des rhétoriqueurs se limitera donc à la forme, et surtout à la rime.

Ce qui explique la vogue jamais démentie jusqu'alors de cette poésie, c'est qu'elle perpétuait un débat sur l'amour, ouvert, dira-t-on bientôt, depuis *Le Banquet* de Platon. Il en naquit au Moyen Âge la *fine amor* des troubadours de langue d'oc, et sa réplique chez les trouvères. Parallèlement se refermait le cycle des œuvres bretonnes. Après que l'Église, en 732, eut admis que les femmes avaient une âme, les poètes se mirent à raffiner sur l'amour. *Fine amor* d'une part, amour courtois de l'autre, pour différents qu'ils soient, aboutissent à une idéalisation de la femme aimée.

Guillaume de Lorris, quand il écrit le début du *Roman de la Rose*, procède des théories de l'amour courtois. Il introduit l'interminable mode des allégories, des abstractions personnifiées : Amour, Courtoisie, toutes qualités et vertus. De femme réelle, n'en cherchons point dans son jardin ; elle est représentée par la Rose, la fleur idéale. Jean de Meung reprend le *Roman*, inachevé à la mort de Guillaume. Il exfolie la rose, et la refait femme. Ni la femme de Jaufré Rudel, ni celle de la chevalerie, mais une créature capable de tous les caprices. Il va déclarer, en sa foncière misogynie :

> *Tant est de diverse nuance*
> *Que nul n'y doit avoir fiance.*

Cela nous prouve que « Souvent femme varie, Bien fol est qui s'y fie » n'est pas grande trouvaille, si François Ier l'a bien trouvé. Cela nous montre aussi le départ de la longue « querelle des femmes ». Au nom de la Rose, Chartier et les romanesques pareront les belles de toutes les vertus. Au nom

---

14. 1385-1433.

de la Rose, les cyniques auront sur ces vertus bien des choses à reprendre. Comme les grands rhétoriqueurs, le jeune Marot puisera tour à tour à ces deux sources.

Chartier, dans le *Livre des quatre dames*, avait repris à ses prédécesseurs — ceux des *Jeux partis* — la formule du « débat d'amour » entre plusieurs personnages. Pour mesurer la force et la durée de son influence, reportons-nous au poème *La Coche*, que Marguerite de Navarre compose cent vingt-cinq ans plus tard. Elle écrit au commencement de ce « débat » (1540) :

> *Lors quand je vis un si piteux objet*
> *Pensai en moi que c'était un sujet*
> *Digne d'avoir un Alain Chartier.*
>   (v. 49-51)

On juge par là de la souveraineté inusable du successeur et disciple du *Roman de la Rose*. On juge également de la difficulté pour les talents originaux, tel Clément Marot, d'être libres en leur inspiration. Nous l'avons déjà vu se libérer d'une autre contrainte imposée par Chartier à ses successeurs et admirateurs : l'indifférence au décor. Ce dernier devait être champêtre de préférence, mais vague. Le verger reste toujours vert et fleuri, ignorant les saisons. Arbres et oiseaux, le soleil même, ne sont qu'accessoires de théâtre. Les grands rhétoriqueurs ne laissent aller leur imagination — et leur talent quand ils en ont — que dans le jeu des variations sonores.

La première génération des grands rhétoriqueurs nous fait connaître, outre Chastellain, Jean Milet[15], qui décrivit la guerre de Troie en trente mille vers. Jean Meschinot[16] surtout, qui nous a laissé une œuvre étrange et compliquée, *Les Lunettes des princes*. Ce Breton, qui sert la duchesse Anne, devint célèbre et pique encore les curiosités par une *Oraison* de huit vers, qui pouvait se lire de trente-deux façons différentes en conservant toujours « sens et rime ». Ses

15. 1428-1466.
16. 1422-1491.

exégètes découvriront que le poète est modeste dans ces affirmations : en fait, son *Oraison* peut être perçue en la tournant de deux cents façons et plus !

Les grands rhétoriqueurs de la seconde vague, dont Jean Marot fait partie, portent à son comble une mode qui ne faiblit pas. Les plus illustres furent Crétin, Octovien de Saint-Gelais et Molinet.

Guillaume Crétin [17], qui peut-être s'appelait Dubois, fut chantre à la Sainte-Chapelle. Rabelais l'immortalise dans son *Tiers Livre* sous les traits de Raminagrobis. A cette occasion, l'auteur de *Pantagruel* cite un rondeau de Crétin. Il nous montre chez ce dernier un talent certain, quand il cesse d'extravaguer par souci de rhétoriquer. Panurge va se marier. Le doit-il ? Rabelais répond par la plume de Crétin et la voix de Raminagrobis :

> *Prenez-la, ne la prenez pas.*
> *Si vous la prenez, c'est bien fait.*
> *Et si la laissez en effet*
> *Ce sera œuvré par compas.*
> *Galopez, entrez-y de fait*
> > *Prenez-la.*
> *Jeûnez, prenez double repas*
> *Refaites ce qui est défait*
> *Désiré sa vie ou trépas*
> > *Prenez-la.*

Auteur de *Chroniques de France*, de nombreuses épîtres, Crétin honore Chartier comme il se doit, et mêle ses vers de latin. Il multiplie les allégories et joue vec les rimes de façon ahurissante. Assez instruit, il nous donne pourtant un curieux témoignage de l'assimilation des cultures. Ses ennemis — il en aura de féroces jusqu'au xxᵉ siècle — lui reprochent d'avoir fait crier « Noël » à Tityre, le berger de Virgile [18].

17. 1460-1525.
18. *Épître à François Charbonnier.*

Octovien — ou Octovian — de Saint-Gelais [19], l'un des plus savants rhétoriqueurs, sera le Pétrone, l'arbitre des élégances, à la cour de Charles VIII. Avec Crétin il écrit une œuvre sur *La Dame sans si,* c'est-à-dire parfaite, sans restriction d'aucune sorte. Cela provoque des remous parmi les belles de l'entourage royal. Avec André de La Vigne, qui appartient comme lui à la génération intermédiaire entre Meschinot et Crétin, il donne un traité de morale à l'usage des jeunes gens. Il traduit des textes anciens : comédies de Térence, *L'Énéide* (1500), et *Les Héroïdes* d'Ovide, dédiées à Louise de Savoie, mère de François qui est loin d'être roi. Clément Marot allait bientôt s'inspirer des mêmes *Héroïdes* en aidant son pauvre latin de la traduction d'Octovien de Saint-Gelais. Ce dernier devint pour finir évêque d'Angoulême.

Nous avons parlé de Jean Molinet, « client » de Bourgogne-Autriche et théoricien. Avant de venir à son *Art de rhétorique vulgaire,* il avait écrit de nombreuses œuvres, la plupart de circonstance. Il continue en sa charge les *Chroniques* de Chastellain et écrit de nombreux « Ditiés » sur des thèmes religieux. Il donne aussi une édition nouvelle du *Roman de la Rose.* Sa préférence y va à Jean de Meung. De même, dans Chartier, il préfère *La Belle Dame sans merci* au *Livre des quatre dames :* la gent féminine ne lui inspire pas que de l'admiration. N'est-il pas chanoine pour finir ? Beaucoup de ses œuvres « rhétoriciennes » frôlent aujourd'hui le ridicule. Moulinet, cependant, quand il oublie la mode, montre un réel talent poétique, et de la malice. Cela paraît dans un long poème publié deux ans après sa mort : *Recollection de merveilleuses avenues en notre temps.*

De Jean Bouchet, nous avons tout dit en le déclarant de bonne compagnie, médiocre en ses œuvres nombreuses, et pourtant recherché comme arbitre du « bien rimer ». Magistrat à Poitiers, il était rhétoriqueur à mi-temps et tenait un compte exact des heures qu'il vouait à la poésie. Ses *Épîtres familières* ne sont pas sans intérêt. Clément Marot y put

19. 1468-1502.

trouver appui. En 1517, Bouchet dédie à Marguerite d'Alençon son *Labyrinthe de fortune*.

Tels sont, entre vingt autres, les grands rhétoriqueurs les plus célèbres. Ils ont gardé un certain décor de la poésie, mais créé un courant très fort, très aimé dans les deux hauts lieux du mécénat de langue française, la Loire et les Flandres. A lire le Molinet ordinaire, on se souvient à grand-peine que ce rimeur fou d'assonances était le contemporain de Villon. Pourtant, si François Ier aime Villon et pousse Clément Marot à le rééditer, c'est dans la mouvance de Crétin que Jean Marot place son fils débutant.

Comment expliquer la vogue des rhétoriqueurs et leur long règne dans les cours ? C'est qu'ils amusent. Ils ont de l'invention littérale, du métier, de l'audace. Le vrai lyrisme personnel, aucun d'eux ne le trouve. Ils raffinent. Pièces de circonstance pour leurs maîtres et leurs amis ne vaudront que par leur facture. L'orfèvrerie dissimulera la pauvreté du métal. Leurs personnages, tout empreints de mythologie récemment et maladroitement assumée, iront de songes creux en séjours vagues. L'essentiel est dans le clinquant. Cela leur donnera, au long des siècles, des émules. Edmond Rostand fera dire à Cyrano de Bergerac :

Toujours le mot, la pointe ? — Oui, la pointe, le mot.

Ce qui compte chez les rhétoriqueurs, c'est le mot de la fin : de la fin du vers, bien entendu, même si le vers est insipide et dénué de sens.

Citons des exemples. Nous les trouverons dans le « guide » de Molinet, l'*Art de rhétorique vulgaire*. Il dérive, pour la classification des genres fixes, des successeurs de Machaut. L'auteur découvre Jacques Legrand, s'exclamant : « La Rhétorique vulgaire est une espèce de musique appelée richmique. » Tout est clair : seule la façon de « richmer », c'est-à-dire à la fois de rythmer et rimer, importe. Il s'agit d'un grand jeu avec les mots, leur combinaison sonore, leur façon de s'apparier et de s'appareiller.

Molinet énumère les genres : chant royal et ballade,

rondeau, sirventois, lai, virelai, sixains, septains, huitains, dizains. Jusque-là, rien de nouveau depuis les mises en forme du XIVᵉ siècle. Tout sera dans la façon d'accommoder les sauces.

La ballade, par exemple, va bien étant « commune ». Elle ira mieux étant « baladant », c'est-à-dire en rimes batelées. Nous viendrons à la rime. La ballade fratrisée fera mieux. Elle se compose en réalité de deux pièces intercalant leurs strophes (un, trois, cinq et deux, quatre, six). Le refrain de chaque couplet est le premier vers de la strophe adverse. Même complication du rondeau, qui peut être double, ainsi que le virelai. Le chant royal, une ballade à cinq strophes suivi d'un envoi, est surtout destiné aux *puys*, concours régionaux de poésie. Le « sirventois », héritier bâtard du sirventès des troubadours, reste uniquement voué à la Vierge Marie. Moins appréciés, la « riqueraque » et la « baguenaude ». Cette dernière, qui comporte des couplets sans limitation de nombre ni de mètres, « sans rime et sans raison », est peu recommandée aux « bons ouvriers ». N'amuse-t-elle pas cependant ceux qui — tel Marot — aiment passer du coq à l'âne ?

Il y a encore le « fatras », d'ancienne renommée. C'est une farce, au sens cuisinier, une œuvrette que le poète doit farcir de mots bruyants et en désordre. Rien de plus tonique que le septième *Fatras* de Molinet pour nous amener à la grande fanfare des rhétoriqueurs.

> *Fourbissez vos grand' ferrailles*
> *Aiguisez vos grands couteaux*
> *Fourbissez votre ferraille*
> *Coquinaille, quetinaille*
> *Cocardaille, friandeaux*
> *Garçonnaille, ribaudaille*
>
> *Larronnaille, brigandaille*
> *Crapaudaille, lézardeaux*
> *Cavestraille, gueulardeaux*
> *Vilenaille, bonhommaille*

Falandaille, paillardeaux
Truandaille et lopinaille
Aiguisez vos grand' couteaux.

Le vertige qui prend à lire ces borborygmes n'est pas, pour les familiers de Rabelais, bien étrange. Il montre par le plus grossi de ses bouts ce qu'était le pathos rhétoriqueur. Calembours et calembredaines s'y mêlent, assonnent et assomment, occultent le sujet traité ou même le remplacent. Il faut rimer d'abord, et de toute façon. La « rime rurale », qui est pauvre, la « rime léonine », où deux vers ont la même syllabe finale, n'ont rien d'étonnant. La rime vraiment pauvre est « en goret » : deux vers ne riment que par leur voyelle finale. La « plate redite et redite en synonymes » n'est pas éclatante.

Venons à la spécialité du bon Guillaume Crétin, « aux vers équivoqués », comme le dit Marot lui-même. La rime équivoquée place en bout de vers des mots rendant le même son sans avoir le même sens. Un exemple de Marot :

Tel de bouche dit bonne nuit
De qui la langue fort me nuit.

Préférons la manière de Crétin, dans une dédicace :

Lettres, allez sans séjourner en place
Que ne soyez aux mains de Molinet
Et le gardez que désir mol il n'ait
A m'écrire, mais vouloir ample à ce.

Ou du même, à Honorat de la Jaille :

Merci requiert tel qui a les genoux
demi-fléchis, criant « Allège-nous ».

La « rime batelée » fait mieux, le vers rime aussi avec le milieu du vers suivant, à la césure. Ainsi, selon Molinet à propos des pauvres gens :

Brûlés, rifflés / tempêtés, triboulés
Pelés, chaulés / espantés, éperdus
Passés, perdus / martelés, morfondus [20].

La « rime enchaînée » montre au début d'un vers la fin du précédent :

Trop durement mon cœur soupire
Pire mal sens que déconfort.

La « rime à double queue » est une simple écholalie :

Guerre la pulente [21] *lente*
Qui tout en sa tasse tasse.

Les rhétoriqueurs aiment équivoquer sur leur patronyme. Un « molinet » est un petit moulin. Un « crétin », une corbeille. Ainsi cet « enchaîné » de Crétin :

Crétin de jonc d'osier ou de fétu
Fais-tu ton fol d'un vert moulu molin
Molinet veut quand de toile et vêtu
Veux-tu combattre un vieillard abattu...

Et pour finir, du même au même, rimant de toutes parts, un fantastique galimatias. Ces messieurs sont fâchés, et Crétin gouaille :

Molinet net ne rend son canon non
Trop de vent vend et met nos ébats bas
Bon crédit dit qui donne au nom renom
Mais d'efforts forts tournent en bran [22] *son nom.*

La « poésie » est-elle bien distincte de la « poétrie », qui ne fait que conter des fables ? Laissons le dernier mot à l'auteur de l'*Art de rhétorique vulgaire*. Il nomme les équivoques à quatre et en donne un recueil. En voici un exemple :

20. « Rifflés » : dévorés. « Triboulés » : tourneboulés. « Espantés » : épouvantés.
21. Puante.
22. Excréments.

Sansonnet — Sans son net — Sans sonnet — Sans son est.

Tel est l'art des grands rhétoriqueurs, qui s'épanouit en ces diverticules que certains trouvent consternants, d'autres réjouissants. Il contraint les laborieux à la gauche arabesque, inspire les ingénieux. N'allons pas croire que les rhétoriqueurs limitent leur façon de faire aux pièces convenues et à la poésie de tradition. Coincés entre l'amour courtois dont ils procèdent et l'amour pétrarquisant qui envahit leur terrain, ils gardent, quand ils s'amusent, le goût médiéval de la grivoiserie bon enfant. Leurs pudiques décrypteurs négligent ces rires gras, parfois obscènes, disant que l'on ne peut citer des inconvenances. Pourtant, expurge-t-on Rabelais ? Il sait garder le grand ton dans l'indécence et les plus fécales des plaisanteries. L'approche de Crétin serait incomplète si nous ne citions deux vers de l'un de ses *Canons* :

> *Haussez les deux pieds de derrière*
> *Si merde en vient, tirez arrière.*

Voilà qui sera choquant pour tout critique en l'hypocrite fin du XIXe siècle. Plaisant pour nous, qui plaçons mieux ainsi Rabelais en son temps.

LA RHÉTORIQUE, ET APRÈS ?

Les rhétoriqueurs vont quitter lentement l'avant-scène littéraire française. Nous devons noter encore deux textes en leur faveur, alors que cette façon décline. Le premier, de Pierre Fabri[23], *Grand et vrai art de pleine rhétorique* (1521), est un livre de recettes : *Pour permettre à chacun de facilement composer et faire toute description, tant en prose qu'en vers.* Nous pourrions sous-titrer : « Le petit rhétoriqueur sans peine ».

---

23. Pierre Lefèvre, dit Fabri (v. 1490-v. 1540) était curé de Méray, près de Rouen. Nous lui devons aussi un *Traité en l'honneur de Dieu et de sa mère* (1514)

Le second texte, de Gratien du Pont[24], s'intitule : *Art et science de rhétorique métrifiée* (1539). Fabri est établi près de Rouen, du Pont à Toulouse. Malgré la grande activité intellectuelle et artistique qui règne en ces deux villes, il est raisonnable de voir dans ces ouvrages l'écho tardif d'une mode déjà dépassée.

Plus significatif sera en 1548 l'*Art poétique français* de Thomas Sébillet[25]. Adversaire puis ami de du Bellay — qui lui dédiera un sonnet des *Regrets* —, il exalte Dante et Pétrarque, avant de déclarer que la poésie « passant les monts » est « reconnue par les Français aux personnes d'Alain [Chartier], Jean de Meun et Le Maire ». Va-t-on lire ensuite un éloge des rhétoriqueurs ? Non. De Marot plutôt, en chaque chapitre, mais avec une maladroite prudence : le vent nouveau souffle, et Marot n'est-il pas sur le point d'être dépassé ? Loué partout, il reçoit en ce livre, quatre ans après sa mort, un éloge qui prend parfois la forme du pavé de l'ours.

Les rhétoriqueurs sont-ils enfin démodés ? Le genre agonisait, s'éparpillant en calembours et en rébus. Ils seront emporté par le galop de la *Défense et illustration de la langue française*, que Joachim du Bellay publie en 1549. Là, par attaques de front ou piques indirectes, Clément Marot se trouve renié comme eux. La même année, du Bellay écrit dans une *Épître au lecteur* : « Je ne rapporterai jamais favorable jugement de nos rhétoriqueurs français. » La querelle n'est pas terminée. Barthélemy Aneau attaque violemment la *Défense* dans son *Quintil Horatien* (Lyon, 1551). Dans son *Art poétique* (1555), Jacques Peletier calmera le jeu. Mais les grands rhétoriqueurs sont rejetés au passé déplorable, et le défunt Clément Marot tire mal son épingle de leur jeu.

24. Gratien du Pont (mort après 1540), sieur de Druzac, fut lieutenant de la sénéchaussée de Toulouse. Dans sa *Controverse des sexes masculin et féminin* (1534), il attaque avec violence les femmes et le mariage. Étienne Dolet lui répond vertement en latin. Arnault de Laborit produira un *Anti-Druzac*.

25. 1512-1589.

Comment et pourquoi prend fin cette étrange et bien longue mode ? Par usure d'abord, comme il est d'usage. Si Leibniz écrira bénignement, à propos de la grande pavane rhétoricienne des philosophes médiévaux, qu' « on peut trouver de l'or même dans le fumier de la rhétorique », les poètes, de Meschinot à Bouchet, verront leur art et leur manière rejetés en bloc par la Pléiade, puis par ceux-là mêmes qui « enterrent » du Bellay et Ronsard. Fin de mode mais aussi montée de la vogue du pétrarquisme, qui envahit l'Italie dans la seconde moitié du quattrocento, se montre dans les lettres françaises dès 1515, et les imprègne après 1530.

Usure, pétrarquisme à la française, emprise enfin de plus en plus forte, à travers les traductions, des modèles antiques. Grecs : Théocrite en ses *Idylles*. Latins : Virgile et Ovide. La « bergerie » s'installe. La théocratie catholique, si elle interdit de traduire les textes sacrés, admet que l'on joue avec les dieux et les déesses de la mythologie. Personne n'y croit plus, ce sont des jouets allégoriques, bienvenus dans les poèmes imités des Anciens. Du Bellay déclare dans la *Défense* le bien-fondé de cette imitation [26] : « Il n'y a figure soit de sentence soit de diction, usurpée des Grecs et des Latins, que notre langue ne reçoive avec élégance. »

Clément Marot, cependant, a sucé le lait de cette rhétorique. Pouvait-on, vers 1515, entrer dans la poésie par une autre porte ? L'eût-il souhaité ? Il cherchait un mécène. Les mécènes favorisaient les rhétoriqueurs. Son père était des leurs. Tous les amis de son père, protecteurs éventuels, appartenaient à cette école. Esprit mobile et compréhensif, Clément se laisse d'abord porter par le courant rhétoriqueur, comme il le reconnaît au début de la *Petite Épître au roi*, écrite avant 1519 [27] :

26. Il est interdit de traduire et conseillé d'imiter : la frontière est étroite.
27. Après cette date, en effet, il n'a plus à solliciter le roi : Marguerite l'a engagé.

En m'ébattant je fais rondeaux et rimes
Et en rimant bien souvent je m'enrime ;
Bref, c'est pitié d'entre nous rimailleurs
Car vous trouvez assez de rime ailleurs.
Et, quand vous plaît, mieux que nous rimassez.
Des biens assez, et de la rime assez
Mais moi, à tout ma rime et ma rimaille
Je ne soutiens (dont je suis marri) maille[28].

Cette première épître, toute construite en vers équivoqués, montre déjà ce que Clément Marot a d'adresse et de malice : Crétin dut l'approuver. Comme elle a pour but de séduire le roi, soyons sûrs que François Ier aimait encore la rhétorique.

Mais Marot reviendra de la rhétorique, comme le montre un poème écrit en 1543, un an avant sa mort : *Complainte de Monsieur le Général Guillaume Preud'homme*[29]. Par sa forme, il appartient à la grande rhétorique. A l'examen, nous voyons qu'il s'agit d'un clin d'œil au passé révolu. Ce Preud'homme est le fonctionnaire auquel écrivait Clément en 1528 pour toucher ses gages en retard. Quinze ans plus tard, il meurt. Le même Clément, exilé, lui écrit une complainte « vieux style ». Le poète a un songe(!) et voit, dans les Champs Élysées de l'au-delà, l'âme du défunt dialoguer avec l'ombre de Jean Marot. Le père de Clément va d'abord vanter à Preud'homme les poètes de naguère. Celui-ci, en retour, lui parlera des nouveaux « grands », qui ne sont plus de l'ancienne école. Ainsi lisons-nous pour commencer un éloge des rhétoriqueurs, de Chartier, de la Rose. Pour suivre, la louange des amis de Clément et de Clément lui-même, dont « la Gaulle » est « très honorée ». L'âme de Jean Marot commence, illustrant ses amis :

… Adonques Molinet
Aux vers fleuris, le grave Chastellain
Le bien-disant en vers et prose Alain[30]

28. « Je ne possède (et j'en suis triste) pas un sou. »
29. Guillaume Preud'homme était général des Finances.
30. Chartier, assimilé à ses imitateurs.

Les deux Gréban[31] *au bien résonnant style*
Octovien à la veine gentille
Le bon Crétin aux vers équivoqués
Ton Jean Le Maire entre eux haut colloqué.
(v. 35-41)

Bon fils et bon élève, Clément Marot ne renie donc pas les rhétoriqueurs, même à la fin de sa vie. Il les met dans les vitrines du passé. Mort en 1526, son père en parle avec émotion dans l'au-delà. Mais depuis, beaucoup d'eau a passé sous les ponts de Paris, de Ferrare, de Lyon : Clément a rompu ses premières attaches et n'en dit qu'avec la voix du souvenir. Le poème va. Crétin trouve Lorris au jardin de la Rose. Dans leur promenade, les esprits des défunts rencontrent Guillaume Budé[32] et félicitent Clément (qui dort toujours) de l'avoir bien connu.

C'est ici (v. 123) que se place la cassure temporelle. Le nouveau défunt, c'est-à-dire Preud'homme, va parler de ceux qui ont remplacé les vieilles gloires depuis la mort de Jean Marot, non plus les grands rhétoriqueurs salués et oubliés, mais la « nouvelle vague » :

Au demeurant notre Gaule ainsi comme
Nous a conté l'esprit du grand Preud'homme
De maint Poète ores[33] *est décorée :*
Mais entre tous de trois très honorée
Dont tu es l'un, Saint-Gelais[34] *angélique*
Et Héroët à la plume héroïque
Malgré le temps vos esprits dureront
Tant que français les hommes parleront.
(v. 123-130)

31. Arnoul et Simon Gréban, auteurs de *Mystères* (deuxième moitié du xvᵉ siècle) qui plaisaient fort à Marguerite de Navarre.

32. Guillaume Budé (1467-1540), philologue et érudit. Conseiller écouté de François Iᵉʳ, il le poussa à établir les Lecteurs royaux, dont sortira le Collège de France (1530).

33. Maintenant. Le mot est capital à cette place. Nous passons de 1491 à 1543.

34. Mellin de Saint-Gelais (1491-1558), neveu d'Octovien.

Cela n'est pas du meilleur Clément Marot, mais le texte est clair. Dans l'amertume de cet exil, qui sera le dernier, Clément se fait placer parmi les trois meilleurs poètes contemporains. Mellin de Saint-Gelais, un rimeur léger qui restera surtout célèbre par ses démêlés avec la Pléiade. Héroët[35], personnage plus dense, auteur de la célèbre *Parfaite Amie de cour*, poulain — ou plutôt cheval d'appui — de Marguerite de Navarre. Marot les surestime-t-il, ou s'en sert-il seulement comme garde d'honneur? Célèbre mais exilé, Clément Marot se rassérène par la certitude de son talent et que ses œuvres lui survivront[36]. Les grands rhétoriqueurs sont des compagnons d'enfance, ceux qu'il admet pour égaux; il les a nommés ailleurs[37], déclarant à Sagon qu'ils ne peuvent trahir leur roi :

> *Je ne vois point qu'un Saint Gelais*
> *Un Héroët, un Rabelais*
> *Un Brodeau, un Scève, un Chappuys*
> *Veuillent écrire contre lui*
> *Ni Papillon pas ne le point*
> *Ni Thénot ne le tenne[38] point*
> *Mais bien un tas de jeunes veaux*
> *Un tas de Rimasseurs nouveaux*
> *Qui (pensent) élever leur nom*
> *Blâmant les hommes de renom[39].*

Tous, en revanche, ont donné à Marot des gages d'amitié. Papillon compte peu. Thénot, c'est Étienne Dolet, l'un des plus brillants esprits de ce temps. Sauf lui, tous tiennent de près ou de loin à Marguerite de Navarre, protectrice par

35. Antoine Héroët (1492-1568). Voir note 21 p. 200.
36. C'était aussi une attitude imitée de maint poète de l'Antiquité. Ainsi, Horace déclare (*Odes*, III, 30) : « J'ai bâti un monument plus durable que le bronze. [...] Je ne mourrai pas tout entier. »
37. *Frippelippes, valet de Clément Marot, à Sagon* (1537).
38. Ne le tourmente pas.
39. Victor Brodeau (1502-1540), voir note 20 p. 200; Maurice Scève (1501-1560); Claude Chappuys (1500-1575), voir note 22 p. 200; Almanque Papillon (1487-1559); Étienne Dolet-Thénot (1509-1536).

excellence de Marot, apôtre de la tolérance religieuse quand son frère le roi ne l'en empêche pas. Maurice Scève est le chef et le meilleur poète de l'école lyonnaise, qui fit semblant de découvrir près d'Avignon le tombeau de Laure, égérie de Pétrarque. Telle est la génération nouvelle des « modernes ». Elle s'est évadée de la rhétorique sans révolution, mais avec résolution. Après 1550, personne ne vantera plus le bon Crétin, ni l'habile Molinet.

Pourtant, l'histoire de la poésie française nous montre par des exemples renouvelés de siècle en siècle que l'élan des grands rhétoriqueurs n'est pas brisé. Qu'essayaient-ils de faire ? Jouer avec les mots, donner à la rime d'étranges musiques et de l'importance sonore : « La rime est une esclave et ne sait qu'obéir », écrira Boileau [40]. D'autres penseront le contraire, et qu'il y a de la grâce dans les cliquetis ingénieux. Racine trouvera le son de la folie dans l'allitération : « Pour qui sont ces serpents qui sifflent sur nos têtes ? » Victor Hugo, alors qu'il cherchait, pressé, une rime à « regardait », écrit, impavide :

> *Tout reposait dans Ur et dans Jérimadeth* [41].

Jérimadeth (j'ai-rime-à-deth) est désormais lieu désigné dans plus d'un recueil de morceaux choisis.

La « clinquetaille » rhétoricienne, si elle amuse souvent l'immense Hugo, que les calembours n'effraient pas, a séduit beaucoup de ses confrères. Ainsi, Charles Nodier envoie en 1843 des *Stances* à Alfred de Musset ·

> *Fuis, fuis le pays morose*
> > *de la prose*
> *ses journaux et ses romans*
> > *assommants...*

Musset, qui « rhétorise » en plus d'un endroit, lui répond :

40. *Art poétique*, I.
41. « Booz endormi », *La Légende des siècles*.

Que ce soit si l'on m'accuse
     mon excuse
Pour n'avoir rien répondu
     ni pondu…

Le bien oublié Théodore de Banville « rhétoriquera ». Mais aussi — ô combien ! — Guillaume Apollinaire, Louis Aragon, Jacques Prévert dont l'*Inventaire* n'est, au bout du compte, qu'une « baguenaude ».

Oubliés, les rhétoriqueurs ? Oui dans leur pompe rococo-mythologique ; non dans leur volonté de mêler la facétie à la versification. En 1926, le très savant universitaire Henri Guy leur consacre le premier volume de son *Histoire de la poésie française au XVI*ᵉ *siècle*, en disséquant leur œuvre, brin à brin. Étude exhaustive, commentaire qui oscille entre la dérision et la fureur. « Le malheureux s'imaginait… », écrit-il de Molinet. Pourquoi tant de minutie dans la haine ? Soudain le critique laisse entrevoir ses goûts en poésie. Ils sont post-romantiques. Guy mentionne *Le Vase brisé*, du regretté Sully Prudhomme. Face à ces délices un peu avariées vient de se dresser, en 1924, le premier *Manifeste du surréalisme*. Il jette sa pierre sur les débris du vase. N'y a-t-il pas du grand rhétoriqueur chez les surréalistes ?

En cette fin du XXᵉ siècle où la poésie — raffinant sur Boileau — s'est débarrassée de l'esclavage de la rime, avons-nous pour tout de bon enterré la grande rhétorique ? Moins que jamais. Elle s'est réfugiée, entre 1940 et 1960, dans la chanson. Elle y a produit de vrais morceaux d'anthologie débordants de gaieté. Son chef-d'œuvre restera sans doute la chanson de Charles Trenet *Débit de lait, débit de l'eau*, où les assonances s'entrechoquent sur une musique plaisante et joyeuse.

Clément Marot lui aussi a fait des chansons, plus de cinquante. Homme d'esprit, il est également homme de son. Le son parfois lui fait perdre le sens. C'est sa meilleure façon de saluer, quand il s'en éloigne, la « clinquetaille » des grands rhétoriqueurs. Au moins font-ils rire parfois. Leurs descendants dégénérés, les mascarilles du XVIIᵉ siècle, ne feront rire que d'eux-mêmes, ainsi que les épaves du gongorisme, et ces précieuses ridicules dont chaque époque surabonde.

CHAPITRE III

Les jeunes années

L'art ne fait que des vers, Le cœur seul est poète.

André Chénier.

Le jour et la nuit

Le jeune Clément Marot — déjà reçu page chez Nicholas de Neufville — entre donc à la Chancellerie comme clerc : disons comme apprenti fonctionnaire. Ici commence sa légende, que nous ne voulons ni ignorer ni prendre pour argent comptant. Aucun document ne nous permet de raconter sa vie au jour le jour. Mais dans le Paris de 1515 les témoignages sont unanimes : les pages sont de francs polissons, les clercs du Palais — membres de la basoche — d'irrespectueux galopins, pour ceux du moins qui étaient jeunes.

« Hardi comme un page », dit-on. Le proverbe, cette liturgie du lieu commun, dit aussi : « Qui se ressemble s'assemble. » Les pages ne respectent rien ni personne, en dehors de leurs maîtres. Ils sont prêts à jouer tous les tours pendables ou du moins justiciables aux bourgeois de Paris. Pourvus par leur employeur d'un habit d'honneur — en fait vêtus, nourris, logés —, ils sont censés apprendre les manières dans la maison qu'ils servent. Mais au-dehors ? Ils ont peu d'argent, sauf si leur famille leur en fournit. Cela les amène à une prodigieuse adresse dans l'art de quémander. On les montre gourmands, querelleurs, paresseux. Leur service fini, quitté le château ou l'hôtel de leurs maîtres, on les retrouve parmi les débauchés nocturnes : buveurs, coureurs de filles mais aussi de femmes mariées, bien loin de la *fine amor* et de l'amour courtois en leurs paillardises.

Tel est, en abrégé à peine noirci, le stéréotype du page. Celui du clerc au Palais présente avec ce dernier de fâcheuses ressemblances. L'ensemble des clercs ressortit à la corporation de la basoche. Un royaume en fait, puisque les basochiens se donnent un roi, des princes, un chancelier. Dès 1302, Philippe le Bel avait attribué des privilèges à ces remuants personnages. Au fil des années ils se scindèrent en plusieurs obédiences, mais gardèrent un statut marginal. Leur juridiction privée, échappant aux instances ordinaires, se limitait aux rixes et querelles internes. La basoche se singularisait par des fêtes annuelles, des « montres » pompeuses, accompagnées de festivités. Ainsi, avant la grande « montre » du solstice d'été, les basochiens allaient « cueillir le Mai ». En cortège, ils se rendaient dans la forêt de Saint-Germain, arrachaient un arbre, le rapportaient à Paris, puis le replantaient dans la « cour du Mai », près de la Sainte-Chapelle. Marot a chanté le Mai dans plusieurs de ses poèmes.

Autre singularité de la basoche : la représentation publique des pièces de théâtre de sa façon. Il s'agissait en général de farces et soties, d'un esprit très frondeur à l'égard de l'ordre établi. Les « montres » de la Basoche dégénéreront si fort en beuveries et en bagarres qu'Henri III enlèvera pour finir la couronne de leur roi. Quant au théâtre de plein vent, dès 1515 un arrêt du Parlement limite sa liberté d'expression ou, plutôt, les libertés que prenaient ces parades satiriques avec les grands personnages, et même la famille royale[1].

1. Notamment contre la reine Louise de Savoie, mère de François Ier et de Marguerite de Navarre. Marot écrira en 1531 son oraison funèbre en forme d'églogue. L'*Épître LIV, au roi, pour la basoche,* n'est qu'attribuée à Marot vers 1543.

La basoche occupait la rive droite de la Seine. Les étudiants des quatre facultés — arts, médecine, décret et Théologie — fourmillaient sur la rive gauche en d'innombrables collèges. Si nous exceptons — par charité et en raison de leur âge plus avancé — les étudiants en théologie, les autres « escholiers » entretenaient avec les basochiens des rapports d'hostilité amicale, pourrions-nous dire, ou de complicité rivale. Parfois, l'un ou l'autre parti passait le fleuve, et des bagarres s'ensuivaient. Les écrits de l'époque nous en informent, ainsi que de l'agacement des bourgeois empêchés de dormir. Complicité, amitié étaient possibles à mi-chemin entre les deux territoires, dans les tavernes de la Cité. Les étudiants frondeurs et les jeunes basochiens s'y enivraient et fréquentaient les filles sans morale. Les deux partis, en fait foncièrement séparés, se retrouvaient parfois la nuit dans une course devant les archers du guet, cette police nocturne efficace mais surmenée. « Rosser le guet » restait dans les traditions estudiantines « médiévales », même si celles-ci étaient de plus en plus difficiles à maintenir. Au XVIᵉ siècle, les anciennes structures policières existent toujours : le guet assis, composé de milices bourgeoises, demeure à postes fixes. Le guet royal, sous la conduite de son chevalier, patrouille dans les rues et quadrille la ville, avec une charrette — nous dirions un « panier à salade » — où l'on jette les délinquants pris sur le fait.

Clément Marot, à la ville, sert un homme du gouvernement bien en cour ; clerc du Palais, il est tenu par ses ambitions, celles de son père et de son protecteur, à une conduite ostensiblement honorable. Mais dans ses œuvres il fait chorus avec les « enfants sans souci », qui ne se recrutaient pas parmi les enfants de chœur. Étienne Dolet, cette singulière figure du XVIᵉ siècle, s'écriera peu avant d'être pendu et brûlé : « Vivent les enfants sans souci[2]. » C'était donner des lettres de noblesse à une association de « gai vouloir » dont Marot minimisera les outrances en une ballade.

2. *Libera des prisonniers de la Conciergerie du Palais.*

Les basochiens contestataires sont cités parmi ses amis et il les déclare lui-même comme tels : Jean le Basochien, Jean Serre, Pontalais. Certes, sur les conseils de son maître Neufville, il écrira des poèmes dans l'esprit du temps. Il y gardera le tour de main factice des grands rhétoriqueurs, leurs formes poétiques, et affichera l'intérêt qu'il faut montrer envers les maîtres antiques puisqu'il donnera pour commencer une traduction de Virgile. Tous ces jeux littéraires convenables savent pousser un débutant. Par ailleurs, cependant, dans la ballade notamment, il montre le bout de l'oreille qu'il cachait le jour sous sa toque de page ou sa calotte de clerc, laissant voir ce goût pour les gamineries qui ne le quittera jamais, lui nuira souvent.

Gaieté, insouciance foncière, penchant pour le vin et les femmes, Clément a gagné tout cela à Paris, où il se délivre de l'assommoir des « régents », goûtant les plaisirs de la jeunesse auprès de compagnons joyeux. Cette espièglerie lui restera au cœur. Nous la trouvons dans ses œuvres satiriques et éclairant soudain d'un sourire ses pièces les plus sérieuses, même les plus sombres. Frivolité ? « Badinage » plutôt, lisons-nous sur la durable étiquette collée par Boileau. Gardons-la pour le moment.

LES ENFANTS SANS SOUCI

Dans ses premières ballades Clément Marot fait un retour à son adolescence. L'une des plus significatives est celle des *Enfants sans souci*. Écrite avant 1519, comme sans doute les trois suivantes, elle sera publiée dans le recueil de 1532. Mais ici, nous pouvons entendre « adolescence clémentine » au sens actuel : Marot nous parle du temps qui précède ou suit de peu sa vingtième année.

Parmi les enfants sans souci, le poète rencontre donc de joyeux lurons. L'œuvre a pour refrain une justification :

Car noble cœur ne cherche que soulas.

Le « soulas », c'est-à-dire le soulagement des peines, le repos, le divertissement, voilà l'affaire des enfants sans souci. Cela ne les empêche pas d'avoir le cœur noble : tout noble cœur ne recherche que le soulas, sans y perdre de sa noblesse. De là jusqu'à présenter la joyeuse confrérie comme agneaux mal jugés, il n'y a qu'un pas vite franchi. Certes, les enfants sont gais, et s'en vantent :

> *Vu qu'en bonne façon*
> *Nous consommons notre fleurissant âge*
> *Sauter, danser, chanter à l'avantage*
> *Faux envieux, est-ce chose qui blesse ?*
> *Nenni, pour vrai, mais toute gentillesse*
> *Et gai vouloir, qui nous tient en ses lacs*[3].
> *Ne blâmez point (dès lors) notre jeunesse*
> *Car noble cœur ne cherche que soulas.*
>
> (v. 5-12)

Le ton est donné. Les enfants sans souci ne sont ni des sots ni des délinquants, mais de joyeux bons garçons. Seuls trouvent à redire à ces façons ces faux envieux, appelés plus loin

> *Languards, piquant plus fort qu'un hérisson*
> *Et plus reclus qu'un vieux corbeau en cage.*
>
> (v. 17-18)

Vitupérer les jeunes est toujours façon de vieux racorni. Qu'ont-ils donc fait, ces honnêtes enfants ? Y a-t-il vraiment à les morigéner ? Regardez-les vivre :

> *Bon cœur, bon corps, bonne physionomie,*
> *Boire matin, fuir noise et tanson*[4]
> *Dessus le soir, pour l'amour de sa mie,*
> *Devant son huis sa petite chanson,*
> *Trancher du brave et du mauvais garçon,*
> *Aller de nuit, sans faire aucun outrage*

3. Lacets, filets.
4. Querelle.

Se retirer, voilà le tripotage[5],
Le lendemain, recommencer la presse[6].
(v. 25-32)

Des agneaux ! Nous y croirions presque, à ces bons petits qui vont la nuit à pas de velours pour ne réveiller personne. « Conclusion : nous demandons liesse. » Les témoignages de bourgeois, le renforcement du guet parlent contre cette peinture angélique. Elle persistera pourtant dans la ballade *Du cri de l'empire d'Orléans*. Elle « crie », c'est-à-dire annonce la fête de cette autre confrérie de bons diables. Que les vieux médisants, les « régents » bornés viennent nous écouter, au lieu de nous blâmer :

Vous musequins[7] *qui tenez les écoles*
De caqueter faire et entretenir
Pour bien juger (ce que sont) nos paroles
N'y envoyez, mais pensez de venir.
(v. 27-30)

Plaidoyer, donc, pour les jeunes désordonnés, exempts de malice, et bien-disants. Plus tard, au temps de la persécution contre les hérétiques et les « mal-sentants », Marot écrira plus d'un texte hypocrite. Nécessaire, certes, au prix de sa liberté, peut-être de sa vie. Ces vers de jeunesse nous montrent qu'il était doué pour peindre — ou repeindre — ce qui n'avait pas les couleurs du conformisme exigé : il sait jouer les bons apôtres.

Dans la ballade *Du temps que Marot était au Palais à Paris*, déjà citée, il trébuche un peu parmi les bons sentiments. Toute l'œuvre est fondée sur une amourette qu'avait Clément à cette époque, et qui tourne à son désavantage. La belle appela-t-elle à l'aide ? Eut-il affaire aux archers quand il allait la visiter ?

5. Manigances.
6. Rude travail.
7. Petits museaux.

On m'a appris tout par cœur la leçon :
Je crains le guet, c'est un mauvais garçon
Et puis de nuit trouver une charrette.
(v. 32-34.)

Voici la charrette du guet qui vient traverser inopinément les paisibles allers nocturnes de Clément et de ses amis. Alerte ? Précaution ? Du coup, la peinture idéale s'écaille. Ces bons petits tournent aux garnements.

L'amour, d'ailleurs, en cette même ballade, est traité de façon fort crue. Clément renonce aux amourettes, sinon aux grands sentiments :

Je quitte tout, je donne, je résigne
Le don d'aimer, qui est si cher vendu
Je ne dis pas que je me détermine
De vaincre Amour, cela m'est défendu
Car nul ne peut contre son arc tendu,
Mais de souffrir, chose si mal congrue,
Par mon serment, je ne suis plus si grue[8].
(v. 25-31)

Ôtons le grand A de l'amour, la fillette n'en valait pas tant, ni d'y risquer la charrette du guet. L'envoi de cette ballade sera des plus gaillards :

Prince d'amour régnant dessous la nue
Livre-la moi en un lit toute nue
Pour me payer de mes maux la façon
Ou (me) l'envoie « à l'ombre d'un buisson[9] *»*
Car (si) elle était avecque moi seulette
Tu ne vis onc mieux planter le cresson
Pour le plaisir d'une jeune fillette.
(v. 37-fin)

« Planter le cresson » est sans doute la façon la moins idyllique dont Marot, cet amoureux perpétuel, parlera de

8. Bête.
9. Ces mots entre guillemets constituaient le début d'une chanson de l'époque.

l'amour. Elle a le mérite de nous le montrer non pas en
« soupirant » — il le sera, dans ses poèmes et sa vie, la mode
et le cas échéant — mais en fervent de la bagatelle. Le
mélange des traditions grivoises et des héritages courtois ou
pseudo-platoniques restera, jusqu'au troisième tiers de ce
siècle, curieusement évident.

Il lutinait donc. Buvait-il de surcroît ? Cela est probable.
Le vin et ses exaltations sont souvent présents dans son
œuvre. La guerre, avons-nous lu, est exécrable parce qu'elle
décoche des boulets qui « empêchent de jamais boire ».
Punition suprême ! Le capitaine Raisin, pour lequel le poète
prend la parole [10], soigne sa vérole à « l'eau ferrée » et s'en
plaint à Bacchus : passe pour la maladie, mais se priver de
vin ! Un texte tardif de Marot — d'ailleurs contesté — nous
apprend que le vin lui a « ravi la force des yeux », mais qu'il
en boira quand même. Vrai, faux ? Ce qui est indiscutable,
c'est l'association boisson-plaisir dans son esprit. Il la décla-
rera à plusieurs reprises, et même en latin dans son épigramme A un nommé Charon qu'il convie à souper :

> Car on t'attend : puis quand seras en tente [11]
> Tant et plus bois bonum vinum charum [12].

Que reste-t-il pour compléter cet autoportrait d'un jeune
homme bon vivant ? La contestation des divers pouvoirs qui
le tiennent. Du pouvoir royal ? Jamais. Il veut servir le roi, le
servira, regrettera de ne plus être à son service, l'aimant
toujours. Du pouvoir universitaire ? Certes, un peu plus tard.
Du plus fort de tous, l'empire de la religion catholique ? Il y
viendra, non sans biaiser, pour y perdre enfin presque tout et
mourir exilé.

Pour le moment, il va moquer les moines. Qui contredirait
à cela, à peine passé le seuil des églises ? La littérature
populaire regorge depuis des siècles de moines paillards.
Rabelais appellera « bordeliers » les frères mendiants cordeliers qui confessent les dames d'une drôle de façon. Le jeune

10. *Épître VI* (v. 46-60).
11. En compagnie.
12. Bon vin aimé.

Marot y va de sa ballade sur le personnage de frère Lubin, archétype du genre. Cette pièce, en vers octosyllabes alternés, est d'une belle facture, vive, mordante, allègre. Autant nous le voyions retenu dans les œuvres qui défendaient les « bonnes mœurs » de ses amis, autant il va ici au plus tranchant, déjà au mieux de sa forme satirique :

> *Pour débaucher par un doux style*
> *Quelque fille de bon maintien*
> *Point ne faut de vieille subtile*
> *Frère Lubin le fera bien.*
> *Il prêche en théologien*
> *Mais pour boire de belle eau claire*
> *Faites-la boire à votre chien*
> *Frère Lubin ne le peut faire*
> (v. 17-24)

Voilà tout ce que nous avons pour esquisser le portrait — ou plutôt l'envers du portrait — de Clément Marot vers sa vingtième année. Officiellement, il profite des chances qui lui sont données. Officieusement, il rime des œuvres malicieuses avec une originalité de ton déjà sensible.

Rime-t-il ces ballades que nous venons de citer en sa prime jeunesse ou un peu plus tard ? Leur datation reste incertaine. Il est constant chez Marot de plagier le « vieux style » à une époque où lui-même s'en éloigne. Ainsi dans l'épître déjà citée au chancelier Duprat, qui aimait les vieilles tournures démodées. Peut-être certaines de ses ballades — il n'abandonnera le genre qu'en son âge mûr — ont-elles été composées en souvenir de ses vertes années, non durant celles-ci. En tout cas, il ne les renie pas. Elles paraissent en 1532, ou dans la *Suite de l'adolescence clémentine*, fin 1533. Leur ton les rattache sans aucun doute au premier Marot. Qu'avait à craindre d'incartades de page et des mésaventures du « gai vouloir » le Marot d'après 1519, serviteur protégé de la sœur du roi ?

Écrites sur le vif, ou plus tard en manière de clin d'œil, ces œuvres débordent de jeunesse. De celle-ci, il gardera toute sa vie l'empreinte. Il est de ces esprits qui ne vieillissent pas.

Cette permanence des qualités de l'adolescence — liberté, exaltation, donquichottisme —, cette continuité en ses défauts — légèreté, bravade — le rendra mordant et vulnérable à la fois. Les oiseaux du ciel, les *volucres coeli,* tombent de haut quand la chasse est ouverte.

Premières traductions

Nous lisons dans la préface de *L'Adolescence clémentine :* « Nous la commencerons par la première églogue des *Bucoliques* virgilianes, translatées [certes] en grande jeunesse, comme [vous le] pourrez en plusieurs sortes connaître, mêmement par les coupes féminines [13] que je n'observais encore alors, et que Jean Le Maire de Belges, en me les apprenant, me reprit. » Notons l'hommage à Lemaire, comme nous avions signalé la dédicace à Neufville : en 1532 comme en 1538, Marot adulte n'oublie pas le bien qu'on lui a fait vers 1515.

Le jeune homme se lance donc dans la traduction en vers de la première *Bucolique* [14]. Puisqu'il n'est même pas « latiniseur », c'est une « version latine » qu'il doit d'abord mener à bien. Possédait-il déjà un texte français de l'œuvre ? Guillaume Michel de Tours n'en donnera un commentaire qu'en 1516, mais Crétin, nous l'avons vu, faisait déjà chanter « Noël » à Tityre. Les vrais latinistes ne manquent pas autour de Jean Marot.

Aidé ou non, ce n'est pas dans la traduction même de la *Bucolique* que Clément est à reprendre. L'adaptation seule est médiocre par rapport au grand modèle. Le superbe chant des

13. La « coupe féminine », ou « césure épique », comporte une syllabe de césure terminée par un e muet non élidable. Exemple au vers 88 : *Ô Mélibée, je vois ce jeune enfant...*

14. Henri Goelzer, dans sa traduction de 1933 (Éditions Guillaume Budé), refuse aux *Bucoliques* de Virgile l'appellation d'églogues. Il se fonde sur la démonstration de F. Plessis dans son introduction à l'œuvre (1919). Le débat n'est pas clos.

hexamètres virgiliens s'accommode mal du décasyllabe français à rimes plates. La singularité des images, les subtilités de la syntaxe, la recherche de termes poétiques supérieurs à la langue parlée n'ont chez Marot que de médiocres équivalences. La tâche était — d'autres l'ont prouvé à leurs dépens — à peu près impossible. Citons pour exemple, en latin, en français, puis en vers de Marot, le célèbre début du poème.

Tityre tu patulae recubans sub tegmine fagi
silvestrem tenui musam meditaris avena.

Ou littéralement : « Tityre, allongé sous le couvert d'un hêtre déployé, tu composes un air sylvestre sur ton petit pipeau. » Ou chez Marot :

Toi, Tityrus, gisant dessous l'ormeau
Large et épais, d'un petit chalumeau
Chantes chansons rustiques en beaux chants.

                                                            (v. 1-3)

Virgile n'est pas Molinet. Ce troisième vers « rhétoriqueur » semble dérisoire, en ses chuintantes, par rapport au grand modèle. Ne citons plus rien de ce laborieux pensum, sauf une curiosité. Marot a souvent tenté de remanier sa traduction. L'oublie-t-il plus tard ? C'est pour mieux la plagier, la copier même, très améliorée par sa propre poétique. Lisons au vers 110 :

Car d'un côté joignent à toi auras
La grand' clôture à la saulsaie épaisse
Là où viendront manger la fleur sans cesse
Mouches à miel qui de leur bruit tant doux
T'inciteront à sommeil tous les coups.

Tel est en effet le doux sort promis à l'heureux vieillard Tityre par Mélibée : « *Fortunate senex !* » (v. 51-55 de la première *Bucolique*). Mais ces vers de Virgile, Marot va les prendre à son compte en 1539, dans l'*Églogue au roi sous les noms de Pan et Robin*. Les copier en améliorant la traduction qu'il en avait donnée plus de vingt ans auparavant, celle-là même dont nous parlons. Il glisse dans sa propre églogue :

Là, d'un côté, auras la grand' clôture
De saulx épais : où, pour prendre pâture
Mouches à miel la fleur sucer iront
Et d'un doux bruit souvent t'endormiront.

(v. 93-96)

De l'appropriation des textes anciens ou modernes à cette époque, tout a été dit. Marot peut piller Virgile comme on le pillera lui-même. Les leçons de du Bellay (« Imitez, ne traduisez pas ») n'arrangeront pas les choses. Mais si Virgile copié vaut mieux que la traduction de 1515, Marot n'y met, encore une fois, rien du talent qui est le sien propre.

Quoi qu'il en soit, Clément voit apprécier son approximation de Virgile. Il pousse ses avantages, en continuant dans le même sens. Ce sera pour « traduire » le *Jugement de Minos sur la préférence d'Alexandre le Grand, Annibal de Carthage et Scipion le Romain, déjà menés par Mercure aux Lieux Inférieurs devant icelui Juge,* d'après Lucien de Samosate. Marot, qui connaît peu de latin, sait-il donc le grec ? Certes pas. Il copie la traduction française par le rhétoriqueur Jean Miélot d'une mauvaise adaptation de l'original par Giovanni Aurispa. Il en garde les déviations et les erreurs de toutes sortes. Scipion se voit attribuer la palme. Alexandre, que le véritable auteur donnait pour vainqueur, est dernier [15].

Alexandre ne peut être couronné, déclare Annibal. C'est un assassin, malgré les « saintes doctrines qu'il avait lues d'Aristote son maître ». N'oublions pas que le Stagirite — qui fut effectivement le précepteur d'Alexandre — était « récupéré » par l'Église romaine et régnait sur la scolastique. Il semble que le *Jugement de Minos* eut son petit

15. Aurispa, en effet, donne la palme à Scipion. Était-ce pour confirmer la gloire de l'Africain ? Pétrarque en avait fait le héros de son poème latin *Africa*, qui lui valut d'être couronné. Quant à l'éblouissant Lucien, il influencera plus d'un auteur du xvie siècle et notamment, de très près, Rabelais. *Cf.* Pierre Bayle, *Dictionnaire historique et critique,* 1696-1697.

succès, très immérité, auprès du jeune roi François. Le début de carrière de Marot s'en trouve encouragé. Il passera, avec *Le Temple de Cupido*, à des œuvres personnelles encore bien hésitantes.

Pour autant, il ne va pas cesser de traduire et adapte en vers français deux poèmes religieux d'auteurs néolatins : l'*Oraison contemplative devant le Crucifix*, d'après Nicholas Barthélemy de Loches, et les *Tristes Vers de Philippe Béroalde*[16] *sur le jour du vendredi saint.* Aucune de ces laborieuses traductions ne mérite plus d'une lecture des curieux de Marot. Pourtant, une question se pose à leur sujet. Plus tard, quand Marot traduira Ovide et Pétrarque d'une part, les Psaumes, les *Colloques* d'Érasme de l'autre, nous y trouverons des engagements littéraires et spirituels. Mais ici, l' « enfant sans souci » serait-il devenu dévot ? Sans doute ne l'a-t-il jamais été : fondamentalement chrétien, certes, mais non confit en dévotion.

Le choix de ces textes médiocres, qu'il traduit sans chaleur, mérite une explication. En 1519, il entre au service de la sœur du roi. Celle-ci, alors duchesse d'Alençon, est très fortement poussée vers la religion par sa belle-mère, que l'Église béatifiera. Dès 1521, nous suivons son cheminement spirituel dans sa correspondance avec l'évêque Briçonnet. Ces mornes traductions, très peu marotiques, sont à situer dans les débuts du service de Marot chez Marguerite, dont il flatte ainsi le mysticisme. Avec peu de ressort, il faut bien le dire :

La quantité de mes vieux péchés bouche
Mortellement ma pécheresse bouche[17].

Et ailleurs :

16. Filippo Beroaldo (1453-1505), né à Bologne. Humaniste célèbre qui enseigna à Paris. On lui doit des éditions annotées de Lucain, Apulée, Pline, Suétone, Aulu-Gelle, Properce. Son neveu Beroaldo le Jeune (1472-1518), bibliothécaire de Léon X, produisit en latin des odes et des épigrammes.
17. *Oraison contemplative devant le Crucifix* (v. 5-6).

Soient gémissants Poissons couverts d'écaille
Et tous Oiseaux peints de diverse taille [18].

Le reste est à l'avenant. Quand il voulait se faire engager par la princesse, il lui écrivait une épître rhétoricienne [19], sans oublier d'y mentionner les deux amours de Marguerite : son frère François Ier et Dieu, qui vient à la fin du poème. Une fois reçu, connaissant encore mal sa protectrice, qui ne le connaît lui-même qu'à peine, il flatte ce qui est évident chez elle dès l'abord : une piété encore hésitante au sujet de l'orthodoxie.

Cela posé, ou du moins supposé raisonnablement, venons-en aux premiers essais de poésie personnelle. Nous y trouverons Marot non pas timide — ce n'est pas dans sa nature — mais esclave encore des grands rhétoriqueurs, de la Rose, de Chartier, de la mode. A peine y voit-on les lueurs d'un talent qui doit mûrir. Clément Marot ne jouait pas les novateurs, quand le temps venait d'être accepté par les tenants du passéisme.

LES FAITS DE CUPIDON

Pierre Villey, le premier qui fit de l'œuvre de Marot une étude en profondeur [20], assigne au *Temple de Cupido* la date de 1515. La dédicace à Neufville, l'aveu que le poème naquit par la volonté — ou du moins à la demande — de ce dernier nous conduisent à le situer à cette date, ou peu après. Ni les lettres françaises ni la réputation de Marot n'y perdraient si nous nous trompions de deux ou trois ans.

Le Temple de Cupido, en effet, nous apparaît plus comme un exercice que comme une œuvre originale. Nous y trouvons tout l'arsenal poétique des grands rhétoriqueurs et un fatras d'imitations diverses. Certains ont déclaré d'abord qu'il s'agissait d'un simple plagiat de Lemaire de Belges en

18. *Tristes Vers de Béroalde sur le jour du vendredi saint* (v. 31-32).
19. *Épître du dépourvu* (voir p. 99).
20. *Cf.* Bibliographie.

son *Temple de Vénus*. Or il y a moins de Lemaire dans cette
œuvrette laborieuse que de Chartier et de la Rose. S'il fallait
choisir entre les nombreux « Temples » dont fourmille la
rhétorique, c'est celui de Mars, écrit par Molinet, qui
paraîtrait ici le plus souvent pillé. Il n'est pas le seul.
L'architecture de l'œuvre n'a rien de personnel. La volière
mythologique qui partout caquète est de location : chacun
s'en sert depuis longtemps. La forme ? L'alternance de
tirades en décasyllabes et en octosyllabes tente de l'alléger,
mais les ailes de ce Cupidon restent lourdes. Pour tout dire,
l'on s'ennuie parfois dans ce pathos logorrhéique.

Que raconte l'auteur ? Il a eu une peine de cœur — une
jeune fillette ? — et part en quête de « Ferme Amour ». Plus
d'un critique s'est vainement interrogé sur l'identité du
modèle. Sans doute est-il tout idéal, imaginaire. Neufville
demande à Marot d'écrire — citons la dédicace — « la quête
de Ferme Amour ». Le jeune poète s'exécute. Notons
pourtant ces vers qui font allusion à certain dégoût des
amourettes déjà noté dans une ballade. L' « Enfant »,
Cupido, a barre sur les grands de la Terre et sur les dieux de
l'Olympe. Qu'en sera-t-il de Marot ?

> *Mais ainsi est que ce cruel Enfant*
> *Me voyant lors en âge triomphant,*
> *Et m'éjouir entre tous ses soudards*
> *Sans point sentir la force de ses dards,*
> *Voyant aussi qu'en mes œuvres et dits*
> *J'allais blâmant d'Amour tous les édits*
> *Délibéra, d'un assaut amoureux*
> *Rendre mon cœur, pour une, langoureux.*
>
> (v. 19-26)

Cette « une » sera Ferme Amour. Il plante là celle pour qui
son cœur soupire en vain, et passe aux choses sérieuses.
« Avez-vous vu Ferme Amour ? » demande-t-il à la ronde,
toujours en rimes léonines plates... Personne ne l'a vue. Il la
cherchera donc au Temple cupidique. Paraît un paysage aux
« ruisseaux ondoyants », aux « arbres verdoyants », aux
« prés herbus » : la campagne de Cahors cède aux platitudes

rhétoriciennes. Le poète y voit le grand Pan, ses bergers au travail (ils jouent du pipeau, du chalumeau et de la corne-muse), ses nymphes à la promenade. Il est arrivé. L'Espoir le « transporte » dans le Temple de Cupido — un songe ! — dont suit l'interminable description. Certains couplets ont de la verve. En voici un qui imite de près Lorris :

> De Cupido le diadème
> Est de roses un chapelet
> Que Vénus cueillit elle-même
> Dedans son jardin verdelet
> Et, sur le printemps nouvelet
> Le transmit à son cher enfant
> Qui de bon cœur le va coiffant
> Puis donna (pour ces roses belles)
> A sa mère un char triomphant
> Conduit par douze colombelles.
>   (v. 213-222)

Ces mièvreries ont quelque chose de déjà ronsardien. Mais restons-en aux rhétoriqueurs. Qui prie-t-on en ce lieu ? Une foule d'allégories qui fourmillent dans le poème :

> Saintes et Saints qu'on y va réclamer
> C'est Beau Parler, Bien Celer, Bon Rapport
> Grâce, Merci, Bien Servir, Bien Aimer.
>   (v. 243-245)

Comme l'Église l'admet en souriant, la religion chrétienne est travestie gaiement dans ces parodies :

> Les dames donnent aux malades
> Qui sont recommandés aux prônes
> Ris, baisers, regards et œillades
> Car ce sont d'amour les aumônes,
> Les prêcheurs sont vieilles matrones
> Qui aux jeunes donnent courage
> D'employer la fleur de leur âge
> A servir Amour, le grand Roi.
>   (v. 293-300)

Plus significatif :

> *Ovidius, maître Alain Char-r-tier*
> *Pétrarque, aussi* Le Roman de la Rose
> *Sont les missels, bréviaire et psautier*
> *Qu'en ce saint Temple on lit en rime et prose.*
> (v. 323-326)

Va pour Ovide, présent dans le texte qui tire des *Héroïdes* et surtout de *L'Art d'aimer*. Mais Pétrarque, déjà ? C'est joindre un engouement qui point à peine en France à la mode forcée des traducteurs à tout prix. Voici Génius, le demi-dieu de la fécondité, que Lemaire a nommé « Prélat vénérien ». « Prélat » est typique de la confusion entre mythologie et christianisme. « Vénérien » n'a encore que le sens de « consacré à Vénus ». La confusion précitée va plus loin. Répétons qu'aucun théologien ne s'en offense alors :

> *Un avec une devisait*
> *Ou pour Évangiles lisait*
> L'Art d'aimer, *fait d'art poétique*
> *Et l'autre sa dame baisait*
> *Au lieu d'une sainte relique.*
> (v. 398-402)

Saint Ovide ! Moquer les saintes reliques ! Cela nous semble plus fort que manger du lard en carême. L'usage de la fable à l'antique est admis, mais non de transgresser une loi de l'Église en la vie quotidienne. C'est pourquoi le poète — il y a du poète dans cette façon gaie d'écrire des billevesées — enchaînera intrépidement sur la belle et pure dame Ferme Amour :

> *Celle par qui* CHRIST, *qui souffrit moleste*
> *Laissa jadis le haut trône céleste*
> *Et habita cette basse vallée*
> (v.491-493)

Il découvre enfin Ferme Amour, mieux parée que ne le fut Didon pour recevoir Énée. Il lui conte comment il l'a cherchée en vain dans le fourmillant Temple de Cupido, et finit ainsi :

> *Par quoi conclus en mon intention*
> *Que Ferme Amour est au cœur éprouvée*
> *Dire le puis, car je l'y ai trouvée.*
> (v. 536-fin)

Cette œuvre, insignifiante en qualité dans le tout-Marot, il convient de la lire avec le sourire. C'est un écolier qui parle, un écolier en « poésie bien reçue ». Il se sert des sources chères aux célébrités reconnues, utilisant leurs façons de rimer, équivoquant parfois, allant au calembour. Il a l'air de jeter en vrac dans les yeux du public — du mécène ! — ce qu'il sait, lui : Ovide, Virgile, la Rose, Chartier, les succès récents de Lemaire par-dessus ceux de Molinet. Il fait parade de sa facilité. Quelquefois, il nous tire un hochement de tête approbateur. Nous oublions alors la laborieuse fantasmagorie en cours et tombons, déjà, sous le charme :

> *Là se baignait mainte dame hautaine*
> *Le corps tout nu, montrant un dur tétin.*
> *Lors on eut vu marcher sur le patin*
> *Pauvres amants à la tête enfumée :*
> *L'un apportait à sa très bien aimée*
> *Éponge, peigne et chacun appareil,*
> *L'autre à sa dame étendait la ramée*
> *Pour la garder de l'ardeur du soleil.*
> (v. 305-312)

Ainsi parfois, d'une copie conforme du pire, d'un naïf étalage de ses pauvres lectures, le jeune Clément Marot tire-t-il de belles étincelles.

L'*Épître de Maguelonne à son mari Pierre de Provence, elle étant en son hospital* est l'une des rares œuvres de Marot qui parvienne à nous faire bâiller. Les études récentes ont raison de ne pas la classer parmi les épîtres proprement marotiques, ce jeu épistolaire personnel qui fera merveille[21]. Cette pièce procède d'une imitation et d'un souvenir.

Imitation d'abord, très évidente, des *Héroïdes* d'Ovide. Octovien de Saint-Gelais les a mises à la mode en publiant vingt et une d'entre elles (1509). *Les Héroïdes* — c'est-à-dire « en rapport avec les héros » — sont de prétendues lettres écrites à de grandes figures, devenues légendaires, par les amoureuses qui regrettent leur absence : Pénélope à Ulysse, Hélène à Pâris[22]. Le jeune Marot fait écrire par la belle Maguelonne une « héroïde » à son prince charmant, Pierre de Provence. Ce dernier, l'ayant aimée — « à l'ombre d'un buisson », dirait la chanson —, l'y a abandonnée endormie. Il a été enlevé par les Barbaresques, conte le roman médiéval dont s'inspire cette épître. La lettre de Maguelonne n'a donc guère de chance de parvenir à son destinataire. Ce n'est pas la seule naïveté de ce récit macaronique, tourné en rimes plates AABB, dont la sonorité « léonine » ne suffit pas à éveiller l'intérêt.

Le seul attrait de cette œuvre réside dans son origine. Le roman d'où elle est tirée fut écrit sans doute au XIIe siècle, probablement en langue d'oc. Il fait partie du fonds de la culture développée autour des comtes de Toulouse. Maguelonne est aujourd'hui le nom d'un beau lieu lagunaire de la côte languedocienne où demeurent les ruines d'une église. Jusqu'en 1536, ce fut la résidence des évêques de Montpellier. Rien de plus célèbre que cette histoire d'amour dans le midi « toulousain », dont Cahors, rendu à Raimond VI à la fin du XIIe siècle, fait partie. Clément a-t-il entendu conter l'histoire de Maguelonne à la veillée ? Y a-t-il ressenti un frisson romanesque ? Il s'agit là d'une des hypothèses sans preuves qui hérissent les savants historiens... Parlons surtout

21. Claude-Albert Mayer, *Les Épîtres de Clément Marot*, Préface, *cf.* Bibliographie.
22. Notons que *Les Héroïdes* (v. 20 avant J.-C.) sont aussi une œuvre de jeunesse d'Ovide. Ce dernier y gagne de la gloire. Elles montrent moins de talent que les compositions de l'âge mûr, *Les Métamorphoses*, ou les poèmes de l'exil, *Les Tristes*. C'est précisément le côté superficiel des *Héroïdes* qui plaisait aux derniers rhétoriqueurs.

de la verdeur du jeune Marot, et de ses apports personnels au vieux roman. Maguelonne et Pierre, fuyant les parents de ce dernier qui veulent le marier ailleurs contre son gré, se couchent dans l'herbe. La belle s'endort. Dans l'histoire primitive, Pierre découvre la poitrine de la belle endormie : « Il tâtait ses blanches mamelles », se croyant au paradis. Il trouve entre les seins un sachet contenant trois bagues. Des oiseaux de mer les emporteront. C'est en les pourchassant que Pierre sera capturé par des pirates. Chez Clément Marot, Maguelonne s'endort aussi. Alors, rappelle-t-elle à son amoureux, il profite de la situation :

> *Et te sentant en ta liberté franche*
> *Tu découvris ma poitrine assez blanche*
> *Dont de mon sein les deux pommes pareilles*
> *Vis à ton gré, et tes lèvres vermeilles*
> *Baisèrent lors les miennes à désir*
> *Sans vilenie en moi pris ton plaisir.*
>   (v. 40-45)

Sans vilenie, soit. Il en fait ensuite tout un discours. Il n'y a pas eu péché de luxure. L'ayant cherché partout, elle attendra Pierre à l'hôpital Saint-Pierre, dans le port qui prendra le nom de Maguelonne, et restera vierge. A lire Marot, elle l'a échappé belle. Nous n'en sommes pas encore à l'amour purement éthéré, soi-disant platonique et tout à fait pétrarquisé.

Laissons cette œuvre d'école. Si *Le Temple de Cupido* rayonnait parfois de vers hardiment tournés, la fameuse *Épître de Maguelonne* ne demeure qu'en manière de curiosité. L'enfant Cupido, nommé au vers 24, n'y jette que flèches de bois mal doré.

L'ANGE TUTÉLAIRE

Peu d'années s'écoulent avant que Clément Marot songe sérieusement à acquérir un bon parrainage. La preuve nous en est donnée en 1517 par la médiocre ballade *De la naissance de Monseigneur le Dauphin François*. Le fils aîné du roi, nommé François comme son père, naît à la fin de février 1517, à Amboise. Désireux d'être remarqué directement, et non plus par des traductions ou des « Temples d'Amour », Marot y va de sa ballade. Le dauphin est un peau poisson. Dans la mer, les monstres marins et les sirènes l'accueillent avec joie — « doucettement ». « Le beau dauphin tant désiré en France [23] » : tel est le plat refrain de cette fadaise. Pauvreté d'imagination et de style ? Allons donc ! Le jeune Clément connaît le goût des dames de la cour pour les mièvreries : en voulez-vous, en voilà, et recommandez pour une bonne place ce jeune Marot qui écrit si bien sur le roi des poissons !

L'année suivante, il récidive avec un rondeau. En janvier 1518, Jacques Bérard, seigneur de Chissay, se prend de querelle avec Pompéran, gentilhomme de la maison du connétable. Un rapide duel a lieu. Pompéran tue Chissay, avant d'être lui-même blessé par deux amis du mort. Événement propre à délier toutes les langues de la cour. D'où le rondeau du jeune poète, qui veut être « sur tous les coups ».

Le roi voyage mais sa cour se tient dans les royales demeures de la Loire. La naissance du dauphin, la mort de Chissay — une lettre de Chabot de Brion à son cousin Jarnac le confirme — eurent lieu à Amboise. Amboise, où sont les dames et les papoteurs qui édifient les réputations. Amboise, où le roi réside entre ses « tournées de promotion », destinées à le faire aimer, après Marignan, de tout son peuple. C'est à cette date qu'il faut placer l'effort des Marot, père et fils, pour faire agréer Clément dans la maison du roi. Nous avons cité un très édifiant passage de la *Petite Épître au roi*, datée sans doute de la même année 1518. A la fin se tend une main carrément quémandeuse :

23. Le dauphin François mourut en 1536, assassiné ou non par Montecuculli. En 1537, l'œuvre de Marot reparaît donc sous le titre *De feu Monseigneur le Dauphin François*.

Si vous suppli(e) qu'à ce jeune Rimeur
Fassiez avoir un jour par sa rime heur
Afin qu'on dise, en prose ou en rimant
Ce rimailleur, qui allait s'enrimant
Tant rimassa, rima et rimonna
Qu'il a connu quel bien par rime on a.
(v. 21-fin)

Voilà qui vise droit au but : « Engagez le fils auprès du père dans la maison du roi. » Il faut trouver près du souverain quelqu'un qui plaide la cause du poète. Ce sera Pothon[24]. On ne sait qui les fit s'approcher, mais Clément Marot lui envoie un rondeau en forme de supplique : Pothon, vous seul pouvez me mener « là où vous savez », la maison du roi. Le jeune poète se plaint de « male fortune », de son état d'infériorité sociale qui dure :

Male fortune a voulu maintenir
Et a juré de toujours me tenir
Mais, Monseigneur, pour l'occire et défaire
Envers le Roi veuillez mon cas parfaire,
Si que[25] par vous je puisse parvenir
Là où savez
(v. 10-fin)

Pothon agira effectivement. Pourtant le roi décide, non de prendre chez lui le fils de son poète Jean, mais de le faire entrer dans la maison de sa sœur. Marguerite, mariée à Charles d'Alençon, recluse une partie de l'année dans son sévère château, a besoin de jeunes serviteurs doués et plaisants. L'affaire est bientôt faite, dès 1519. L'*Épître du dépourvu* le confirme. Le roi de France, « frère unique » de la duchesse...

24. Antoine Raffin, dit Pothon ou Poton, seigneur de Puycalvary sénéchal d'Agenois, jouissait de la confiance de François Ier. Capitaine de sa garde du corps, il se vit en outre confier des missions diplomatiques : en particulier auprès du pape Léon X pour la canonisation de François de Paule, cher à la reine mère Louise.
25. Si bien que.

Vers vous m'envoie et à vous me présente
De par Pothon, gentilhomme honorable.

A vingt-trois ans, Clément Marot sort de son purgatoire.
La « male fortune » ne l'aura pas éprouvé longtemps. Il sera
inscrit dans les comptes de la duchesse, pour des gages de
quatre-vingt-quinze livres, comme « pensionnaire », avec un
supplément, semble-t-il en une autre colonne du rôle[26],
d'environ vingt-cinq livres, soit cent vingt livres en tout. Ce
n'est pas un pactole, mais enfin le voilà engagé.

Deux œuvres très différentes l'une de l'autre nous montrent comment il fait sa cour à cette royale patronne. La
première, l'*Épître du dépourvu à ma dame la duchesse
d'Alençon et de Berry, sœur unique du roi*, n'est pas un chef-
d'œuvre de poésie ni de ferveur. Autant la *Petite Épître au roi*,
qui porte l'estampille « rhétorique », était amusante par ses
trouvailles dans un genre agaçant, autant l'épître à la « sœur
unique » est médiocre et sans saveur. Mercure y paraît « en
forme de rondeau » et déclare :

> *Donc si tu quiers au grand chemin tirer*
> *D'honneur et bien, veuille toi retirer*
> *Vers d'Alençon la duchesse excellente*
> *Et de tes faits (tels qu'ils sont) lui présente*
> *Car elle peut te garder d'endurer*
> > *Mille douleurs.*
> > (v. 32-37)

Ayant dit, Mercure « ébranle ses ailes » pour s'en aller aux
« cours célestes ». L'auteur reprend la parole. Les allégories
l'assaillent. Une vieille hideuse, la Crainte, parle à son tour
en un rondeau et lui fait honte de son indignité :

> *Tous tes labeurs ne sont que contrefaits*
> *Auprès de ceux des Poètes parfaits*
> *Qui craignent bien de s'adresser à elle*
> > *Trop hardiment.*
> > (v. 77-80)

26. *Cf.* J. Boulanger et A. Lefranc, *Comptes de Louise de Savoie et de
Marguerite d'Angoulême pour l'année 1524*, Paris, 1905.

Le poète prend donc un coup au moral. Par chance, un honnête vieillard, Bon Espoir, lui redonne confiance par une ballade consternante, qui a pour refrain :

> En déchassant[27] crainte, souci et doute.

La vilaine Crainte est écartée. Le poète sortira de la « Forêt nommée Longue Attente ». Il lui suffira :

> D'être le moindre et plus petit servant
> De votre Hôtel (magnanime princesse).
>   (v. 171-172)

C'est Marot langue de bois, n'osant prendre parti de sourire une seule fois de lui-même, ce qu'il fait le mieux. Lettre de courtisan désireux de plaire en une parfaite neutralité, l'*Épître du dépourvu* ne put toucher que par l'ardent désir qu'elle exprime : être reçu et pensionné.

Marguerite a vingt-sept ans en 1519, un mari assommant, une mère autoritaire, un frère qu'elle admire comme le presque égal de Dieu, mais qui la laisse bien seule. Marot la voit enfin en particulier. Comme tant d'autres avant et après lui, il tombe en admiration devant cette femme, laide selon notre idée actuelle de la beauté des visages. Elle a le nez fort, le nez Valois, mais des yeux où brille l'intelligence la plus vive, et de la malice. Ayant eu accès dès son adolescence à la plus complète des bibliothèques, celle du château de Blois, elle est cultivée. Plus cultivée certes que Marot, et plus instruite que lui, même en sa retraite d'Alençon, des lettres françaises et italiennes.

Un second texte, qui jette aux chiens les platitudes mendiantes de l'*Épître du dépourvu*, est l'une des premières épigrammes, véritable hymne d'admiration :

> Ma maîtresse est de si haute valeur
> Qu'elle a le corps droit, beau, chaste et pudique
> Son cœur constant n'est, pour heur ou malheur
> Jamais trop gai, ni trop mélancolique

27. Chassant.

Elle a au chef[28] *un esprit angélique*
Le plus subtil qui onc aux cieux vola
Ô grand'merveille ! on peut voir par cela
Que je suis serf d'un monstre fort étrange :
Monstre je dis car, pour tout vrai, elle a
Corps féminin, cœur d'homme et tête d'ange.

Notons d'abord la perspicacité de Marot. A cette époque, la sœur du roi n'a fait ses premières armes ni dans la poésie ni dans la diplomatie. Les qualités que le poète lui prête, y compris — en bon phallocrate, l'époque l'ordonne — ce « cœur d'homme », elle les démontrera sa vie durant. Constance, mi-chemin entre gaieté et mélancolie, subtilité d'esprit resteront ses points forts peu à peu démontrés. D'autres paraîtront quand elle s'engagera dans la contestation.

L'épigramme n'est pas non plus de très haut niveau poétique : c'est un cri de soulagement. Clément Marot demande à entrer chez le roi, on le donne à la sœur, qui végète la plupart du temps en province. Les médisants et les échotières de la cour la connaissent bien : rien d'une coquette, ni d'une femme sans cervelle. Ferme, intelligente, un peu distante, mystérieuse, déjà. Le roi lui donnant tout, elle n'a besoin de rien. Marot la voit, lui parle, tombe sous sa coupe. Il y restera jusqu'en 1527.

Nous verrons la très esseulée Marguerite, épouse d'un général sans imagination, tandis qu'elle va se tourner vers poésie et religion, créer un cercle de fidèles inconditionnels. Marot, qui peu à peu révèle ce qu'il a de génie, sera aidé par elle et lui vouera une affection profonde payée de retour. Les liens d'affection entre le poète et la future reine ne se briseront jamais, au point que certains malveillants ont cru, au XVIIIe siècle, à une liaison entre Marguerite et Marot. Comme si cette amazone vouée à Dieu était une tendre nymphe dont Marot pût s'éprendre ! Les simplificateurs sont ainsi. Les emportés également. Michelet ne soupçonne-t-il

28. En la tête.

pas Marguerite d'avoir repoussé les avances érotiques de son frère le roi ?

Une amitié fondée sur l'estime réciproque : voilà ce qui unira fortement ces deux êtres radicalement différents. La seconde dame du royaume et le courtisan sans « naissance » ; la fervente mystique et le rieur mordant ; un sombre lyrisme et l'ironie au quotidien. Celui qui trouve sans chercher le mot qui amuse ou blesse, celle qui cherche durant toute sa vie une forme littéraire personnelle. Tout les sépare, et voici qu'ils se conjuguent. Entre eux va s'établir une sorte de complicité ; la reine connaît les défauts de Clément, et l'enfant gâté se fie à cette indulgence.

Si nous romancions la vie de Marot, il faudrait dès 1519 établir le début d'un suspense pour montrer pas à pas tout ce que le poète gagne à son affection envers la reine, ce qu'il y perd aussi : en 1526, la liberté ; en 1535, le droit de rester en France ; en 1542, il devra s'exiler à jamais. Par compensation, Marguerite le protège, le tire de prison puis de son premier exil, le soutient tant qu'elle a du crédit auprès du roi. Quand elle n'est plus à même de protéger efficacement qui que ce soit, Marot quitte la France pour ne plus y revenir. En veut-il à Marguerite ? Non pas. Il se contente de la regretter amèrement. Il va l'écrire l'année qui précède sa mort, ayant quitté Genève après la France, autant dire sans recours désormais :

> Privé des biens et états que j'avais
> Des vieux amis, du pays, de leur chère
> De cette Reine et maîtresse tant chère
> Qui m'a nourri[29]...

29. *Épître LVI, à un sien ami* (1543).

CHAPITRE IV

L'envol

Et tant qu'ou-i et nenni se dira
Par l'univers le monde me lira.

Clément MAROT,
Épître LVI.

POÈTE DE SERVICE

« Pensionnaire » de Marguerite, le jeune Marot est tenu à un rôle de figuration. Il sert Marguerite, et à travers elle son frère le roi, son mari le duc. Les hauts faits de l'un et de l'autre retentissent dans l'œuvre du poète officiel, chantre appointé des joies de la paix, des hasards de la guerre.

1519 est la dernière des années folles qui ont suivi la bonne surprise de Marignan. Le jeune roi entraîne ses familiers dans des voyages incessants et dans une succession de fêtes somptueuses. Marguerite, en cette période « mondaine », s'essouffle un peu, tombe malade, guérit. François Ier a dû renoncer à la couronne du Saint Empire romain, qu'il convoitait. Il n'a donné qu'une tonne et demie d'or aux sept princes électeurs. Ces derniers en ont reçu deux tonnes de Charles d'Autriche, qui devient Charles Quint par la grâce de ses banquiers, les Fugger d'Augsbourg.

Juin 1520 : la grande parade du camp du Drap d'or. Les

rois de France et d'Angleterre y montrent ce qu'ils ont de belles dames et de forts vassaux, de parures et de bijoux, d'orfèvrerie et de superbes armes. François Ier veut obtenir l'alliance d'Henry VIII d'Angleterre contre Charles Quint, qui déjà l'attaque ou du moins l'inquiète. La suite est connue. Dîners de gala, tournois entre les deux rois. François met Henry par terre, Henry se venge en traitant avec Charles Quint, sitôt remballé le Drap d'or.

Clément Marot, poète officiel de Marguerite, assiste-t-il à la grande parade du Drap d'or ? Les preuves manquent mais la banalité des vers qu'elle lui inspire laisse supposer qu'il n'est pas « entre Guîgnes et Ardres », ou qu'il se trouve éloigné des cérémonies en raison de son rang subalterne. Tenu sans doute par Marguerite — ou par le désir de plaire — à chanter l'événement, il le fait en vers déplorables. Nous y sourions, mais seulement en apprenant que les étendards français sont l'un bleu, l'autre blanc, l'autre rouge :

Amour, Triomphe et Beauté souveraines.

Ardres, Guîgnes ; ni l'or ni les rois n'y brillent :

Soit en beauté, savoir et contenance
Les anciens n'ont point de souvenance
D'avoir onc vu si grand' perfection
      De deux grands rois.

Marot va-t-il être aussi terne que son père dans le genre officiel ? L'année suivante, en 1521, premier affrontement entre François Ier et Charles Quint : en Italie, en Espagne, en France. Henri de Nassau met le siège sous Mézières. Une armée française prend la route, commandée par Alençon et le maréchal de Châtillon[1]. Le mari de Marguerite, dont la maladresse avait failli tourner Marignan en désastre[2], est

1. Le commandement lui fut donné parce qu'il était le beau-frère de Montmorency, ami d'enfance du roi, qui sera connétable en 1537. Nous retrouverons ce dernier souvent.
2. Il commandait l'aile gauche, qui fut enfoncée par les Suisses et sauvée par les prouesses de l'artillerie. A Pavie, il contribue au désastre des Français. Il mourra peu après, sévèrement jugé.

cette fois accompagné d'un correspondant de guerre : Clément Marot en personne.

Charles d'Alençon établit son camp sur l'Aisne, à Attigny. De là Marot écrit à Marguerite une longue épître. Un rondeau suivra, qui décrit l'atmosphère de ce capharnaüm. Quand un peu plus tard l'armée fait mouvement vers le Hainaut, le poète y va d'une ballade guerrière dans le genre : « Vous allez voir ce que vous allez voir. » Le 22 octobre 1521, l'armée française bouscule l'ennemi, passe l'Escaut, oblige les impériaux à se jeter dans Valenciennes. C'est que François Ier, relevé d'un grave accident, a pris lui-même le commandement. Il ne profite pas de son avantage, qui était pourtant décisif. Il a tort. Les du Bellay sont formels sur ce point [3]. Marot aussi, avec plus de nuances, dans l'épître en prose qu'il adresse à Marguerite : il n'est pas stratège. Il a seulement l'œil pointu et de bonnes oreilles.

Ces œuvres de témoin ont un pittoresque, un sens du détail, une maîtrise du récit qui manquaient dans les hyperboles sur le Drap d'or. L'*Épître du camp d'Attigny, à ma dame d'Alençon* (juillet 1521) a de la verve et de l'éclat. Elle témoigne de la sympathie que démontre la princesse à son poète : « Celle-là qui jamais en dédain ne prit mes faits. » Elle passe ensuite la brosse à lustrer sur les bottes de Charles d'Alençon :

> *Le conquérant du cœur des gentilshommes*
> *C'est Monseigneur, par sa vertu loyale*
> *Élu en chef de l'armé-e royale.*
> (v. 18-20)

Ces compliments terminés, le poète décrit le camp militaire et son manque de discipline. Les querelles se multiplient à tel point que le commandement doit sévir : duels interdits, déclare Marot, sous peine d'avoir la main coupée. Cette barbarie, invention pure, issue sans doute d'un ragot sans fondement, dramatise le récit, qui reste vif. Çà et là, le poète retrouve des têtes de connaissance : Boucal, Lorges,

---

3. Guillaume et Martin du Bellay, *Mémoires*, Paris, 1908-1919, 4 vol.

qu'il nommait dans son rondeau sur la mort de Chissay. Pour finir, les trublions sont calmés par les exercices d'usage. Les sergents instructeurs montrent à la piétaille comment se servir correctement de la pique et du verdun[4]. L'amour du roi les guide. Puis viennent les défilés :

> De jour en jour une campagne verte
> Voit-on ici de gens toute couverte
> La pique au poing, les tranchantes épées
> Ceintes à droit, chaussures découpées
> Plumes au vent et hauts fifres sonner
> Sur gros tambours qui font l'air résonner
> Au son desquels d'une fière façon
> Marchent en ordre et font le limaçon[5]
> Comme en bataille, afin de ne faillir
> Quand leur faudra défendre ou assaillir
> Toujours criant : « Les ennemis sont nôtres. »
>   (v. 81-91)

En bon pacifique, Marot sent son cœur battre fort quand défile l'armée et battent les tambours. Les beaux militaires seront-ils pourtant de vrais combattants ? « En avant ! » dit le rondeau « de ceux qui allaient sur mule au camp d'Attigny » :

> En (ce) camp-ci où la guerre est si douce
> Allez sur mule avecques une housse
> Aussi (rasés) que moine ou capélan[6] :
> Mais vous voudriez être à Jérusalem
> Quand ce viendra de donner la secousse
>   Aux champs.
>   (v. 10-fin)

4. Le verdun est l'épée plate et tranchante qui a remplacé dans l'infanterie le long couteau des « coutiliers ».
5. Exercice en rond.
6. Ecclésiastique, terme méridional. A subsisté en langue d'oc de façon péjorative.

Quand l'armée avance vers le Hainaut, la fièvre monte
d'un ton. C'est la ballade *De l'arrivée de monseigneur le duc
d'Alençon en Hainaut*. Un chant de guerre.

Il est vrai que les « lansquenets » français sont allemands, et que, à part les « aventuriers[7] », Alençon dirige
— fort mal — beaucoup de Suisses. Mais la cause est
française, et l'ardeur du clairon Marot très convaincante.

> *Donques, piétons marchant sur la campagne*
> *Foudroyez tout sans rien prendre à rançon.*
> *Preux chevaliers, puisqu'honneur on y gagne*
> *Vos ennemis poussez hors de l'arçon.*
> *Faites rougir du sang de Germanie*
> *Les clairs ruisseaux dont la terre est garnie.*
>
> (v. 23-28)

Son œil pourtant, si prompt à démêler le diamant du
clinquant, ne se réjouit pas de voir les désastres de la
guerre. Son épître en prose *à ma dame d'Alençon*, touchant
l'armée du roi en Hainaut, parle de victoire et d'honneur.
Mais d'une pointe dure, il dessine des scènes d'horreur à la
Goya, ces « pauvres femmes désolées errantes [leurs
enfants au cou] au travers du pays dépouillé de verdure par
le froid hivernal, qui déjà commence à les poindre : puis
vont se chauffer en leurs villes, villages et châteaux mis à
feu, combustion et ruine totale, par vengeance réciproque :
voire vengeance si confuse et universelle que nos [propres]
ennemis font passer pitié devant nos yeux ».

Enfin, conclut-il, « la très sacrée fille de Jésus-Christ,
nommée Paix descendra ». Les maris retrouveront leurs
femmes, et « vivront pauvres laboureurs [en sûreté] dans leurs
habitacles, comme prélats en chambres bien nattées ».

Coup de patte aux prélats ? C'est l'usage bénin. Que reste-
t-il pour célébrer la fragile paix qui suivra cette campagne
mal conduite ? Un chant triomphal. Marot écrit donc sa
ballade *De paix et de victoire*. Comme tant d'autres, il croit
que la victoire reste acquise, que la paix va s'établir

7. Mercenaires français, du moins en principe.

pour de bon, et que les poètes pourront enfin écrire des lais
pour du « loyer », c'est-à-dire contre argent comptant :

> *Ma plume lors aura cause et loisir*
> *Pour du loyer quelque beau lai écrire*
> *Bon temps adonc viendra France choisir*
> *Labeur alors changera pleurs en rire.*
>
> (v. 21-24)

Marot n'approchera jamais plus du tumulte des armes.
Nous l'y avons vu courtisan d'Alençon, critique des désordres d'un camp militaire, cocardier quand la troupe défile ou
monte en ligne. Nous l'avons vu touché par la misère
qu'engendre la guerre, cette « impitoyable serpente ».

Paix et victoire. A son retour de l'armée, à Reims, le poète
compose la meilleure œuvre de cette équipée. Il rentre, toute
gloire bue, la bourse vide, sur une haridelle épuisée. Alors il
écrit à son chef de guerre, le roi, pour lui demander de
l'argent, un cheval. Il quémande, transformant un genre très
ancien et souvent très plat — la supplique pour un secours
matériel — en remarquable véhicule de son talent. Remercier, cela s'est fait en poésie depuis des siècles — Pindare à
Hiéron, Horace à Mécène —, mais rarement avec bonheur.
Marot est dépensier. Il aura sans cesse des dettes, il devra
donc solliciter le roi, Marguerite, ses créanciers. Il le fera
avec aplomb, ironisant sur lui-même, faisant rire de ses
ennuis, et portant à la générosité celui qui se trouve si
brillamment sollicité. Il élèvera la manière de quémander en
vers impertinents à la hauteur d'un grand art. Plus qu'en tout
autre genre, si l'on excepte l'épigramme, il sera admiré et
imité dans cette façon de soutirer de l'argent par des vers
pleins d'esprit. Marot, dans le rondeau *Au roi,* écrit à Reims
après sa petite guerre, inaugure ces récits de sollicitation où
s'affirmera, d'année en année, son génie. Citons-le, même s'il
n'atteint pas encore à la perfection.

> *Au départir de la ville de Reims*
> *(Manque) d'argent me rend faible de reins*
> *Roi des Français, voire de quelle sorte*

Que ne sais pas (comment) d'ici je sorte
Car mon cheval (ne tient que) par les crins.

Puis l'hôte est rude et plein de gros refrains :
J'y laisserai mors, bossettes et freins
(Il me l'a dit) ou le diable l'emporte
              Au départir

Si[8] vous suppli(e), Prince que j'aime et crains
Faites miracle : avecque (quelques) grains
Ressuscitez cette personne morte
Ou autrement (resterai) à la porte
Avec plusieurs qui sont, à ce, contraints
              Au départir.

Les qualités qu'a exaltées en Clément Marot cet interlude
guerrier ne sont ni le courage ni l'intrépidité. Il les manifestera en d'autres circonstances. Ce qu'il gagne en Champagne
et Hainaut, c'est l'affermissement d'un style enfin original
dans le mode léger.

L'AUTRE CHEMIN DE POÉSIE

En cette année 1521, Marot va essayer de s'illustrer ailleurs
que dans cette guerre suivie d'un peu loin. Il envoie au
concours de poésie du « puy » de Rouen[9] son *Chant royal de
la Conception de Notre Dame*. Pas un vers ne mérite d'en être
cité. Seule bizarrerie amusante : les prophètes bibliques y
sont assimilés à la sibylle. Cela est pauvre « rimaille » :
Clément ne fut pas primé.

De 1521 à 1525, nous perdons la trace matérielle du poète.
Rien du Clément qui vit, rit, observe, s'instruit, se fait des

8. Aussi.

9. Les « puys » constituaient des cercles littéraires très anciens : celui
d'Arras était déjà célèbre au XIIIe siècle. Voués à la dévotion mariale, ils
contribuèrent à limiter le « chant royal », cette double ballade si estimée,
au culte poétique de la Vierge Marie.

amis. Heureusement, la plupart de ses rondeaux, quelques-unes de ces pièces — huitains, dizains — qu'il assimile un peu plus tard aux épigrammes, datent de cette époque.

Rien de plus « médiéval » que le rondeau. Pourtant, jusqu'au début du xvie siècle et sans doute jusqu'à Jean Marot, ses règles restent floues. Clément, et d'autres jusqu'au xxe siècle, en suivront l'exemple défini désormais. Trois strophes : le dernier vers de la deuxième et de la troisième répète le début de la première. Dans cette forme française « régularisée », Clément Marot parle surtout de ses amours. Il en fait aussi des épîtres, des adresses à ses amis, des réflexions — *De l'amour du siècle antique* —, des réponses, des suppliques — le rondeau *Au roi* —, des notules d'histoire — le Drap d'or, le camp d'Attigny —, des conseils à un poète… Le rondeau, qu'il abandonnera pratiquement après 1532, un véhicule de sentiments aussi bien qu'un récit de faits divers.

Ce rondeau reste dans la mouvance des rhétoriqueurs par le choix même de la forme, par le goût persistant de la rime équivoquée ; par certain charabia crétinesque. C'est dans les dernières ballades — qu'il faut situer pour la plupart entre 1521 et 1527 — que Marot cède encore à la rhétorique. Ballades pieuses, pour honorer la grande foi de Marguerite : ballade *Du carême*, ballade *De la Passion de Notre-Seigneur Jésus-Christ*, petites œuvres, dernières séquelles de jeunesse.

La ballade *Du jour de Noël*, en revanche, sonne comme un défi à la clique des rhétoriqueurs. Avant de les quitter, le poète les surpasse par ce modèle de virtuosité, d'acrobatie insolente. Il délimite mieux qu'un Molinet ou un Crétin ce terrain qui lui paraîtra désormais bien petit pour s'ébattre. Voici la dernière strophe et le refrain de cette petite merveille. Le berger visité par l'ange de Noël parle :

> *Quand je l'ouïs frapper, et tic et tac,*
> *Et lui* [10] *donner si merveilleux échec*
> *L'ange me dit d'un joyeux estomac*
> *« Chante Noël en français ou en grec,*

10. Au serpent nommé plus haut.

Et de chagrin ne donne plus un zec [11]
Car le serpent a été pris au bric [12]. »
Lors m'éveillai, et comme fantastic [13]
Tous mes troupeaux je laissai près d'un roc.
Si m'en allai plus fier qu'un archiduc
En Bethléem. Robin, Gauthier et Roch
Chantons Noël, tant au soir qu'au desjuc [14]

ENVOI

Prince dévot, souverain catholic
Sa maison n'est de pierre ni de bric
Car tous les vents y soufflent à grand floc [15]
Et qu'ainsi soit, demandez à Saint Luc.
Sus donc avant, pendons souci au croc
Chantons Noël, tant au soir qu'au desjuc.

Adieu en apothéose à la manière rhétoricienne, et non dans la facilité. Adieu ? Au revoir, plutôt. Il a maîtrisé la forme, mais il y reste tenu par quelque solide fibre juvénile. Parfois, il fera exprès de « rhétoriser », pour faire plaisir à quelque attardé. Ou bien — dans son oraison funèbre de Louise de Savoie (1531) — pour replacer un personnage dans ses dilections anciennes avec un soupçon d'aigreur.

Les rondeaux, cependant, indiquent l'arrivée sur la scène française des milices poétiques italiennes. Pétrarque [16], dès le début du XVIe siècle, est connu et admiré en France. Quand Charles VIII, en l'automne 1494, est appelé à l'aide par Ludovic le More, duc de Milan, ce dernier lui fait cadeau

11. Zeste.
12. Piège.
13. Plein de fantasmes.
14. Aussi bien le soir qu'à l'heure de se lever.
15. Bruit.
16. 1304-1374.

d'un superbe manuscrit : le *Canzoniere* de Pétrarque[17].
Quand la reine de France, Marguerite et leurs dames
reçoivent Henry VIII à déjeuner, au camp du Drap d'or, la
grande tente est ornée de panneaux illustrant les *Triomphes*.
Dès 1520, donc, l'illustre amant de Laure est déjà dans le
domaine royal, sinon public.

En 1524, Marguerite écrit sa première œuvre d'importance : *Dialogue en forme de vision nocturne*. Tout le début
n'est qu'un démarquage littéral du *Triomphe de la mort* : du
Pétrarque imité, quasi traduit[18]. Comme les rondeaux de
Marot sont écrits pour la plupart entre 1521 et 1527, et que
l'interprétation de la rhétorique n'y est pas très présente,
nous sommes sûrs qu'il suit là une mode nouvelle et que
Pétrarque l'a séduit comme il séduit Marguerite. Notre
xvie siècle n'a pas imité directement le maître du *Canzoniere*
mais ses élèves, ses turbulents disciples qui, tout au long du
quattrocento italien, ne l'ont admiré et saisi que pour le
dénaturer en l'exagérant.

A Naples, le Catalan Cariteo[19], patriote, garde des Sceaux
puis Premier ministre, est épris de Pétrarque. Sa Laure à lui
s'appelle Luna — la blanche, l'inaccessible Lune. Il en sera
l'Endymion[20]. Sa forme reste souvent pétrarquiste, mais son
fonds provient des anciens poètes latins : Ovide, Virgile
notamment. Il y met aussi des résurgences de chansons
populaires, et voici Luna caressée de désirs plus tout à fait
platoniques. Cette tentation charnelle, Cariteo l'exprime par
le *strambotto*, pièce de huit vers sur quatre rimes alternées.

17. Le *Canzoniere* inclut les *Rimes* et les *Triomphes*, l'œuvre de
Pétrarque en cette *volgar lingua* que prônaient les tenants du doux style
nouveau, le *dolce stil nuovo* (Dante et Cavalcanti) avant la naissance de
Pétrarque. Le *dolce stil nuovo* était une façon dépouillée d'écrire, en
réaction contre une poésie savante et pesante du trecento italien.
18. Notamment le thème de la mort appelé *dolce dormir*, ou « doux
dormir » chez Marguerite. Utilisation aussi de la rime tierce.
19. Gareth, dit Cariteo, ou Chariteo (v. 1450-v. 1513).
20. Rappelons que dans la mythologie grecque, le beau berger
Endymion fut aimé par Séléné, la lune.

Sicilien d'origine, baroque comme son nom l'indique[21], le *strambotto* va séduire toute l'Italie, Florence incluse. En vain Cariteo supprimera-t-il les *strambotti* de la seconde édition de ses œuvres (1509). Ils feront malgré lui le meilleur de sa réputation, avec ses *capitoli*.

A Ferrare, Tebaldeo[22] ne jure lui aussi que par Pétrarque, truquant en quelque sorte le sonnet pétrarquien : tous les vers n'y serviront qu'à préparer l'effet du dernier d'entre eux, la chute. L'avenir du sonnet, en France notamment, est ainsi défini par Tebaldeo. Ce dernier pétrarquise à l'excès. Il est de braise ; sa bien-aimée, de glace. Il n'ose porter un vêtement de l'élue de peur d'y mettre le feu. Se regarde-t-elle dans un miroir ? Il se brise : ses yeux jettent des pierres. Nous voyons ici où finit Pétrarque, où vont commencer le gongorisme en Espagne, d'Urfé et les précieux en France.

En 1535, Marot est à Ferrare. Il n'y rencontrera pas Tebaldeo, mais sa glorieuse trace et celle de Cariteo. A vrai dire, il est hors de doute qu'il les connaissait par le plus célèbre de leurs épigones, Serafino Aquilano[23], qu'imitait déjà son père Jean Marot vers 1520. Serafino, roi du *strambotto*, musicien émérite, connaissait en Italie une vogue immense. Ses œuvres, éditées en 1502, constituèrent un formidable succès de vente. Le populaire strambottiste était mort deux ans plus tôt, César Borgia ayant présidé en personne à ses funérailles.

La France est directement concernée dans ces aventures du pétrarquisme italien. En 1494, à Milan, Ludovic le More ne se contente pas de faire don d'un manuscrit du *Canzoniere* à Charles VIII, il lui présente Serafino Aquilano, le poète à la mode. Le roi de France applaudit à ses *strambotti* et couvre leur auteur de cadeaux. En fallait-il plus pour que ses courtisans en prissent bonne note ? « Milan, c'est la

21. *Strambotto* veut dire à la fois « cagneux » et « fantasque ». Le *capitolo* est une pièce courte rimant selon la rime tierce de Pétrarque : ABA — BCB — CDC...
22. V. 1456-1537.
23. Serafino, dit dall'Aquila, ou dell'Aquila (1466-1500), né à Aquila dans les Abruzzes.

France ! » rêveront Charles VIII et plus tard ses cousins Louis XII et François Iᵉʳ. Les mêmes courtisans suivent ensuite Charles, qui entre dans Naples sur un char tiré par des chevaux blancs. Il en partira sans gloire, mais les Français tiennent la ville jusqu'au début de 1497. La Naples où Cariteo refusait d'ouvrir portes et volets à l'envahisseur... Cela excite les curiosités.

Pétrarque va toucher Marot, au moment où celui-ci tombe amoureux de la Femme, et peut-être d'une femme. Pour corrompues que soient les imitations du quattrocento, les *concetti*[24] postpétrarquiens restent dans la ligne du maître : amour éperdu, jeux de l'amour et du hasard des mots, idéalisation de l'objet aimé, bouquets de fleurs qui ne sont plus rhétoriciennes. Le jeu des contradictions dans une œuvre poétique — leur valorisation par contraste — a été utilisé par les auteurs français et italiens dès le xvᵉ siècle. Employé avec bonheur par Pétrarque, il a fait fureur chez ses élèves italiens : Serafino, mais aussi Philoxeno, et Balthazar Olimpo de Sassoferato[25], qui écrivit mille *strambotti*, dont nous pouvons citer un vers : « *Son muto et parlo, et quanto piange io ride* » (« Je suis muet et je parle, et quand je pleure, je ris »).

Marot reprend ce jeu au début du rondeau par contradictions qui rappelle Charles d'Orléans et Villon en certain concours de poésie[26] :

En espérant espoir me désespère
Tant, que la mort m'est vi-e très prospère

24. Les *concetti* (singulier *concetto* rare) sont des pièces supérieures au populaire *strambotto*, mais comme lui destinées à surprendre, suscitant l'insolite, assortissant des termes incommensurables. Marot, surtout en ses œuvres galantes, y trouvera modèle.

25. 1498-1540. Célèbre par son recueil *Gloria d'amore* (1520).

26. A Blois, vers 1460, Villon, qui était de passage, participe à un concours de poésie autour du thème « Je meurs de soif auprès de la fontaine ». Charles d'Orléans, l'organisateur de ces jeux, inspire ainsi à Villon une grande œuvre, ainsi que de plus modestes à lui-même et aux autres concurrents. Notons que le vers d'Olimpo redit pauvrement le « Je ris en pleurs » de Villon, qu'il ne connaissait pas.

Me tourmentant de ce qui me contente
Me contentant de ce qui me tourmente
Pour la douleur du soulas que j'espère,

Amour haineuse en aigreur me tempère
Puis tempérance, âpre comme vipère
Me refroidit sous chaleur véhémente
                    En espérant.
                     (v. 1-9)

La contradiction abonde aussi chez les rhétoriqueurs. C'est l'un des points communs d'une poésie française ancienne et d'un pétrarquisme déjà revu et affadi. Mais c'est aux pétrarquistes que Marot prend ce rondeau, et beaucoup de traits ou de thèmes dans ses œuvres amoureuses d'avant 1532. Le pétrarquisme italien s'assagira lorsque Pietro Bembo[27], plus élégant que ses contemporains et successeurs directs épris du *Canzoniere,* viendra enfin à la mode. Au début du siècle, ses *Azolani* font déjà fureur. Après 1530, Bembo influence plus que tout autre les pétrarquistes français. Le bouillant Nicolo Franco[28] déclare sur la tombe de Bembo : « Sans toi, nous serions tous devenus des Tebaldeo ! »

Arrivés au point où Clément Marot, sans se dépêtrer tout à fait de la rhétorique, en appelle aux thèmes pétrarquistes pour parler d'amour, lisons l'un de ses huitains les plus parfaits parce qu'il est au point d'équilibre entre l'amour charnel et l'amour selon Pétrarque.

Un doux « nenni[29] *» avec un doux sourire*
Est tant honnête, il vous le faut apprendre.
Quand est « ou-i », si veniez à le dire

27. Poète, érudit, humaniste (1470-1547). Devenu cardinal sur le tard, il se consacre à des écrits en latin. Mais après ses *Azolani* (1505), ses *Rime,* des sonnets publiés seulement en 1530, en feront le modèle des Français, surtout à Lyon.

28. 1515-1570. Écrivain et polémiste italien, fut finalement pendu à cause de l'obscénité de ses œuvres, pour son anticonformisme également.

29. « Nenni » est un « non » appuyé.

D'avoir trop dit je voudrais vous reprendre :
Non que je sois ennuyé d'entreprendre
D'avoir le fruit dont le désir me point :
Mais je voudrais qu'en me le laissant prendre
Vous me disiez : « Non, vous ne l'aurez point. »

Ainsi la mode de Pétrarque et de ses disciples — du pire au meilleur — paraîtra chez Marot comme y figure l'empreinte rhétoricienne. Il imitera, pillera, singera parfois l'une ou l'autre de ces épiceries. Sitôt que pèse son poids personnel, il tire du jeu de chacun l'épingle marotique. Une épingle d'or, comme dans ce huitain délicieux. Modeste d'abord, réservé du moins, il prend, avec les années et le succès, la mesure de son talent. Peu avant sa mort, en 1543, déclarant la confiance qu'il a dans la pérennité de son œuvre, il écrit dans l'*Épître LVI, à François de Bellegarde :*

Et tant qu' ou-i et nenni se dira
Par l'univers le monde me lira.

« Nenni » ne se dit plus guère, mais nous lisons Marot du même cœur. Ceux qui l'ont limité à l' « élégant badinage » ont des excuses, puisque le poète lui-même y voit sa meilleure main.

LE PIÈGE

En 1521, Clément Marot a vingt-cinq ans, du talent et de la chance. Son talent, il l'a déjà montré dans des œuvrettes pleines d'adresse et de malice. Sa chance est d'être auprès du roi et de Marguerite. Il a pour amis et connaissances les meilleurs poètes de son temps : peu de chose, après la mort de Lemaire de Belges. Il se trouve au milieu d'une cour curieuse de nouveautés italiennes plus ou moins issues de Pétrarque. Ses gages sont convenables. Il est hardi, moqueur, doué pour les mots qui font mouche : c'est ce qu'il faut pour plaire au spirituel François Ier et à son indulgente sœur. Cette dernière l'apprécie : l'épître en prose sur les malheurs de la guerre l'a touchée. S'il est aventuré de dire, comme certains, que Clément a poussé le roi et Marguerite à rimer chacun en leur façon, du moins ont-ils assez de goût en matière de poésie pour l'encourager vivement.

Or, sans qu'il y soit pour rien, Marot va dès cette époque se mettre à dos les théologiens de la Sorbonne. Pourquoi ? Parce que Marguerite, après 1520, se range résolument dans le camp des évangélistes. Ceux-là ne sont pas des « réformés », qui tournent le dos à l'Église et en sont exclus. Ils se veulent « réformistes » et rêvent de moderniser le culte catholique. Cette piété nouvelle, la *devotio moderna*, choque les ultracatholiques de la Sorbonne, intégristes délibérés. Aucune lettre de l'enseignement scolastique ni de la liturgie latine ne changera, aucun droit de traduire ni d'interpréter les textes sacrés ne sera donné aux fidèles, déclarent les théologiens qui tiennent l'Université.

Depuis des siècles, cette dernière fait loi en France. Nul, sauf le roi et ses protégés, ne peut lui résister. Cent quarante ans plus tôt, le roi Charles V protégeait contre l'Université le prévôt de Paris, l'un des plus importants personnages du royaume, Hugues Aubriot. Aubriot et l'Université s'affrontaient pour des questions d'immobilier, dirions-nous aujourd'hui. Le prévôt tenait la dragée haute aux tout-puissants théologiens. En 1380, Charles V mourut. En 1381, Hugues Aubriot fut accusé d'hérésie, sur le prétexte qu'il n'allait pas assez souvent à confesse. Détour classique : ramener toute affaire à la religion. L'Université trancha. Aubriot brûlé vif ? Elle n'osa pas. Il s'en tira en montant sur l'échafaud, en chemise, corde au cou, battu de verges, place Notre-Dame. Les voleurs et les ribaudes que traquait sa police ont dû bien rire ce jour-là.

En 1520, la situation n'a guère changé. Les querelles entre rois et papes sont une chose, l'orthodoxie une autre. A Paris, l'Université reste *ratio dictans in ecclesia*[30]. Elle constitue, avec son importante population, une ville dans la ville, le

30. « Raison enseignante dans l'Église ».

« pays latin ». Avec ses lois particulières, sa fiscalité, ses
tribunaux et ses prisons, c'est un véritable État dans l'État.
Tout livre, tout écrit que la Sorbonne condamne est brûlé, et
souvent son auteur avec. Le XVIe siècle allumera partout des
bûchers d'hérétiques. Est hérétique toute personne qui ne se
conforme pas, à la lettre, aux diktats de l'Église romaine.
D'abord ceux qui se révoltent ouvertement, comme Luther
ou Zwingli, et rejettent le magistère de Rome. Mais aussi, dès
1520, ceux qui souhaitent seulement moderniser le catholicisme.

A cette date, Marguerite d'Alençon, esprit bien meublé
par l'enthousiasme des humanistes, a choisi la *devotio
moderna*. Entre 1521 et 1524, elle correspond de façon suivie
avec l'évêque de Meaux, Guillaume Briçonnet. Au milieu des
boursouflures d'un style labyrinthique, ils exaltent leur
commune foi en un nouvel évangélisme. Évêque de Meaux,
le brillant Briçonnet, fils de cardinal, frère d'évêque et de
diplomate, a formé un cénacle en cette ville. Le maître à
penser en est Jacques Lefèvre d'Étaples. Les membres du
cénacle de Meaux sont d'Église, et désireux de le rester. Un
seul d'entre eux, Guillaume Farel, abjurera, puis quittera la
France ; il deviendra le compagnon et l'ami de Calvin en
Suisse. Les autres, tels Michel d'Arande et Gérard Roussel,
resteront dans la mouvance de Marguerite.

Entre 1521 et 1534, la sœur du roi tente, avec d'abord
quelque chance de succès, de convertir François Ier aux
thèses de l'évangélisme : le droit de traduire la Bible, les
Évangiles, et d'accomplir des travaux scripturaires à l'usage
des fidèles ; la possibilité de montrer aux foules, en langue
vulgaire courante, la parole du Christ débarrassée des festons
de la scolastique.

Il faut, pensent les prêcheurs du cénacle, limiter le culte de
la Vierge et des saints, devenu idolâtre. Il faut abattre le mur
liturgique qui sépare la créature de Dieu : le rendre perméa-
ble aux élans véritables voués jusqu'alors à d'incompréhensibles marmonnements. C'était, dès le début du XVIe siècle,
une manière de Vatican II. Illusion, utopie que de vouloir
persuader de cela la toute-puissante Sorbonne. Dès 1524,

tout semble perdu. Plusieurs membres du cénacle — Caroli, Mazurier — auront des ennuis avec la justice d'Église. François Ier a renoncé à soutenir les évangélistes : il va faire enfin la paix avec la papauté et ne tient pas à compromettre l'appui en Italie de cet allié de choix. Marguerite, elle, gardera toute sa vie les principes du cénacle et en protégera les membres épars, sauf Farel, qui s'est mis hors la loi dès 1523.

Tout indique que Marot connut ce penchant de sa protectrice pour la *devotio moderna*. Convaincue de la nécessité des thèses du cénacle, zélatrice infatigable, comment aurait-elle pu tenir son « secrétaire » hors de ce mouvement qui dirigea toute sa spiritualité ? Marot était-il si attaché à la scolastique et à ses défenseurs qu'il pût lutter contre le courant de Meaux dans la maison de la princesse même ? Il l'aurait fait, s'il l'avait voulu : la tolérance est le principe fondamental des actions de Marguerite. Jusqu'à 1527, Marot ne montrera pas dans ses écrits d'imprégnation évangéliste. Des épitaphes anticléricales ? Bon. Voici le *requiescat* « de frère Jean Levesque, cordelier, natif d'Orléans » :

> *Ci-gist repose et dort léans*[31]
> *Le feu Évêque d'Orléans :*
> *J'entends l'Évêque en son surnom*
> *Et frère Jean en propre nom*
> *Qui mourut l'an cinq cent et vingt*
> *De la vérole qui lui vint.*
> *Or, afin que Saintes et Anges*
> *Ne prennent ces boutons étranges,*
> *Prions Dieu qu'au frère Frappard*[32]
> *Il donne quelque chambre à part.*

En 1521, cette épitaphe fait rire. Quelques années plus tard, un médecin sera condamné pour avoir déclaré — ce qui était exact — que certain ecclésiastique était mort de la syphilis, non de fièvre avouable. Dès 1521, les ultras de la

31. Ici, à cet endroit.
32. Qui frappe aux portes pour mendier.

Sorbonne — les « Vieux Priams », comme les appelleront les contestataires — vont soupçonner d'hérésie Marguerite et tous ses amis et la harceler à travers ses protégés. Jusqu'à la guerre ouverte qu'ils déclareront en 1533, les escarmouches ne cesseront pas. Sitôt que Marguerite aura le dos tourné, les Vieux Priams s'en prendront à l'un ou l'autre de ses fidèles.

Voilà donc Marot, tandis qu'il polit ses rondeaux, profite de sa jeune fortune et commence à établir sa réputation, passé malgré lui dans le clan de la contestation religieuse. « Malgré lui » semble un peu fort pour qui lit ses œuvres d'après 1527, notamment la *Déploration sur le trépas de feu Messire Florimond Robertet* (mort le 29 novembre 1527) et le *Second Chant d'amour fugitif* (1532). Après 1527, Clément va plus loin que les évangélistes. Les demi-mesures ne sont pas dans son tempérament ; il attaque de face l'Église catholique. Quand il rentrera en 1536 de son premier exil, ce sera à condition d'abjurer. Mais abjurer quoi ? Était-il luthérien ? Oui, disent les luthériens, qui le prouvent *a contrario*. Fut-il calviniste ? Oui, assurent les calvinistes, qui le démontrent par l'exil à Genève. Les catholiques, de leur côté, essaient de le récupérer : ce n'était qu'un merveilleux garnement exagéré dans ses propos, fanfaron dans ses défis.

La religion de Marot a fait couler beaucoup d'encre. Une chose reste certaine : Marguerite a « dévoyé » le jeune Clément, qui pour les ultras est à mettre dans le même sac que les Lefèvre et les Roussel, avant qu'il n'ait forgé un seul vers contre le dogme officiel. Entre 1521 et 1525, aucun de ses écrits ne prouve qu'il est conscient d'un danger. Il se croit invulnérable, à l'ombre d'une protectrice que la Sorbonne n'oserait inquiéter car le roi y mettrait bon ordre. Au reste, il n'a écrit jusqu'alors, sur les choses de la religion, que mornes bondieuseries. Mais il devient suspect une fois pour toutes. Quoi qu'il fasse ou ne fasse pas, la Sorbonne l'a classé parmi les « mal-sentants ».

Que risque Marot ? Un événement impensable : l'absence conjuguée du roi et de sa sœur, qui laisserait les mains libres aux ennemis de cette dernière. L'impensable se produit après Pavie (24 février 1525). François Ier, battu, est envoyé prisonnier en Espagne. Marguerite, promue ambassadrice de la France, chevauche vers Madrid pour délivrer son frère et faire la paix. Elle est veuve : le piteux Charles d'Alençon meurt le 11 avril.

Une année passe. Le cénacle de Meaux a été sagement dissous par Briçonnet. Lefèvre d'Étaples et Roussel ont fui à Strasbourg. Les autres protégés de Marguerite évitent de se montrer. Le naïf Marot, lui, n'a pas bougé. Pis, il semble verser dans la provocation. En mars 1526, il « mange du lard en carême ». Les archers de la prévôté viennent aussitôt le saisir pour le jeter dans la prison du Châtelet. Il y restera deux mois. De cette détention, il tirera son premier chef-d'œuvre : *L'Enfer,* un texte qui n'a plus rien de badin.

LES FAUBOURGS DE L'ENFER

L'Enfer est la première grande satire de Clément Marot. Non qu'il ait nommé « satire » ce poème. Nous le voyons, après 1533, hésiter à classer ses œuvres par genre. Sorti des formes figées de la poésie ancienne, il innove. Il veut — et n'ose pas — nommer le fruit de ses innovations. Après Pierre Villey et Claude-Albert Mayer, nous sommes désormais persuadés que l'auteur de *L'Enfer* est le premier des grands satiriques français.

Vers 1660, le dernier poète français néolatin de qualité, Jean-Baptiste de Santeuil, écrira sur la tente d'Arlequin cette épigraphe pour la *Commedia* italienne : « *Castigat ridendo mores* » (« Elle fustige les mœurs en riant »). Cette phrase pourrait être inscrite également sur le fronton de la satire [33]. Qu'elle s'en prenne en effet à la littérature, à la politique ou à la religion, la satire assortit de dérision et de malice ses

33. Quintilien déclare la satire tout à fait latine. Les précédents de langue grecque, d'Archiloque à Lucien, y contredisent. Dans le Moyen Âge français, la satire éclate dans les farces, les soties, les nouvelles. Il y a du satirique en poésie chez Rutebeuf, puis chez Villon, mais sous forme de flèches rapides.

emportements les plus vifs. En 1526, Marot, qui ne connaît ni Horace ni Juvénal, fera, comme eux, rire en grinçant et accusant.

Cet enfer dont va parler Marot est l'univers des tribunaux et des prisons du Châtelet, coupé du réel par de sombres murs qui en font un terrifiant microcosme. Le poète est arrêté au début du mois de mars 1526 sous prétexte — il le dira et redira jusqu'en 1538 — d'avoir « mangé du lard en carême ». L'expression, courante à cette époque, étendait le mot lard à toute viande, interdite en période de pénitence. Gageons que ce gourmand n'a pas risqué sa liberté pour un morceau de lard, mais pour quelque perdrix ou pièce de venaison. « Consommés en public ! » lui reprochera plus tard Sagon. La publicité, il est vrai, donne de l'ampleur à la faute. Elle appelle aussi deux remarques.

D'abord, Marot était suspect, appartenant à Marguerite. Ceux qui déjà le jalousaient, les médisants — les « causeurs » —, devaient s'étonner de le voir libre et en paix, alors que les évangélistes avaient trouvé leur salut dans la fuite ou dans quelque cachette. Le bruit de son arrestation avait si bien couru qu'il se fait un plaisir de la démentir par un rondeau : *A ses amis auxquels on rapporta qu'il était prisonnier.* Halte aux calomnies, messieurs, il y a « méprison » ! Arrêté, lui ? « Il n'en est rien » :

> *Et vous, Causeurs pleins d'envie immortelle*
> *Qui voudriez bien que la chose fût telle*
> *Crevez de deuil, de dépit ou poison !*
>   *Il n'en est rien.*
>   (v. 6-9)

En mars 1526, les « causeurs » — qui n'ont pas crevé — ont le dernier mot. Marot est conduit au Châtelet.

En mai 1525, le pape Clément VII publiait une bulle instituant des commissaires chargés de traquer les luthériens en France. Ces suppôts du moine excommunié sont reconnaissables à divers signes, et notamment à ce qu'ils n'observent pas jeûne et abstinence, ordonnés par l'Église en temps de carême. Or, dès le carême suivant, Marot « mange du

lard » en public. Pouvait-il ignorer cette bulle papale qui sans
doute fit grand bruit, étant adressée à la reine mère Louise de
Savoie sur sa demande, mais aussi au Parlement et à
l'université de Paris ? Les commentaires durent aller bon
train et nous savons que, si Marot a l'œil aiguisé, ses oreilles
sont excellentes.

Le poète sait donc probablement ce qu'il risque en
« mangeant le lard ». Il le fait pourtant. Est-ce par simple
négligence ? Cela est bien difficile à admettre. Est-ce à la suite
d'un pari stupide ? Cet étourdi nous en semble bien capable,
après boire. Ne serait-ce pas pour prouver qu'on peut « faire
gras » en carême sans être réellement luthérien ? Un peu
alambiqué.

Qui l'a dénoncé ? Une femme, va-t-il proclamer dans
L'Enfer. Il l'appelle Luna — ô Cariteo ! —, mais quelques
années plus tard la rebaptise Ysabeau. Prenons cela pour une
fable. Être jeté en prison par une femme est galant. Villon
lui-même, voleur attesté, n'attribuait-il par ses malheurs à la
mythique Catherine de Vaucelles ?

Marot est arrêté non par les commissaires au service des
théologiens de Sorbonne, mais par la prévôté parisienne. Son
véritable accusateur est sans doute l'avocat Bouchard, qui
représente la Sorbonne auprès du prévôt de Paris. C'est une
chance pour Marot. Quelques semaines plus tard, l'évêque
de Chartres, Guillard, pourra le réclamer au nom de l'Église
puisque son « crime » ne doit pas être jugé par les laïques.
Guillard a senti le vent : le roi et Marguerite rentrent chez
eux, traitons bien leurs amis, même suspects. Marot est
transféré « en la prison claire et nette de Chartres » : une
auberge, en réalité. Il y écrit *L'Enfer*, qu'il se gardera ensuite
de publier même s'il le lit au roi sitôt que les choses sont
rentrées dans l'ordre. L'œuvre ne sera imprimée qu'à Anvers
en 1539. En France par Dolet, en 1542 ; mais à cette date
Clément Marot est plus que suspect : il est perdu.

Le début de *L'Enfer* est un chant de délivrance. Marot
nous décrit l'enfer en nous souhaitant de ne jamais y aller (v.

1-20). La perfide Luna l'a conduit à la porte infernale. Là veille Cerbère, mythologique chien de garde. Un geôlier à tête de chien pousse le prisonnier, au-delà d'une énorme porte, dans un étroit couloir. On y entend les étranges rumeurs des « faubourgs de l'enfer », sur lesquels règne Minos : entendez Gabriel d'Allègre, prévôt de Paris, maréchal de France, maître des lieux. Terribles faubourgs :

> *Là les petits peu ou point aux grands nuisent*
> *Là trouve(-t-)on façon de prolonger*
> *Ce qui se doit et se peut abréger.*
> *Là sans argent pauvreté n'a raison*
> *Là se détruit mainte bonne maison*
> *Là biens sans cause en causes se dépendent*
> *Là les causeurs les causes s'entrevendent*
> *Là en public on manifeste et dit*
> *La (mauvaiseté) de ce monde maudit*
> *Qui ne saurait sous bonne conscience*
> *Vivre deux jours en paix et patience.*
>
> (v. 52-62)

En peu de mots, cela commence fort. La justice est vénale, ses lenteurs inévitables. Les « causeurs », c'est-à-dire les avocats, s'entrevendent les causes les plus juteuses. Aucun repos dans leurs menées.

L'attaque de plein fouet continue sur un ton plus violent. Les gens de justice gagnent leur vie sur les troupeaux d'accusés. Il convient de séparer ces derniers comme « chevaux en l'étable hargneux ». Les voilà aux mains des « causeurs » devenus les « criards »,

> *... dont l'un soutient tout droit*
> *Droit contre tort ; l'autre tort contre droit*
> *Et bien souvent, par cautèle subtile*
> *Tort bien mené rend bon droit inutile*
>
> (v. 95-98)

Suit un portrait au scalpel de quelques avocats de ce temps-là, avec une note d'affection pour l'un d'entre eux, un oiseau rare :

> *Ce bon vieillard (sans prendre or ni argent)*
> *Maintient le droit de mainte pauvre gent.*

Dans l'immonde enfer foisonnent les serpents, qui ne sont autres que les procès : qui les endure est bien à plaindre. Ils se déroulent, interminables, suscitant d'autres interminables litiges : tout procès peut en cacher sept autres. La procédure est la résurrection de l'hydre, dont les têtes coupées repoussent (v. 126-187). Mais pourquoi ces hideux procès ? Parce que la grande vertu de charité est mal enseignée :

> *Comment l'auront dans leur cœur fichée*
> *Quand partout est si froidement prêchée ?*
> *À écouter vos Prêcheurs bien souvent*
> *Charité n'est que donner au Couvent.*
> (v. 191-194)

Voilà qui finit par sentir le fagot. Attaquer la religion en ses ministres est plus grave que de tancer la justice. Mais le prisonnier est conduit devant Rhadamantus, le lieutenant criminel Gilles Maillart. Son portrait est terrifiant. Marot n'oubliera pas le personnage. Il le clouera au pilori devant la postérité, l'année suivante, dans l'épigramme sur la mort de Semblançay. Inscrite au sommet du génie de Marot, celle-ci montre ce qu'a de juvénile encore *L'Enfer* : entre trouvailles et mots percutants, quelques longueurs. Comme s'il s'en rendait compte, le poète enchaîne. « Pour abréger... » (v. 220). Il n'abrège guère, montrant par le détail les pratiques de Rhadamante-Maillart, qui joue un jeu vieux comme la police : tantôt gentil, tantôt féroce. A lui tout seul, il est le bon et le méchant gendarme (v. 240-280).

Méchant ? A l'excès, car pour finir, si le prisonnier résiste, le juge a recours à la torture. La torture, qui restera de règle pendant des siècles en France, ne l'oublions pas. La torture, que pratique l'Inquisition contre les hérétiques. A son endroit, Marot trouve d'inoubliables accents :

> *Ô chers amis, j'en ai vu martyrer*
> *Tant, que pitié m'en mettait en émoi*

Par quoi vous prie de plaindre avecque moi
Les innocents qui, en tels lieux damnables
Tiennent souvent la place des coupables.
(v. 284-288)

Rhadamante en vient au fait avec l'accusé. Nom, prénom, profession ? Marot répond qu'il est inconnu en enfer, mais très connu au paradis, où règnent François Ier et sa sœur. Il est connu aussi de tout le petit peuple mythologique qui emplit la poésie : Orphée, Pan, Apollon, Mercure. Sitôt qu'il est question de lui-même, Marot devient léger, moqueur, blagueur. « Mon prénom ? Clément, non comme Luther, mais comme le pape ! Mon nom ? Marot, non *Maro* comme Virgile ! Il n'y a plus de Virgile. Mais comme nous avons un nouveau mécène, le roi, d'autres Virgiles peuvent paraître. » De léger, le ton redevient passionné, mais par enthousiasme. François Ier a fait renaître les lettres françaises « presque péries ». Finie la mode ancienne. En quelques vers, le poète, délivré de ses vieilles chaînes, manifeste clairement que, sous l'impulsion du monarque, les créateurs seront privilégiés (v. 364-376).

Va suivre la superbe évocation de son lieu de naissance, Cahors en Quercy, que nous avons placée au début de ce livre : description plaisante, adroite, familière. Adieu rhétorique (v. 377-fin) !

Entends après (quant au point de mon être)
Que vers midi les hauts Dieux m'ont fait naître...

Après un nouvel éloge du roi qui l'a reçu « en France », une évocation fervente de Marguerite :

C'est la princesse à l'esprit inspiré
Au cœur élu, qui de Dieu est tiré
Mieux (je le crois) que le fétu de l'ambre
Et d'elle suis l'humble Valet de Chambre.
(v. 419-422)

Si elle était à Paris, Marot ne serait pas en prison. Où est-elle, sinon en Espagne pour tirer le roi de sa geôle ? Pourquoi dès lors, conclut Marot en bon courtisan, souhaiterait-on être soi-même en liberté (v. 423-444) ?

Tandis qu'il parle, déclare enfin le poète, un griffon — un greffier — écrit non pas ce qu'il dit, mais ce qui pourrait être retenu contre lui (v. 453-460). Parlez toujours, prisonniers, on ne recevra que vos témoins à charge. Si vous êtes condamnés, il y aura une grande joie en enfer. Le griffon griffonne en son grimoire, le juge se lève. Marot est conduit « au bas collège », avec des milliers de malheureux :

> Et avec eux fis un temps demeurance
> Fâché d'ennui, consolé d'espérance.
> (v. 487-fin)

Emprisonné donc au début de mars 1526, le poète sera rapidement transféré « en la prison claire et nette de Chartres », puis libéré le 1er mai. Deux mois en enfer. Même pas une « saison ». C'est assez pour que ce malicieux nous montre où se trouvera le meilleur ressort de son talent. Ni dans l'amour ni dans l'amourette, ni dans les fêtes ni dans le devoir : dans l'adversité. Par malheur pour lui, par bonheur pour sa plume, il y sera conduit désormais bien souvent.

Liberté chérie

En prison, Marot trouve donc un ton nouveau et souverain. N'était-il que léger jusqu'alors ? Dans ses œuvres écrites avant 1526, il existe une constante : Marot est bon non quand il s'applique à l'être, mais quand son sujet le touche, l'émeut. Pour qu'il écrive de sa meilleure plume, il faut qu'il soit de tout cœur présent : amourette ou gaudriole, pensum ès qualités, il fera dès lors une œuvre vraiment marotique. Après 1520, il voit Marguerite et les siens s'engager sur le chemin de la *devotio moderna*, et cela le remue. « Ce n'était pas, écrit justement Pierre Villey[34], qu'un zèle ardent le

---

34. Pierre Villey, *Marot et Rabelais*, Paris, 1923.

portât vers les méditations religieuses, ou qu'il eût en soi l'étoffe dont se font les martyrs. » Jusque-là, ses écrits « pieux » sont à la limite du consternant.

Dans *L'Enfer*, dans sa première rencontre avec l'adversité, Marot se souvient de Cahors en Quercy et du bonheur qui lui en reste au cœur. La contestation religieuse n'apparaît pas, sinon dans quelques traits rapides : « Charité n'est que donner au couvent. » La nouveauté de ce Marot révélé en prison, c'est la conquête d'un degré de plus dans la liberté d'expression. Il ne cessera de gravir, l'année suivante, cette pente périlleuse ; mais Marguerite est là, le roi aime son poète, le danger semble bravé. La bravade restera toujours un plaisir chéri par l'ancien garnement de la campagne cadurcienne, par l'ancien clerc de cette Chancellerie dont le bras séculier s'abat sur lui, en mars 1526.

En prison, Clément Marot écrit également deux *Épîtres*. La première — cela est dit en son troisième vers — est rédigée six jours après son emprisonnement. Elle est adressée à l'avocat de la Sorbonne auprès du Châtelet, Jean Bouchard[35]. « Un ami », déclare le poète. Pour le flatter sans doute, il le qualifie de « docteur en théologie ». N'est-il pas le porte-parole des théologiens auprès de la juridiction de Minos ? S'adressant au représentant des ultras, Marot y va carrément : pourquoi avoir mis la terreur, en lui, « d'aigre justice »...

> *... en disant que l'erreur*
> *Vient de Luther ? Point ne suis Luthériste*
> *Ni Zwinglien, et moins Anabaptiste*[36].
> *Je suis de Dieu par son fils Jésus-Christ.*
> *Je suis celui qui ai fait maint écrit*
> *Dont un seul vers on n'en saurait extraire*
> *Qui à la loi divine soit contraire.*
> *Je suis celui qui prend plaisir et peine*
> *A louer Christ et sa mère tant pleine*

35. *Épître IX, à Monsieur Bouchard, docteur en théologie.*
36. Jusqu'en 1538, ce vers dira : « Ni Zwinglien, encore moins Papiste. »

De grâce infuse ; et pour bien l'éprouver
On le pourra par mes écrits trouver.
Bref, celui suis qui croit honore et prise
La vrai-e, sainte et catholique Église.
(v. 5-17)

Les tristes devoirs de piété mis en vers laborieux par le jeune Marot le paient de sa peine. Il clame et prouve son orthodoxie. Que Bouchard le fasse libérer [37].

Dans le malheur, on compte ses amis. Peut-être Bouchard était-il au moins connu du poète. Un autre personnage paraît susceptible au prisonnier de le tirer d'embarras : c'est celui qui lui donnera les gages de l'amitié la plus véritable, le Poitevin Lyon Jamet. En 1526, il semble que non seulement Jamet n'est suspect ni à la Sorbonne ni au prévôt, mais même qu'il jouit auprès de l'une, de l'autre, ou des deux, d'une influence certaine [38]. L'*Épître X, à Lyon Jamet* est justement célèbre par la fable qu'elle contient : *Le Lion et le Rat*. L'influence de cette façon d'écrire l'apologue français est lisible chez La Fontaine, qui l'assume.

Marot démontre déjà son incomparable maîtrise du genre épistolaire familier. Il commence par dire à Lyon ce qu'il n'écrira pas. Il veut simplement narrer « une belle fable », celle du Lion et du Rat. Le Lion un jour délivre le Rat pris au piège. Mais voici la noble bête piégée à son tour. Le Rat survient, et déclare qu'il va payer sa dette, libérer le Lion. Ce dernier le tourne en dérision :

... Ô pauvre verminière,
Tu n'as sur toi instrument ni manière,

37. Certains, dont Villey, pensent que L'*Épître à Bouchard* est un plaidoyer *a posteriori*, et fut composée après la libération du poète. Elle est peut-être la mise en vers d'une supplique qu'il adressa de prison avec moins de formes. La même remarque s'applique à l'*Épître à Jamet*.

38. Nous savons peu de choses de Lyon Jamet, sinon qu'en son exil il sut gagner l'amitié de Renée de France, mais aussi de son terrible mari Hercule d'Este. Il accomplira plusieurs missions secrètes d'importance, mandaté par de grands personnages. Il mourut après 1566. C'est à lui que Marot écrivit ses coq-à-l'âne, qui constituent l'une des parties les plus brillantes de l'invention et du génie marotiques.

> *Tu n'as couteau, serpe ni serpillon*
> *Qui sût couper corde ni cordillon*
> *Pour me (tirer) de cette étroite voie,*
> *Va te cacher, que le Chat ne te voie.*
>   (v. 49-54)

Le Rat ne se vexe pas. Il dit que ses dents feront l'affaire, et se met au travail.

> *Lors sire Rat va commencer à mordre*
> *Ce gros lien; vrai est qu'il y songea*
> *Assez longtemps, mais il vous le rongea*
> *Souvent et tant qu'à la parfin tout rompt*
> *Et le Lyon de s'en aller fut prompt.*
>   (v. 62-66)

Le Lion délivré reconnaît qu'un bienfait n'est jamais perdu, et Marot de conclure allègrement : « L'histoire est vieille, Ésope et un million d'autres en témoignent. Je suis le Rat, sois le Lion. »

Sur ce premier emprisonnement, Clément Marot écrira encore trois œuvres. La ballade *Contre celle qui fut s'amie* et le rondeau *Sur l'inconstance d'Ysabeau* tentent d'accréditer la raison futile de son incarcération : Luna — rebaptisée plus tard Ysabeau, tant pis pour Cariteo — l'a trompé. Il la quitte, elle le dénonce par dépit, disant qu'il a « mangé le lard ».

Un autre rondeau vient conforter notre opinion : Marot n'écrit à merveille que des événements qui le touchent au cœur. Dans *L'Enfer*, le fait de perdre sa liberté. Dans le *Rondeau parfait à ses amis après sa délivrance*, le bonheur de sa liberté retrouvée. Voici l'épilogue de ce premier assaut de l'adversité, chant de joie aussi pur que l'avait été son cri d'indignation aux faubourgs de l'enfer. Son refrain est : « En liberté ».

> *J'eus à Paris prison fort inhumaine;*
> *A Chartres fus doucement enclolé*
> *Maintenant vais où mon plaisir me mène :*
> *C'est bien et mal. Dieu soit de tout loué.*

Au fort[39] *amis, c'est à vous bien joué*
Quand votre main hors du per[40] *me ramène.*
Écrit et fait d'un cœur bien enjoué
Le premier jour de la verte semaine
             En liberté.
          (v. 17-25)

A-t-il profité de la leçon? Sait-il bien que les « chiens d'enfer » ont toutes les patiences?

Enfin, le roi et Marguerite sont de retour. Intouchable pour quelques années, Marot ira « où le plaisir le mène », et passera de la petite notoriété à la gloire véritable. Son talent, mûri dans la première adversité, s'épanouit. Ainsi va-t-il, toujours « plus léger que les oiseaux du ciel », déluré, provocant, à la fois armé et désarmé par cette imprévoyance qui fait partie de son charme. Célèbre? Bientôt. En conséquence, aux ennemis qu'il compte parmi les inquisiteurs s'adjoindra une meute de jaloux : ses confrères moins estimés. Pour l'instant, la meute est muselée. Libre, touchant au faîte de son art, Marot devient Marot, et voyez la devise superbe qu'il choisit : « La mort n'y mord[41]. »

39. En résumé.
40. Hors de pareille aventure.
41. La première devise poétique de Clément Marot, moins ambitieuse, était : « De bouche et cœur. »

DEUXIÈME PARTIE

Un succès empoisonné

CHAPITRE V

L'amour et la faveur

Et remède je n'aperçois
A ma douleur secrète
(Sauf) de crier : « Allégez-moi »
Douce plaisant brunette.

Clément MAROT.
Chanson XVIII.

Dans les poèmes de jeunesse, nous avions trouvé ces accents gaillards qui surabondent dans le vieux fonds médiéval. La muse des rhétoriqueurs elle-même n'est pas ennemie de la paillardise. Mais Marot pas à pas s'éloigne de la rhétorique, tout en gardant un penchant pour le cliquetis des mots. Serviteur de la chaste Marguerite, mêlé à une société de savants et de curieux, il écoute les voix qui viennent d'Italie. Il va parler d'amour selon la mode nouvelle des lyriques du quattrocento, qui imitent Pétrarque en ses thèmes et le compliquent en sa forme.

L'amour poétique

Qu'il soit d'amour courtois au nord[1], de *fine amor* au midi, l'héritage du XIIIᵉ siècle idéalisait la femme, mettait l'amant à son service d'honneur. La Rose puis Chartier en témoignèrent en France. Dès 1520, donc, c'est sur des façons reçues chez les pétrarquistes que Marot parlera d'amour. En rondeaux jusqu'en 1527. Dans les *Élégies*, de 1526 à 1532, il empruntera davantage aux enfants de la Rose. Le résultat reste le même : la femme aimée sera parfaite, même et surtout quand elle fait souffrir ou disparaît.

Marot fut-il pour autant un petit saint durant toutes ces années ? Certains — certaines —, lors de l'affaire des *Adieux aux dames de Paris* (1529), donnent de lui un portrait différent. Ces *Adieux* — qu'il a écrits ou non — traitent durement la gent féminine parisienne. Sous la plume d'un porte-parole, six des diffamées répondent plus durement encore : Clément Marot est un maraud, un personnage infâme dans sa vie privée. Jalousie, calomnie, bien évidemment. L'abominable dicton « pas de fumée sans feu » nous vient pourtant à l'esprit, quand nous lisons la réponse indignée de Marot. Le poète va nous donner, à travers des amours chastes, un florilège gracieux du pétrarquisme à la française. Qu'il vécût au quotidien autrement qu'en amoureux éperdument transi ne nous étonnerait guère : comment, dans le cas contraire, se serait-il fait des ennemis aussi féroces que les goules récusant les *Adieux* ?

Une fois de plus, séparons le mythe d'amour de celui qui l'écrit. Quand Marot dit au vers 11 de la neuvième *Élégie :*

Ô Dieu du ciel, qu'amour est forte chose !

1. *Amadis de Gaule*, véritable roman courtois publié par Garcia Ordonez de Montalvo en 1508 d'après un original du XIIIᵉ siècle, aura en Europe un succès éclatant au XVIᵉ siècle. Il est traduit en français en 1540. En 1542, Marot s'en inspirera pour un jeu à grande mise en scène. (Voir ci-dessous p. 352.)

il ne parle certainement pas de l'amour qui se fait, mais de celui qui se rêve. Il est assez facile de déceler chez lui la fracture entre réalité et fiction, en matière d'amours. Ses œuvres de jeunesse vont tout d'une pièce. Il est las des amourettes qui lui ont trop coûté, de l'argent qu'il n'a pas, des illusions dont il regorge, et qui, par bonheur, renaissent plus tard de leurs cendres :

> C'est trop souffrir de peine et marrisson[2]
> Pour le plaisir d'une jeune fillette[3].

« Fausse beauté qui tant me coûte cher... », écrivait Villon dans la *Ballade à s'amie*. L'écolier Marot a fait ses classes chez les Vénus de la porte Barbette, et déclare naïvement qu'aimer fait mal. Chez Neufville, Clément, qui en bon parvenu ne veut pas ignorer le goût du jour, commence à feindre quand il conjugue le verbe aimer. Il a beau déclarer à la fin du *Temple de Cupido,* que lui a commandé son maître,

> Que Ferme Amour est au cœur éprouvée.
> Dire le puis, car je l'y ai trouvée.
>   (v. 537-fin)

Nous n'arrivons pas à le croire. Cette Ferme Amour est tirée d'un magasin d'accessoires littéraires.

Le temps passe. Marot est le serviteur et le protégé de Marguerite, qui considère l'amour charnel avec une indulgence triste : *L'Heptaméron* le prouvera bien des années plus tard. Pour l'instant, elle préfère Dieu à son mari d'Alençon et même — scandale ! — à l'Église de Rome, à ses prophètes de Sorbonne. A ses côtés, des savants, tel Lefèvre d'Étaples, des érudits aussi et des propagateurs de la mode italienne. Voici Marot tourné de ce côté. L'amour, il va donc en parler en théoricien. Il s'agit, à travers une figure féminine donnée, de prendre rang et nom parmi les servants poétiques de l'Amour. Dante élut Béatrix[4], qui mourut à vingt-quatre

2. Souffrance.
3. Ballade *Du temps que Marot était au Palais à Paris.*
4. Béatrix, c'est-à-dire Bice Portinari (1266-1290). Le début de la *Comédie,* appelée plus tard *Divine,* est l'*Enfer* (1309).

ans, presque vingt ans avant la parution de son *Enfer*.
Pétrarque n'évoque parfaitement Laure[5] que lorsqu'elle est
morte. Idéalisation, création d'un archétype d'amour pur,
diversement nommé par chaque poète qui adhère au genre.

Le jeune Marot ouvre avec délice les élégiaques latins du
Ier siècle avant notre ère. Il voit des lamentos amoureux en
l'honneur d'une dame qui enchante et fait souffrir, qui est
le centre, le soleil de chaque poète. Tibulle célèbre
Délie. Properce adore Cynthie. Ovide, dont Clément connaît
déjà *Les Héroïdes*, chante Corinne dans *Les Amours*. Remonte-
t-il à leur aîné Catulle ? On le trouvera ravagé par la passion qu'il voue à l'ingrate Lesbie, alias Clodia. Quels que
soient les modèles successifs qui ont pu entraîner Marot
à ciseler des vers d'amour, tous sont dirigés dans le même
sens : celui de l'appartenance de l'amant à une femme adorée, un peu floue quand on la décrit, tant elle est masquée
par des nuages de métaphores, des brumes d'épithètes.
Les pétrarquistes et leurs redondances ont repassé les
Alpes avec des armées successives, de 1495 à 1515 : Tebaldeo, Cariteo, Serafino et même le plus équilibré, Bembo,
célèbrent la femme, sans oublier de la mettre sur un autel
d'amour d'où elle dicte ses commandements. Cette divine
gèle le feu, allume la glace, brise les miroirs d'un coup
d'œil.

Après 1520, Clément ne dira rien de ses aventures
galantes. Jean Marot chantait les dames et leurs vertus en un
chapelet de rondeaux poussifs. Son fils, à peine est-il chez
Marguerite, qui aime plus ce genre qu'elle n'y excelle[6], lime
ce genre avec un outil neuf. Vienne enfin l'élue, à qui donner
une flamme amoureuse digne des grands ancêtres, et il
renouvellera le rondeau. Or, à peine Clément Marot sort-
il de prison, en mai 1526, que la divine fait son entrée.
C'est Anne, qu'il célébrera pendant quinze ans, de près ou de
loin.

5. Laure de Noves (1308-1348).
6. Le *Dialogue en forme de vision nocturne* (1524) est préfacé par deux
rondeaux médiocres.

Anne lui a jeté de la neige, et de la poudre aux yeux du savant Abel Lefranc[7]. Lefranc n'était pas seulement érudit, mais passionnément curieux. En 1896, il découvrit les dernières et les meilleures poésies de Marguerite de Navarre, restées inconnues pendant trois cent cinquante ans. En 1914, il fit sensation en nommant à coup sûr l'égérie de Marot. Anne, c'est Anne d'Alençon, la fille d'un frère bâtard du premier époux de Marguerite. Les preuves en sont données par le poète lui-même dans une épigramme :

> *J'ai une lettre entre toutes élite*
> *J'aime un pays et j'aime une chanson*
> *N est la lettre[8] en mon cœur bien écrite*
> *Et le pays est celui d'Alençon.*

Bâtarde d'Alençon, Anne est « de la ligne des dieux », c'est-à-dire des rois de France. La barre de bâtardise qui déshonore son blason la rend pourtant accessible à la flamme d'un personnage d'aussi humble naissance que Marot. Voici trouvée l'égérie parfaite : assez haut placée pour rester inaccessible. Marot a vraiment aimé Anne d'Alençon, elle est ensuite restée en lui comme une référence amoureuse. Pour finir, il use de son nom, lorsqu'il l'emploie encore, par tendre souvenir.

Non seulement il l'aime, mais — à la différence des pétrarquistes ordinaires — il la montre vivante. De mai 1526 à mai 1527, c'est la passion. Anne est brune. Elle est vive, gaie, bonne. Sa vertu — et son rang — décourageant toute tentative contre sa personne, Marot l'aime poétiquement. Nous lisons dans l'épigramme *Du mois de mai et d'Anne*[9] :

> *Mais en tous temps de ma dame fleurissent*
> *Les grand'vertus que Mort ne peut toucher.*

---

7. Abel Lefranc (1863-1952) est l'un des plus importants seiziémistes modernes. Il démontra (et exagéra) l'importance d'Anne dans l'œuvre de Marot.

8. A cette époque, Anne se prononçait *ène*.

9. Pièce rebaptisée du nom d'Anne, après avoir été éditée sous le titre : *Dizain de mai.*

La « brunette » est vertueuse comme il convient, mais enjouée, et point bégueule : il y paraît dans la ballade *De s'amye bien belle*, dont le refrain est : « C'est bien la plus belle de France. » Marot tisse autour d'elle une toile de poèmes, rondeaux et épigrammes, à la fois dépendants des Italiens par leurs thèmes et originaux en leur expression. Selon l'usage, il fait « alliance de cœur » avec sa belle. De même que Marguerite sera sa « Tante » par alliance, Anne deviendra sa sœur dans le rondeau *De trois alliances* :

> *Tant et plus mon cœur se contente*
> *D'alliances, car autre attente*
> *Ne me saurait mieux assouvir*
> *Vu que j'ai (pour honneur suivir)*
> *Pensée, grand'Amie et Tante.*

Il porte et célèbre les couleurs d'Anne. La voici jouant de l'épinette pour le plaisir de son amoureux :

> *Lorsque je vois en ordre la brunette*
> *Jeune, en bon point, de la ligne des dieux*
> *Et que sa voix, ses doigts et l'épinette*
> *Mènent un bruit doux et mélodieux*
> *J'ai du plaisir et d'oreilles et d'yeux*
> *Plus que les saints en leur gloire immortelle*
> *Et autant qu'eux je deviens glorieux*
> *Dès que je pense être un peu aimé d'elle*[10].

Certes, elle dut l'aimer « un peu » : cette position d'amou-reux à qui l'on ne dit pas « nenni » sans dire tout à fait « oui » constitue le meilleur de l'inspiration amoureuse de Marot. Il aime dans l'inquiétude et l'insatisfaction, espère un sourire, un geste. S'en va-t-elle — comme elle le fait un an après le début de l'idylle, en mai 1527 —, il se répand en plaintes sur le thème rebattu de l'absence. L'expression de l'amour pur, de l'attente, du désir de partage, d'échange, nouveaux dans leur ton, épurent le rondeau conventionnel. Ils en font un poème intimiste, accentué par son refrain. Malgré les empor-

---

10. Épigramme *D'Anne jouant de l'épinette*.

tements de du Bellay, Marot assure ainsi une vie durable à cette forme poétique. Il a conclu son *Alliance de pensée* un mardi gras, et la déclare :

> *Un Mardi Gras, (où) tristesse est chassée*
> *M'advint par heur d'amitié pourchassée*
> *Une pensée excellente et loyale ;*
> *Quand je dirais digne d'être royale*
> *Par moi serait à bon droit exaucée ;*
>
> *Car de rimer ma plume dispensée*
> *Sans me louer peut louer la pensée*
> *Qui me survint dansant en une salle*
> *Un Mardi Gras.*
>
> *C'est celle qu'ai d'alliance pressée*
> *Par ses attraits ; laquelle à voix baissée*
> *M'a dit : « Je suis ta pensé-e féale*
> *Et toi la mienne, à mon gré, cordiale »*
> *Notre alliance ainsi fut commencée*
> *Un Mardi Gras.*

Anne « la brunette » inspire quatorze épigrammes, une ballade, de nombreux rondeaux exquis. Tous les modèles, surtout italiens, seront bons pour exalter cet amour qui sera abusivement appelé « platonique ». Il aime Anne, il espère en être aimé. En 1527, il n'ose déclarer le nom de l'élue. C'est en 1534 seulement qu'Anne sera appelée par son nom : il le replacera dès lors dans des pièces antérieures. En 1534, le poète la nomme, la désigne, alors qu'elle n'est plus pour lui qu'une référence d'amour, un intitulé. En 1538, il lui dédiera — à elle ou à son ombre ? — le second livre de ses *Épigrammes* [11]. Est-ce dire qu'elle reste sans cesse présente à ses yeux, à son cœur ? Beaucoup d'eau a passé sous les ponts du fleuve Amour, depuis onze ans.

11. Seule la première et la dernière épigramme de ce livre sont adressées à Anne, ce qui fait douter de la sincérité de la dédicace, de l'ardeur d'un amour tout doucement couvert par les années, sinon éteint.

En 1540, Anne d'Alençon, déjà mûre, trouve enfin un mari : Nicolas de Bernay, écuyer tranchant des princesses. Le poète va-t-il rouvrir les vannes de ses douleurs adroitement pétrarquisées ? Il s'en faut. L'année suivante, il adresse une *Étrenne* à la tant aimée. Déception qui tourne franchement au mauvais goût :

> *Votre mari a fortune*
> > *Opportune*
> *Si le jour ne veut marcher*
> *Il aura beau chevaucher*
> > *Sur la brune.*

Voici donc, pour finir, le pavé dans l'amour. Peut-on croire qu'il aime encore, écrivant cela ? Vexé d'avoir tant écrit pour l'ombre d'une grande passion, il brise son jouet usé. Abel Lefranc se faisait des illusions sur l'empire d'Anne. Il croyait qu'elle avait inspiré nombre des élégies amoureuses que Marot composa en 1526 et 1532. Les érudits actuels en doutent raisonnablement. Anne, la sœur d'alliance, la bien chantée, n'est ni Laure ni Béatrix. Passé le temps de la première flamme, elle n'a plus été qu'un pavillon de complaisance sur le navire des rêveries clémentines.

L'AMOUR ÉLÉGIAQUE

Les *Élégies* de Marot, qu'il commence à écrire après 1526 sous la lumière d'Anne, sinon pour elle, sont consacrées à l'amour. Elles constituent l'une des parties les moins connues de l'œuvre marotique, sans doute parce qu'elles ne correspondent pas au rassurant étiquetage de Boileau : l' « élégant badinage » n'y est pas de mise.

Marot, désormais frotté des poètes latins postalexandrins, tente de trouver un genre français de l'expression amoureuse, et découvre le ton « élégiaque » chez Tibulle, Properce, Ovide. Ce qu'il ignore sans doute, n'étant ni latiniste ni surtout helléniste, c'est que l'élégie, à l'origine, se caractérisait par sa forme, non par son sujet. Elle allait suivant des couplets de deux vers, un hexamètre et un pentamètre, soutenus par la flûte. Elle parlait aussi bien de guerre et de philosophie que de sentiments. Catulle use encore du distique élégiaque dans des épigrammes. Ses successeurs vouent à l'amour — à l'amour triste surtout — ce genre très ancien, tout en conservant sa métrique traditionnelle. Sannazar [12] lui-même, en ses vers latins, emploie au XVIe siècle le distique élégiaque. D'autres néolatins contemporains de Marot s'y essaient aussi sans grâce.

Marot, pour sa part, ne va pas chercher à différencier métriquement ses *Élégies* des *Épîtres*, par exemple. Elles seront presque toutes écrites en décasyllabes à rimes plates (AABB). Cette monotonie rythmique, quand elle n'est pas éclairée de malice ou de turbulences verbales marotiques, conduit à la pesanteur. Cet amour n'est pas gai. Ses exemples et ses modèles sont presque partout tirés du fonds français ancien. L'Italie et ses nouveautés, que Marot utilise largement ailleurs à la même époque, paraissent peu. C'est comme si l'auteur avait décidé ici de chanter l'amour de façon un peu surannée. Il y perd du piquant. Le ronron des élégies marotiques nous fait oublier que le poète ouvre là un grand champ à la poésie française. Thomas Sébillet, dans son *Art poétique français* (1548), qui se réfère sans cesse à Marot, écrira : « L'élégie par nature est triste et flébile [13] : et traite singulièrement les passions amoureuses, lesquelles tu n'as guère vues ni [entendues] vides de pleurs et de tristesse. »

Par nature ? Oui ! mais depuis Tibulle seulement. En France ? Depuis Marot seulement. Les grands élégiaques à venir sont réputés descendre par les larmes de Ronsard et de du Bellay. Mais si Ronsard prétend écrire mieux que Marot, si du Bellay oublie ce dernier en recommandant l'élégie latine aux poètes futurs, ils n'ont pas abusé longtemps les cher-

12. Jacopo Sannazaro, Sannazar en français (1456-1530), humaniste et poète napolitain, se rendit extrêmement célèbre par son *Arcadie* (1502 et 1504). Il y emprunte des thèmes de Théocrite, Ovide et Virgile notamment. Cette pastorale retentira très fortement, en France, sur les « bergeries » à venir.
13. *Flebilis :* qui met les larmes aux yeux.

cheurs. L'ancêtre d'André Chénier et des romantiques en leurs sanglots amoureux, de Lamartine, hélas ! c'est Marot. L'oubli inamical de la Pléiade a contribué à minimiser cette partie de son œuvre, qui creusera un long sillon.

Les *Élégies* et les *Épîtres* sont semblables, si ce n'est qu'il s'agit d'amour dans l'élégie et que, le, les destinataires en sont inconnus. L'élégie marotique est une certaine façon d'écrire l'épître. Là aussi, le poète prend parfois la plume pour un autre. C'est ainsi que la première de ces œuvres est écrite pour un chevalier, Antoine Pastoureau, qui fut fait prisonnier à Pavie : ceux qui l'ont lue sans imagination ont longtemps accrédité la légende selon laquelle il s'agissait de Marot lui-même, ce qui est extravagant. Il y aura, dans *L'Adolescence clémentine*, un ensemble de vingt-six *Élégies*. La dix-septième est aussi écrite, à la commande, pour un homme. La dix-huitième, de versification plus variée, fait parler une femme, ainsi que la vingtième. D'autres ne sont pas des élégies, mais des « déplorations », des regrets pour un mort, une morte.

Le ton diffère selon les thèmes traités. Presque toutes les *Élégies* sont des plaintes amoureuses. Sur le mode familier, parfois. Dans la septième, le poète se plaint d'être sans nouvelles de l'aimée : est-ce que la belle lui a retiré son cœur ?

> *Qu'ai-je méfait, dites, ma chère Amie*
> *Votre amour semble être tout endormie*
> *Je n'ai de vous plus lettres ni langage*
> *Je n'ai de vous un seul petit message.*

(v. 1-4)

Selon Abel Lefranc, neuf *Élégies* [14] seraient écrites pour Anne d'Alençon. Cela est peu probable. Épistolier d'amour, Marot prête sa plume. On peut voir Anne partout et nulle part. Peut-être la dixième *Élégie*, qui associe mai et l'amour, la désigne-t-elle le mieux :

14. II, V, X, XIII, XV, XVI, XVII, XXIV, XXVI.

Amour me fait écrire au mois de Mai
Nouveau refrain, par lequel vous nommai
(Comme savez) la plus belle de France.
                                              (v. 1-3)

Ailleurs, quand il parle en son nom personnel, on sent en son « amour » de telles différences d'une œuvre à l'autre qu'il faut oublier Anne et lire amour des femmes. Lesquelles ? Marot, au moment où il décide de réunir ses œuvres en recueil, sépare les *Épîtres* des lettres d'amour. Ces dernières, il les nommera *Élégies* pour leur donner la caution des Anciens. Pour les ennoblir, en quelque sorte. Dans ces œuvres, les apports italiens sont rares. Lisons cependant dans la troisième :

Incontinent, d'une voix basse et sombre
Je lui réponds : Œil, si tu es dans l'ombre
Ne t'ébahis, le soleil est caché
Et pour toi est, à plein midi, couché.
                                              (v. 45-48)

Mais plus haut dans le même poème (v. 16-20) nous trouvons une énumération rhétoricienne. Pourtant, si l'on découvre au long des *Élégies* plusieurs souvenirs des *Triomphes* de Pétrarque, du Chartier remoulu, de l'Ovide et du Tibulle ravivés, c'est à la façon dont Marot en use avec ses modèles : il assimile et récrit dans sa propre manière. Manière un peu terne, tout compte fait. La raison nous en est donnée par Claude-Albert Mayer [15] : « Une poésie élégiaque impersonnelle implique contradiction ; mais c'est bien là ce que Marot a essayé de faire dans ces poèmes. Il n'est guère surprenant qu'il ait échoué dans sa tentative. » « Échoué » est trop dire. Il ne nous émeut pas, faute de personnaliser son aimée, de rendre touchants ses regrets, ses plaintes, ses humeurs. L'abstraction lui va mal.

Les *Élégies* de Marot ouvrent un grand chemin à la poésie amoureuse à venir, mais par la désignation d'un genre, non par les accents qu'il y met. Il y a là double

15. *Clément Marot*, Paris, Nizet, 1973.

équivoque. D'abord, Marot emploie le mot « élégie » pour ne parler que d'amour souffreteux ; c'est un faux sens par rapport à l'élégie grecque ancienne. Ensuite, il s'y montre impersonnel : cela le diminue, si on le compare aux poètes qui viendront nous montrer un cœur saignant dans leurs élégies nommées.

Le seul de ces poèmes vraiment démonstratif est le vingt-quatrième. Il l'écrira en 1537. Il n'est pas absolument sûr que ce texte soit de Marot, mais rien ne prouve le contraire, et le ton marotique y paraît brillamment. Si quelque imitateur a rédigé cette élégie, il a plus de talent que n'en montrent les autres plagiaires du poète, qui furent nombreux.

Que nous conte ce poème postérieur à un retour d'exil ? Marot est rentré en France et en grâce. Il a trouvé la plus belle, la meilleure à qui vouer son cœur :

> J'ai eu ce bien de revoir mes amis
> De visiter ma natale province
> Et de rentrer en grâce de mon prince.
> J'ai eu ce bien, et Dieu l'a voulu croître
> Car il m'a fait en même temps connaître
> Une douceur assise en belle face
> Qui la beauté des plus belles efface...
>
> (v. 12-18)

S'il y a là fausse monnaie, elle est imitée de façon à louer le faux-monnayeur. Cette *Élégie*, nommée d'abord *Épître faite par Marot*, est vraisemblablement de la plume du poète. Mais s'agit-il, en 1537, d'une belle Lyonnaise, comme certains le croient ? Ne nous aventurons pas.

Les *Élégies* de Marot ne sont pas des chefs-d'œuvre, mais pas davantage des fonds d'atelier. L'habileté du poète y est moins éclatante que dans les épîtres à grand fracas ou dans les épigrammes à « la pointe » acérée. Le progrès est pourtant considérable depuis les œuvres de première jeunesse. Si une seule élue avait inspiré la plupart de ces vers, il n'y manquerait que son nom pour en faire une œuvre aussi forte et mieux « limée » que ne le sera, par exemple, *L'Olive* de du

Bellay, qui leur doit peut-être quelque chose[16]. Manquant de cohérence et de sincérité, œuvres écrites souvent à la commande, les *Élégies* ne sont pas sans mérite : après avoir élevé, réhabilité ballade et rondeau, le poète donne aux Français un genre nouveau dont il se fait le pionnier. Il y viendra des colons mieux armés et mieux outillés.

L'amour chanté

Temple de carton, fadaises à la mode, élégies sans vraie rigueur, tout cela nous laisse sur notre faim. Allons-nous conclure que l'amour n'a pas été pour Marot le meilleur aiguillon poétique, alors que ses ennemis — ses ennemies — lui reprocheront d'avoir trop péché par luxure ? Il existe heureusement un autre registre dans lequel le poète nous montre son talent d'exception. Les *Chansons* de Marot ne pèsent pas lourd dans la balance de la poésie française. Elles démontrent pourtant qu'il apparaît en son temps, sur un mode léger, comme le premier des lyriques. L'ode naîtra après lui, mais *ôdè* en grec veut dire « chanson ». Dans ces riens charmants, Marot introduit le chant strophique. Il fera fortune vingt ans après sa mort, lorsque l'ode, divorçant d'avec la musique, séduira par le seul son des mots rimés et rythmés.

Nous avons déjà souligné le mariage vieux comme la Grèce des vers et du chant. En France, au XIVᵉ siècle, Guillaume de Machaut, meilleur musicien que poète, met ses poèmes en musique. Certains refrains couraient de ville en campagne, touchant un public immense. L'imprimerie diffuse mieux les écrits, et pour moins cher, que ne le faisait le parchemin. Mais qui lit, combien lisent, et quoi[17] ? Certes, on se fait lire, ce qui expliquera la popularité des textes sacrés traduits dans

16. 1549. Recueil de sonnets amoureux, dont la seconde édition sera dédiée à Marguerite de Navarre peu avant sa mort.

17. *Cf.* Roger Chartier, *Lectures et lecteurs dans la France d'Ancien Régime*, Seuil, 1987.

la population, analphabète pour une bonne part. Tout le monde chante, aussi bien les pages de la cour et les bourgeois des villes que les ouvriers et paysans en fête. L'énorme succès de la *Chanson de Marignan*, écrite en 1515 par Clément Jannequin après la victoire de François Ier, est exemplaire à cet égard. Une chanson, et voici le roi acclamé par tout un peuple lors de ses triomphales tournées en province :

> *Victoire, victoire au noble roi François !*
> *Victoire au gentil des Valois !*

On chante aussi l'amour en tous ses états, à la taverne comme à la fête, en dansant, en plantant le Mai. C'est dans le cœur même du populaire que Clément Marot puise l'inspiration de ses chansons. Car il est l'un des plus brillants et féconds « paroliers » de sa génération. L'amour ? C'est en chansons qu'il le dira le mieux.

En adoptant la chanson, Marot rompt avec la tradition des rhétoriqueurs qui la méprisaient. Pierre Jourda suggère que « composer des chansons a [peut-être] été pour lui une besogne de librairie : avant d'être recueillies dans *L'Adolescence clémentine*, vingt-cinq de ces chansons ont paru dans divers recueils de chansons édités de 1528 à 1532 par l'imprimeur Pierre Attaignan [18] ». Marot, dit-il aussi, était lié avec plusieurs musiciens à la mode et leur écrivit peut-être des vers à mettre en musique.

Marot musicien lui-même ? Cela est douteux. Certes, il écrira dans l'*Églogue au roi* :

> *Déjà pourtant je faisais quelques notes*
> *De chant rustique, et dessous les ormeaux*
> *Quasi-enfant sonnais des chalumeaux.*
>   (v. 41-43)

Le chalumeau, c'est la flûte champêtre en roseau. On ne sait si l'enfant Clément en apprit l'emploi. Dans toute « bergerie » — cette églogue en est une —, tous les bergers savent

---

18. Pierre Jourda. *Clément Marot, l'homme et l'œuvre.* (*Cf.* Bibliographie.)

jouer de la flûte. Cet instrument reste aussi inséparable de leur condition que le troupeau de moutons inodores et la houlette de noisetier, de Théocrite à Virgile et à Sannazar. Mais l'épigramme dédiée à Maurice Scève tranche la question :

> *(M'écoutant) chanter quelquefois*
> *Tu te plains qu'être je ne daigne*
> *Musici-en, et que ma voix*
> *Mérite bien que l'on m'enseigne,*
> *Voire que la peine je prenne*
> *D'apprendre ut, ré, mi, fa, sol, la.*
> *Que Diable veux-tu que j'apprenne ?*
> *Je ne bois que trop sans cela.*

Ces vers goguenards nous apprennent que Marot buvait trop, qu'il ignorait le solfège et qu'il avait une belle voix. Laissons ses ennemis se délecter de la première de ces affirmations. Marot chantait bien : cela ravit les amis et séduit les demoiselles. Presque toutes ses chansons, quand elles ne célèbrent pas précisément le vin (*Chanson XXXII*), sont vouées à l'amour. Elles sont pimpantes et vives, même sans musique. Parfois, il se pose en amoureux de l'amour, dans une déclaration passionnée, comme dans la *Chanson XI* :

> *Tant que vivrai en âge florissant*
> *Je servirai Amour, le dieu puissant,*
> *En faits, en dits, en chansons et accords.*

Parfois, il ne dédaigne pas de donner un conseil de spécialiste (*Chanson XXIV*) :

> *Quand vous voudrez faire une amie*
> *Prenez-la de belle grandeur*
> *En son esprit non endormie*
> *En son tétin bonne rondeur.*

Ou, plus cyniquement, il développe le thème du chat échaudé par les belles intéressées (*Chanson XXII*) :

> *Qui veut entrer en grâce*
> *Des dames bien avant*

En cautèle et fallace
Faut être bien savant.

Anne, ma sœur Anne, êtes-vous oubliée, amante d'alliance ? Non pas, répond-il dans la *Chanson XXX* :

J'aime le cœur de ma mie
Sa bonté et sa douceur
Je l'aime sans infamie
Et comme un frère sa sœur.

Mais les femmes sont volages. L'argent et l'ambition les changent (*Chanson XIX*). Un procédé de redites montre parfois les incohérences amoureuses (*Chanson XXVII*) :

D'amours me va tout au rebours
Tout au rebours me va d'amours.

Ah ! la cruelle, l'ingrate (*Chanson XXIX*) Soyez à qui vous aime moins (*Chanson XXVII*)

Simple babillage à mettre en musique ? Poésie légère plutôt, élan d'un lyrisme nouveau qui fera école dans la poésie française. Les musiciens — et les éditeurs — se sont-ils saisis de ces vers sans poids pour en faire des chansons ? Marot écrivit-il spécifiquement en « parolier » ? Les deux façons de procéder coexistent sans doute. Qu'il ait fait ainsi un pas vers le « grand public », assuré ses succès de cour puis de librairie par des suffrages populaires, cela est possible. Mais les chanteurs de Noël et de Mai savaient-ils seulement le nom des auteurs des chansons en vogue ?

Retrouver le poète au quotidien dans ces chants d'amour joyeux ou tristes est plus facile que dans les *Élégies*. Les thèmes restent aussi rebattus qu'en toute chansonnette, ce qui ne les empêche pas de tenir aux cœurs : « La dame m'aime, elle ne m'aime plus, elle en aime un autre... » Dans ses *Chansons spirituelles*, Marguerite de Navarre essaiera de mettre la prière à portée de toutes les voix. Dans ses chansons, Clément Marot montre ses joies, ses peines, le fond parfois de son caractère. Comment Marguerite sa

« tante », apôtre de la tolérance, n'eût-elle pas aimé ce cri du cœur (*Chanson XL*) ?

> *Ne sais combien la haine est dure*
> *Et n'ai désir de le savoir.*

Il le saura — hélas ! — bientôt à ses dépens. Plus tard, Clément Marot traduira en hymnes, c'est-à-dire encore en chansons, car ils seront mis en musique, beaucoup de Psaumes de David. Strophes à chanter, dans lesquelles Marot lui-même emploie le mot « lyrique ». Après sa mort, les *Psaumes* seront encore chantés dans sa manière par des générations de chrétiens réformés. Les *Chansons* n'auront pas cette chance. Œuvres de second rayon ? En tout cas, expression vivante et charmante de l'amour-Marot quand il laisse tomber les masques anciens ou modernes pour dire : « J'ai aimé. » Joli message de sa jeunesse, de son « florissant âge », que couronneront le succès, puis la gloire, dès qu'il trouve accès à la maison du roi.

UN HÉRITAGE MOUVEMENTÉ

Au printemps de 1526, François Ier est redevenu roi de France. Apparemment, il va consacrer aux fêtes, à la chasse, aux belles amies les premiers mois qui suivent sa délivrance. Il aime Anne de Pisseleu, qu'il fera plus tard duchesse d'Étampes. Par Bayonne et Bordeaux, il remonte vers la Loire. Au mois de mai, à Cognac, il reçoit le vice-roi de Naples. On parle du traité de paix, sans rien précipiter. Les ambassadeurs étrangers se plaignent de la futilité du monarque français : escorté de sa sœur bien-aimée, de sa maîtresse, d'une cour, il semble prendre de grandes vacances. En réalité, éloigné de sa capitale, François Ier met de l'ordre dans les affaires du royaume. Il nomme des successeurs aux grands postes laissés vacants. Bonnivet et le cher demi-oncle René sont tous deux morts à Pavie. Le premier est remplacé dans sa charge d'amiral[19] par Chabot de Brion. Au grand bâtard de Savoie succède, comme grand maître de France, Anne de Montmorency : équilibre entre deux fidèles qui ne s'aiment pas.

Marguerite, comblée d'honneurs, suit le train royal. Elle tient la balance égale entre les réformés — dont elle n'est pas — et les catholiques romains, qui la soupçonnent d'hérésie. Ayant sans doute contribué à la libération de Marot, elle prend le parti de Berquin, qui est emprisonné comme « mal-sentant de la foi ». Quand Montmorency le délivre, elle lui écrit : « Vous m'avez tirée de prison. »

Cette fausse « promenade de santé » à travers les provinces est pour le roi l'occasion de préparer l'avenir, compromis par sa défaite et son exil. « C'est en quelque sorte, écrit Jean Jacquart[20], un nouveau début de règne, mais plus lent, plus réfléchi, plus grave. » Pour Marguerite, c'est un triomphe, après les difficultés et les déceptions de son séjour en Espagne : malgré les rebuffades que lui a imposées Charles Quint, elle a fini par atteindre son but, la libération de François Ier. A la fin de l'année, la voilà à Saint-Germain-en-Laye. Le 3 janvier 1527, son contrat de remariage est signé. Depuis plus d'un an, la rumeur des cours la fiançait tour à tour à chaque prince ou roi d'Europe mariable. Elle épouse pour finir Henri d'Albret, roi de Navarre. Certes, son royaume est minuscule, mais c'est une épine enfoncée dans le pied espagnol de Charles Quint. Henri est beau cavalier. Il eut l'honneur de servir à Pavie et, fait prisonnier, l'audace de s'évader. La sœur du roi est devenue reine en secondes noces, et amoureuse, semble-t-il.

Fin mai, le roi et la cour se sont établis à Amboise. Marot y est aussi, sans doute. Il lit à François Ier des passages de sa traduction du premier livre des *Métamorphoses* d'Ovide. Certains tiennent pour sûr qu'il lit aussi

___

19. L'amiralat était une charge honorifique, sans rapport avec la mer, équivalente du maréchalat.
20. *François Ier*, Paris, Fayard, 1981.

L'Enfer. Le roi, qui va régler leur compte aux chats-fourrés du Parlement, doit avoir assez de malice pour en rire.

La fin de 1526 est déplorable pour le poète. Son père meurt. Dans la violente adresse que lui enverront « six dames de Paris » en 1529, nous apprenons que le vieux Jean mourut pauvre, comme il avait vécu toute sa vie, et que Clément ne put lui donner des funérailles décentes :

> ... *Quand mort vint le cueillir*
> *A peine avait drap pour l'ensevelir.*
> (v. 95-96)

Passons sur cet infâme commentaire. Restons pourtant assurés que Marot n'a pas de quoi lui offrir de somptueuses funérailles. Il est d'usage de payer les gages des serviteurs de la maison royale — donc de Marguerite comme de François — au bout de l'an. Si Jean Marot meurt, ce qui est probable, à la fin de l'automne 1526, Clément n'a plus un sou de ce qu'il a touché en 1525. Tout au long de son service, nous le verrons toucher des « suppléments de salaire » sous forme de dons, pour une raison ou pour une autre. Mais à cette date, comment solliciter ? Le roi et sa sœur sont loin, occupés d'affaires importantes. La mort du vieux rhétoriqueur passe ainsi inaperçue. Crétin, mort en 1525, avait été mieux déploré par ses amis, Clément lui-même en fit des vers plats.

Pour honorer son père mort, Clément n'écrit ni épitaphe ni « cimetière », lui qui plus tard composera l'oraison funèbre d'un cheval. Cette réserve des douleurs vraies est courante en ce temps. Marguerite en donne l'exemple : elle n'écrira sur la mort de son premier mari (1525), de sa mère (1531), que dans les *Prisons* (1548). Marot, lui, fera l'éloge de son père dès l'année suivante, dans l'*Épître XII*. Sa piété filiale ne fait pas de doute : nous la verrons s'exprimer dans une églogue écrite treize ans après ce décès. En outre, geste touchant, il termine une œuvre que Jean Marot avait en train quand il mourut, adressée à feu la reine Claude. Clément l'assortit de ce commentaire :

Mais en chemin la mort vint le surprendre
En lui disant : ton esprit par-deçà
De travailler soixante ans ne cessa[21].

Est-ce la mort de Jean, la douleur et les soucis qui en vinrent, qui empêchent Marot d'écrire, début 1527, sur le mariage de Marguerite ? D'ordinaire si exact dans la confection des pièces de circonstance, il n'écrit mot de l'événement qui change la vie de sa protectrice. La trouve-t-il mal mariée ? Il n'oserait en dire. De plus, le joyeux d'Albret, Méridional extraverti, lui plaira. En 1537, il recommandera à la ville de Cahors de bien recevoir, quand lui-même y accompagne Henri et Marguerite, son « second roi[22] » qu'ailleurs il nomme son « second maître » :

De toi ne veux, sinon que tu reçoives
Mon second roi d'un cœur qui s'évertue.

Marguerite reste la seconde dame du royaume de France, mais elle se trouve désormais assujettie à de nouveaux devoirs. Garder Marot sur le rôle de ses serviteurs ? Il serait hors de cour, en quelque sorte. Marguerite donne donc le poète à François Ier. Nous ne pouvons imaginer qu'il la quitte sans sa permission. Les louanges émues qu'il ne cessera de lui adresser le démentent : elle lui fait obtenir une promotion. Qu'il « succède en l'état de son père » : il sera dès lors valet de chambre du roi de France, avec des gages à l'avenant.

Un passage de *L'Enfer* nous laissait supposer que ce transfert était prévu au début de 1526. Marot déclarait au juge infernal au sujet de sa patronne :

Et d'elle suis l'humble valet de chambre
C'est mon état, ô juge plutonique
Le Roi des Francs, dont elle est sœur unique
M'a fait ce bien, et quelque jour viendra
Que la sœur même au Frère me rendra.
                    (v. 422-426)

21. Cité par Guiffrey : Marot, *Œuvres complètes*, T. III, p. 89, note 1).
22. Épigramme *De l'entrée des roi et reine de Navarre à Cahors* (1537). Dans une autre épigramme de la même année, il demande au roi de Navarre de lui donner un cheval.

Cette déclaration était sans équivoque. Il devait y avoir accord préalable. Le mariage de la sœur n'est donc qu'un prétexte : Marot pourra, sans oublier l'affection qu'il garde à sa « tante d'alliance », servir le grand Mécénas en personne.

Dès la fin de 1527 il commence à s'en mordre les doigts : il ne touche pas un sou. On l'a oublié sur la liste des ayants droit aux gages des serviteurs du roi ! Inquiet à juste titre, Clément écrit l'*Épître XII, au roi, pour succéder en l'état de son père.*

> *Il vous a plu, Sire, de pleine grâce*
> *Bien commander qu'on me mît en la place*
> *Du Père mien, votre serf humble, mort.*
> (v. 7-9)

L'affaire est donc faite ? Non, Sire ! Les papiers sont établis, et Marot n'y figure pas :

> *Le Parc est clos et les Brebis logées*
> *Toutes (sauf) moi, la moindre du troupeau*
> *Qui n'a Toison, ni Laine sur le dos.*
> (v. 14-16)

Cela ne peut être qu'une erreur vénielle, facile à réparer :

> *Certes, mon cas pendait à peu de chose*
> *Il ne fallait, Sire, tant seulement*
> *Qu'effacer Jean et écrire Clément*
> *Or en est Jean par son trépas hors mis*
> *Et puis Clément par son malheur omis.*
> (v. 20-24)

Persuadé que cette réclamation suffira, Marot continue par une évocation encore bien rhétoricienne. Sur son lit de mort, Jean lui a passé, en quelque sorte, le flambeau de la poésie. Hommage au talent du défunt ? Certes, mais en le remettant sur les rails de la mode. « Sois poète, mon enfant », dit le mourant ; bien. « Écris des lais » ; cela ne se fait plus. Mais

Jean enchaîne : « Écris des épîtres » ; Clément le peut, son
père ne le pouvait. « Traduis les Anciens » ; Jean ne savait
pas le faire. En ces vers touchants, le fils prête son propre
talent au disparu qu'il doit remplacer en sa charge :

> *Tu en pourras traduire les Volumes*
> *Jadis écrits par les divines Plumes*
> *Des vieux Latins dont tant est mention.*
> (v. 57-59)

« Écris en exergue le nom de Dieu, puis celui d'un prince
dont la gloire immortalisera tes vers » ; le nom de François Ier, poète lui-même :

> *Même du Roi qui chérit et pratique*
> *Par son haut sens ce noble art poétique*
> *Va donc à lui, car ma fin est présente.*
> (v. 71-73)

A la fin de l'épître, Clément se confie donc au roi pour
qu'il régularise son inscription au rôle : qu'il lui plaise
d'ordonner, afin « qu'obéissance à mon profit en sorte ».
Les trésoriers ne peuvent revenir sur ce qui est scellé. Il
faudrait, pour que Marot touche son dû, une procédure
d'exception : un acquit au comptant, équivalant à la
somme qu'il attend. Les acquits, tirés sur le compte de
l'épargne, sont accordés au compte-gouttes. Cette année
1527 a vu pendre l'un des plus riches financiers du
royaume, Semblançay. Les autres — et sous eux la hiérar-
chie — surveillent les dépenses denier à denier, craignant
pour eux-mêmes.

Marot s'inquiète, et son anxiété est visible dans l'adresse
au roi *Pour commander un acquit*, classée par la suite dans
les *Épigrammes*. Plaise au roi...

> *Qu'un bel acquit on baille*
> *À Marot qui n'a maille*[23].
> (v. 3-4)

---

23. Pas un sou. L'expression « n'avoir ni sou ni maille » a duré plus
que la monnaie ancienne.

Ainsi pourra-t-il lire, sur un beau document en prose, ceci ou cela, mais dont le sens sera clair :

> *Trésorier, on entend*
> *Que vous payiez (comptant)*
> *Marot, n'y faillez pas*
> *Dès le jour du trépas*
> *De Jean Marot son père.*
> (v. 9-13)

A peine trouve-t-il la force d'un clin d'œil, pour finir ; lui Marot,

> *Riche se trouvera*
> *Tant qu'argent durera.*
> (v. 20-fin)

Le roi donne l'ordre de donner au poète un acquit. Mais il faut faire enregistrer l'acte par le chancelier Duprat, excellent ministre que François a remis en faveur dès son retour. Marot écrit donc sans tarder son *Épître XIII, au chancelier du Prat, nouvellement cardinal.* Nous avons mentionné cette œuvre parmi celles qui tirent encore de la rhétorique : toute la fin en est écrite en rimes équivoquées. Le vieux ministre n'était pas tourné vers les nouveautés littéraires. Marot, qui anoblit Duprat en du Prat — du Pré selon l'étymologie —, le presse :

> *Je vous suppli(e) très noble Pré, scellez*
> *Le mien Acquit : pourquoi n'est-il scellé*
> *Le Parchemin a long et assez Lé* [24]
> *Dites (sans plus) il faut que le scellons*
> *Scellé sera sans faire procès longs.*
> (v. 36-40)

Marot poursuit par cette manière d'autocritique que nous avons citée : « C'est pour Marot, plus léger que les oiseaux du ciel. » Il a été clerc au Palais, sans rien tirer du service du Sceau. La fin est digne de Crétin en ses meilleurs morceaux :

24. Est assez long et large.

Car vous savez que tout acquit sans scel[25]
Sert beaucoup moins qu'un potage sans sel
Qu'un Arc sans corde et qu'un cheval sans selle
(Aussi) prie Dieu et sa très douce Ancelle[26]
Que dans cent ans en santé excellent
Vous puisse voir de mes deux yeux scellant.

(v. 57-fin)

Antoine Duprat[27], vieux renard auvergnat, dut se divertir en effet à cette lecture. Il scelle l'acquit. Marot se précipite à la Trésorerie pour le toucher. Le trésorier Preud'homme, secrétaire du roi, refuse de payer. Vice de forme ! Atterré, Marot écrit derechef au cardinal chancelier une seconde épître dont le titre est explicite : *Audit seigneur, pour se plaindre de Monsieur le Trésorier Preud'homme faisant difficulté d'obéir à l'acquit dépêché.* En fait, un simple dizain qui n'essaie plus de divertir, mais de convaincre. Si Preud'-homme ne se fie pas à Robertet, qui a contresigné, ni au sceau de la Chancellerie, il ne reste à Marot qu'à « peindre Dieu à mon acquit susdit ».

Pour finir, justice est faite, et le poète payé. Nous le savons par preuve *a contrario :* il cesse brusquement de se plaindre. La leçon a été bonne. Pour l'année 1528, il devra veiller à ce que son nom soit écrit, consigné et approuvé sans que l'administration y trouve matière à contester. Ce sera pour lui l'occasion d'écrire quelques beaux vers de plus sur le mode quémandeur.

25. Sceau.
26. Ancelle : du latin *ancilla,* servante. C'est la Vierge Marie, *ancilla Domini.*
27. Antoine Duprat (1463-1537) avait négocié le concordat en 1516, et soutenu la candidature de François Ier au trône du Saint Empire. Veuf, il se fit d'Église. A son retour d'exil, le roi lui obtint le chapeau de cardinal. Légat *a latere* en 1530, il s'occupera plus, sur ses vieux jours, de l'Église que de la France, espérant peut-être être pape ; et ne le fut. Né à Issoire. Son superbe tombeau est à Sens : les uns l'attribuent au Primatice. D'autres, plus vraisemblablement, à Germain Pilon.

« IL N'EST QUE D'ÊTRE BIEN COUCHÉ »

Valet de chambre du roi, Marot ne tient pas à voir une fois de plus ses gages contestés. Les manœuvres qu'il effectue pour y parvenir nous montrent que le « poète-oiseau » a bien les pieds sur terre. C'est un courtisan désormais.

Vers qui va-t-il se tourner pour être bien en cour ? Le nouveau grand maître d'abord, ce Montmorency dévoré d'ambition. Marot lui écrit un dizain [28] pour le mettre de son côté.

> *Quand par Acquit les gages on assigne*
> *On est d'ennui tout malade et fâché*
> *Mais à ce mal ne faut grand' médecine*
> *Tant [29] seulement faut être bien couché :*
> *Non pas au lit (ni) en linge bien séché*
> *Mais en l'état du noble roi chrétien.*
>
> (v. 1-6)

Nous disons encore « coucher par écrit ». Marot veut être couché *(collocatus)* sur l'état royal, la liste des serviteurs gagés. L'équivoque entre « couché » et « debout » achève le dizain :

> *Longtemps y a que debout je me tiens*
> *Noble seigneur : prenez donques envie*
> *De me coucher à ce coup-ci très bien*
> *Que relever n'en puisse de ma vie.*
>
> (v. 7-fin)

Couché, debout... cette équivoque plaît à Marot. Elle lui plaît si fort qu'il s'en servira, si l'on peut dire, une fois et demie de plus. Il l'emploie pour une ballade à Jean de La Barre, comte d'Étampes, alors favori du roi. Mais le crédit de ce seigneur, qui avait été fait prisonnier à Pavie, décline avec

---

28. Épigramme *A Monsieur le Grand Maître, pour être mis en l'état* (1528).
29. « Tant » ou « tôt », selon les versions retenues

les années. Le « couché-debout » servira donc encore : à demi, puisque Marot garde la ballade, la met à neuf, l'adresse en seconde main à Marguerite. Ce sera la piquante ballade *A ma dame la duchesse d'Alençon, laquelle il supplie d'être couché en son état.* Auparavant, il couvre ses arrières.

Dans l'*Épître XV* au cardinal de Lorraine, deux vers d'abord adressés au dit La Barre, comte d'Étampes, sont remplacés par :

> *J'entends pourvu que Monsieur le Grand Maître*
> *Veuilliez prier vouloir souvenant être*
> *De mon affaire à ces nouveaux États.*
>
> (v. 31-33)

L'*Épître XV* nous montre bien que Marot s'est renseigné. Il va donc vers les Guises. La fortune de la maison de Guise, qui connaîtra son apogée sous les règnes suivants, commence à être brillante. Le cardinal Jean de Lorraine est le frère de Claude Ier de Guise, père et grand-père des deux Balafrés. Qu'il intervienne auprès du grand maître, cela aura du poids. Il faut l'aborder avec ménagement. Qui donc ose importuner un prélat de si grande maison ?

> *C'est un Marot, lequel vient pourchasser*
> *Un trait verbal de votre bouche exquise*
> *Pour bien tirer droit au blanc où il vise*
> *Ce qu'il attend en cette Cour gît là*
> *Et cependant pour tous Trésors il a*
> *Non Revenu, Banque ni grand Pratique*
> *Mais seulement sa Plume Poétique*
> *Un don royal où ne peut advenir*
> *Et un Espoir (en vous) d'y parvenir.*
>
> (v. 14-22)

La « bouche exquise » du cardinal parlera-t-elle en sa faveur ? En tout cas, Marot ménagera cette illustre maison. Il écrira à Pierre Vuyard, secrétaire du duc de Guise, une épigramme édifiante, étant malade. Mieux, c'est du cheval de ce dernier qu'il composera l'épitaphe. Peut-on courtiser davantage ? Advient-il à son but ? Deux lettres datées du 25 mars 1528 et adressées au grand maître Montmorency nous l'assurent. La première est du roi : il donne l'ordre de payer à Marot le solde de l'acquit en retard. La seconde émane de Marguerite de Navarre : elle recommande à son « cousin » de ne pas oublier Marot sur les états de l'année en cours. Voilà donc le poète tiré d'affaire.

Le meilleur résultat poétique de ces soucis d'argent est celui que Marot, délivré de ses angoisses, cisèle pour Marguerite en trichant deux fois : oubliant le premier destinataire de cette œuvre, prétendant qu'elle date de 1519. C'est la ballade *A ma dame la duchesse d'Alençon*, qui n'est plus ni duchesse ni d'Alençon, mais restera jusqu'à la mort sa « dame ». La voici intégralement :

> *Princesse au cœur noble et rassis*
> *La fortune que j'ai suivie*
> *Par force m'a souvent assis*
> *Au froid giron de triste vie :*
> *De m'y voir encor m'y convie*
> *Mais je réponds — comme fâché —*
> *D'être assis je n'ai plus envie*
> *Il n'est que d'être bien couché.*
>
> *Je ne suis point des excessifs*
> *Importuns, car j'ai la pépie*
> *Dont suis au vent comme un châssis*
> *Et debout ainsi qu'une épie*[30]
> *Mais (qu') une fois en la copie*
> *De votre État je (sois) merché*[31]
> *Je crierai plus fort qu'une pie :*
> *« Il n'est que d'être bien couché »*
>
> *L'un soutient contre cinq ou six*
> *Qu'être accoudé c'est musardie*[32] *;*
> *L'autre qu'il n'est que d'être assis*
> *Pour bien tenir chère hardie ;*

30. Espion, guetteur.
31. Marqué, inscrit.
32. Sottise.

L'autre dit que c'est mélodie
D'un homme debout bien fiché :
Mais quelque chose que l'on die
Il n'est que d'être bien couché.

ENVOI

Princesse de vertu remplie
Dire puis — comme j'ai touché —
Si promesse m'est accomplie :
« Il n'est que d'être bien couché. »

Nous voyons par cette œuvre que si Marot renonce à la ballade — ce sera l'une des dernières — il a su la conduire à servir son talent de brillante façon.

Les papiers de 1528 seront faits selon le vœu du roi et de sa sœur. Dans les comptes de l'année, nous trouvons, consigné au folio XII, dans la rubrique « Autres valets de chambre » : « Clément Marot, deux cents livres » (il s'agit de livres tournois). Passer de la sœur au frère, c'est donc voir doubler ses gages. Toute la peine que Marot s'est donnée est ainsi récompensée. Jusqu'en 1534, il restera inscrit sur la liste des serviteurs du roi.

A-t-il oublié son « amour d'alliance », tandis qu'il obtenait la faveur du roi, puis celle du trésorier ? En mai 1527, la belle est partie, ce qui nous vaudra l'épigramme *Du partement d'Anne* et le *Dizain de Mai qui fut ord* [33] *et de Février qui lui fait tort*. Selon les *Mémoires d'un Bourgeois de Paris,* mai 1527 fut particulièrement froid et pluvieux. Froid surtout pour le cœur de Marot — la belle amie d'alliance s'en va :

Las, j'en jetai une fois et demie
De plus que lui, quand ma mie on m'ôta.

Marot retrouvera la belle Anne qu'il poétise, et lui restera fidèle par la plume. Si nous doutions pourtant qu'il s'agit d'une passion tout idéalisée, notons qu'il va se marier, en 1529, avec une inconnue, et qu'il lui fera au moins deux

33. Affreux, sale.

enfants. Sa situation est assise. Il devrait pouvoir passer une vie tranquille dans une royale sinécure : son père est resté trente ans auprès de deux rois sans la moindre anicroche. L'habile Jean Marot savait qu'un poète de cour ne doit briller qu'en ses poèmes de service.

Clément est d'une autre trempe. Courtisan, certes, mais il attirera sur lui les orages par deux traits divergents de son caractère : la légèreté d'esprit, l'honnêteté de cœur. Dès la fin de 1527, cette légèreté le renverra en prison quinze jours. Par ailleurs, il reste fidèlement le « neveu » de Marguerite et la précède sur la route de l'anticonformisme. La *Déploration de Florimond Robertet,* écrite à la fin de 1527 ou au début de 1528, sera une pièce importante au dossier de son « hérésie », toujours ouvert depuis 1526 : la Sorbonne ne lâche jamais son homme.

Clément Marot, à peine arrivé à la sécurité, ne fait rien de ce qu'il faudrait pour s'y établir. Il serait nécessaire d'être sérieux en tout. Il ne l'est en rien, sauf en cette honnêteté engagée qui lui fera plus d'ennemis, et plus puissants, que son joyeux laisser-aller.

CHAPITRE VI

Le poète et son double

Mais tu ne peux être ce que je suis :
Ce que tu es, l'un chacun le peut être.

Clément Marot,
Épigramme *De soi-même et d'un riche ignorant.*

Diamant de gibet, perle de prison

Quand nous considérons l'histoire de la France en 1527, nous devons reconnaître que le pauvre Clément et sa nomination mal enregistrée dans les « papiers » sont peu de chose. Le roi mène à grandes guides, selon son habitude, une double tâche : effacer les traces de sa défaite et du traité humiliant qui lui a rendu la liberté ; mater ceux qui avaient profité de son absence pour tenter d'affaiblir l'autorité royale. En mai 1526, la ligue de Cognac réunit le pape, Florence, Venise et Milan à la France pour libérer l'Italie. Charles Quint est invité à se joindre aux ligueurs, ce qui, après le traité de Madrid, fait montre d'une prodigieuse audace. François Iᵉʳ n'a été relâché que deux mois plus tôt ! Le 6 mai 1527, Rome est envahie. Réfugié au château Saint-Ange, le pape Clément VII la regarde brûler, et les pillards qui vont. Le pauvre pontife apprend en même temps que sa famille — les

Médicis — perd le pouvoir à Florence au profit des républicains[1].

Le sac de Rome est une bonne affaire pour les Français : le « traître » Bourbon y a perdu la vie. François Ier, qui nomme en juin le féal Lautrec lieutenant général en Italie, s'occupe le mois suivant de régler son compte au Parlement. Ce dernier, durant la captivité du roi, avait contesté certaines décisions de la régente. Par le lit de justice du 24 juillet, les parlementaires sont remis au pas, et la ville de Paris rudement sermonnée. Le roi règne seul, que cela soit clair : il n'autorise que des avertissements. Du même élan, est remise en cause la gestion des grands financiers du royaume. Trop riches pour être honnêtes. Assez riches pour qu'un roi puisse songer à confisquer leurs biens. Gilles Berthelot et Thomas Bohier s'en tireront en donnant à François Ier les modestes demeures qu'ils ont fait construire : Azay-le-Rideau pour le premier, Chenonceaux pour le second. Jacques de Beaune, baron de Semblançay, a moins de chance : il a fait perdre de l'argent à la reine mère. Louise de Savoie ne pardonne pas. Arrêté dès janvier 1527, Semblançay est pendu à Montfaucon le 12 août.

Clément Marot entre alors en scène. Il écrit une complainte et un huitain qui deviendra épigramme. La première de ces œuvres perpétue une tradition. La seconde constitue l'un des sommets de la poésie française dans le genre épigrammatique.

Marot, en ses premières années d'écriture, s'était déjà adonné à la complainte. Ce genre existait depuis le XIIIe siècle : il avait la forme de chansons populaires, disant les malheurs de tel ou tel personnage du légendaire occidental. Les rhétoriqueurs privilégiaient la complainte dédiée à des morts récents qu'il convenait de plaindre. Marot avait écrit, avant 1527, la *Complainte du baron de Malleville, Parisien*, très rhétoricienne, invoquant la terre, la nature, la mer et la fortune. Plus déliée, la *Complainte d'une nièce sur la mort de sa*

---

1. Jules de Médicis, c'est-à-dire Clément VII, verra Florence revenir à sa famille en 1530.

tante se trouve pourtant datée et affectée par des vers
crétinesques :

> *... la dolente nièce*
> *Qui a perdu par fière Mort immonde*
> *Tante et attente et entente et liesse.*
> (v. 13-15)

ou encore :

> *Ô Mort mordante, ô impropre impropère.*
> (v. 27)

En 1527, Clément Marot a fait du chemin depuis la vieille
mode. La *Complainte du riche et infortuné messire Jacques de
Beaune, seigneur de Semblançay* est d'une encre plus riche. Il
est d'usage de reconnaître dans cette évocation du supplice
par le défunt lui-même, qui tente d'apitoyer les spectateurs,
un souvenir de Villon. Autre stéréotype critique : Villon est
supérieur à Marot, et la *Complainte de Semblançay* ne vaut pas
l'*Épitaphe Villon*, appelée souvent *Ballade des pendus*. Ce sont
là deux évidences : dans tout Marot, nous trouvons une
implicite admiration pour Villon. Il en donnera une édition
nouvelle en 1533, déclarant dans sa préface : « C'est le
meilleur poète parisien qui se trouve. » L'imiter ? Quand il
s'y essaie, comme ici, il fait piètre figure. Les pendus de
Villon disaient :

> *Puis ça, puis là comme le vent varie*
> *A son plaisir sans cesse (il) nous charrie*
> *Plus becquetés d'oiseaux que dés à coudre.*
> (v. 25-27)

Marot pastiche presque, et ne parvient qu'à nous renvoyer,
avec une grimace, à son modèle. Le pendu de Semblançay
déclare :

> *Mon corps jadis bien logé bien vêtu*
> *Est à présent de la grêle abattu*
> *Lavé de pluie et de soleil séché.*
> (v. 47-49)

La distance est énorme entre le chef-d'œuvre et la complainte de circonstance, sans doute imprimée en plaquette, vendue peut-être sur le lieu du supplice de Semblançay. Nous la verrons dans la *Suite de l'adolescence clémentine* (1533), à la section « Cimetière ».

Il n'était guère hardi de donner à plaindre un homme pendu par la volonté du roi. D'abord, le peuple aimait Semblançay, qui était bon homme. Ensuite, la mort effaçait les outrages commis par le vivant. Personne ne trouvait offensant envers le roi ni sa justice que l'on criât sous l'échafaud la complainte d'un pendu repentant. Ne disait-il pas pour finir :

> *Et connaissez par moi*
> *Qu'Or et Argent, dont tous plaisirs procèdent,*
> *Causent douleurs qui tous plaisirs excèdent.*
> (v. 64-fin)

Personne, pas même les maîtres de Sorbonne, n'eût démenti cela, du moins dans le principe. Mais la mort du financier inspire une autre œuvre à Marot. Cette fois, il n'imite personne et porte à son plus haut niveau sa façon d'être satirique. Qui mène pendre Semblançay, sinon le lieutenant criminel Maillart, le Rhadamante qui accueillait Clément en « enfer » l'année précédente ?

> *Lorsque Maillart, juge d'Enfer, menait*
> *A Montfaucon Semblançay l'âme rendre*
> *A votre avis lequel des deux tenait*
> *Meilleur maintien ? Pour vous le faire entendre,*
> *Maillart semblait homme qui mort va prendre*
> *Et Semblançay fut si ferme vieillard*
> *Que l'on (croyait) — pour vrai — qu'il menât pendre*
> *A Montfaucon le lieutenant Maillart.*

Voltaire, admirateur et continuateur du Marot satirique, classe cette œuvre parmi les épigrammes héroïques, qui « sont en très petit nombre dans notre langue[2] ». La

2. Claude-Albert Mayer, *op. cit.*

plénitude de ce poème en sa brièveté, son indolente insolence, sa pointe fulgurante enfin nous montrent bien que
L'Enfer a constitué chez le poète un révélateur. Après 1527,
le dos tourné aux habitudes acquises, il développe pleinement sa veine satirique.

Nous en trouvons la preuve dans une incartade qu'il
commet en octobre 1527, et dans son utilisation poétique. A
la fin de ce mois, il retourne en prison. L'épître qu'il en écrit
au roi ne nous dit pas toute l'affaire. On l'a arrêté pour avoir
secouru un homme mis en état d'arrestation, l'avoir délivré,
et avoir rossé le guet par la même occasion. Quinze jours plus
tard, il est libre. Il a écrit au roi sa très justement célèbre
Épître XI, au roi, pour le délivrer de prison. Une merveille
d'hypocrisie, de drôlerie :

> *Roi des Français, plein de toutes bontés*
> *Quinze jours a — je les ai bien comptés*
> *Et dès demain feront justement seize*
> *Que je fus fait Confrère au Diocèse*
> *De Saint Marri, en l'église Saint Pris.*
>
> (v. 1-5)

L'équivoque entre « Marri » (accablé) et Merri, « Pris » et
Priest [3], fait rire ceux que le « seize après le quinze » n'avait
pas déridés. La police arrive. Arrestation dramatique ? Non
pas. Plus d'enfer. Ce sont des benêts brandissant un chiffon
de papier « en désarroi » :

> *Trois grands pendards vinrent à l'étourdie*
> *En ce Palais me dire en désarroi :*
> *Nous vous faisons prisonnier par le roi.*
> *Incontinent, qui fut bien étonné ?*
> *Ce fut Marot, plus que s'il eût tonné.*
> *Puis m'ont montré un parchemin écrit*
> *Où n'y avait seul mot de Jésus-Christ :*
> *Il ne parlait tout que de plaiderie*
> *De conseillers et d'emprisonnerie.*
>
> (v. 10-18)

3. Saint-Merri et Saint-Priest, églises parisiennes.

Les faits lui sont exposés. Il les nie sans convaincre. On l' « embarque » :

> *Sur mes deux bras ils ont la main posée*
> *Et m'ont mené ainsi qu'une Épousée*
> *Non pas ainsi, mais plus raide un petit*[4].
> (v. 29-31)

Voici le prévenu devant le procureur. Il tente de corrompre le magistrat avec une bécasse, une perdrix, un lièvre. L'autre les accepte, mais ne libère pas Marot. Pourtant, il tombe d'accord avec lui sur un point : tout désormais dépend du roi seul.

> *... nous avons bien accordé ensemble*
> *(Que je) n'ai plus d'affaire, ce me semble*
> *Sinon à vous.*
> (v. 45-47)

Goguenard sans quitter le ton du respect, le poète déclare alors que le roi n'entend pas aux procès mieux que lui. Qu'il le fasse donc délivrer ! La fin, faussement naïve, est propre à faire rire le malicieux souverain :

> *Très humblement requérant votre grâce*
> *De pardonner à ma trop grande audace*
> *D'avoir empris*[5] *ce sot Écrit vous faire ;*
> *Et m'excusez si pour (la mienne) affaire*
> *Je ne suis point vers vous allé parler :*
> *Je n'ai pas eu le loisir d'y aller.*
> (v. 63-fin)

En cette *Épître XI*, pas la moindre longueur, pas la plus petite faiblesse. Le roi réagit avec un enthousiasme de lecteur éclairé : il sait reconnaître un talent hors du commun chez ce pendard de Marot. Libération immédiate. La police, partie civile, est déboutée.

L'épigramme sur la mort de Semblançay précède de peu

---

4. Non pas ainsi (qu'un époux) mais un peu plus durement.
5. Entrepris.

cette épître. L'une comme l'autre nous montrent Marot sous deux aspects non contradictoires : c'est un anticonformiste, c'est un grand poète. Tant que le second fera rire le roi, le premier sera à l'abri. Notons, dans cette dernière affaire, que Clément Marot est désormais en prise directe avec François Ier. Marguerite de Navarre n'a même pas eu, à chaud, vent de l'affaire. Elle est dans ses terres, et malade.

Clément Marot à trente ans

Nous pouvons admirer au Louvre un portrait d'homme jeune, peint par Corneille de Lyon [6]. La plupart des spécialistes y voient un portrait de Clément Marot : non pas par preuve directe, mais suivant de raisonnables probabilités.

Depuis 1523, Jean Clouet [7] est devenu premier peintre du roi François. Il fait école à Tours. Sans que l'on puisse le prouver par documents, le jeune Cornélius — en français Corneille —, comme lui originaire des pays du Nord, devient l'élève de Johannet Clouet. L'évidence de ce parrainage réside dans la manière de peindre de Corneille : dessin admirablement précis, façon nette d'établir les couleurs. Pourtant, Corneille reste original. Il excelle dans les petits portraits sur bois, tel celui qui nous intéresse. Les fonds sont vert pâle ou bleus, les modèles subtilement embellis, les tons clairs, le dessin remarquablement net. Le frère de Jean Clouet, Polet, passe au service de Marguerite en 1527. On l'appellera Polet de Navarre. Je pense que c'est lui sans doute, et non François Clouet, fils de Jean, qui peignit vers cette date le portrait de Marguerite au petit chien. Corneille, lui, aurait peint le serviteur estimé, Marot, tel qu'il figure sur la couverture de ce livre.

L'iconographie de Clément, toute pauvre qu'elle soit, le

6. Corneille de Lyon (La Haye, 1505-Lyon, 1574). Célèbre après 1544 : il devient, à cette date, peintre du dauphin Henri. Catherine de Médicis va se faire peindre par lui à Lyon, où il réside depuis 1533.

7. V. 1485-1541.

prouve par un détour bizarre. L'authenticité marotique du portrait de Corneille — un beau jeune homme — est confirmée par une gravure représentant indiscutablement le poète largement quadragénaire : un homme mûr, plutôt laid (*cf.* frontispice de notre ouvrage). Le modèle y est montré de profil et n'est pas à son avantage. En bandeau, ces mots écrits en latin : « Clément Marot, premier poète français de son temps ». Plus de noblesse que de séduction dans le personnage ainsi illustré : massif, voûté, à demi chauve, doté d'une longue barbe. Pourtant, si nous le comparons au séduisant modèle de Corneille de Lyon, nous découvrons bientôt qu'il s'agit du même homme, avec des années, des malheurs et des excès en plus.

Dans les deux figurations, c'est le même menton, proéminent sous la barbe, la même assise du front et des fortes arcades sourcilières. La gravure de profil révèle ce que le nez a de camus. Corneille avait « arrangé » cela au moyen d'ombres subtiles. L'implantation pileuse est identique. L'essentiel est dans l'oreille, ce repère primordial des physiognomonistes. Par chance, portrait et gravure du profil nous montrent complètement, dans son détail, l'oreille gauche. Peinte ou gravée, c'est la même : pavillon large de courbure identique, lobe pointu et détaché.

Revenons au portrait que Corneille dut peindre avant 1527, et regardons Clément Marot dans ses yeux étranges. Un grand charme se dégage de ce visage à l'ossature fine, aux méplats peu marqués. Un visage non pas beau — nez douteux, menton fort, oreille grande — mais attirant, fascinant. Cette fascination vient des yeux du modèle. Selon le dire populaire, « ils mangent toute la figure ». De grands yeux, d'un brun lipide, à l'iris bien pur, la cornée très blanche. Des yeux à faire fondre les dames, à attendrir les mécènes. La gravure de profil, d'après 1540, nous montrera le mal que le vin, sans doute, a fait à ces yeux-là. Nous n'apercevons que le gauche, exorbité, souligné d'une lourde poche. Le charme étrange du regard de Marot provient d'une double dissymétrie oculaire. L'œil gauche, un peu plus bas que le droit, diverge légèrement. Un très léger strabisme, ou

plutôt ce que le populaire — encore — appelle une simple
« coquetterie dans l'œil », qui donne au regard une étrange
intensité [8]. Les anciens Grecs ne faisaient-ils pas loucher
légèrement Athéna Pallas, et les Latins, Minerve ?

Voici donc Clément tel que nous pouvons nous le représenter vers 1528 : plus séduisant que beau. Il porte un bonnet,
sorte de béret, une robe. Plusieurs témoignages successifs
nous parlent de ces « robes » qu'il affectionne. Celui, très
sévère, du cardinal de Tournon, en 1536, déclare que la robe
est sale. Marot négligerait-il sa mise ? La collection d'injures
que vont lui infliger « les dames de Paris » en 1529 le
dément : il est « camus et bigle » — cela n'est pas absolument inexact — mais il est « accoutré de soie » (v. 69). Il a
« gaine et souliers de velours » (v. 72).

Doutons-nous de ses efforts d'élégance, et qu'ils augmen-
teront avec sa réussite poétique ? En 1531, son valet gascon le
vole. C'est une chance, car elle nous vaut la savoureuse *Épître
XXV, au roi, pour avoir été dérobé*. Nous apprenons qu'avant
la parution de *L'Adolescence clémentine* [9], Clément Marot avait
à Paris pignon sur rue, une écurie avec deux chevaux de selle.
Que lui a volé le misérable ? Cent écus que le roi lui avait
donnés ; mais aussi son meilleur cheval ; mais aussi ses plus
beaux habits :

Saye et Bonnet, Chausses, Pourpoint et Cappe.
(v. 26)

Voilà qui est mieux que robe de bure grise ! A cette date,
Marot a été marié, mais le ménage est vite défait, bien
qu'orné de deux « marotteaux », dont le futur poète Michel,
de pauvre mémoire.

Un logement — même loué —, une écurie, des habits de
luxe, cela coûte cher. Grâce à l'extraordinaire document que

8. Une autre gravure nous montre Marot très « militant réformiste »,
la barbe pointée. Les yeux ont le même regard profond et très légèrement
divergent.

9. L'*Épître XXV* est du 1er janvier 1532. L'*Adolescence* paraîtra le 12
août de la même année.

constitue l'inventaire des biens de Pierre Legendre[10] à sa mort, nous pouvons nous faire une idée des dépenses d'un homme qui, à cette date, veut mener un train de bourgeois avec deux cents livres de pension par an. Pour un très beau cheval noir brillant — moreau — de parade, il en coûte quarante-huit livres avec selle et bride. Quarante, et en tout cas plus de trente, pour une bête moins somptueuse. Notons que la livre parisis, qui sert ici de base, vaut vingt-cinq sols parisis, chaque sol, quinze deniers. Le valet de Marot lui a volé une « saye », sorte de robe sans manches. Dans l'inventaire de Legendre, la moindre saye, en drap noir, vaut douze sols. Veut-il un manteau d'hiver ? Il lui en coûtera deux à six livres. Une rapière, puisqu'il ne peut, n'étant pas « né », porter l'épée ? Quatorze sols. Doit-il écrire ses poèmes la nuit ? Il a intérêt à le faire à la chandelle. Une livre de bougies de cire coûte quarante sols. C'est assez dire qu'un écu d'or au soleil (trente-deux sols parisis) a aussi vite fait de fondre que chandelle ou bougie.

Quant aux denrées alimentaires, elles ne cessent, elles aussi, d'enchérir. Le prix du blé montera bientôt jusqu'à vingt sols le boisseau (treize litres à Paris). A Lyon, en 1529, éclate une émeute de désespoir, la « Grande Rebeyne » : salaires bas, prix qui s'envolent. Le vin — cher à Marot et chanté par Rabelais qui renouvelle Horace — est hors de prix à Paris, où le frappent de lourdes taxes locales. Le clairet de Montmartre, qui n'est pas du « meilleur », vaut quarante livres le muid, pour ceux qui peuvent l'acheter en gros. Au détail, cela donne près de six deniers la chopine d'un demi-litre. Au cabaret, s'il ne s'agit d'un coupe-gorge, environ un sol la chopine. L'ivrognerie n'est pas donnée.

Pour nous faire une idée du coût de la vie, notons qu'un ouvrier non spécialisé gagne environ quatre sols par jour, un spécialiste, maçon par exemple, environ sept. Notons encore que l'augmentation des prix est constante : ils auront doublé

10. Pierre Legendre, trésorier de France entre autres charges bien rémunérées, meurt à la fin de l'année 1524. Son héritier est précisément ce Nicholas II de Neufville, qui fut le premier maître de Marot.

en 1570. En 1529, la « dette extérieure » de la France est énorme. Il faut commencer à verser l' « indemnité de guerre », les deux millions d'écus que François Ier a promis de payer au terme de la paix des Dames.

Comment, dès lors, pour le poète, « s'y retrouver » avec deux cents livres par an ? Tout va bien quand il suit le roi en ses voyages. Les membres du personnel royal sont alors défrayés et nourris, sans parler des gratifications qu'ils peuvent espérer. Mais Marot suit rarement la cour en ses déplacements.

En 1528, donc, encore célibataire, Clément Marot doit penser à améliorer ses revenus par des suppléments. Des suppléments qu'il sollicite, bien entendu. Comment gagnerait-il sa vie autrement qu'avec ses vers, étant salarié du roi pour cela ? Poèmes et suppliques, voilà qui peut augmenter les gages. Ces derniers, par malheur, sont payés en une seule fois à la fin de l'année, non par quartiers comme une solde. La mésaventure de Clément en 1527 nous en assure : toute l'année, il se croit inscrit sur le rôle de la maison du roi. Décembre venu, il passe à la caisse et n'y trouve rien : erreur ou plutôt omission d'écriture.

Certains collègues de Marot auprès du roi — des témoignages écrits le montrent — étaient particulièrement habiles à glaner des suppléments. Clément, lorsqu'il le faut, sait « aller à la soupe ». Ainsi, quand François Ier se délecte de l'*Épître XXV*, il fait tenir aussitôt cent écus d'or à son valet de chambre. Trois ans plus tard, Marot recevra du monarque, « outre ses gages ordinaires » et « pour subvenir à ses affaires », « la somme de vingt livres dix sols tournois, pour la valeur de dix écus d'or au soleil, à quarante et un sols la pièce[11] ». En comptant la livre tournois à vingt sols l'unité, nous voyons que le Trésor n'y met pas un denier de trop. Les « nécessités et affaires » de Marot, en août 1529 — date du « bonus » royal —, concernent peut-être son proche mariage. Hypothèse gratuite. L'année précédente, il ne s'agit que de son train de vie, ses habits, ses dettes. Le porte-parole des

11. Cité par Guiffrey, *in Œuvres complètes*, T. I, p. 153.

« six dames de Paris » traitera Clément de pique-assiette. Ce
n'est pas invraisemblable. Il a beaucoup d'amis fortunés.
Cela porte à dîner en ville.

En 1528, nous pouvons croire sans grande marge d'erreur
qu'il ne vit pas en enfant de chœur. Suspect à la Sorbonne,
cheval de retour pour la prévôté, il mène joyeuse vie,
éparpillant à la ronde des chansons de veine polygame qui lui
seront reprochées. La très sage et réservée Marguerite de
Navarre l'aime pour son talent, cède à son charme, mais
n'ignore pas son côté franc polisson. A l'occasion, elle
morigène cet endetté perpétuel sans pondération ni économie.

Ainsi, en 1537, Marot perdra un dizain contre Hélène de
Tournon, demoiselle d'honneur de Marguerite. Cette dernière répond pour Hélène ce dizain un peu faible, mais
explicite. Toute son indulgence envers le poète y paraît :

> Si ceux à qui devez, comme vous dites,
> Vous connaissaient comme je vous connais
> Quitte seriez des dettes que vous fîtes
> Le temps passé, tant grandes que petites ;
> En leur payant un dizain toutefois
> Tel que le vôtre, qui vaut mieux mille fois
> Que l'argent dû par vous, en conscience :
> Car estimer l'argent on peut au poids
> Mais on ne peut — et j'en donne ma voix —
> Assez priser votre belle science.

Et Marot de répondre — il remercie aussi bien qu'il sollicite
— par cet autre dizain, qu'il mettra dans ses *Épigrammes* :

> Mes créanciers, qui de dizains n'ont cure
> Ont lu le vôtre, et sur ce leur ai dit :
> Sire Michel, sire Bonaventure
> La sœur du roi a pour moi fait ce dit.
> Lors eux, (croyant) que fusse en grand crédit
> M'ont appelé Monsieur à cri, à cor,
> Et m'a valu votre écrit autant qu'or :
> Car promis ont, non seulement d'attendre

Mais d'en prêter — foi de marchand — encor
Et j'ai promis — foi de Clément — d'en prendre.

Combien de Michel et de Bonaventure sollicités et pris par les yeux charmeurs de Marot ? En 1537, revenu d'exil, malgré sa gloire renouvelée, le voici encore aux mains des créanciers. L' « oiseau du ciel » ne sera jamais sérieux dans la conduite de ses affaires. Marot vit au-dessus de ses moyens, prend argent de tout vers, fait rire le mécène pour payer ses dettes.

Un « panier percé », sans aucun doute, mais aussi un homme de caractère qui saura adopter au nom de ses intimes convictions des partis dangereux. Cette vie qu'il complique en étant prodigue et volage, il la mettra en danger en choisissant en matière de religion la dangereuse hétérodoxie. Enflammé en tout, il dépassera bientôt sur cette voie sa maîtresse à penser et à prier : Marguerite. De 1527 à 1532, nous allons voir cette passion vengeresse s'allumer en lui. Y paraît-il ? A lire ses œuvres de circonstance, son honnête travail de chantre appointé par le roi, on ne le dirait guère.

LES MIROIRS

Une fois terminée cette approche prudente de Clément Marot à l'époque où son talent devient singulier, nous devons avouer le peu de choses que nous savons de lui. A peine traçons-nous un portrait concret, unissant le *cliens* du roi au poète d'amour poétisé, au coureur de rues et de ruelles, qu'un autre s'y superpose : le Marot religieux, prenant parti, risquant sa vie. Nous le pressentons déjà, en l'hiver 1527-1528, quand le poète écrit sa première violente satire contre l'Église en la *Déploration de Florimond Robertet*. Comble d'imprudence, ce texte sera imprimé à Lyon, donc ouvert aux yeux sorbonicoles dès le début de 1528.

Nous égrenons les œuvres et les années de Marot, notons fidèlement ses progrès, ses écarts, ses roueries et ses naïvetés.

Il se marie donc en 1529. Cela est quasiment prouvé. Le changement que le mariage dut apporter à sa façon de vivre — amour, épousailles, enfants, séparation attestée —, le poète n'en dit pas un mot, ni de l'épouse. Rien d'étonnant dans ce silence. Jean Marot déjà n'avait rien révélé sur la mère de Clément. Les gens d'humble naissance, surtout s'ils entrent dans les vestibules de la cour, n'ont pas à pavaner leur vulgaire vie privée. Si dans l'exil Marot n'avait supplié que l'on s'occupât de ses enfants, nous ne connaîtrions que les misérables poèmes du fils, Michel.

Dans les injures que déversent ses ennemis, on peut trouver quelques traits intéressant le biographe. En 1528, Marot n'a pas réuni ses œuvres en recueil. Il touche pourtant à la célébrité. Ses poèmes courent, parfois mis en musique, dit-on. Il est hautement estimé par un cercle restreint, mais essentiel aux réputations : l'entourage du roi. Ses ennemis vont nous apprendre aussi, parmi torrent d'injures, que Paris chante ses chansons :

> *Ta cervelle frivole*
> *S'est appliquée à faire des chansons*
> *Disant à tous : ce sont de mes façons.*
> *(Six dames, v. 56-58)*

Résumons l'affaire de ces ennemis, ou plutôt ces ennemies. En mars 1529, le roi et sa cour quittent Paris pour Amboise. Marot les suit. A peine a-t-il le dos tourné que paraissent *Les Gracieux Adieux aux dames de Paris, par Maître Clément Marot, valet de chambre du roi notre souverain Seigneur*. Ce texte est graveleux, entaché de misogynie primaire. Bien pis, il est médiocre et copie presque exactement d'anciens libelles du même tonneau. Aussitôt, le poète prend feu. Il publie un ferme démenti : *Épître des excuses de Marot faussement accusé d'avoir fait certains Adieux au désavantage des principales dames de Paris*. Mais on ne croit pas à ses dénégations. Dès lors, six des incriminées s'assurent les services d'un rimailleur pour tancer Clément, le calomniateur des dames. Ce menu poète se nomme Louis Boileau, et se fait appeler Centimaison. Le pamphlet qu'il produit — *Six dames de Paris à Clément Marot*

— nous effare d'abord. Les dames n'y vont pas de main morte avec Marot, appelé d'entrée « bêlitre » et « maraud »[12], puis « crapaud infect ». Voyons un peu ces litanies :

> *Ô misérable interdit de tout bien*
> *Qui n'as valu, ne vaudras jamais rien.*
>   (v. 11-12)

Marot est « bachelier au fond d'une taverne » (v. 34), allusion à son absence de grades universitaires. Il n'a terre ni maison (v. 38), sans parler de son physique :

> *Petit coquin, mariolet, maquereau*
> *Fils de farceur, joliet farcereau*
> *Oses-tu bien ouvrir tes laides lippes*
> *Pour jeter tel venin hors de tes tripes ?*
>   (v. 41-44)

> *Camus ratatiné*
> *Bigle punais, affamé langoureux*
> *Qui veut trancher du joli amoureux.*
>   (v. 66-68)

Marot vit au bordel, ayant abandonné sa femme qui a faim et fréquente les truands (v. 73-80). C'est un pique-assiette, qui suit les gens pour le « broust[13] ». Son père ne valait pas mieux, et quand il est mort, nous l'avons noté, Clément n'avait pas un drap pour l'ensevelir (v. 94-97). Suivent des allégations plus perfides :

> *Fi, fi au grat[14] au diable tel pendard*
> *Qui de Luther veut porter l'étendard*
>   (v. 109-110)

« Nous le mettrons dans un trou de cave », conclut le porte-parole de ces mignonnes (v. 128)...

12. Mendiant et voleur. L'un et l'autre mot seront employés jusqu'au XVIIIe siècle. Leur sens original oublié, ils restent très injurieux.
13. Ce que l'on « broute ».
14. Épluchures.

> *Et d'un gros fouet sera fessé tout nu*
> *Ton puant corps d'infection chenu*
> *Tant que le sang, pour te faire grand' fête*
> *En sortira des pieds jusqu'à la tête.*
> (v. 129-132)

Après quoi, des « chants triomphants » célébreront sa punition.

Notre effarement est vite oublié quand nous considérons la petite littérature polémique de l'époque. Le ton en est le même, les basses injures stéréotypées. Traiter un ennemi de coquin, d'ivrogne, de gibier de bordel et de maquereau ? Rien que d'ordinaire. Le texte révèle pourtant beaucoup de haine : les *Adieux* — que je ne crois pas être de Marot à cause de leur médiocrité — ne méritaient pas mieux. Traiter son adversaire de luthérien ? C'est aussi banal à cette époque. Mais Marot n'était pas tout à fait blanc de ce côté-là.

Sa réponse paraîtra en 1533 dans la *Suite de l'adolescence clémentine*. Le ton qu'il emploie est aussi vif que celui des « dames », mais d'une facture plus relevée. Rien ne mérite d'être retenu de cette mise au point. Le vrai polémiste réclame un ennemi plus à sa mesure. Marot se propose de faire arracher un œil à son diffamateur et de lui enclouer le nez. Avec de fins clous, il est vrai. De cet accès de fureur, pas de suites littéraires. Un épisode de la vie quotidienne marotique, en somme. Nous en avons retenu quelques traits utiles pour le connaître sous ses pires aspects, exagérés immodérément. En ce que nous pourrions appeler « la mode des insultes », adultère, bordelier, ivrogne vont de soi. Abandon de famille ? Il y viendra peut-être : laissez-le se marier ! Luthérien ? Qui peut déjà l'affirmer, sinon les « ultras » ?

Sommes-nous plus avancés, connaissant la haine que lui vouent certaines personnes « du sexe » ? Guère. Cet « oiseau du ciel » qui déchaîne les mégères et sait leur répondre du tac au tac : il a bec et ongles. La satire de *L'Enfer* l'avait prouvé en 1526. Les huitains et dizains qui seront épigrammes le confirment d'année en année. Le satirique en lui s'affirme.

Le respect, la presque adoration de la Femme dans les rondeaux et l'œuvre à l'italienne est une chose. N'oublions pas la gaudriole qui est l'autre façon de considérer les femmes dans le siècle de Rabelais. Les dames de Paris s'indigneront-elles de cette *Épitaphe XXXIII* d'Alix, qui figure dans le « Cimetière » en la *Suite de l'adolescence ?*

> *Ci-gît, qui est une grand'perte*
> *En Culetis la plus experte*
> *Qu'on sut jamais trouver en France.*
> *C'est Alix qui dès son enfance*
> *Quand sa Nourrice l'allaitait*
> *Dedans le berceau culetait*
> *Et de trois jusques à neuf ans*
> *Avec Garçons petits enfants*
> *Allait toujours en quelque coin.*
> *Et à dix ans tant fut culée*
> *Qu'en culant fut dépucelée*
> *Depuis grosse Garce devint*
> *Et lors culetait plus que vingt.*
>
> (v. 1-13)

Certes, Alix est l'un des noms génériques de la fille légère, dans la chanson et les contes d'alors. Marot peut brocarder grossièrement les femmes : cette épitaphe le démontre. Comme la plupart de ses contemporains — et Marguerite elle-même dans L'*Heptaméron* —, il envisage l'amour sous deux formes distinctes, quasi inconciliables : l'une aussi élevée que le culte des saints, l'autre si animale qu'elle conduit aux *Gracieux Adieux.*

LE TALENT AU DEVOIR

Couché sur les états de la maison royale, Clément Marot doit accomplir avant toute chose son rôle de poète officiel. Il n'y manque pas. Que son talent ait mûri, cela ne fera qu'enrichir désormais les œuvres de commande. Certes, elles ne constitueront pas entre 1528 et 1530 le meilleur de sa production, mais elles laisseront entrevoir sa maîtrise à travers les barreaux du travail imposé.

De 1528 à 1530, le poète du roi donne plusieurs œuvres « obligatoires » de qualité inégale, mais, l'une exceptée, de grand intérêt. L'exception, c'est le plat rondeau écrit à l'occasion de la paix des Dames. A Cambrai, le 3 août 1529, la reine mère de France, Louise de Savoie, et la gouvernante de Savoie, Marguerite d'Autriche, vont sceller un accord qui sera ratifié par les souverains régnants. La paix de Madrid est oubliée. La Bourgogne reste à la France — qui pensait sérieusement qu'elle pût lui échapper ? L'Artois et la Flandre reviennent de droit à l'empire — mais ne lui appartenaient-elles pas de fait ? La France paiera deux millions d'écus d'or pour la libération des enfants royaux, retenus comme otages en Espagne depuis la libération de François Ier, qui épousera la sœur de Charles Quint, Éléonore de Portugal.

Paix des Dames donc, où Marguerite de Navarre accompagne sa mère Louise. Clément Marot est du voyage. C'est même en son absence que paraîtront les contestables *Adieux*. Il écrit un rondeau : *De la paix traitée à Cambai par trois princesses*. Nous y trouvons tous ses défauts de jeunesse, et rien des brillantes qualités qu'il a acquises après 1525. Louange, exaltation de commande et bons sentiments plats :

> *Gloire à Dieu seul, aux hommes réconfort*
> *Amour de peuple à trois grandes princesses*
>   *Dessus la terre*
>   (v. 13-fin)

A Cambrai, Marot s'essouffle. Est-ce parce que sa « tante » Marguerite de Navarre n'y fait en somme que de la figuration ? Il a montré l'année précédente qu'en des tâches imposées son talent marotique peut paraître intact. L'année précédente, en effet, il inscrit dans les annales de la poésie française le premier « Épithalame ». Renée de France épouse Hercule d'Este, et Marot écrit le *Chant nuptial du mariage de Madame, Renée, fille de France, avec le duc de Ferrare.*

Cet événement demandait à être célébré. Sœur de la

défunte reine Claude, épouse du roi, Renée était donc la fille
de Louis XII et d'Anne de Bretagne. Belle-sœur de François Ier, mais aussi sa cousine germaine. Rien de plus élevé
dans le royaume, Louise et Marguerite exceptées. On l'avait
fiancée tour à tour à Charles Quint, à Henry VIII, au
connétable de Bourbon. A dix-huit ans, au début de l'été
1528, la voilà donc donnée à Hercule II d'Este, fils du duc de
Ferrare Alphonse Ier.

Ce mariage est pour la France une bonne affaire politique.
Ferrare tient une place importante en Italie du Nord. La
fiancée — les très orthodoxes Este l'ignorent-ils ? — est
cependant déjà gagnée à l'évangélisme. Par qui, sinon par
Marguerite de Navarre, qui lui a fait connaître Lefèvre
d'Étaples ? La fille de France ira plus loin que Marguerite :
bientôt favorable aux idées protestantes, elle prendra clairement parti.

Marot célèbre ces noces avec conviction, donc avec talent :
il ne rime bien que de tout cœur. L'épithalame de Renée sera
pour lui plus tard une bonne affaire : exilé, il sera reçu chez
elle à Ferrare. C'est une belle œuvre, au-delà de sa nouveauté
qui déjà le singularise :

> *Quel est ce duc venu nouvellement*
> *En si bel ordre, et riche à l'avantage ?*
> *On juge bien à le voir seulement*
> *Qu'il est issu d'excellent parentage*
> (v. 1-4)

Le poème se développe en imitant un chant nuptial de
Catulle : deux chœurs opposés y chantaient l'un l'excellence
du mariage, l'autre ses inconvénients. Marot suit cette veine,
mais comme il sait imiter, en reprenant un thème reconnaissable qu'il rend personnel en ses variations. Marot traducteur
— si ce n'est des Psaumes — affadit les originaux : Ovide,
Virgile. Imitateur, il emprunte avec légèreté, et transforme
en Marot ce qui n'est pas le meilleur Catulle. Mieux, comme

par goguenardise, il mêle à son texte des emprunts faits à un
colloque d'Érasme[15] :

> *Fille de roi, adieu ton pucelage*
> *Et toutefois tu n'en dois faire pleurs*
> *Car le Pommier qui porte bon fructage*
> *Vaut mieux que (tel) qui ne porte que Fleurs.*
>
> (v. 31-34)

Le mariage est préférable au célibat, et tant pis pour Rome
qui pense le contraire, en obligeant les clercs à rester
célibataires ! La nuit de noces est cruelle, qui ravit la jeune
fille à ses parents. « Je me dédis ! » s'écrie ensuite le poète :
c'est une « très puissante et bienheureuse nuit ». Le ton
monte, il s'y mêle une touche de grivoiserie en cette septième
strophe qui a outragé plus d'un pudibond :

> *Vous qui soupez, laissez ces tables grasses*
> *Le manger peu vaut mieux pour bien danser.*
> *Sus, aumôniers, dites (vite les) grâces*
> *Le mari dit qu'il se faut avancer.*
> *Le jour lui fâche, on le peut bien penser.*
> *Dames, dansez, et que l'on déporte*[16]
> *— Si m'en croyez — d'écouter à la porte*
> *S'il donnera l'assaut vers la mi-nuit :*
> *Chaud appétit en tels lieux se transporte*
> *Dangereuse est la bien heureuse nuit.*
>
> (v. 61-70)

L'architecture de l'œuvre, en neuf strophes de dix vers, est
originale. Originale aussi la rime. Les dix décasyllabes de
chaque strophe riment toujours par ABABBCCDCD. Un tel
enchaînement rythmique réitéré donne à cet épithalame
l'ordonnance et le son d'un chant véritable, suggérant une
mélodie gaie. Ainsi, pour la royale jeune amie de Marguerite,
Marot compose un poème unique en son œuvre, unique en
son temps, sans pavaner sa nouveauté. Cette modestie dans la

---

15. *Cf.* Érasme, *Proci et puellae* (« prétendants et demoiselles »).
16. Que l'on cesse.

façon qu'il a d'ouvrir des chemins sera utile à ses successeurs directs : ils pourront le piller en le dénigrant.

Le 1ᵉʳ juillet 1530, en application de la paix des Dames, les enfants royaux prisonniers rentrent en France. Marot est avec la cour à Bordeaux : le roi y attend ses enfants et sa fiancée Éléonore. Montmorency fait passer la Bidassoa à un acompte : quatre tonnes d'or. En retour il reçoit les deux princes et la fiancée de François, qui gagnent Bordeaux en toute hâte. Ils y arrivent le 2 juillet, au milieu des transports de joie que l'on imagine.

Dans la nuit précédente, Marot écrit le *Chant de joie au retour d'Espagne de Messeigneurs les Enfants*. Une ballade en sa forme traditionnelle, mais dont l'émotion ne gâte pas la valeur littéraire. La constante marotique principale est respectée : il n'écrit bien que touché. Il s'adresse avec feu aux populations de France :

> *Sus, peuples, sus, vos cantons* [17] *décorez*
> *De divers jeux. Est-il temps qu'on se taise ?*
> *De vos jardins arrachez le souci,*
> *Et qu'il n'y ait gros canon raccourci*
> *Qui cette nuit ne brui-e par outrance*
> *Signifiant que guerre avec souffrance*
> *Part et s'en va aux enfers inhumains*
> *Et puis chantez en commune accordance :*
> *« Gloire à Dieu seul, paix en terre aux humains. »*
>   (v. 14-22)

Éléonore arrive donc avec le dauphin de France François et son frère Henri. Elle épouse François Iᵉʳ le 7 juillet au monastère de Beyries. Le 9, elle entre à Bordeaux avec son nouvel époux et les fils qu'elle lui a ramenés. La liesse populaire est immense. Des légendes ont couru sur l' « amour » du roi et de sa nouvelle épouse. Celle-ci serait tombée amoureuse de François tandis qu'il était en prison à Madrid. Elle n'a pu l'y rencontrer ? Vain détail : cela empêche-t-il une passion de naître ? Ces fadaises courent,

17. Coins de rue.

non la vérité : Charles Quint offre sa sœur, veuve d'Emmanuel de Portugal, pour signer un accord qu'il sait bien illusoire. La pieuse et douce Éléonore, étrangement bâtie — buste très court et jambes longues —, ne sera pas une épouse plus présente que ne l'était Claude dans la vie de François Ier, privée ou publique. D'ailleurs, elle est bien âgée pour se marier : trente-deux ans !

La légende préfère les approches romanesques. Elles vont pulluler dans l'*Épître XXI*, que Marot adressera à la nouvelle reine le 9 juillet. Le ton a baissé, l'émotion a diminué depuis une semaine. Rien de plus sage, et à vrai dire de plus convenu, que cette épître, quatre-vingt-huit décasyllabes à rimes plates AABB. Contrairement à la tradition, il n'y sera pas fait allusion au panthéon de la Grèce ou de l'Italie, avec comparaison de la nouvelle reine aux déesses les plus honorées par les Anciens et leurs émules :

> Car Apollo ni Clio ni Mercure.
> Ne m'ont donné secours ni soin ni cure
>   En cet écrit.
>   (v. 81-83)

L'*Épître XXI* est un hymne personnel, sans éloges excessifs, sans épithètes extravagantes. Que la reine soit la bienvenue ! Elle a noué des liens amoureux avec notre maître prisonnier, portant alors « la moitié de ses ennuis ». Elle a fait office de mère envers ses enfants. Que la reçoive avec amitié et reconnaissance ce royaume qu'elle ne connaît pas encore :

> Voir te convient ton Royaume plus loin.
> Tu n'en a vu encor qu'un petit coin ;
> Tu n'as rien vu que (l'Adour) et Gironde
> Bientôt verras la Charente profonde
> Loire au long cours, Seine au port fructueux
> Saône qui dort, le Rhône impétueux
> Aussi la Somme, et force autres rivières
> Qui ont les bords de force villes fières
> Dont la plus grande est Paris sans pareille.
>   (v. 56-64)

L'année 1530 s'achève en paix dans le royaume de France qui a retrouvé une reine. Marot, qui a fait avec bonheur son travail de courtisan, voit sa réputation grandir de mois en mois. L'affaire des *Adieux,* comme toute querelle publique, lui a fait au bout du compte de la publicité. Les deux années qui vont venir, si elles sont marquées par une recrudescence des affrontements religieux, seront bénéfiques au poète : il est à l'apogée de son talent. Il va continuer à progresser dans une modernisation dynamique de la poésie. Non en cassant les vieux moules qu'il a utilisés — rondeau, ballade, chant royal —, mais en les délaissant. Non en publiant un « art poétique » qui rendrait évidentes ses trouvailles : regrettons-le. Thomas Sébillet, dans son *Art poétique français* (1548), dira ce que la poésie du xvie siècle doit à Marot, mais avec prudence. En 1548, de jeunes loups montrent les dents, qui détestent ouvertement Marot : ils lui doivent tant ! C'est pourquoi la gloire qui vient à notre poète restera, en son temps et surtout par la suite, inférieure à son mérite. On loue l'adroit rimeur, l'impertinent, le badin. On oublie de rendre justice au novateur qui assure la naturalité française à l'élégie, l'épithalame, bientôt à l'églogue et à l'épigramme.

En 1530, Clément Marot aura trente-quatre ans : il a déjà écrit nombre de ses œuvres majeures, tracé la plupart des routes qu'il suivra. Nous l'avons placé dans une galerie de miroirs qui donnent de lui plusieurs images différentes, quand ce n'est pas contradictoires.

Résumons : il est assujetti à un mécène, mais sa poésie de cour échappe désormais à la platitude. Il est par son état social voué à l'obscurité en sa vie privée : celle-ci pourtant nous apparaît assez frivole. Il a du mal à devenir adulte. Passionné de nouveauté, il écoute chanter le vent italien. Attaché à la culture antique, il traduit Virgile et pille Catulle ; il pille mieux qu'il ne traduit. Il idolâtre une image de la Femme, et tourne ailleurs des vers égrillards. Le met-on en difficulté, en dette, en prison ? Il en tire ses meilleurs vers, les plus percutants. Lui impute-t-on un libelle tout marqué de misogynie ? Ce misogyne le rejette avec flamme. Les mots « douleur » et « malheur » ne cessent de venir sous sa plume, alors qu'il a la chance rare d'avoir un pied à la cour et la faveur d'un roi absolu, d'une reine de Navarre qui l'admire. Écrit-il un chef-d'œuvre ? Sa production suivante sera plate et exsangue. Allons-nous croire qu'il perd la main ? Il nous jette un nouveau feu d'artifice.

En comparant ces facettes diverses, il peut nous venir peu à peu une idée non de l'homme, qui restera obscur sur bien des points, mais du créateur et de l'inventeur de poésie nouvelle. Élevé dans le respect absolu des grands, il y demeure sans révolte. Mieux, il aime profondément Marguerite, il admire le roi. Sa condition de poète de cour d'une part, de petit homme à la ville d'autre part, l'oblige à montrer deux visages distincts, ou plutôt à exagérer l'un — celui que le roi voit — et à dissimuler l'autre — celui qui rit dans les tavernes et fait la grimace aux créanciers.

Familières, les épîtres de Marot au roi ? Oui, certes, mais habilement prudentes. Dans sa poésie courtisane, il jette au souverain des gerbes et des couronnes : il est payé pour cela. Quand il écrit qu'on l'a mené en prison ou volé, il adopte un ton de complicité respectueuse. François Ier est, par état, mégalomane. Le faire rire en familiarité, c'est trouver l'exacte voie par laquelle on peut aller, découvrir jusqu'où l'on peut aller trop près. Voilà le génie de Marot épistolier, pour le fond ; pour la forme, son génial tour de mots.

Ses chansons courent, et ses rondeaux que l'on chante. Sa réputation croît au point qu'on lui impute les impertinences qui s'écrivent. Bien pis, on verra bientôt paraître des recueils lui attribuant des poèmes, indignes de lui. Il va être temps pour Marot de publier la somme de ses œuvres. La gloire lui en viendra, et de nouveaux fidèles, et de nouveaux ennemis : le succès les rend inévitables. Qu'est-ce qui pourrait bien l'empêcher, dès 1531, de publier ces œuvres d'une *adulescentia* terminée dès 1526 ? Il en met quelques-unes dans un livret qu'il dédie à l'homme fort du parti ultra, le grand maître Montmorency. Qu'est-ce qui le retient d'aller jusqu'à l'édition complète et publique de tout, sauf de ce qu'il faut par prudence cacher ? Peut-être bien la peste, dont il faillit mourir à la fin de cette année-là.

CHAPITRE VII

Un talent éprouvé

Tous ces gens éperdus au seul nom de satire
Font d'abord un procès à quiconque ose rire.

BOILEAU,
Discours au roi.

LE CHEVAL, LE COQ ET L'ÂNE

Jusqu'au mois d'avril 1531, Clément Marot reste au mieux de sa forme. Nous avions indiqué qu'après sa libération, en 1526, il lisait au roi des extraits de sa traduction des *Métamorphoses* d'Ovide. A la fin de 1530, le premier livre est traduit en entier. Le poète l'envoie[1] à Antoine le Bon, duc de Lorraine[2], avec une épître. Ce puissant seigneur est venu en France pour les fêtes du mariage royal. Marot lui offre sa version d'Ovide en l'assortissant de grands compliments. Nous l'avons déjà vu flatter cette famille Lorraine-Guise, illustre et aimée par le roi de France.

Cette épître (XXII) n'a pas le ton libre dont use Marot

1. Il était d'usage, avant d'imprimer un texte, de faire l'hommage du manuscrit à son dédicataire. Coutume délicate, certes, mais qui fit se perdre beaucoup de manuscrits.
2. Antoine, duc de Lorraine (1489-1544), tenta avec patience mais sans résultat de réconcilier François Ier et Charles Quint.

pour s'adresser à son maître. Ici, louange et flatterie ne s'épicent pas de familiarité, même respectueuse. Pas le moindre clin d'œil. Tout à plat, le poète ne brille guère dans les adresses de révérence. Il déclare d'abord que sa plume est :

> ... trop lourde et de style trop mince
> Pour s'adresser à tant excellent prince.
> (v. 7-8)

Il rappelle cependant que ce grand seigneur, comme ses frères, a déjà marqué de l'intérêt aux œuvres de Marot qui courent :

> Ce néanmoins sachant que tu as pris
> Par maintes fois plaisir à mes écrits
> J'aime trop mieux t'écrire lourdement
> Que de me taire à ton avènement[3].
> (v. 10-13)

Le poète courtisan salue la mémoire des deux frères du duc Antoine tués au service de la France[4]. Il les recommande à Dieu et chante les vertus du reste de la famille.

L'*Épître XXII* est donc aussi modestement respectueuse qu'il le faut pour toucher un haut seigneur avec qui l'on n'ose plaisanter. Écrite en rimes plates AABB, elle a le mérite de ne rien emprunter à la phraséologie ni aux assonances de la rhétorique. Ni dieux ni déesses. Texte de confection, mais inspiration sur mesure. L'épître marotique restera parfois encore de commande : elle ne tombera plus jamais dans la banalité des formulations.

Plus intéressante et de la même époque, l'*Épître XXIII*,

3. Ta venue.
4. François, mort à Pavie, et Louis, tué devant Naples trois ans plus tard. Les deux frères qui restaient à Antoine de Lorraine furent courtisés par Marot : Claude, qui avait vu son comté de Guise érigé en duché (1528) et Jean, cardinal de Lorraine. A ce dernier, Marot adressera un plaisant chant pastoral, vers la même date que l'*Épître XXII* : *Chant pastoral à Monseigneur le Cardinal de Lorraine, qui ne pouvait ouïr nouvelles de son joueur de flûte.*

pour Pierre Vuyard[5], *à Madame de Lorraine.* Il s'agit d'un cheval. Celui-là même pour lequel Marot écrivit une épitaphe : un cheval mort. Il faut donc le plaindre d'abord, et demander ensuite à la duchesse Antoinette de le remplacer. Dès lors que le poète s'amuse, attendons-nous à des tours de force. Le ton matois de la révérence, qui paraît au début de l'œuvre, fait place vers la fin à ce que nous pouvons appeler un style « débridé ». Qu'il plaise à la duchesse de donner à Vuyart non pas un de ces « doucets chevaux » qui vont au pas, non pas une mule, ni une haquenée de demoiselle, mais une bonne bête « furieuse et glorieuse ». Elle caracolera, au rythme des huit derniers vers de l'épître, où la césure, bien marquée après la quatrième syllabe, donne cet allant de cavalcade. Marot joue avec la répétition et la répartition des adjectifs « furieux » et « glorieux », et des adverbes qui leur correspondent. Pari rhétoricien ? Peut-être, mais il n'y paraît guère, tant la forme est maîtrisée, et réel le pas de la monture à nos oreilles :

> *Que veux-je donc ? Un courtaud*[6] *furieux*
> *Un Courtaud brave, un Courtaud glorieux*
> *Qui ait en l'air ruade furieuse*
> *Glorieux Trot, la Bride glorieuse*
> *Si je l'ai tel, fort furieusement*
> *Le piquerai, et glorieusement*
> *Conclusion, si vous me voulez croire*
> *D'Homme et Cheval ce ne sera que gloire.*
> (v. 45-fin)

Rhétorique maîtrisée, avons-nous déjà noté plusieurs fois. Il va y paraître dans la bombe littéraire que lance Marot en ce début de 1531 : son premier *coq-à-l'âne*, adressé à Lyon Jamet, comme le seront les trois suivants.

« Sauter, ou saillir du coq en l'asne » est un proverbe attesté

5. Vuyard, ou Viard, était le secrétaire du duc Claude de Guise (*cf.* note précédente). La femme de ce dernier, Antoinette — à qui est adressée l'*Épître XXIII* —, eut douze enfants. Parmi eux François de Guise, qui par le massacre de Wassy (1562) ouvrira les guerres de Religion.
6. Cheval très robuste, bête de fatigue, réservée aux cavaliers de rang inférieur. Vuyard, secrétaire, peut prétendre à un courtaud.

par écrit dès le xve siècle. Il signifie « passer d'un sujet à un autre de façon incohérente, absurde ». Le « coq-à-l'âne » littéraire est l'une des plus intéressantes inventions de Marot. Il ne s'en sert que pour écrire à celui qui est devenu son meilleur ami. Il ne s'agit donc pas d'une épître au sens où Marot lui-même l'entend, mais plutôt d'une sorte de jeu. Dans ses coq-à-l'âne, le poète empile des réflexions sans lien entre elles. Non pas contradictoires, mais en complet désordre, dans le dessein d'égarer le lecteur, de lui assener une flèche satirique, puis de s'enfuir ailleurs dans une apparente absurdité. Satire, et des plus efficaces, quoi que du Bellay ait pu en dire par la suite.

Cet outil d'excellence, où Marot le prend-il ? On songe aux « fatras du passé, à la belle veine d'Henri Baude [7] », que Marot et Rabelais nomment, donc connaissent. Pour finir on songe à l'habileté avec laquelle Marot s'est évadé des Molinet et des Crétin, à la dextérité avec laquelle il se joue de la mégalomanie du roi, la contournant en le faisant rire. Le coq-à-l'âne, qui jamais ne fut brillant après Marot — pas même dans les réponses de l'ami Jamet —, est l'un des plus glorieux apports du poète à la satire française, à la déesse Dérision.

Ce premier coq-à-l'âne surabonde en moqueries, piques contre l'Église, l'ordre civil, les « ennemies », les femmes intéressées. C'est un véritable labyrinthe de cocasseries souvent lestes, dont voici le début :

Je t'envoie un grand Million
De saluts, mon ami Lyon
S'ils étaient d'or, ils vaudraient mieux,
Car les Français ont parmi eux
Toujours des Nations étranges.

7. Henri Baude (1430-1496), né à Moulins, poète d'une grande originalité, d'une belle verve. Il attend toujours son éditeur moderne. L'édition de Jules Quicherat (1848) est bonne, mais cache « des pièces trop obscènes pour être montrées ». Or l'obscénité de Baude est admirable en son genre.

Mais quoi ? nous ne pouvons être anges
C'est pour venir à l'Équivoque,
Pour ce qu'une femme se moque
Quand son Ami son cas lui conte.
Et pour mieux te faire le compte
A Rome sont les grands Pardons
Il faut bien que nous nous gardons
De dire qu'on les appetisse.

(v. 1-13)

Déjà quatre sujets au moins évoqués en treize vers. A l'intérieur, d'autres extensions. « Salut », c'est bonjour ; c'est aussi, en or, une pièce de monnaie anglaise. Équivoque ? Elle est double. Les vers 5 et 6 vont par rimes équivoquées. Mais « cas » — l'Ami raconte son cas —, s'il a bien le sens d' « affaire », désigne aussi — en latin *capsus*, en français vulgaire *chaz* — le sexe d'une femme. A peine en avons-nous ri que le poète assène un coup aux indulgences pontificales, puis il redouble sur les moines paresseux, s'évade vers l'empereur, enchaîne sur le temps qu'il fait, de là à la mode en matière de chaussures. Pas de halte, pas de temps pour réfléchir ni souffler, méditer, s'indigner : on passe du léger au grave, du profane au sacré, de la gaudriole aux proverbes à l'envers :

Lyon, Lyon, c'est le secret
Apprends tandis que tu es vieux.

(v. 44-45)

Attaques contre l'Église ? Çà et là, ouvertement, ou par simples bouffonneries :

Et qu'ainsi soit, un bon papiste
Ne dit jamais bien de Luther
Car s'ils venaient à disputer
L'un des deux serait Hérétique.

(v. 68-71)

S'attarder ? Dangereux. Enchaînons :

Outre plus, une femme Éthique[8]
Ne saurait être bonne bague[9].
(v. 72-73)

Feux d'artifice : c'est la meilleure définition de ces coq-à-l'âne, avec leur jaillissement sans cesse renouvelé d'étincelles de couleurs diverses. Il faut, pour les ordonner, un esprit à la fois lumineux et versatile, un art exceptionnel dans le trait rapide. Rien de plus démonstratif du génie de Marot que ces trop oubliés coq-à-l'âne. Nous y trouvons toutes les qualités qu'il fait paraître dans ses poèmes satiriques, mais aussi dans ceux que l'on appelle un peu légèrement « familiers ». Nous y retrouvons sa gouaille, son goût pour le bavardage amusant, qui soudain se révèle moins gratuit qu'il n'y paraissait d'abord. Cette facture impressionniste met à l'aise un poète qui excelle dans le raccourci. Marot crée ce genre qu'il porte d'emblée à sa perfection dans ses quatre essais. Parmi ceux qui l'ont suivi, Voltaire seul, peut-être, atteindra cette efficacité dans ce que nous pourrions nommer la « satire à la volée ».

LA MALADIE

La peste frappe Marot en avril 1531. Il reste grabataire trois mois, puis entre dans une convalescence longue et agitée.

La peste ? Voire. Ce nom est donné aux pandémies qui, cycliquement, ont dévasté les pays d'Europe depuis l'Antiquité. Les épidémiologistes contemporains demeurent prudents quant à la nature de ces ravages successifs. Peste, choléra, typhus, ou chacun d'entre eux tour à tour ? En tout cas, ces explosions épidémiques sont liées à l'absence d'hygiène, à la saleté des rues où coulent des ruisseaux infects et, dans le cas de la peste proprement dite, à la prolifération des rats.

8. Morale, de bonne moralité.
9. Femme légère (argotique). En argot actuel un peu démodé : une « affaire », c'est-à-dire remarquable au lit.

Au xvie siècle, la « peste » frappe sous deux formes : la foudroyante épidémie d'abord, qui emplit les rues de cadavres. Ainsi Milan verra-t-elle sa population diminuée des trois quarts en quelques semaines. Il existe aussi un aspect ambulatoire de la maladie, qui se propage depuis des régions où elle persiste à l'état endémique. C'est ce qui se passe durant les années 1530-1531. Paris est touché par le fléau : non pas de façon massive, mais assez pour épouvanter. Le prévôt fait claironner des ordonnances en place publique, indiquant aux Parisiens les précautions à prendre. La meilleure d'entre elles, réservée aux riches ou aux gens sans attaches, c'est la fuite. La cour s'en va en des lieux où l'air est plus pur, comme Marguerite en écrira. La reine mère Louise sera frappée alors que l'épidémie décroît, à la fin de 1531. Elle en mourra durant un voyage peut-être destiné à la mettre à l'abri.

Marot, pour sa part, a été foudroyé dès le printemps de la même année, en avril. Il en réchappera. Tout a été mis en œuvre pour cela. Ce sont les médecins du roi qui le soignent : Louis Braillon, si renommé que Charles Fontaine [10] écrira des vers pour le louer quand il mourra ; Jacques Lecoq, qui sera doyen de la faculté de médecine de Paris en 1538 et 1539. Martin Akakia, qui avait « tourné en grec » son nom peu reluisant de Sans-Malice (Akakia ne sonne-t-il pas mieux pour un savant homme qui traduit les œuvres de Galien ?)

Trois maîtres, donc, au chevet de Marot. Le valet de chambre aimé estimera l'honneur qu'ils lui font dans l'*Épître XXV, au roi, pour avoir été dérobé* :

De trois jours l'un viennent tâter mon pouls
Messieurs Braillon, Lecoq, Akakia
Pour me garder d'aller jusqu'à quia [11].
(v. 70-72)

10. Charles Fontaine, poète français (1513-1589), célèbre par ses attaques contre les théories poétiques de Joachim du Bellay.
11. « Être à quia », en termes de scolastique, c'est être réduit au dernier « parce que... », que l'on ne peut expliciter. La défaite du disputeur. Par extension, la défaite tout court, et ici : la mort.

Cette épître sera présentée au roi le 1er janvier 1532. Plus de neuf mois après le début de la maladie de Marot, les médecins royaux le « suivent » encore ! Le poète écrira une épigramme à tous trois, et deux à Lecoq. A Braillon :

> *Par quoi, monsieur, je vous supplie en rime*
> *Me venir voir pour parler en raison.*

Avec Akakia — « qui lui avait envoyé des vers latins », cela prouve que le malade allait mieux —, il fait dans la plate louange :

> *Tes vers exquis, seigneur Akakia*
> *Méritent mieux de Maro [12] le renom*
> *Que ne font ceux de ton ami qui a*
> *Avec Maro confinité de nom.*

Dans *A Monsieur Lecoq, qui lui promettait guérison,* en avant pour l'équivoque animalière :

> *Or, t'es montré vrai coq en ta réponse*
> *Car ton haut chant rien (d)'obscur ne m'annonce*
> *Mais santé vive, en quoi Dieu me maintienne.*

Tout cela est dire de malade doué, non de vrai poète. La seconde adresse à Lecoq est plus malicieusement marotique : *Audit Coq...*

> *Si le franc coq, libéral de nature*
> *N'est empêché avec sa gélinotte*
> *Lui plaise entendre au chant que je lui note*
> *Et visiter la triste créature*
> *Qui en sa chambre a fait cette écriture*
> *Mieux enfermé qu'en sa cage linotte.*

Éloges et malice, voilà pour les docteurs qui sont le dessus du panier de la médecine. L'ingrat Marot consultera pourtant un quatrième praticien. Une autre épigramme nous apprendra son nom : Lamy. Le ton en est pressant. Sans Lamy, Marot ne guérit pas :

12. Virgile, *Cf.* voir note 5, p. 27.

> *Que je te voie, à demi suis guéri*
> *Et sans te voir à demi suis péri.*

Dernière œuvre directement liée à la maladie, l'épigramme adressée à Pierre Vuyard, celui du cheval mort — décidément un frère :

> *Ce méchant corps demande guérison*
> *Mon frère cher : et l'esprit — au contraire —*
> *Le veut laisser comme une ordre [13] prison :*
> *L'un tend au monde et l'autre à s'en distraire [14].*
> *C'est grand pitié que de les ouïr braire :*
> *— Ha, dit le Corps, il faut mourir ainsi ?*
> *— Ha, dit l'Esprit, faut-il languir ici ?*
> *— Va, dit le Corps, mieux que toi je souhaite.*
> *— Va, dit l'Esprit, tu faus, et moi aussi*
> *Du seigneur Dieu la volonté soit faite.*

Dans ce dizain, nous voyons une fois encore le souvenir de Villon [15], décidément admiré par le poète. La qualité s'affirme, et, par conséquent, la guérison semble venir. Elle ne sera complète qu'au printemps 1532.

A la fin de sa maladie, Marot a aussi écrit des épîtres. Outre la XXV, la meilleure, au roi, une autre qui la paraphrase (XXVI), et une troisième qui la défend (XXVII), il écrit au lieutenant Gontier et à Vignals, Toulousain (XXVIII, XXIX). Dans l'*Épître à Gontier* (v. 21-25), il demande au lieutenant d'excuser la brièveté de ses vers :

> *Les muses me contraignent*
> *Penser ailleurs, et faut que mes vers plaignent*
> *La dure mort de la mère du Roi*
>   *Mon Mécénas.*

Louise de Savoie, au mois de septembre 1531, quitte Fontainebleau pour voyager. La maladie la contraint à

13. Sale.
14. S'y soustraire.
15. Son débat du cœur et du corps, en même forme dialoguée.

s'arrêter à Gretz, près de Melun Elle y meurt le 22 septembre. L'*Épître à Gontier* nous montre que Marot se trouve, par état, contraint d'écrire une « déploration » pour la mort de la mère du roi et de Marguerite. Il s'y met donc, en automne ou au début de l'hiver 1531-1532. Il va nous donner l'une de ses œuvres les plus intéressantes quant à son élaboration, les plus médiocres quant au résultat. C'est une églogue, dont le premier titre sera : *Églogue sur le trépas de ma dame Louise de Savoie, mère du roi François, premier de ce nom. En laquelle églogue sont introduits deux pasteurs, Colin d'Anjou et Thénot de Poitou.*

L'églogue est le plus bel exemple de son embarras de créateur quand il puise à des sources littéraires. Aspect positif : Marot, le premier, introduit ce genre dans les lettres françaises. Aspect négatif : il en prend l'inspiration dans Théocrite revu par Virgile (*Ve Églogue*) et Moschos (*Chant funèbre en l'honneur de Bion*). Il y cligne de l'œil à Catulle, mais aussi à des contemporains, surtout Lemaire de Belges en ses nécrologies à répétition. Cela donne un poème long, insipide, enflé par endroits de pompe à l'antique, dégonflé plus loin par des tirades de rhétorique d'un goût douteux. Ce sont ces dernières que l'on a le plus citées pour attaquer le Marot lyrique. Comme cette mort est affligeante :

> *Cognac s'en cogne en sa poitrine blême*
> *Romorantin la perte remémore*
> *Anjou fait jou*[16]. *Angoulême est de même*
> *Amboise en boit une amertume extrême*
> *Le Maine en mène un lamentable bruit.*
>   (v. 160-164)

Cela, six ans après la mort de Crétin, semble ridicule et même déplacé. La « bergerie » vaut-elle mieux ? Jugeons-en. Colin déclare :

> *Pleurons Bergers, nature nous dispense.*
> *Pleurons la Mère au grand Berger d'ici*

16. « Faire jou » : baisser la tête, comme portant un joug.

Pleurons la mère à Margot d'excellence
Pleurons la Mère à nous autres aussi.
(v. 37-40)

Ou encore :

Tous animaux Louise regrettèrent
Excepté Loups de mauvaise nature.
(v. 120-121)

En cette églogue manquée, Marot montre son pouvoir et ses limites. Il peut renouveler la poésie en y introduisant des genres nouveaux ou repris ; il peut piller avec bonheur tel ou tel modèle ou plusieurs à la fois, s'il ne se sert qu'accessoirement de ses références ; sans réussite finale, s'il s'y asservit, oubliant qu'il est Marot. Ainsi promènera-t-il jusqu'en 1533 ses *Élégies* dépersonnalisées, donc médiocres.

1531, donc, un chef-d'œuvre — le premier coq-à-l'âne, qui en promet de meilleurs encore — et un ratage : l'églogue nécrologique, qui succombe sous le poids de ses modèles disparates.

Par chance, cette églogue ne sera pas unique en son œuvre [17]. Le genre va « prendre » en France. Clément Marot va persévérer à Ferrare, d'où il donnera une églogue admirable, qu'il dédiera au roi en 1539.

Notons aussi que l'églogue, malgré son imperfection, montre, par la diversité des sources, que le poète puise de plus en plus profondément dans le fonds poétique de l'Antiquité. Sans jamais devenir érudit, il élargit l'horizon de ses lectures. Marot, non latiniste, non helléniste, pratique avec passion les auteurs anciens, s'enthousiasme pour eux, fait renaître leurs trouvailles en les adaptant à la langue française.

Un concert de joie éclate à la nouvelle de sa guérison. Charles de Sainte-Marthe et Mellin de Saint-Gelais lui écrivent le plaisir qu'ils en ont. Roger de La Collerye le

17. La deuxième églogue fut composée en juillet 1535 pour la duchesse Renée, enceinte de son troisième enfant. Ce n'est ni un ratage comme la première, ni une réussite d'exception comme la troisième.

défendra contre les jaloux, après l'*Épître XXV*. Or les bonnes âmes tiennent le « second Saint-Gelais » pour un rival de Marot au trône de la poésie : c'est un ami d'abord. L'année suivante, d'autres témoignages d'estime paraîtront, préfaçant *L'Adolescence clémentine*, ceux notamment des deux grands poètes néolatins obligés de Marguerite, Salmon Macrin[18] et Nicolas Bourbon[19]. Ajoutons à ces garants de l'amitié des humanistes envers Marot le nom alors illustre de Nicole Sérault, qui enseigna le grec au futur Collège de France — les Lecteurs royaux — après 1530. N'omettons pas deux poètes qui appartiennent tous deux à la maison de Marguerite depuis 1524 : Victor Brodeau[20] et Antoine Héroët[21]. Ils seront tenus, malgré leur talent personnel, pour des « marotiques », de même que Claude Chappuys[22], ce qui est inexact, car Marot ne fit pas école à proprement parler. Ils admiraient seulement ce dernier en ses voies poétiques, et parfois l'y suivirent à leur façon.

L'année 1531 finit. Le poète ressuscite en son corps, ranimé par quatre médecins. Ressuscité ? Convalescent encore. Une convalescence éclatante en ses œuvres, contrariée par ses ennemis. A peu près en même temps que

18. Dit Meigret ou Macrinus ou Macrin (1540-1557). Valet de chambre de François Ier. Auteur de poésies latines quelque peu alambiquées qui lui valurent le nom d' « Horace français ». Elles furent imprimées après 1530.

19. Dit l'Ancien, en latin Borbonius (1490-1550). Poète néolatin dans la mouvance de Marguerite, qui lui confiera l'éducation de sa fille Jeanne d'Albret. En 1533, ses *Nugae* lui attirent la foudre des ultras.

20. Inscrit en 1524 sur le rôle des pensionnaires de Marguerite. Poète de cour, poète religieux à la fin de sa vie, il échangera des vers avec Marot. Voir note 39 p. 73.

21. Pensionnaire de Marguerite en 1524, il se consacre longtemps à l'étude de Platon à travers Ficin. Auteur en 1542 de la célèbre *Parfaite Amie de cour*, défendant la femme dans la « querelle des Dames ». Il finira évêque de Digne. Voir note 35 p. 73 et note 8 p. 359.

22. Valet de chambre de François Ier en 1532, après huit ans de service à la cour. Auteur de poèmes d'amour parfois en forme d'épigrammes. Voir note 39 p. 73.

l'églogue pour Louise, il rédige l'*Épître au roi, pour avoir été dérobé*[23], peut-être son chef-d'œuvre.

« POUR AVOIR ÉTÉ DÉROBÉ »

Les « morceaux choisis » retiennent pour la plupart, s'ils n'omettent Marot, une partie de l'*Épître XXV, au roi, pour avoir été dérobé*. Tout critique, qu'il soit honnête ou tendancieux, mémorable ou déplorable, y fait référence et révérence.

Cette unanimité nous met d'abord en garde. Ensuite, nous relisons le poème, à haute voix, poésie oblige, et chaque fois, notre sourire se teinte d'admiration, notre amusement d'enthousiasme : l'*Épître XXV* est l'une des pièces les plus brillantes et les plus significatives du premier XVIᵉ siècle français, lorsque la poésie n'y « pindarise » ni « bergerise ». Elle purge Marot de ses faiblesses, ses complaisances envers le passé récent et aboli, les carillons rhétoriqueurs. Vient-elle d'une mode ? Non pas. Rien n'y paraît des *Épîtres* de Lemaire, par exemple. Crée-t-elle une mode ? Pas en son siècle : les *Épîtres* de Ronsard abandonneront la dérision pour adopter un ton sérieux. Il faudra aller ensuite vers les « marotiques » français, La Fontaine et Voltaire[24], pour retrouver les traces de l'*Épître XXV*. En son temps, Marot reste hors de mode : la seule façon, dira Jean Cocteau, de n'être pas démodé.

Nous avons suivi, à travers le meilleur des vingt-quatre *Épîtres* précédentes, le cheminement de Marot dans ce genre spécifique. Ici, Marot va toucher un sommet que lui-même, par la suite, n'atteindra jamais plus tout à fait. Car cette épître est bien un chef-d'œuvre. Il existe en chaque poète un moment de plénitude absolue, durant lequel ce qu'il a

23. L'*Épître XXV* figure intégralement dans l'Appendice de ce livre, p. 399.

24. N'oublions pas le trop décrié Vincent Voiture (1597-1648), dont la préciosité agace parfois. Il admire Marot, le remet à la mode, et parfois s'aventure avec bonheur sur ses traces.

montré de qualités, soutenues ou disparates, s'ordonne en un tout parfait. L'*Épître XXV* contient et montre tout ce qu'il y avait de singulier, de défini dans Marot, entre œuvrettes amoureuses, habiletés de plume, mérite d'imitateur des grands genres antiques. Élégant, badin, goguenard, gouailleur, plaisant mais aussi mordant, satirique par envolées ou jeu de flèches, nous avons décerné ces brevets au poète durant ses premières années d'exercice, de 1515 à 1530. Poète de cour, courtisan par nécessité, il nous a déjà montré que l'on peut plaisanter même dans l'excessive louange, avec un souverain au rire large. L'*Épître XXV*, pour sa part, mérite toutes les épithètes précitées...

> *Et, en pleurant, tâche à vous faire rire.*
> (v. 68)

Le procédé est vieux comme la chanson, comme la satire. Le projet ? Demander de l'argent, alors qu'on en a obtenu peu de temps auparavant. Il faut un tour de force pour éblouir le roi et le faire payer. Marot va mettre en scène une véritable comédie en trois actes :

— Prologue : tout va mieux dès que tout va trop mal (v. 1-8).

— Acte premier : le valet de Marot l'a volé, lui a tout pris (v. 9-48).

— Acte II : Marot se relève à grand-peine de maladie (v. 49-78).

— Acte III : Marot veut non pas mendier, mais emprunter de l'argent au roi (v. 79-119).

— Conclusion : honneur au roi, digne de gouverner le monde (v. 120-fin).

En lisant ce résumé, on pense que le mot « comédie » est inapproprié à un sujet aussi triste. Mais la comédie, depuis ses origines, sait aussi faire rire de ce qui n'est pas gai. Elle y puise sa force depuis Aristophane. Jamais Marot n'a été aussi accablé par le destin. Or, d'un « acte » à l'autre, et de vers à vers, jamais il n'a été aussi drôle, aussi vif. Il a pris la mesure de son mécène. Il sait que l'on peut — presque — tout oser avec lui, à condition de sous-entendre une obéissance complète, et que, si le roi n'est pas Dieu, il ne s'en faut pas de beaucoup.

Reste la conclusion. N'ai-je rien oublié ? se demande le poète. Ah, si ! De louer mon mécène, et de le déclarer digne d'être le maître du monde. Il y a quelque désinvolture dans ce passage, où la mythologie refait une entrée en force. Peut-être l'auteur malin savait-il François Iᵉʳ — tout glorieux qu'il fût — excédé par les hyperboles de ses laudateurs intéressés.

Classer cette œuvre hors du commun ? Familière, bon. Ironique ? Soit. Traitement marotique aussi, spécifiquement marotique, du drame par le comique et la dérision. Marot et Rabelais, chacun en sa manière efficace, sont les maîtres du genre : au xvıᵉ siècle à coup sûr, mais, à bien y penser, dans toute l'histoire de nos lettres.

La versification ? Il y a peu à en dire. Rime plate AABB, le rythme le plus difficile à « enlever », à rendre alerte : une gageure tenue. Il est vrai que souvent le AA de rime masculine alterne avec le BB de rime féminine. Cela sonne plus léger aux oreilles contemporaines

Notons enfin la relative faiblesse de la « chute ». L'*Épître XI*, *au roi*, *pour le délivrer de prison* finissait par un franc éclat de rire. Ailleurs, l'épître marotique ne se trouve pas vocation à finir fort, à « chuter » par éclairs. L'épigramme et plus tard le sonnet assumeront ce rôle : préparer la fin qui les justifie. L'*Épître XXV* va, éblouissante en ses volutes et trouvailles renouvelées, pour finir à petit bruit courtisan. Hisser François sur le trône du monde, comme le font les deux derniers vers, n'est que façon d'être agréable au dédicataire. N'oublions pas que ce chef-d'œuvre est pour son auteur, avant toute recherche de poésie et drôlerie, une façon de tendre la main à la manne royale.

Il en eut cent écus d'or au soleil, dès le 13 février 1532. La promptitude du roi à envoyer la somme montre bien que Marot, fin psychologue, avait mis, outre son talent, tout ce qui pouvait séduire et amuser le roi dans cette œuvre d'apparence anodine, magistrale en effet.

L'*Épître XXV* fut publiée à part, presque sitôt écrite, et fit traînée de poudre. On en mit un morceau en chanson. Le texte nous révèle que le poète, pourvu d'un logement, de beaux habits, de deux chevaux, était « à l'aise » avant maladie et cambriolage. Dès le début de 1532, il est célèbre. Le 18 mars, on viendra l'arrêter.

LE COUP DE SEMONCE

Le 13 février 1532 — les comptes officiels en font foi —, Clément touche les cent écus au soleil « empruntés » au roi. Le 18 mars, la prévôté parisienne vient le cueillir à son domicile pour le mettre en prison une troisième fois. Il en dira dans son *Épître XXXVI, au roi, du temps de son exil à Ferrare* (1535) :

> *... mêmes un jour ils vinrent*
> *A moi malade, et prisonnier me tinrent*
> *Faisant arrêt sur un homme arrêté*
> *Au lit de mort, et m'eussent pis traité*
> *Si ce ne fut ta grand' bonté, qui à ce*
> *Donna bon ordre avant que t'en priasse*
> *Leur commandant de laisser choses telles*
> *Dont je te rends les grâces immortelles.*
>   (v. 31-38)

C'est par diplomatie que Marot, trois ans après cette affaire, remercie le roi d'y avoir promptement mis fin.

En réalité, cette fois-ci, François Ier ne s'en est pas mêlé : il a entrepris un long voyage de province à province qui durera, presque sans interruption, jusqu'en 1534 : le « grand tour de France ». En son absence, ses ministres expédient les affaires courantes. Pour celles qui touchent à la politique extérieure, François y pourvoit en rencontrant l'un ou l'autre des grands décideurs : Henry VIII à Boulogne et Calais, en octobre 1532 ; le pape Clément VII à Marseille en octobre 1533 ; le souverain pontife y marie sa cousine Catherine de Médicis avec le second fils de France, Henri.

Le roi parti, voici donc Marot à nouveau arrêté. Il a mangé

du lard en carême. Encore ? C'est du moins ce qu'on lui reproche. En fait, il est pris dans une sorte de petite rafle. Le plus visé des « mangeurs de lard » est un autre valet de chambre du roi, Laurent Maigret, surnommé « le Magnifique »[25]. Ce dernier ne se tirera d'affaire que deux ans plus tard, après une abjuration en bonne et due forme. Marot ne restera emprisonné que quarante-huit heures. Le secrétaire de Marguerite et de son mari le roi de Navarre, Étienne Clavier, le fait délivrer, versant caution pour lui. Pas de procès : l'affaire sera étouffée proprement. Or il y avait des raisons d'arrêter Marot pour hérésie déjà déclarée.

Le cénacle de Meaux dissous après le départ de l'évêque Briçonnet, les autres évangélistes ou réformistes continuent la lutte. Réformer l'Église catholique de l'intérieur, en l'aménageant, reste leur vœu le plus cher. De 1526 à 1534, ils marqueront des points. Leur chef de guerre — ou plutôt de paix —, c'est la très puissante Marguerite. Leur chef spirituel, Jacques Lefèvre d'Étaples.

Le doux Lefèvre illustre la lutte entre factions chrétiennes. Quand Luther, le 31 octobre 1517, cloue sur un portail d'église ses quatre-vingt-quinze thèses, qui l'a conduit à la contestation ? Qui, sinon Lefèvre par ses commentaires de l'Épître aux Romains de saint Paul ? Or, si Luther persiste, fait chemin hors de l'orthodoxie, encourt l'excommunication papale en 1520, où trouve-t-on Lefèvre d'Étaples en 1527 ? Auprès des enfants royaux : Marguerite a obtenu qu'il devienne précepteur de ses neveux et nièces. En 1527 toujours, Marguerite écrit un commentaire du *Pater Noster* qui paraphrase Luther. S'il y a, en Suisse et en Allemagne notamment, des ultras chez les réformés comme en Sorbonne, les deux camps comptent des modérés qui œuvrent

---

25. Étant homme d'argent, Laurent Meigret fut arrêté pour des raisons qui sans doute n'avaient rien à voir avec la commode accusation d'hérésie. Qu'il devînt par la suite « mal-sentant de la foi », ou qu'il le fût déjà, cela n'est pas clairement démêlé.

pour la réconciliation. A Strasbourg, par exemple, Bucer[26] et Capiton[27]essaient de modérer les passions. Un peu naïvement, ils croient avoir gagné à la Réforme Marguerite de Navarre, qui se bat pour défendre la tolérance.

Marguerite essaiera sans cesse de soustraire les « hérétiques » au bûcher, mais elle ne quittera jamais la religion catholique, son frère oblige. Elle aura parfois le dessous devant les ultras. En 1528, certains Parisien — réformés ou provocateurs — profanent des statues de saints. Colère populaire, attisée par les ultras. Du coup, en 1529, Marguerite ne peut empêcher Berquin[28], ce mal-sentant de la foi, d'être brûlé vif : elle s'occupe de la paix, et aussitôt les ultras frappent derrière son dos.

En 1530, la diète d'Augsbourg a moins d'impact que la Confession d'Augsbourg. Celle-ci contient en vingt-huit articles la profession de foi du luthéranisme. Luther lui-même et ses proches fidèles en modelèrent l'esprit. Ce fut Mélanchthon[29]qui la rédigea, lui qui savait freiner les emportement de Luther. C'est en lui que les évangélistes de Marguerite, férus de réconciliation générale, vont espérer.

L'année suivante, les princes allemands protestants forment la ligue de Smalkalde, que Bucer et Capiton renforcent par leur *Confession tétrapolitaine* : Saxe, Hesse, Brunswick, Anhalt et onze villes. Du coup, le camp de Marguerite

26. Martin Bucer (de son vrai nom Kukhorn, « corne de bœuf » (1491-1551). Dominicain passé à la Réforme, partisan de l'unité protestante et même de l'union des chrétiens. Finalement exilé en Angleterre, où il enseigna la théologie à Cambridge.

27. Wolfgang Capiton, de son vrai nom Kopfel (1478-1551). Réformateur alsacien, il rédigea avec Bucer la *Confession tétrapolitaine* qui fit adhérer quatre villes à la ligue de Smalkalde.

28. Louis de Berquin (1489-1529). Ami d'Érasme. Apôtre de la liberté de conscience. Arrêté puis relâché en 1522. En 1529, condamné au bûcher et brûlé. Comme il était gentilhomme, on lui fit la faveur de l'étrangler préalablement.

29. Philippe Mélanchthon, nom pris du grec d'après son patronyme allemand : Schwartzerd (1497-1560). Théologien et humaniste. Il rencontre Luther dès 1518 à Wittenberg. Il devient le plus éclairé de ses conseillers, puis son successeur, et rêve de réconcilier les chrétiens.

pavoise : ces princes protestants n'aiment pas l'empereur Charles Quint. Et si François Ier faisait alliance avec eux ? Quel pas vers un œcuménisme possible ! François Ier envoie en effet aux ligueurs un ambassadeur adroit, Guillaume du Bellay, seigneur de Langey. L'affaire traîne. Le pape Clément VII n'est pas hostile à une réconciliation totale, mais laisse pourrir une situation que les ultras des deux camps dégradent par les deux bouts, rendant tout accord impossible. Si seulement Mélanchthon pouvait être reçu par François Ier et lui parler cœur à cœur ! On y croit longtemps. Peu à peu une évidence s'impose : les ultras empêcheront toute tentative sincère d'unification chrétienne. Marot témoignera de ces espoirs perdus dans un texte de l'exil, le deuxième coq-à-l'âne (1535) :

> *Je ne dis pas que Mélanchton*
> *Ne déclare au roi son avis*
> *Mais disputer en vis à vis*
> *Nos maîtres n'y veulent prétendre*
>   (v. 132-135)

1532 commence dans ce contexte religieusement belliqueux. La reine de Navarre résiste à toutes les tentatives de coup de force des ultras. Ils la haïssent. Ils perdront la tête au point d'essayer de la condamner, l'année suivante, à travers l'une de ses œuvres. Autour de Marguerite, son carré de fidèles : le vieux Lefèvre d'Étaples, homme de cabinet, mais toujours impavide ; Gérard Roussel, le prédicateur qui remue les foules et indigne la Sorbonne ; le roi de Navarre lui-même, tourné par sa femme vers la tolérance, et surtout pénétré du respect qu'on doit à sa famille ; leur cour de secrétaires, de valets de chambre, d'écrivains ; Marot, le poète préféré de Marguerite.

Arrêter Marot au début de 1532, juste avant ce carême que va prêcher à Paris Gérard Roussel, c'est faire à Marguerite une injure directe. Voilà pourquoi elle le fait libérer en deux jours. La leçon ne servira pas à Noël Bédier, ni à ses ultras. Attaquer toujours, tel est leur principe. Cette fois encore, ils sont déconfits, et pourtant... Clément Marot, dès 1527, allait bien plus loin que les évangélistes dans la contestation du dogme. Piques et malice ? Il y en a eu. Il y avait bien plus dans la *Déploration de Florimond Robertet*. Il y aura plus encore dans le *Second Chant d'amour fugitif* que Marot, se croyant une fois de plus inattaquable après sa troisième mise en liberté, va composer en 1532-1533.

L'APPRENTI HÉROS

Il serait puéril de croire, lorsqu'en 1990 l'ange de la réconciliation sollicite les confessions chrétiennes, qu'il parle le même langage qu'en 1530. Dès 1517, à la suite de Luther, et même avant, dans la mouvance de Zwingli [30], beaucoup de gens qui croyaient au Christ cessèrent de souscrire aux diktats de l'Église romaine. Mais, comme le déclare Lucien Febvre dans une lumineuse approche [31] : « De ceux qu'on nomme alors les luthériens, combien sont au fait des doctrines de Luther et prêts à souscrire aux Catéchismes de 1529 ? »

Clément Marot a écrit son seul véritable texte religieux en 1527, au cœur de la *Déploration de Florimond Robertet*. Il y soutient des thèses « luthériennes ». A-t-il lu les textes de Martin Luther ? Cela est fort douteux. Ce qui courait en revanche, ce qui préoccupait en France les tenants de la *devotio moderna*, les disciples de Lefèvre, c'étaient des principes hétérodoxes en effet, mais non encore déclarés dans une unanimité protestante : ne se fier qu'aux deux Testaments, surtout à l'Évangile ; saisir dans saint Paul — cet hérétique ! — le postulat de la justification par la foi ; nier que les « œuvres » accomplies par le chrétien pussent

30. Ulrich Zwingli (1484-1531), Suisse. Il prêcha avant Luther les idées de réforme. Il milita en faveur d'une religion fondée uniquement sur la volonté de Dieu. Il fut tué à la bataille de Kappel (avril 1531) par les catholiques, son corps dépecé. Ses adeptes rejoignirent Luther ou Calvin.

31. Lucien Febvre, *Les Problèmes de l'incroyance au XVIᵉ siècle. La religion de Rabelais*, Paris, rééd. 1968.

concourir à son salut ; refuser le purgatoire ; s'élever contre le célibat des clercs, fauteur de mœurs déréglées ; contester le libre-arbitre.

Est « luthérien » celui qui déclare adhérer à ces propositions, ou même refuser cette infaillibilité pontificale qui n'est pas encore — il s'en faut de trois cent quarante ans — inscrite dans le dogme. Est « luthérien » — nom générique jusqu'à la mise au point de la Confession d'Augsbourg — celui qui ose, non pas même contester la doctrine romaine, mais s'interroger à son propos. Nous voyons par là que les chemins étaient étroits pour les évangélistes, ces catholiques contestants qui ne voulaient pas quitter l'armée du pape, mais la ragaillardir par la *devotio moderna*.

En 1524, Marguerite de Navarre écrit le premier — et l'un des moins brillants — de ses poèmes religieux. Dans ce *Dialogue en forme de vision nocturne*, Marguerite parle à l'âme de sa nièce défunte, qui la console. « Luthérienne », elle ? Personne n'osera jamais l'en accuser, sinon à voix basse. Pourtant, au fil de ce *Dialogue* de jeunesse — elle est alors sous la coupe de l'évêque Briçonnet —, nous trouvons la croyance affirmée au salut par la foi, non par la prière aux saints :

> *Si de la Foi vous vous voulez parer*
> *Et Dieu vous a en indignation*
> *Courir aux Saints serait trop s'égarer.*
> (v. 395-397)

Le libre-arbitre, cette pomme de discorde ? Ne nous en occupons pas. Justification par la foi. Charlotte, la nièce défunte, déclare à Marguerite qui la pleure :

> *Je vous prie que ces fâcheux débats*
> *D'arbitre franc et liberté laissés*
> *Aux grands docteurs qui l'ayant ne l'ont pas.*
> *D'inventions ont leurs cœurs si pressés*
> *Que Vérité n'y peut trouver sa place*
> *Tant que soient leurs plaidoieries cessées.*

Mais quant à vous, quoi qu'on vous dise ou fasse
Soyez sûre qu'en liberté vous êtes
Si vous avez de Dieu l'amour en grâce.
(v. 925-933)

En 1524, la Sorbonne ne réagit pas. Elle réagira de plus en plus fort, et à propos de textes moins clairs, tandis que Luther gagne du terrain, que les diverses sectes de contestants s'organisent en véritable religion luthérienne.

En 1527, Marot écrit, dans la *Déploration de Florimond Robertet*, des vers « luthériens » à n'en pas douter. Justification par la foi :

Prie à Dieu seul que par grâce te donne
La vraie foi, dont Saint Paul tant écrit
Ta vie après, du tout[32] lui abandonne
Qui en péché journellement aigrit.
(v. 323-326)

C'est la Mort qui parle, la Mort qui avait commencé ainsi son apostrophe :

Peuple séduit, endormi en ténèbres
Tant de longs jours par la doctrine d'homme
Pourquoi me fais tant de pompes funèbres?
(v. 283-285)

Quand on saura que les « protestants » opposent la doctrine divine (les Saintes Écritures) à la doctrine humaine (le dogme romain non directement scripturaire), on pourra conclure — un peu vite en 1527 — que Marot est « luthérien ». Qu'il soit « mal-sentant de la foi », ces vers pourtant le démontrent. Nous étions avertis, par le début de la *Déploration*, que Clément Marot — usons de litote — n'avait pas grand respect de l'Église romaine. La Mort s'avance. Devant son char marche une fée. Elle est triplement couronnée d'une tiare de joyaux. Sa robe est semée de villes, châteaux, palais, tours, temples, couvents, vaisseaux, armées, plaines, bois... La devise est brodée :

32. Tout à fait.

> *Le feu à qui en grogne.*
> (v. 22)

Par-dessus cette robe, qui représente tous les biens et trésors, toute la puissance du monde, la fée porte un manteau très pauvre :

> *Ce néanmoins sa robe elle mussait*[33]
> *Sous un manteau qui humble paraissait*
> *Où plusieurs draps divers furent compris*
> *De Noir de Blanc, d'Enfumé et de Gris*
> *Signifiant de sectes un grand nombre*
> *Qui sans travail vivent dessous son ombre*
> (v. 73-78)

Et pour ceux qui n'auraient pas compris qu'il s'agit des frocs de moines de divers ordres, cachant les possessions terrestres incroyables de la robe, le vers 79 éclate :

> *Cette grande Dame est nommé-e Romaine.*

Satire ? Pamphlet plutôt, qui débouche sur un texte empreint d'une foi profonde, déclarée avec ce ton prophétique dont useront volontiers les écrivains réformés de la fin du siècle. A Marguerite de Navarre, Marot emprunte le « discord » de l'âme qui est tout, du corps qui n'est rien. Il se hausse dans la prière jusqu'au plus grand lyrisme de coloration réformée :

> *Tiens-toi donc fort du seul Dieu triomphant*
> *Croyant qu'il est ton vrai et propre père*
> *Si ton Père est, tu es donc son enfant*
> *Et Héritier de son règne prospère.*
> (v. 339-342)

N'a-t-on pas encore compris que ce chant d'amour d'un chrétien refuse l'intermédiaire sacerdotal orthodoxe ? Qu'on lise alors plus loin, où la satire reparaît, vengeresse. C'est encore la Mort qui parle « à tous les humains » de bonne messe et de mauvais desservants :

---

33. Cachait.

Messes sans nombre et force anniversaires
C'est belle chose, et la façon j'en prise :
(Là) sont les chants, cloches et luminaires :
Mais le mal est en l'avare Prêtrise :
Car si tu n'as vaillant que ta chemise
Tiens-toi certain, qu'après le tien trépas
Il n'y aura ni Couvent ni Église
Qui pour toi sonne, ou chante, ou fasse un pas.
                                        (v. 419-426)

Imaginons Noël Bédier, le syndic de Sorbonne, le plus pointilleux des ultras, quand il lit ces lignes en 1531 dans les *Opuscules* ou en 1532 dans *L'Adolescence clémentine.* Que peut-il s'écrier, sinon « Au feu le luthérien » ? La protection du roi et de Marguerite — qui ni l'un ni l'autre, par tradition, ne chérissent les moines — devient essentielle à ce pendard de Marot. Trois fois arrêté, trois fois relâché, il publie ce texte vieux de cinq ans, qui confirme bien sa réputation d'hérétique. N'est-il pas pire d'écrire ces abominations que de manger lard en carême ?

Vaine colère. Marguerite, dès 1532, est en première ligne contre les ultras. Ils la haïssent, cherchent une façon de la dénoncer à l'opinion publique. Ils croient avoir trouvé un moyen en 1533. Cette année-là, tandis que les tentatives de conciliation entre catholiques et « protestants » prennent bonne tournure, la Sorbonne veut frapper un grand coup. Marguerite de Navarre réédite, chez Augereau à Paris, le *Miroir de l'âme pécheresse.* Elle l'avait fait imprimer deux ans plus tôt sans être inquiétée. Mais cette fois, avec l'escalade des passions religieuses, les amis de Bédier y regardent de plus près. Ils s'aperçoivent que le texte de la reine est flanqué d'un psaume et de prières liturgiques, traduits et rimés par Marot.

L'*Index,* ce répertoire officiel des livres défendus, n'existe pas encore. Le concile de Trente l'introduira en 1564. Les facultés de théologie disposent d'une arme plus radicale : l'interdit. Tout livre interdit est brûlé en place publique. Son auteur a de la chance si on l'autorise à s'en tirer avec une simple « amende honorable » : dans ce cas, il sera fouetté de verges, en chemise, cierge à la main, sur le parvis d'une église. D'autres, moins heureux, sont brûlés avec leur livre.

Brûler Marguerite ? La Sorbonne ne peut même en rêver. Mais elle interdit le *Miroir* et son codicille marotique. Frappée d'interdit, la reine en appelle à son frère le roi, qui n'est pas à Paris. François se fâche et demande le nom de ceux qui osent toucher à sa « mignonne », même au travers d'un de ses écrits. La Sorbonne « se dégonfle ». Nous en reparlerons. La réputation d'hérétique qui colle déjà à Marot se trouve assurée par ce camouflet aux ultras.

Est-il « luthérien » après 1527 ? Nous souscrivons à la thèse de Lucien Febvre : les contestants français, à cette époque, n'ont pas de contre-doctrine littérale. Le levain de la *devotio moderna* des évangélistes, c'est le toujours catholique Lefèvre d'Étaples. Le ferment de la révolte spirituelle des « intellectuels » européens, de 1510 à 1530, n'est pas fourni par les hommes de combat rapproché : jusqu'à ce que Luther, après la Confession d'Augsbourg, devienne le chef d'une Église définie, le ferment de contestation se trouve dans Érasme, qui n'est pas luthérien. Ses *Adages*, ses *Colloques* enflamment les humanistes que Marot admire[34]. Les deux camps, qui sont déjà trois si l'on compte les sacramentaires, se rediviseront après l'*Institution de la religion chrétienne* de Calvin (1536). Ils restent d'abord assez flous dans la perception qu'en ont les contestants catholiques. Réformiste ? Réformé ? La frontière est vague en bien des cas.

Marot est l'un de ces cas. Il s'enthousiasme pour les idées nouvelles. Il s'attaque à l'Église, au pape, aux moines, au dogme, sans définir d'attitude religieuse personnelle positive : hérétique aux yeux des intégristes, puisqu'il refuse de tout croire des commandements romains. La Renaissance demeure, avant tout, le temps des interrogations hardies.

Son attitude restera celle d'un humaniste contestant, rejeté par les ultras, quelque peu suspect aux protestants officiellement engagés. Dans son exil chez Renée de France, qui

---

34. Il traduira même un peu plus tard deux *Colloques* d'Érasme.

donne à la Réforme des gages sérieux, il a deux plumes : avec l'une, il écrit à Lyon Jamet des traits violemment satiriques contre l'Église romaine. Avec l'autre, il assure le roi de France qu'il n'est pas luthérien[35].

Hypocrite ? Certes non. Ses écrits satiriques ont témoigné, depuis 1527, de sa courageuse prise de conscience. En 1532 et 1533, il écrira des textes encore plus sulfureux que la *Déploration de Florimond Robertet,* et les publiera. Ce frivole, ce quémandeur, cet « oiseau du ciel » va plus loin que la reine ou les grands du royaume quand il défie les ultras. Il y met en jeu sa vie, alors que les puissants n'encourent que réprimande. En un temps où les bûchers flambent, Marot prend parti fermement, avec insouciance. Il ne subira pas le martyre comme Berquin ou Dolet, mais deux exils — le dernier sans retour — coupés par l'humiliante amende honorable. Joyeusement fidèle à sa conception de la liberté de l'esprit, il deviendra pour finir ce qui lui ressemble le moins : un héros.

35. *Épître XXXVI, au roi, du temps de son exil à Ferrare.*

CHAPITRE VIII

Une gloire fragile

C'est un Clément, un Marot, un qui rime
Voici l'ouvrier, l'art, la forge et la lime.

Clément MAROT,
Dizain à François, dauphin de France (1534).

L'« ADOLESCENCE » ET LA « SUITE »

L'absence de lois vraiment strictes sur la propriété littéraire va jouer contre Clément Marot quand il commence à être célèbre sans être publié, sinon très partiellement. Ses chansons circulent, et de cela sans doute il se réjouit. Mais d'autres œuvres de lui — telle l'*Épître XXV* — sont mises en musique, à peine écrites, et montrées à leur dédicataire. D'autres encore lui sont attribuées, qu'il renie : ainsi avons-nous parlé de la polémique à propos des *Adieux aux dames de Paris*.

En 1531 ou au début de 1532 les choses vont plus loin. A Lyon, chez Arnoullet, sont édités les *Opuscules et petits traités de Clément Marot de Cahors, valet de chambre du roi*. Cette édition, qui est la première somme de ses œuvres, apparaît comme très incomplète. Le poète n'a pas été consulté au sujet de cette édition et on y lit trois poèmes qui ne sont pas de sa main. Au printemps de 1532, nouvelle publication non autorisée par l'auteur : *Petit Traité contenant plusieurs chants royaux, ballades et épîtres faites et composées par Clément Marot, de Cahors en Quercy, valet de chambre du roi*. Imprimé par la veuve de Jean Saint-Denis à Paris, le *Petit Traité* est une copie conforme des *Opuscules*, augmentée des *Épîtres XXV* et *XXVI*.

On imagine que Marot se fâche. D'abord, il tient à donner de ses œuvres une version exacte : nous avons déjà noté son souci de corrections et de repentirs. Par souci littéraire et parfois par prudence, il occulte tel ou tel de ses poèmes, ou le retouche çà et là. *Opuscules* et *Petit Traité*, même s'il n'avait pas envie de publier un recueil de poèmes, lui mettraient le dos au mur. Dépassé d'un côté par des admirateurs peu scrupuleux, de l'autre par des ennemis soucieux de lui attribuer des vers condamnables, il n'a plus qu'à couvrir de son aval une publication exacte : le lundi 12 août 1532 est achevé d'imprimer, pour Pierre Roffet, dit « le Faucheur », par maître Geoffroy Tory, « imprimeur du roi », un ouvrage intitulé :

L'ADOLESCENCE CLÉMENTINE, autrement les Œuvres de Clément Marot de Cahors en Quercy, valet de chambre du roi, composées en l'âge de son adolescence. Avec la Complainte sur le trépas de feu Messire Florimond Robertet. Et plusieurs autres œuvres faites par ledit Marot depuis l'âge de ladite adolescence. Le tout revu corrigé et mis en bon ordre.

Geoffroy Tory[1] est un humaniste à la mode italienne, à la fois érudit et adroit de ses mains. Il voyage en Italie et devient le disciple de Béroalde. D'abord correcteur chez Estienne, il aura à Paris une librairie à l'enseigne du « Pot cassé ». En 1529, il a publié le curieux *Champ fleuri*, ouvrage qui tente de renouveler la calligraphie et la typographie françaises. Graveur remarquable, il est nommé en 1530 imprimeur du roi. Quand on sait qu'il enseigna aussi les lettres et la philosophie, on comprend que Marot a choisi le meilleur de son temps.

---

1. 1480-1533. La devise qui figure sur sa « marque » du Pot cassé est « Non plus » (pas davantage). Le *Champ fleuri* comporte également d'intéressantes suggestions concernant la grammaire et l'orthographe.

Par un coup du hasard, Tory et Pierre Roffet mourront tous deux l'année suivante.

Au début de *L'Adolescence clémentine* figurent les premières traductions du poète et *Le Temple de Cupido*. Viennent ensuite treize épîtres, dix-huit complaintes et épitaphes, quatorze ballades, quatre chants royaux, huit dizains, cinq blasons, sept envois, cinquante-huit rondeaux, des chansons.

« Corrigé et mis en bon ordre », écrit l'auteur, avant l'épître en prose qui sert de préface et la caution en latin de trois humanistes amis : Nicole Béraud[2], Pierre Brisset et Geoffroy Tory lui-même. Corrigé, cela va de soi pour un poète méticuleux et — le cas échéant — soucieux de n'être pas condamné. Mis en ordre, cela est nouveau pour l'époque. Il existe un souci constant, chez Marot, de singulariser les genres poétiques. Jusque-là, le panachage restait de rigueur — si l'on peut dire — dans les recueils. « En allant à l'encontre de cette tradition, en groupant résolument ses pièces par genres, écrit Claude-Albert Mayer[3], Marot, ici comme ailleurs, introduit tout simplement la Renaissance dans la poésie française. Le 12 août 1532, date de la parution de *L'Adolescence clémentine*, est donc une marque dans la littérature française. »

Le succès de librairie est foudroyant. Une édition augmentée paraît en novembre 1532 chez le même éditeur. Sept éditions suivront dans les trois années suivantes, à Paris mais aussi à Lyon chez François Juste. L'unanimité se fait parmi les lettrés, à Paris comme en province, pour louer ce bouquet poétique tout à fait singulier. Marot ? C'est Maro, c'est Virgile, lit-on sous mainte plume éminente.

Qu'en dit l'auteur ? Pas de commentaires directs de sa part, mais sans doute, chez ce fanfaron par timidité — ou ce timide qui fanfaronne —, une assurance nouvelle en son talent véritable. Henri Guy[4] résume cette complexité de

2. Nicole reste un prénom épicène jusqu'au XVIIᵉ siècle.
3. *Op. cit.*
4. *Histoire de la poésie au XVIᵉ siècle*, t. II, *Clément Marot et son école*, Paris, 1926. Rééd. 1968.

sentiments par une phrase bien ajustée : « Sa feinte modestie cachait mal un juste orgueil. »

Prince des poètes ? On lui donnera ce titre quand il reviendra d'exil en 1536. Pour l'instant, le nombre de ses ennemis croît à mesure de sa célébrité. Le valet qui vole Marot dans l'*Épître XXV* est un Gascon. Du coup, voici un jaloux qui en prend prétexte pour déclarer la Gascogne tout entière offensée. Contre ce diffamateur, Clément écrit d'une encre acide l'*Épître XXVII* qui paraît dans *L'Adolescence*. Blâmer la Gascogne ? Il n'y songerait pas :

> *Le rimeur qui assailli m'a*
> *En mentant contre moi rima*
> (v. 1-2)

Qui est-il, du reste, cet imbécile ?

> *Quel qu'il soit, il n'est point Poète*
> *Mais fils aîné d'une chouette*
> *Ou aussi larron, pour le moins*
> (v. 16-18)

Pourtant la chouette a d'autres enfants. En 1533, un rimailleur nommé Hilaire Courtois écrit *De Clemente, poeta inclemente*.

Marot n'a pas que des ennemis, il a aussi des amis dangereux pour un homme fiché comme « hérétique ». Les deux bergers de la pâle églogue sur la mort de Louise de Savoie étaient Colin d'Anjou et Thénot de Poitou. Colin, c'est Germain Colin, qui sera bientôt poursuivi pour propos et actes hérétiques. Thénot, c'est probablement Étienne du Temple, qui était à l'université d'Orléans avec Calvin et subira aussi les attaques des ultras. Villey mentionne encore, au nombre des amis redoutables, Pierre Viret, le réformateur suisse, également étudiant à Orléans avec Calvin[5], Viret est le disciple de

5. Certains pensent, sans le démontrer, que Viret concourut à rédiger le texte de l'affiche, dans l'affaire des Placards (1534).

Farel, qui quitta les évangélistes de Marguerite pour aller à la Réforme. Y eut-il un lien entre Marot et Viret ? On ne prête qu'aux riches.

Le triomphe éclatant de *L'Adolescence clémentine* pousse Marot et son libraire à enchaîner sur la *Suite de l'adolescence clémentine,* dont la première édition paraît en 1533. Pierre Roffet est mort. Sa veuve le remplace et assure le tirage. Il y en aura beaucoup d'autres. L'année suivante, Étienne Roffet, le « relieur du roi », publiera le *Premier Livre de la Métamorphose d'Ovide. L'Adolescence* et la *Suite* continueront leur brillante carrière jusqu'à l'impression des *Œuvres,* en 1538.

Quoi de nouveau dans cette *Suite ?* En exergue, un poème de Salmon Macrin dans lequel l'auteur prétend que le manuscrit original a été volé. Rien ne paraît justifier cette assertion. Nicolas Bourbon — obligé de Marguerite — renchérit par un quatrain sur le poème de Macrin. Les deux épigraphes sont en latin, mais Antoine Macault les traduit pour les profanes. Salmon Macrin, l' « Horace française » ; Nicolas Bourbon, dont les *Nugae* (« petits riens ») viennent de triompher cette année-là [6] ; L'érudit Macault, poète estimé alors, chargé de missions diplomatiques : c'est un très sérieux aval pour un « élégant badin » qui ne lit pas Cicéron dans le texte. Dans la *Suite* figurent d'autres *Epîtres,* les *Élégies* désormais achevées, un petit fourre-tout appelé « Chants divers », le « Cimetière » — c'est-à-dire des épitaphes — et le *Menu,* autre désignation vague pour poèmes un peu pêle-mêle. On y trouve rondeaux et pièces courtes qui ne s'appellent pas encore *Épigrammes.*

Avec les *Élégies* de la *Suite,* comme l'*Églogue* de *L'Adolescence,* Marot assure son rôle de novateur en ces deux genres. Ses *Élégies ?* Il les met là peut-être parce que la mode en est venue à la cour avec Luigi Alamanni, dont il ne faut pas sous-estimer l'influence sur les poètes antérieurs à la Pléiade.

6. Il triomphera si bien que les ultras le firent mettre en prison. La protection de Marguerite l'en tira peu après (mai 1533).

Marot, en face de l'élégie italienne, déclare l'élégie française[7].

Luigi Alamanni (1495-1556), Florentin chassé de Florence après la conspiration de 1522, a beaucoup voyagé. Il est en France, où, dès 1531, François Ier le comble d'honneurs et de biens. L'année suivante, il lui dédiera ses *Opere Toscane*, éditées par Gryphe à Lyon : sonnets, *canzone*, satires, mais — regardons Marot — quatre livres d'élégies, quatorze églogues et la traduction de sept psaumes de la pénitence. Alamanni, surtout dans ses églogues, introduit un ton personnel et familier nouveau. Il est possible que Marot lise ces églogues et en fasse son profit : la différence de ton, et par là de valeur littéraire entre la première et la troisième églogue de Marot, est immense[8].

La section « Cimetière » est la continuation des *Épitaphes* parues dans *L'Adolescence*. Marot pratique ce genre depuis longtemps : souvenez-vous de « frère Jean qui mourut en 1520 de la vérole qui lui vint ». A côté de l'épitaphe pour rire, il y a celle pour déplorer un défunt. En l'une et l'autre, Marot excelle. L'année 1533, tandis que la cour suit le roi à Marseille, Hélène de Boisy, veuve de Louis de Vendôme, épouse de François de Clermont, décède. Clément la pleure en vers alexandrins, rares en son œuvre :

Ne sais ou gît Hélène[9] en qui beauté gisait
Mais ici gît Hélène ou bonté reluisait
Et qui la grand' beauté de l'autre aurait ternie
Par les grâces et dons dont elle était garnie.

Deux ans plus tôt, il avait enterré en vers pentasyllabiques le cheval de Vuyard — nous avons parlé de lui en

7. Il s'agit là d'une raisonnable hypothèse. Alamanni envoya ses *Opere Toscane* à Marguerite. La cour, imitant le roi, couvrait d'éloges le Florentin. Il était trop tôt en 1532, mais assez tard en 1533 pour lui faire pièce en matière d'élégies en langue moderne.

8. Louise Hauvette, *Un exilé florentin à la cour de François Ier : Alamanni, sa vie, son œuvre*, Paris, Hachette, 1903 ; et Paul Laumonier, *Revue de la Renaissance*, T. III, 1903.

9. Hélène de Troie.

l'*Épître XXIII* — et la bonne bête faisait son propre éloge posthume, disant pour finir de son maître :

> *Car jadis plus cher*
> *M'aima chevaucher*
> *Que fille n'y femme.*

Dans la section « Chants divers » enfin, nous trouvons le *Chant royal de la Conception*, hommage à la Vierge Marie, et le *Chant nuptial de Renée de France,* qui assure le poète des bonnes dispositions de la duchesse de Ferrare. Nous y découvrons aussi une nouvelle satire violente contre l'Église de Rome : le *Second Chant d'amour fugitif.* En 1533, Marot se sent donc assez sûr de lui — c'est-à-dire de la protection de Marguerite — pour oser mettre là cette nouvelle bombe « hérétique ».

Marot s'enhardit, grisé par son succès. Le nombre de ses lecteurs croît. Les compliments tombent de toutes parts, si ce n'est du « pays latin » ; les « sorbonicoles » prennent bonne note des insultes du poète, attendant l'heure où ses pièces poétiques pourront être retenues comme pièces à conviction. Est-il riche au moins ? A l'aise, semble-t-il, du fait des présents qu'il reçoit. De ses succès d'écrivain ? Guère. En cette époque, éditeurs et libraires se taillent, dans les droits d'auteur, la part du lion.

DE VILLON À PÉTRARQUE ET OVIDE

Nous avons souvent rencontré François Villon au long des œuvres de Marot. L'admiration que porte Clément au poète mauvais garçon est apparente en bien des endroits, par emprunts, imitations ou clins d'œil.

En septembre 1533, c'est-à-dire probablement entre *L'Adolescence* et la *Suite* [10], paraissent à Paris chez Galiot du Pré les *Œuvres de François Villon de Paris, revues et mises en*

---

10. Cette dernière est supposée — bien que sans précision de mois — dater de la fin de 1533 pour sa première impression.

leur entier par Clément Marot, valet de chambre du roi. De nombreuses rééditions suivront. Il semble que Marot ait entrepris cette tâche à la demande du roi[11]. Qu'elle lui fût agréable, il n'y a aucun doute. Il suffit de lire le début de son adresse aux lecteurs : « Entre tous les bons livres imprimés de la langue française ne s'en voit un si incorrect ni si lourdement corrompu que celui de Villon : je [suis] ébahi [de constater] — vu que c'est le meilleur poète parisien qui se trouve — comment les imprimeurs de Paris, et les enfants de la ville, n'en ont eu plus grand soin. »

Marot en aura « grand soin » pour sa part. Il restitue le texte original, l'enrichit de notes et de la traduction des mots devenus vieux en 1530. Si ce n'est pas une édition critique dans le sens où nous l'entendons aujourd'hui, il y a pourtant un effort sensible d'actualisation du texte. Guiffrey accuse Marot d'avoir pris des libertés avec ce dernier. Marot lui-même a répondu d'avance à ce reproche quand il cite un « couplet », une strophe de Villon incorrectement reproduite par les copistes puis par les imprimeurs : ils ont abîmé le rythme en cabossant un vers. Marot le « répare », en quelque sorte. Non seulement il n'essaie pas de se substituer à Villon en « y mettant du sien », mais il tente de le rendre plus intelligible sans l'altérer : « Et parce que — comme j'ai dit — je n'ai touché à son antique façon de parler, je vous ai exposé sur la marge, avec des annotations, ce qui m'a semblé le plus dur à entendre. »

Quand il touche à la disposition du texte, il le déclare et le justifie : il place le *Petit Testament* en tête, parce qu'il est antérieur à l'autre. Pour l'argot, il se déclare incompétent : « Touchant le jargon, je le laisse à corriger et exposer aux successeurs de Villon en l'art de la pince et du croc[12]. »

Lorsque Pierre Jourda déclare que cette édition de Villon démontre chez Marot « la persistance de ses goûts pour la tradition médiévale[13] », il faut entendre tradition dans un

11. A moins que le roi n'ait été poussé lui-même par Marot vers Villon, tout à fait hors de mode.
12. Outils de cambrioleur.
13. Pierre Jourda, *op. cit.* Paris, 1950.

sens précis. Marot admire profondément Villon. Mieux, il se reconnaît en sa façon de « rire en pleurs », de donner au familier et même au grotesque une dimension tragique, d'être stupéfiant dans le raccourci. Essaie-t-il de l'imiter — ainsi la *Ballade des pendus* dans la *Complainte de Semblançay* —, il y parvient très mal, on l'a vu. Marot n'est pas Villon, mais il reste de sa lignée, comme d'autres plus tard seront de la sienne. Cette filiation demeure encore jusqu'à Prévert et Queneau l'un des fils conducteurs de la poésie française. La « tradition médiévale » dont parle Jourda, c'est la persistance des genres anciens, la prédilection pour le décasyllabe narratif, la révérence à la Rose et à Chartier. Si Marot en revient, s'en dégage après sa trentième année, il en restera toujours frotté, et ne le nie pas.

L'année même où il rend hommage à Villon, nous le voyons aussi saluer Pétrarque, la nouvelle idole des poètes « modernes ». Cela commence par un voyage. En mai 1533, Clément rejoint la cour à Lyon. Le roi, poursuivant son « grand tour de France », va se rendre en Languedoc, puis à Marseille. Marot est du voyage au moins jusqu'à Toulouse. Là, il est accueilli par les amis et admirateurs qu'il compte en cette ville : le juriste Boyssonné, qui loue aussi fort Marot comme poète qu'il le conteste comme érudit ; le poète local Vignals [14] ; l'annaliste Guillaume de La Perrière. Ils festoient, comme ils le referont ensemble au passage de Marot en leur ville en 1537, avec Marguerite et Henri son époux.

Par Montpellier, François Ier passe à Marseille, où il rencontre le pape Clément VII et marie son fils Henri à Catherine de Médicis. En route, le 7 septembre 1533, il visite la chapelle du couvent des cordeliers à Avignon. C'est là qu'un peu plus tôt Maurice Scève avait découvert — ou cru découvrir, ou feint de découvrir — le tombeau de Laure de Noves, l'égérie de Pétrarque. Le très fervent pétrarquiste

14. C'est ainsi je pense qu'il faut lire « Villas » ou « Villars ». Ce serait le poète toulousain Vignals, qui jouta aux Jeux floraux et à qui Marot adressa l'*Épître XXIX* en 1531.

François Ier fait le détour pour saluer cette tombe illustre —
et contestée par la suite.

Probablement absent, Marot ne peut laisser passer l'événement. Le roi a « improvisé » quelques vers sur la « gentille
âme » de Laure. Clément se dépêche de composer un huitain
qui célèbre à la fois l'amie de Pétrarque et le roi qui l'honore
en ordonnant de bâtir un monument funéraire approprié :

> *Ô Laure, Laure ! Il t'a été besoin*
> *D'aimer l'honneur et d'être vertueuse*
> *Car François roi sans cela n'eût pris soin*
> *De t'honorer de tombe somptueuse.*
>
> (v. 1-4)

La légende selon laquelle Marot aurait exhumé de ses
propres mains la cassette contenant les cendres de Laure est
pure calembredaine. Étrange rencontre que celle de Villon et
de Pétrarque dans l'œuvre de Marot en 1533. Villon, la
poésie de « tradition » ; Pétrarque — né cent vingt-sept ans
avant Villon —, la poésie « nouvelle » !

Dans la *Suite de l'adolescence* en sa première édition, nous
trouvons en effet une traduction du *Chant des visions* de
Pétrarque, traduit de l'italien par Marot. La traduction est
fidèle ; si ce n'est pas là du meilleur Marot, c'est qu'il ne
s'agit pas non plus du meilleur Pétrarque, même s'il y place
son laurier fétiche :

> *Après je vis sortir divins Rameaux*
> *D'un Laurier jeune en un nouveau Bocage.*
>
> (v. 25-26)

Ces deux vers sont assez bons pour traduire :

> *In un boschetto novo i rami santi*
> *Florian d'un lauro giovenetto e schietto.*

Marot sait-il déjà l'italien, qui lui est assez accessible par la
langue d'oc ? En tout cas, il le perfectionnera en Italie, durant
son premier exil. La meilleure preuve en sera donnée par sa
traduction de *Six sonnets* de Pétrarque, publiée en 1539. La
plupart d'entre eux sont très beaux, et la traduction de Marot

ne leur enlève à peu près rien : c'est à mon avis la meilleure traduction qu'il ait jamais faite, à la fois fidèle et poétique. Le *Chant des visions*, en 1533, n'est que fidèle, issu d'un texte assez banal et surtout convenu.

En 1534 enfin, le poète publie le premier livre des *Métamorphoses* d'Ovide. Nous l'avons vu en lire des passages au roi, en 1526, comme l'atteste la préface. Nous l'avons vu l'envoyer manuscrit à Antoine le Bon, duc de Lorraine, en 1531. Le voici donné au public chez Étienne Roffet, le fils de Pierre, dit « le Faucheur » à son tour. Cette traduction longtemps polie vaut mieux, assurément, que la version française par l'écolier Marot d'une églogue de Virgile. Les obstacles demeurent les mêmes : translation d'une langue à une autre à quinze cents ans de distance, sans connaissance du terrain linguistique ni poétique ; incompatibilité d'impact entre l'héxamètre dactylique et le décasyllabe français.

Dans *La Métamorphose*, comme l'appelle bizarrement Marot, Ovide est au sommet de son art. Il entreprend, en quinze livres, de conter les fables des dieux, des héros, de leurs rapports avec les hommes. Incomparable artisan du vers, Ovide fait montre partout des qualités qui le distinguent ; aisance, imagination, sens parfait de la mélodie métrique. Ce qu'il laisse apparaître aussi — ses exégètes le lui reprocheront —, ce sont, au milieu de ses deux cent quarante-six fables, ses tendances à la goguenardise, aux mots d'esprit parfois grinçants. Est-ce pour cela que Marot l'a choisi ? Non, car il prend à bras-le-corps le livre I, le plus dense, le plus ambitieux, et l'un des plus lourds : le chaos originel, la création de la Terre, puis de l'homme, le déluge, Deucalion et Pyrrha, la transformation de Daphné en laurier... Il s'attaque ensuite au livre II, qui comporte l'interminable histoire de Phaéton. Comme il aurait brillé davantage dans les métamorphoses comiques — Midas et ses oreilles (livre XI) — ou tendres — Philémon et Baucis (livre VIII).

Connaît-il bien Ovide ? Nous en doutons, lisant dans son introduction adressée à François Ier : « Pour rendre l'Œuvre présentable à si grande Majesté, faudrait premièrement que

votre plus qu'humaine puissance transmuât la Muse de
Marot en celle de Maro. » Virgile est un immense lyrique,
qui vise et touche plus haut qu'Ovide dans son lyrisme, sans
pourtant qu'il y paraisse jamais de fantaisie. Marot a-t-il
choisi Ovide au hasard ? Non, déclare sa préface : « *La
Métamorphose* me sembla la plus belle tant pour la grande
douceur du style que pour le grand nombre de propos
tombant de l'un dans l'autre par liaisons si artificielles qu'il
semble que tout ne soit qu'un. » Si l'on entend « douceur »
du style au sens de « souplesse », rien de plus exact. Si l'on
ne donne pas un sens péjoratif à « liaisons artificielles »
(liaisons par bel artifice), la louange est aussi juste que
méritée. Méritée, surtout, ailleurs que dans le premier livre !
    Citons un seul exemple pour montrer, entre les deux
poètes, l'incommensurable distance entre langues, images,
métriques. Début de l' « âge d'or » chez Ovide :

> *Aurea prima sata est aetas quae vindice nullo*
> *Sponte sua sine lege fidem rectumque colebat.*

    « D'abord a été semé l'âge d'or, qui, sans qu'un vengeur
intervînt, cultiva spontanément, sans loi, la bonne foi et le
bien. » Ou, selon Marot :

> *L'Âge doré sur tous resplendissant*
> *Fut le premier au monde florissant*
> *Auquel chacun sans Correcteur ni Loi*
> *De son bon gré gardait Justice et Foi.*
>   (v. 173-176)

Jusqu'après 1550, les poètes perdront beaucoup de temps à
traduire de beaux poèmes antiques en vers moins heureux,
souvent, que leurs propres poèmes. La mode pousse Marot.
Il n'y gagne rien, ni Ovide. Leurs admirateurs — qui
d'ordinaire sont les mêmes — non plus.

Marot alourdit son dossier

Dans la course-poursuite entre Sorbonne et évangélistes, nous étions restés à 1533 : la réédition du *Miroir de l'âme pécheresse* de Marguerite de Navarre, ornée de prières et d'un psaume mis en vers par Marot. En octobre, le roi marie son fils à la nièce du pape. Il est donc à Marseille. La Sorbonne frappe, profitant de cette absence. C'était dénouer une crise provoquée par les ultras dès le second carême prêché par Roussel à Paris, au printemps de la même année. Le grand orateur, d'autant plus dangereux qu'il est convaincant, a suscité un enthousiasme populaire.

En mai, tandis que Marot est à Toulouse avec Boyssonné et d'autres amis, la faculté de théologie de Paris met par écrit toutes les « hérésies » proclamées par Roussel dans ses sermons. Deux camps se forment. Une guerre de l'affichage va bientôt se développer. La population conformiste du « pays latin » applaudit à un « placard [15] » qui n'est rien de moins qu'une incitation au meurtre :

> *Au feu, au feu cette hérésie*
> *Qui jour et nuit par trop nous blesse*
> *Dois-tu souffrir qu'elle moleste*
> *Sainte Écriture et ses édits ?*
> *Veux-tu bannir science parfaite*
> *Pour soutenir luthériens maudits ?*
> (v. 1-6)

L'amalgame contestant-luthérien-hérétique est toujours soigné ! Un contre-feu est aussitôt allumé par les contestants avec un placard tout aussi violent. Ils veulent nous mettre au feu ? Jetons-les à l'eau :

> *En l'eau, en l'eau ces fous séditieux*
> *Lesquels au lieu de divines paroles*

---

15. Feuille imprimée sur le seul recto, pouvant être ainsi affichée. Différente ainsi du « canard », qui est un petit livret généralement illustré.

Prêchent au peuple un tas de monopoles
Pour émouvoir débats contentieux
Le roi leur est un peu trop gracieux ;
Que n'a-t-il mis à bas ces têtes folles
En l'eau !

Le texte avait assez de vigueur et de style pour que les ultras, sans hésiter, l'attribuassent à Marot. Or Marot banquette à Toulouse. S'arrête-t-on à ces détails ? C'est lui ! La Sorbonne envoie des messagers au roi pour lui demander d'interdire l'imprimerie. François Ier ne daigne pas répondre. Ce remède radical restera pourtant inscrit dans un coin de sa mémoire.

Carême prêché par Roussel, anathèmes de la Sorbonne, placards, contre-prédication intégriste, attaques personnelles contre le roi de Navarre, qui s'en plaint à François Ier. Ce dernier imite Salomon : le procès de Roussel sera instruit. En contrepartie, le syndic des sorbonicoles, Bédier, est exilé à quatre-vingts kilomètres de Paris avec ses nouveaux complices.

Durant l'été 1533, les ultras durcissent leur position. En octobre, ils interdisent le *Miroir de l'âme pécheresse* en sa seconde parution, aggravée par le psaume façon Marot. Maître Alcofribas Nasier — c'est le pseudonyme et l'anagramme de François Rabelais — voit son *Pantagruel* mis dans le même panier. On sait que François ordonne une enquête. Qui a osé condamner le *Miroir* de Marguerite ? Personne n'est nommé. Qui l'a lu ? Personne encore, sauf le pauvre curé de Saint-André-des-Arts, Leclerc. Il sera le bouc émissaire des ultras. Leclerc déclare que le texte de la reine ne pèche en rien par luthéranisme.

1534 commence. Marguerite de Navarre, lavée de toute accusation, pousse ses avantages. Elle persuade — presque — son frère de recevoir Mélanchthon en France. En février, le roi a rencontré Philippe de Hesse, porte-parole des princes allemands protestants, hostiles à Charles Quint. Peu auparavant, François avait rejeté une liste de suspects présentée par

les ultras : Marguerite y figurait ! Roussel, libéré officiellement, est remis entre les mains de sa protectrice. Elle le
fera nommer évêque d'Oloron : intouchable désormais.
Noël Bédier, grâcié, est rentré à Paris. Une imparable
manœuvre est montée contre lui : on découvre dans ses
papiers de quoi étayer une accusation de lèse-majesté. Bédier
sera exilé au Mont-Saint-Michel ; il y mourra pauvre et
oublié.

Le pape Clément VII semble prêt à ouvrir un concile de
paix religieuse. Les réformés les moins séparatistes y
souscrivent. Du coup, les évangélistes croient que la liberté est en marche. Marot, cet imprudent, s'imagine qu'elle
a déjà cours, et au diable les sorbonicoles. Il va donc,
dans l'édition offerte au public du premier livre des
Métamorphoses, inclure une *cauda* sans rapport avec
Ovide : les épîtres qu'il a écrites durant son premier emprisonnement au Châtelet en 1526, ou qui du moins s'y rattachent. L'*Épître X* à Lyon Jamet — celle du rat et du
lion — et l'*Épître IX* à Bouchard. C'est la première version
de cette supplique « vieux style ». Or, croyant gagnée la
bataille de la tolérance, Marot y laisse imprimer ainsi les vers
7 et 8 :

> .. *Point ne suis Luthériste*
> *Ni Zwinglien, encore moins Papiste.*

Certes, il reprendra ce texte un peu plus tard, écrivant : « Ni
Zwinglien, et moins Anabaptiste. » Cette forme moins
provocante figurera dans l'édition définitive des *Œuvres*.
Trop tard. La première version, celle de 1534, est irrécusa-
ble : les écrits restent.

Il faut imaginer l'allégresse un peu folle qui saisit les
réformistes après 1533 et avant l'automne 1534 pour comprendre cette imprudence. Mais Marot ne faisait qu'aller sur
sa lancée : fin 1533, dans la *Suite*, nous avons noté la
présence du *Second Chant d'amour fugitif*, pamphlet d'une
rare violence. Le *Premier Chant,* c'est une bluette de

Moschos [16] que Marot traduit, l'attribuant d'ailleurs à Lucien de Samosate. Le *Second Chant* n'est pas une traduction, mais une satire dirigée contre les moines et déclarant des « hérésies » étiquetées.

Rien de commun entre ces deux chants. Dans celui de Moschos, Vénus, déesse de l'Amour, recherche son fils Cupidon. Le poème que Marot met à la suite, comme de « son invention », prolonge l'affaire. Le message de Vénus est bien reçu par les « regardants de mainte nation ». Ils s'en vont « à grands troupeaux » (v. 25), chacun déclarant qu'il aimerait bien un baiser de Vénus. Marot déclare, lui, qu'il n'en a cure :

> *Car qu'ai-je affaire aller chercher plaisir*
> *Qui soit compris [17] en Vénus la déesse*
> *Vu qu'en Pallas git toute ma liesse*
> (v. 36-38)

Pallas, déesse de la Raison, c'est pour Marot la sage Marguerite dans plusieurs de ses poèmes. Il va donc « se taire », considérant une « tourbe » de gens divisés en sectes diverses [18], qui se promènent, gonflés d'hypocrisie :

> *L'un en corbeau se vêt pour triste signe*
> *L'autre s'habille à la façon d'un cygne*
> *L'autre s'accoutre ainsi qu'un ramoneur*
> *L'autre tout gris ; l'autre, grand sermonneur*
> *Porte sur soi les couleurs d'une pie*
> *Ô bonnes gens, pour bien servir d'épie [19].*
> (v. 46-51)

16. Poète alexandrin du IIe siècle avant J.-C. Il écrivit — bien que certains le contestent — le *Chant funèbre en l'honneur de Bion*, imité par Marot. Son *Chant d'amour fugitif* fut traduit du grec en latin par le Parmesan Marmitta.

17. Présent.

18. En noir, les Augustins. En blanc, les Carmes. En brun, les Capucins. En gris, Franciscains et Cordeliers. En blanc et noir, les Dominicains.

19. Espion.

Voilà qui ne sort guère de la satire banale contre les moines. L'espion dominicain, cela va plus loin. Les frères du très pacifique saint Dominique ont fait leurs premières armes au XIIIᵉ siècle contre l' « hérésie » cathare et n'ont pas désarmé depuis. Marot insiste :

> *Aussi, pour vrai, il ne sort de leur bouche*
> *Que mots sucrés ; quant au cœur, je n'y touche*
> *Mais c'est un peuple à celui ressemblant*
> *Que Jean de Meun appelle Faux Semblant*
> *Forgeant abus dessous religion.*
> (v. 59-63)

Ces bien-nourris qui ne savent aucun métier (v. 55), qu'ho-norent-ils par-dessus tout ?

> *Corps enchâssés et bulles papistiques.*

C'est blâmer le culte des saints, et renier les bulles papales. Ce trouveur d'épithètes se surpasse avec « papistique » ! Plus loin, reprenant un argument de Luther dans le *De votis monasticis* — que Papillon avait fait tenir à Marguerite —, il ajoute que ces sectes se font sûres d'avoir la grâce de Dieu.

> *Et de garder chose qu'humaine race*
> *Ne peut de foi*[20]*...*
> (v. 80-81)

Mais croire que l'on peut « de foi » personnelle être sauvé, cela est, en 1533, parfaitement hérétique. Une dernière pique contre le célibat des moines, autre cheval de bataille luthé-rien ; le compte de Marot s'allonge chez les ultras.

Luthérien de fait ? Nous l'avons raisonnablement nié pour le moment. Marot est anti-ultra et soutient par voie de conséquence ce qu'il trouve bon dans l'opposition réformée. Notons pourtant que cette fin du *Second Chant d'amour fugitif* le met loin devant les évangélistes de Marguerite. Cette dernière placera toujours ses prières sous l'invocation des bienheureux. Quand son frère va mourir, en 1547, elle écrit dans une chanson spirituelle :

20. Par la foi seule.

> *J'appelle chaque Saint et Sainte*
> *Pour se joindre à mon oraison.*

Marot mettra plus tard — pour rentrer d'exil — de l'eau bénite dans son vin. En 1533-1534, il chante trop tôt une victoire qui n'aura pas lieu : celle de la liberté de culte à l'intérieur du christianisme.

Quoi de plus ? Il écrit peut-être, en ce temps-là, un huitain jamais publié de son vivant, mais placé en son œuvre par beaucoup qui le croient de sa façon : *Sur l'ordonnance que le roi fit de bâtir à Paris avec proportion.* Le roi, depuis 1532, aide par dons et remises la capitale à rénover son site, à se donner l'hôtel de ville que l'on construira dès 1533. Marot approuve ce plan d'urbanisme et ces « lieux nouveaux » :

> *Entre lesquels au milieu de Sorbonne*
> *On dressera la grande place aux Veaux.*
> (v. 7-8)

L'a-t-il écrit ? Les sorbonicoles du moins en sont sûrs. Que cette maudite Marguerite perde un moment la faveur de son frère trop indulgent, et l'affaire de Clément sera vite jugée.

Marguerite, perdre la faveur du roi ? Qui donc y croirait en l'été 1534 ?

UNE BRÈVE EUPHORIE

L'euphorie qui gagne Marot après l'affaire du *Miroir* se prolonge jusqu'au début de l'automne 1534. Nous avons vu qu'elle le pousse à commettre des imprudences. A aucun autre moment, jusque-là, il n'aurait pu se permettre de telles audaces impunément. La provocation est dans son caractère : tête chaude de Méridional. Mais enfin, il a déjà été puni pour moins que cela. Il faut, pour qu'il se déchaîne, non pas un aval de Marguerite à proprement parler, mais la conviction ancrée chez elle que la bataille de la tolérance est gagnée. Or la reine de Navarre, à cet instant, le croit.

Triomphe de son *Miroir* sur la censure, libération de Gérard Roussel, « remis entre ses mains ». Depuis quinze ans, elle se bat, chef temporel des évangélistes. Elle peut croire à la défaite des intégristes, à la main tendue aux protestants, à la paix religieuse des chrétiens.

Cet optimisme, en ces quelques mois heureux, nous le trouvons dans les deux camps. Chez les catholiques, Guillaume du Bellay multipliait ses efforts de réconciliation[21]. François Ier n'y voyait pas d'obstacle, pourvu qu'elle se fît sur le dos de son ennemi l'empereur. Chez les réformés luthériens, Philippe Mélanchthon aplanissait les obstacles, calmait les fureurs, réduisait les écarts. Une lettre de Mélanchthon à du Bellay, datée du 14 août 1534, énumère les « dissensions ecclésiastiques ». S'il ne minimise pas les difficultés qui se présentent quand on parle d'union, il recommande l'ouverture d'esprit, soulignant que lui-même a « montré de la modération en cette matière ». L'espoir est enfin entré dans le camp des évangélistes.

Marot en profite pour dire avec esprit ce que ses compagnons n'osent encore murmurer. Mais il ne publie pas *L'Enfer* ! Pourquoi ? Parce que si la tolérance semble prête à entrer dans l'Église, le pardon n'est pas encore dans la manière des gens de justice. Brocarder Rome ? Cela va être permis. Avoir, même huit ans plus tôt, traîné les chats-fourrés dans les cendres de leur « enfer » ? Dangereux, songe le poète. « Rhadamante » et ses successeurs ont bonne mémoire.

Marot n'a certes pas tort de se méfier du Parlement, mais cette omission de *L'Enfer* dans *L'Adolescence* et la *Suite* nous prouve — s'il en était besoin — qu'il est naïf. *L'Enfer* circule en manuscrit. Les premières copies ont dû arriver au Châtelet et à la Sorbonne. La police est bien faite. Naïf, Marot l'est aussi quand il escompte une paix prochaine entre les Églises. C'est mal connaître les extrémistes des deux camps. Marguerite, cœur pur, a grand tort de laisser paraître sa confiance trop tôt, d'assumer le rôle du vainqueur.

---

21. Martin et Guillaume du Bellay, *Mémoires,* Paris, 1908-1919, 4 vol.

Marot, inconscient des dangers qui se forment, vit une époque heureuse de son existence. Le roi a terminé, en février 1534, son « grand tour de France ». La cour se divertit, à Paris et sur la Loire. Chacun, dans le petit monde littéraire, aussi grouillant de jalousies qu'il est d'usage, admire le poète ou fait semblant. Cela va lui amener, en pleine euphorie, une mauvaise affaire : le début de sa querelle avec Sagon, le porte-haine de ses ennemis.

Le 16 août 1534, le roi Henri de Navarre marie sa sœur Ysabeau. Ysabeau d'Albret épouse le vicomte René de Rohan, comte de Porhoët, héritier de cette terre de Léon qui sera élevée au rang de principauté en 1572. Le mariage a lieu chez Marguerite, qui reçoit dans son château d'Alençon une foule d'invités de marque. Marot, bien entendu, est de la fête. Il écrit, cette fois, une « mommerie [22] », préfacée par une *Épître XXXIII* à Marguerite. L'*Épître présentée à la reine de Navarre par madame Ysabeau et deux autres demoiselles habillées en amazones en une mommerie* n'est pas une bluette introduisant le spectacle. C'est un cri de victoire des évangélistes triomphant de la Sorbonne. « Les hauts cantons du lac pharisien » (v. 3) — c'est-à-dire les hauts lieux du marécage intégriste — avaient tramé contre Marguerite. Ysabeau, sous les traits de Penthésilée [23], déclare qu'elle envoie trois demoiselles pour proclamer la défaite des ultras. Ces trois nymphes ne sont autre que Foi, Espérance et Charité :

> *J'eusse bien mis au camp toute ma bande*
> *Mais ces trois-ci, crois-moi, sont assez fortes*
> *Pour des enfers rompre les doubles portes.*
> (v. 26-28)

Il s'agit bien, nous en sommes assurés, de la défaite des intégristes :

---

22. Ou « momerie » : sorte de divertissement dansé, accompagné de musique. Il disparut à la fin du XVIe siècle au profit d'un genre voisin, la « mascarade », mommerie à l'italienne.
23. Reine des Amazones tuée par Achille devant Troie.

De cette race inutile et contraire
A ce bon Christ...   (v. 8-9)

Rien de plus assuré, de plus confiant que cet hommage du poète à celle qui demeure, auprès de François Ier son maître, sa protectrice. Il l'avait nommée sa tante ; dans le post-scriptum de l'épître il l'appelle sa sœur :

Lettres, prenez le chemin sûr
Devers Marguerite ma sœur.

Toute la compagnie applaudit-elle d'un même cœur à ces débordements de joie des « hérétiques » ? La suite prouve que non.

Le lendemain des noces, après le dîner, la société flâne dans le parc. On a bien mangé, beaucoup bu. Cela porte à philosopher, mais aussi à se quereller. Marot s'assied sur l'herbe à côté d'un personnage qu'il connaît, le secrétaire d'un abbé, François Sagon, « poétaillon » sans talent, archétype du jaloux fielleux. Laissons Sagon raconter la conversation qui s'engage. Il la rapportera dans un « poème » : *Défense de Sagon contre Clément Marot.*

Ils étaient de proches amis, déclare Sagon — voire ! —, et Marot appréciait ses œuvres :

Après souper eûmes noise et tenson
Pour la leçon de la foi catholique
Où tu voulus faire l'Évangélique
Quand tu me dis (Ô bon prince des cieux !)
Qu'encore était au devant de mes yeux
L'obscure nuit et voile de Moïse
Pour ce qu'étais adhérent à l'Église.
                            (v. 14-20)

Le « bon » Sagon essaie de reprendre « charitablement » ce dévoyé :

Je m'acquittai par cette voie honnête
D'un chrétien qui un autre admoneste.
                            (v. 43-44)

Marot refuse d'écouter. Il prend à témoin deux personnes, une foule entière. Pour un mot qui ne lui plaît pas, le voici tirant son poignard, prêt à égorger le pauvre innocent. Et l' « innocent » de conclure :

> *Ainsi en fait aujourd'hui l'hérétique*
> *Ayant refuge à l'acier et au fer*
> *Si on le veut par raison échauffer.*

Ce qui n'avait que le peu d'épaisseur d'une querelle après boire deviendra pièce à conviction à l'encontre de Marot. La *Défense* de Sagon, en effet, ne sera connue qu'un peu plus tard, mais assez tôt pour qu'on lui accorde l'importance qu'elle ne mérite pas. Le 26 septembre, le pape meurt. Conclave, élection de Paul III au trône de saint Pierre. Dans la nuit du 17 au 18 octobre éclate l'affaire des Placards. Le roi François, tolérant la veille envers les déviants, retourne, si l'on ose dire, son pourpoint. Il devient ultra. Marguerite et son mari se trouvent contraints à voyager dans leurs États du Midi. Marot, comme tous les suspects fichés par la Sorbonne, s'enfuit et se cache pour sauver sa peau.

Sagon ne désarme pas. Au contraire. Il publie sa *Défense*. Il va poursuivre Marot en fuite, puis exilé, de ses calomnies et injures en vers déplorables. C'est le début d'une querelle où Marot polémiste brillera de tous ses feux, écrasant l'ennemi sous le ridicule.

PAS VU, PAS PRIS

L'affaire des Placards, le 18 octobre 1534, fait tomber la foudre sur les partisans français d'une réconciliation chrétienne. La nuit précédente, des affiches ont été apposées à Paris et dans plusieurs villes, jusqu'à Amboise, où séjourne la cour. Il y en a même une, au château de Blois, sur la porte de la chambre du roi. Conçu et écrit sur le ton de la plus vive polémique, le texte du placard dénonce « les horribles, grands et insupportables excès de la messe papale ». La transsubstantiation y est farouchement rejetée.

Provocation, déclaration de guerre des ultras protes-tants? A coup sûr. Ce n'est pas tout. Le complot qui a conduit à cet affichage peut être considéré comme l'un de ces actes de fanatisme aveugle qui noircissent l'histoire des religions. Celui qui rédigea ce placard, le pasteur Antoine Marcourt, de Neuchâtel, en Suisse, est assurément le moins coupable : il ne fait qu'exprimer ce qu'il croit du fond du cœur. Ceux qui vont par cette affaire ouvrir en France l'époque infernale des guerres de Religion, ce sont les fanatiques des deux camps. Les ultraréformés d'abord, qui veulent par un éclat empêcher le rapprochement des chrétiens, inspirent le scandale. Les ultracatholiques ensuite, tout aussi hostiles à la paix religieuse, s'arrangent pour le rendre éclatant. Car enfin, ce roi catholique donne des inquiétudes aux intégristes romains. Tandis que le protestantisme, établi en Allemagne et en Suisse, est sur le point de faire loi en Angleterre [24], François Ier a pris langue avec Philippe de Hesse, unificateur des réformés alle-mands. Il a souhaité écouter Zwingli. Il a rencontré Henry VIII à Boulogne en 1532, dans un esprit de paix — fût-elle intéressée. Du coup, les réformistes conciliateurs, amis de Marguerite, jubilent : ils voient déjà le roi traiter avec Mélanchthon.

Le placard du zélé et naïf Marcourt [25] fait l'affaire des vautours de la Sorbonne. Que leurs sbires aient prêté la main au camp ennemi, l'habileté de l'affichage et son efficacité le prouvent. Le mettre là, ce n'est pas simple déclaration d'un credo hétérodoxe, mais un acte politique. C'est un camouflet au roi. Il aime la messe, certes. Mais surtout, il ne tolère pas qu'on l'offense personnellement.

24. L'Acte de suprématie, instituant Henry VIII — excommunié depuis mars 1534 — seul chef de l'Église en son royaume, sera promulgué un mois après l'affaire des Placards.

25. Antoine Marcourt ne comprendra pas que ses pires ennemis l'ont aidé à susciter des martyrs en plaçant son placard à des endroits stratégiques. Dans le *Petit Traité très utile et salutaire de la Sainte Eucharistie,* il louera les bonnes âmes qui l'ont aidé dans son acte de foi.

Aider les protestants en cette affaire, ont pensé les ultracatholiques, c'est le rendre fou de colère contre ceux qui le narguent dans son propre appartement.

Leur calcul est juste. Plus — ou au moins autant — que le texte lui-même, l'insolence des profanateurs enrage François Ier. Poète et mécène, il est roi d'abord, et se trouve blessé dans sa majesté royale. Tout esprit de tolérance l'abandonne. Ces protestants sont des criminels ! Affiché adroitement avec l'appui de catholiques effrénés, le pamphlet contre la messe va déchaîner la persécution, l'horreur. Les fous des deux camps rejettent de toutes les forces de leur intolérance un compromis. Échec est fait de part et d'autre à ces sages, ces illuminés qui croient à la fondamentale fraternité des chrétiens.

Dès le 18 au matin, les fanatiques ont gagné. La colère du roi François est aussi rouge que l'espéraient les afficheurs. Partout, les fidèles les moins combatifs s'indignent de voir qu'on touche à la messe. Ils se trouveront bientôt prêts à approuver les pires répressions. Les ordres royaux ne se font pas attendre. En quelques mois, des dizaines de bûchers s'allument, à Paris et en province. Jusqu'à la grande procession expiatoire du 21 janvier 1535, que le roi en personne conduit à Paris derrière les « corps enchâssés » de saint Michel et sainte Geneviève. François Ier déclare même que si ses enfants étaient contaminés par l'hérésie, il les tuerait de ses propres mains.

Les « mal-sentants de la foi » déjà suspects et fichés, s'ils ont la chance d'échapper aux premières ruées de la persécution aveugle, prennent rapidement leurs distances. Jean Calvin, qui a trouvé asile en la cour de Marguerite à Nérac, se hâte de gagner la Suisse. Nérac n'est donc pas sûr ? le château, Calvin le pressent, ne tardera pas à devenir lieu suspect et les souverains de Navarre contraints à la prudence.

Et Marot ? Il a dans cette affaire la chance des « ravis ». Au début d'octobre, il achève son voyage en province, d'ami en ami. Il quitte Lorris pour Blois. Le 18, il chevauche entre Blois et Amboise. S'il s'était trouvé pris dans l'une ou l'autre ville, son compte aurait été bon. Dès les premiers accents de sa colère, le roi a armé contre les hérétiques le bras séculier, et plus seulement la justice d'Église. Marot revient sur la route de l' « enfer ». Il ne tardera pas à apprendre que cent écus de récompense sont promis à tout dénonciateur de « luthérien ». Les belles illusions des mois précédents ont fondu. Se rendre, présenter sa défense ? Il prétendra y avoir songé, mais sans doute pas bien longtemps. Il peut constater, partout où il passe, que la consigne d'arrêter les suspects est bien suivie, la chasse ouverte. D'abord, la religion réformée n'a pas encore pénétré profondément les couches populaires, si ce n'est en certaines contrées qui gardent le souvenir ancestral d'anciennes guerres de religion. Ensuite, le roi a ordonné, et le peuple aime ce roi vainqueur et voyageur. Enfin, il y a de l'argent à gagner en dénonçant : cela, de tout temps, a permis de régler des comptes personnels.

Marot comprend qu'il faut s'enfuir sans perdre une minute. Il pique son cheval et met du pays entre sa peau et ceux qui, depuis près de dix ans, la veulent. En 1536, dans la troisième *Épître du coq à l'âne,* nous trouvons exprimé le soupir de soulagement qu'il pousse, longtemps après, pour avoir pris sans hésiter une décision sage :

> *Or, jamais ne vous laissez prendre*
> *S'il est possible de fu-ir*
> *Car toujours on vous peut ouïr*
> *Tout à loisir et sans colère :*
> *Mais en fureur de telle affaire*
> *Il vaut mieux s'excuser d'absence*
> *Qu'être brûlé en sa présence.*
> (v. 170-176)

Ce dernier vers montre que Clément, deux ans après, a retrouvé toute sa malice. Durant les derniers jours d'octobre 1534, il n'avait sans doute pas le cœur à faire de l'esprit. Jusque-là, en ses prisons, il s'était tiré d'affaire en jouant sur la séparation des tribunaux civils et ecclésiastiques. Les voici qui font cause commune. Galopons !

Où galoper, sinon vers la terre d'asile de Marguerite, vers Nérac ? Il n'y sera pas un simple hôte de passage, tel Calvin, mais un ami, un cher ami que l'on conseillera. Marot déclare lui-même sa destination dans l'*Épître XXXVI, au roi, du temps de son exil à Ferrare* (1535).

> *Si m'en allai, évitant ce danger*
> *Non en pays, non à Prince étranger,*
> *Non point usant de fugitif détour*
> *Mais pour servir l'autre Roi à mon tour*
> *Mon second maître, et ta sœur son épouse.*
>
> (v. 179-183)

A en croire ce bon apôtre, c'est une simple promenade vers sa protectrice. Cela minimiserait, si le roi voulait bien y croire, le délit de fuite. Mais qui pourrait s'y tromper ? Marot se hâte vers le Sud-Ouest. Il arrive à Bordeaux. Là, des postes de contrôle ont été mis en place pour identifier les survenants. L'affaire est contée dans le troisième coq-à-l'âne :

> *Du pauvre Clément arrêté*
> *Qui surpris était à Bordeaux*
> *Par vingt ou quarante bedeaux*
> *Des sergents dudit Parlement.*
> *Je dis que je n'étais Clément*
> *Ni Marot, mais un bon Guillaume*
> *Qui, pour le profit du royaume*
> *Portais en grande diligence*
> *Paquet et lettres de créance.*
>
> (v. 142-150)

La belle histoire, et comme il a bien trompé le guet bordelais ! Mais il y a un hic. Il invente cette version des faits. Le greffe de Bordeaux a conservé trace de son arrestation en cette ville : Marot a bel et bien décliné ses nom et prénom, sa qualité de valet de chambre du roi, et même — à tout hasard, la Gascogne n'étant pas loin — qu'il est secrétaire de la reine de Navarre. Il n'a menti que sur son âge, se rajeunissant de dix ans. Cela est moins glorieux que la fable du « bon Guillaume ». Le parlement de Bordeaux, s'il a reçu l'ordre de faire saisir tous les hérétiques de la ville, n'a pas la liste des suspects du pays : celle-ci ne sera publiée à Paris, et communiquée en province, qu'après la procession expiatoire du 25 janvier 1535. Marot y figurera en bonne place, au septième rang. Pour le moment, aucun ordre d'arrêt ne le concerne. Les « bedeaux » le remettent donc en liberté. Il écrira plus tard à Lyon Jamet, toujours dans le troisième coq-à-l'âne, avec quelle célérité il en profite, car on le surveille encore par espions à pied et à cheval :

> *J'avais chaque jour à ma suite*
> *Gens de pied et gens de cheval*
> *Et lors je pris le vent d'aval*
> *Et sur petits chevaux légers*
> *Je me mis hors de tous dangers.*
> (v. 158-162)

Le voici à Nérac[26]. La tempête va-t-elle se calmer ? Elle redouble au contraire. La liste des proscrits est publiée. Marguerite et son époux sont interdits de séjour à la cour jusqu'à la proclamation de l'édit de Coucy (juillet 1535), qui adoucit pour un temps les persécutions contre les hérétiques. Qu'elle ait donné un lieu de retraite à Marot en fuite, il le lui rappellera dans l'*Épître XLVI, à la reine de Navarre* ; il écrira qu'elle lui a conseillé de s'exiler : même les terres de Navarre ne sont plus sûres pour un proscrit recherché activement :

> *Je fus contraint (bien peut t'en souvenir)*
> *Par devers toi en franchise venir*
> *Puis tout à coup, hélas ! t'abandonner*
> *Sous le conseil qu'il te plut me donner.*
> (v. 29-32)

Marguerite, dans cette tourmente, a gardé la tête claire. Elle a compris dès le lendemain de l'affaire des Placards qu'il

26. Sa présence en ce lieu d'asile n'est pas prouvée absolument. Mais elle demeure très vraisemblable pour Jourda (*Marguerite de Navarre*, cf. Bibliographie, t. I, p. 186). A Bordeaux, se dire secrétaire de Marguerite était utile. Henri de Navarre, lieutenant général de Guyenne, représentera bientôt le roi dans tout le Midi : une façon de s'en débarrasser, ainsi que de Marguerite.

y avait eu collusion entre ultras des deux camps[27]. Elle sait qu'on ne peut rien contre elle, mais qu'on essaiera de l'atteindre à travers ses amis. Augereau, son imprimeur, est brûlé vif. Marot doit se réfugier en lieu sûr : la cour de Ferrare, où Renée, cousine de François Ier et duchesse du lieu, est favorable aux réformés. Sans aucun doute, Marguerite pourvoit Marot pour son voyage. Pas de preuve archivée : la prudence ordonnait de ne laisser aucune trace d'un don à ce suspect recherché. Mais la reine l'eût-elle mis en route sans quelque viatique ?

Marot reprend donc la route — cette fois vers l'est — comme un cerf traqué, écrit-il dans la même *Épître XLVI, à la reine de Navarre :*

> *Ainsi passai Languedoc et Provence.*
> *En telles peurs et semblables travaux*
> *Passa ton serf torrents et monts et vaux*
> *Puis se sauva en la terre italique*
> *Dedans le fort d'une dame gallique*
> *Qui le reçut, et dont la remercias.*
> (v. 54-59)

Le cerf-serf — peut-il résister à un jeu de mots ? — se met à l'abri à l'étranger, mais chez une proche parente du roi et de Marguerite, la duchesse de Ferrare. Adieu, la gloire qui l'enivrait depuis le succès de *L'Adolescence clémentine.* Adieu, l'espoir d'une liberté de pensée et de parole qui l'avait poussé à d'irréparables imprudences. Il franchit les Alpes, quitte la France d'où il n'était jamais sorti. A certains moments, la certitude de son génie le réchauffera. Passant la frontière, il ne sent que sa fragilité dans le vent qui l'emporte. L'année suivante, il écrira au dauphin de France l'*Épître XLV*, disant que cette fragilité même l'aidera à rentrer en grâce :

> *Puis (ce dira quelque langue friande)*
> *Et puis Marot, est-ce une grande viande*

27. François Génin, *Correspondance de Marguerite de Navarre,* t. II, p. 196 — *cf.* Bibliographie.

D'être de France étrangé et banni ?
Pardieu, Monsieur, (je dirai) que nenni.
(v. 39-42)

Gros ou petit gibier, le voici qui arrive en terre étrangère,
soudain déraciné. Il est resté caché en France près de six
mois : c'était déjà tenter le diable. Seul l'exil le protégera de
ses ennemis, qui ne désarment pas.

TROISIÈME PARTIE

Un triomphe foudroyé

CHAPITRE IX

Premier exil

Je ne me sens du nombre des coupables.

Clément MAROT,
Épître XXXVI.

LE VOYAGEUR

Tandis que Clément Marot chemine vers Ferrare, terre d'asile, il y a en lui plus de tristesse et de regrets que de joyeuse impatience touristique : ses écrits vont bientôt nous en assurer. Il laisse derrière lui un triomphe littéraire soudain dérisoire, sa vie menacée, sa tête mise à prix. Ses biens ? Pillés, il nous le dira. Ses ennemis ? A l'affût, ils vont le démontrer.

Clément Marot, ce joyeux vivant, n'est pas fait pour le drame, et voici que le drame le pousse de prisons en exil. Un héros, disions-nous ? Il en est un à coup sûr, témoin persécuté de la liberté d'expression. Jamais il n'en tirera gloire, et peut-être n'est-il pas conscient de son héroïsme : il n'y voit que de l'incommodité. En ce frais printemps de 1535, le voici qui entre dans Ferrare, décidé à y plaire et à s'y plaire, mais surtout à retrouver bientôt le chemin de la France.

Nous avons déjà noté cyniquement que le malheur va bien

à ses écrits. De fait, il produira en cet exil quelques-unes de ses meilleures œuvres. En même temps, les lecteurs français continueront à s'émerveiller de ses poèmes. Les beaux esprits de Lyon, qui devient un haut lieu des lettres, le couronneront de lauriers. Il rentrera en France moins d'un an plus tard, plus célèbre et plus recherché qu'il ne l'a jamais été, après un premier exil qui n'aura pas été jonché de roses.

La duchesse Renée est fille de France, et le poète a trois raisons d'espérer qu'elle lui fera bon accueil. D'abord, Marguerite l'a recommandé. Ensuite, il a écrit un « chant nuptial » pour son mariage. Enfin et surtout, elle n'aime pas les intégristes et penche fortement vers leurs adversaires. Autre atout : la confidente et dame d'honneur de la duchesse n'est autre que Michelle de Saubonne, baronne de Soubise. C'est elle qui, près de trente ans auparavant, avait fait la fortune de Jean Marot en le recommandant à Anne de Bretagne.

Comment sera-t-il accueilli à Ferrare ? Mais le duc ? C'est lui qui possède en sa ville le pouvoir absolu. La réputation de la famille d'Este doit être connue jusque dans les châteaux de Loire : si étranges, ces sangliers de Ferrare, qu'on en fait des croque-mitaines. Les Este tiennent la ville depuis la fin du XIIe siècle. Créés ducs de Modène et de Reggio par l'empereur Frédéric III, ils ont obtenu en 1471 du pape Paul II qu'il élève Ferrare au rang de duché. Durant le quattrocento, ils se sont livrés à leurs occupations favorites, guerre exceptée : la fabrication de nombreux bâtards et l'assassinat domestique, compliqué parfois de tortures. La grâce des arts les a pourtant touchés. Cosimo Tura[1] a fait fleurir l'école ferraraise, et les lettres prirent un éclat des plus vifs sous le duc Alphonse[2], qui épousa en secondes noces Lucrèce Borgia.

Oublions la sinistre aura dont Victor Hugo a paré Lucrèce. Considérons-la comme un instrument politique au service de sa famille : ni un monstre ni une agnelle. A voir son portrait peint par Pinturicchio, nous comprenons qu'elle ait pu allumer les passions et briser les cœurs. A Ferrare, elle

1. V. 1430-1495. Et avec lui Ercole de Roberti (1456-1496).
2. 1486-1534.

conquit celui de Pietro Bembo, que nous avons donné pour le plus doué, le plus original parmi les descendants littéraires de Pétrarque. Les *Asolani* de Bembo, qui seront célèbres et imités dans toute l'Europe, sont dédiés à la sublime Lucrèce, qui, après avoir tourné vers la fin de sa vie à la franche dévote, meurt en 1519.

C'est son fils Hercule qui épouse Renée de France, fille de Louis XII, donc cousine de François Ier et de Marguerite de Navarre. Est-il moins caractériel qu'Alphonse son père, qui s'était singularisé en se promenant tout nu dans Ferrare et en lâchant un jour des taureaux furieux sur une place noire de monde ? Il protégeait pourtant les arts comme ses prédécesseurs, peignait, jouait de la viole, et fit construire un théâtre qui porta Ferrare au premier rang d'un renouveau d'expression dramatique. Hercule, devenu le duc Hercule II en 1534, s'efforce aussi au mécénat. L'Arioste illustre son règne. La peinture est tombée aux mains des successeurs de l'école ferraraise, des frères Dosso Dossi [3] et du Garofalo [4], laborieux artistes de second pinceau.

Hercule a épousé cette « fille de France » en 1528 car les affaires du duché commandaient à son père de rechercher l'amitié de François Ier. Comme ceux de sa famille, c'est une force de la nature : grand, solide, coléreux, despotique. Renée, sa femme, est laide, boiteuse de surcroît. Il ne tarde pas à s'apercevoir qu'elle est acquise aux idées antipapistes et qu'un bataillon de Français et surtout de Françaises, « malsentants de la foi », l'entoure de ses exaltations.

Le printemps 1535 arrive, et Marot avec lui. Qu'il soit sûr du bon accueil de la duchesse Renée, cela n'est pas douteux. Mais n'y a-t-il pas en lui quelque frayeur lorsqu'il se remémore les sinistres anecdotes qui courent sur les seigneurs d'Este ? Nous pouvons le croire en lisant l'*Épître XXXIV*, qu'il écrit à la duchesse après son arrivée. Marot se présente

---

3. Giovanni et Battista Luteri, dits Dosso Dossi. Giovanni (1490-1542) est le plus doué des deux, élève des grands Vénitiens.
4. 1481-1559. Élève de Raphaël, il décora le palais ducal. Hercule II lui fit peindre des bacchanales, faisant violence « à la pieuse imagination de l'artiste ».

non comme un exilé, mais précisément comme un touriste. Son habileté de plume y pourvoit :

> *Humble salut par ton humble Clément*
> *Par ton Marot, le poète gallique*
> *Qui s'en vient voir le pays italique*
> *Pour quelque temps...*
>   (v. 36-39)

C'est dire : « Humons l'air d'ici. S'il n'est pas vénéneux pour moi, je prolongerai un séjour que je n'annonce pas. »

En fait, l'annonce de l'arrivée de Marot avait été faite à Renée par Marguerite. Bien que la lettre d'introduction se soit perdue, son existence est attestée. « Encore un Français ! » va grommeler Hercule, qui les aime de moins en moins. Or Marot n'est pas un Français ordinaire, mais un grand poète. Ferrare vient de perdre l'Arioste, mort en 1533. Bembo est parti pour Venise. Tebaldeo finit sa vie à Rome. Le bosquet de Ferrare, le fameux *boschetto* de Lucrèce Borgia, a perdu ses plus beaux oiseaux. Refusera-t-on celui qui vient de France, protégé par la sœur d'un grand roi ?

Marot a choisi Ferrare pour lieu d'exil, et il l'a fait après mûre réflexion, à moins que Marguerite n'ait réfléchi pour lui. Aucun séjour ne semble plus sûr. On lui en proposait d'autres, comme le montre l'*Épître XXXV, à deux sœurs savoisiennes.* Ces personnes, malheureusement non identifiées, semblent avoir incité Clément à choisir pour retraite la cour de Savoie. Il décline leur invitation. Après de violentes convulsions religieuses qui libérèrent ses cantons suisses, la Savoie tenait l'étendard de la Contre-Réforme. Était-ce la place d'un « hérétique » contumace ? Le poète écrit aux deux dames, les nommant « très chères sœurs » :

> *Car par le bruit que j'ai, mes sœurs bénignes,*
> *D'être contraire aux humaines doctrines*[5]
> *On a de moi opinion mauvaise*
> *En votre cour, qui m'est un dur malaise.*
>   (v. 53-56)

5. Le catholicisme, selon la terminologie des réformés.

Ferrare sera plus sûre. Voici donc Marot dans la ville postée en sentinelle derrière le delta du Pô, dominée par l'énorme masse maussade du château ducal. Il va être reçu avec honneur. Ferrare demeure un centre d'échanges intellectuels, avec sa célèbre université, ses érudits, la rémanence des poètes qui venaient de l'illustrer, créant un goût et un ton.

En ces lieux, où la bonté de la duchesse l'établit bientôt, Marot va se consoler et s'épanouir. Il est nommé valet de chambre de Renée, aux appointements annuels de deux cents livres. Il touche de près aux artisans de ce postpétrarquisme dont, en France, il n'avait fait qu'entendre l'écho. Il poussera ses connaissances de la poésie latine et apprendra l'italien. Cet ingrat écrira même un peu plus tard que cet idiome lui gâte la plume :

> Pardonne-moi : c'est mon style qui change
> Par trop ouïr parler langage étrange[6].

Si les choses finalement se gâtent, ce n'est pas, cette fois, par la faute de Marot. Il embrasse le parti de la duchesse et des amies de celle-ci. Pour l'instant, le voici reçu, bien reçu, et même consolé par la présence de son ami Lyon Jamet, que la duchesse inscrit aussi sur le rôle de sa maison.

S'ÉTABLISSANT AVEC HONNEUR

Comme il est d'usage chez les fanatiques, les vainqueurs n'ont pas la victoire modeste. Ils réchauffent leur intolérance à la flamme des bûchers. Les fuyards, les contumaces ? Ils les poursuivront de leur haine, si ces misérables n'ont pas le bon sens de courir loin, de s'ensevelir dans le silence.

Or, sitôt accueilli par Renée de France à Ferrare, Marot, cet ennemi public déclaré, numéro sept sur la liste des

6. Étranger. *Épître XLVI* à Marguerite de Navarre, v. 193-194.

luthériens recherchés, refuse de jouer le jeu des fuyards. Il plaide non coupable ; mieux, il se pose en accusateur de ceux qui l'ont jugé. Ce menteur-par-devoir-de-courtisan, ce vrai-faux disciple des réformateurs nous donne en une épître magistrale un réquisitoire contre l'intolérance, le point sur ses « déviations » religieuses, un credo vibrant de la liberté littéraire.

Cela, le « dit du héros », doit être nettement séparé de ses succès progressifs à Ferrare. Ce qu'il tire de cet exil : une ouverture d'esprit vers la muse et la langue italiennes, un étoffement de sa culture, le rôle de prince-poète lointain, de référence littéraire que lui conférera l'école lyonnaise.

Comme tous les exilés de belle plume — Cicéron, Ovide —, il gémit bientôt : « Laissez-moi revenir ! » D'abord, il commence par récuser sa condamnation et assumer la défense de ses opinions. Cela ne va certes pas sans louange adroite du roi François, dont il se proclame le zélé serviteur, et de la reine Marguerite, sa constante patronne. Mais enfin l'*Épître XXXVI, au roi, du temps de son exil à Ferrare* honore son courage autant que son talent.

De quoi s'agit-il ? D'un plaidoyer pour soi-même. Clément Marot expose au roi les causes de son départ de France. Loin de courber l'échine devant ceux qui l'ont inscrit parmi les condamnés à mort, il se dresse au contraire contre eux : ce Parlement, cette Sorbonne, ces brûleurs de livres, ces empêcheurs de rêver en « latin élégant » contredisent l'action de François Ier en faveur d'un renouveau des lettres et des arts. Le poète, avec tout son talent, met le roi dans son camp, celui des rénovateurs d'une culture exsangue. Aucun texte de Marot ne le montre plus clairement homme de la Renaissance, forceur d'avenir, frère en esprit de Rabelais. Il y a, jaillissant soudain d'un habile — et parfois tendancieux — plaidoyer *pro domo,* des accents d'une sublime dignité. Ils osent déclarer les droits d'un poète à la totale liberté d'expression, mais surtout d'accession à tout livre, fût-il des plus sévèrement interdits.

L'habileté de Marot, c'est de remercier le roi d'être de son avis en matière de libéralisme, alors que l'année précédente ce même monarque avait interdit jusqu'à l'imprimerie. Le courage de Marot, c'est de jeter ce texte sur la place publique : il sera bientôt connu à Paris et déchaînera la haine de ses ennemis.

Que l'on me permette de hasarder une hypothèse à propos des dates. L'*Épître XXXVI* est donnée au roi — et montrée sous le manteau — durant l'été 1535. Je crois qu'elle a été envoyée au plus tôt vers la fin du mois de juillet. C'est le 16, en effet, que François Ier, par l'édit de Coucy, suspend les mesures extrêmes contre les « hérétiques ». Bonté d'âme ? Voire. Il prépare la guerre et s'inquiète d'avoir, par trop de bûchers, brûlé l'amitié des princes protestants qui s'opposent à Charles Quint. De plus, sa colère est tombée. L'affaire des Placards fait désormais long feu. Comme par enchantement, Marguerite et son mari cessent de « voyager ». Ils rejoignent la cour à Dijon. En juillet 1535, Marot, qui a fait son trou à Ferrare, apprend donc la nouvelle de l'édit de Coucy. Dès lors, il envoie son épître à un roi calmé, capable de bien la recevoir. Qu'il n'y mendie pas son pardon ajoute encore à son mérite.

Cette épître[7] déchire le voile de badinage superficiel qui s'attache depuis Boileau à la personne de Marot. Elle le situe parmi les renaissants : le vers 62 de cette œuvre pourrait leur servir de devise. On en trouve le sens chez Érasme, Thomas More, Rabelais, chez tous les combattants du nouveau savoir, de la culture élargie au plus grand nombre d'esprits affamés :

> *Et qu'est-il rien plus obscur qu'ignorance ?*

Voici comment se développe l'épître. Le plan qui suit n'est pas un *modus legendi* : chaque œil doit accommoder à sa façon cette adresse au roi.
1. Sire, Marot n'est pas coupable, et donc pas repentant (v. 1-5).
2. La plupart des juges sont corrompus (v. 6-20).
3. Le Parlement m'en veut, Sire, parce que j'ai écrit *L'Enfer,* et te l'ai lu (v. 21-28).

7. On la trouvera en Appendice, p. 404, dans son entier.

4. Ils sont venus m'arrêter à mon « lit de mort » en 1532 : tu en as fait prompte justice (v. 29-38).

5. La Sorbonne m'en veut aussi : tas d'ignorants qui récusent l'enseignement de tes Lecteurs royaux (v. 39-50).

6. La Sorbonne, Sire, se moque de toi, grand protecteur des lettres et des arts nouveaux (v. 51-62).

7. La Sorbonne a essayé de me tuer : vienne ma mort si elle était utile (v. 63-74) !

8. Les juges m'ont traité de luthérien, mais je ne le suis pas ; malgré leurs calomnies, je ne suis baptisé qu'au nom du Christ (v. 75-102).

9. Prière : Si Dieu exige que je sois brûlé, que ce soit pour une sainte cause (v. 103-120).

Après cette oraison, dont l'emportement et l'exaltation sans paroles liturgiques dut plaire aussi bien aux réformistes qu'aux réformés, sans offenser à la lettre la foi catholique, le poète feint de s'être égaré. En réalité, ce « couplet du croyant » est une digression très habile. On dirait ensuite qu'il tombe des nues : « Que dis-je ? Où suis-je ? » s'étonne-t-il au vers 121. Il revient au roi, et à son propos.

10. Les suppôts du lieutenant criminel ont perquisitionné chez moi après mon départ (v. 123-134).

11. Ils ont trouvé des livres défendus : mais aucun livre n'est défendu à un poète, qui sait trier le bien du mal en toute liberté (v. 135-156).

12. On me poursuivit donc comme les misérables qui affichèrent les placards, et que je méprise (v. 157-162).

13. J'allais me justifier devant toi : on m'en a dissuadé, excipant de ta colère (v. 163-169).

14. Je m'en allai donc, mais où ? Chez ta sœur Marguerite, à qui tu m'avais naguère donné (v. 170-185).

15. J'ai quitté ensuite cette France ingrate, ne regrettant que mes enfants (v. 186-196).

16. Je vins alors en Italie, mais chez qui ? Chez ta cousine germaine, Sire, qui aime mes vers (v. 197-208).

17. On ne peut rien me reprocher : je t'ai quitté par malheur, non par crime (v. 209-fin).

Marot, se disant « serf » du roi, lui adresse donc une superbe déclaration d'un homme injustement persécuté par des juges vénaux, des théologiens imbéciles. S'il laisse le message passer au public français, c'est peut-être pour tâter l'opinion.

Il va être servi ! Les tenants du Parlement et de la Sorbonne déchaînent leurs fureurs contre cet hérétique qui ose poser au martyr. Trois libelles au moins vont répondre à l'épître au roi par des torrents d'injures. Sagon écrit son fielleux *Coup d'essai*[8]. Jean Leblond, avocat à Rouen, meilleur poète, frappe aussi fort[9]. Un courageux anonyme leur fait écho : il signe « général Chambor », ou « général de Caen »[10]. Ces trois pamphlets hurlant à la mort — le troisième inclus dans le recueil où figurera le second[11] — révèlent l'explosion de colère des ultras devant l'*Épître XXXVI*. Ils ne furent publiés qu'un peu plus tard, mais tout indique qu'ils furent montrés sitôt que l'épître de l'exilé filtra hors de la cour.

De Sagon, le pire ennemi, nous parlerons lorsque la querelle reprendra, après le retour de Marot en France. Son *Coup d'essai*, aussi filandreux que tous ses autres « poèmes », se distingue par une haine solide : Clément aura plaisir à l'entretenir.

Leblond, le général Chambor ? Des extrémistes parmi tant d'autres, déchaînés par la colère du roi qui suit l'affaire des Placards François Ier permettant qu'on allume les bûchers, toute une meute crie à la mort. L'at-

8. *Le Coup d'essai de François de Sagon, secrétaire de l'abbé de Saint-Évroult. Contenant la réponse à deux épîtres de Clément Marot retiré à Ferrare. L'une adressante au Roi Très-Chrétien. L'autre à deux demoiselles sœurs.* Sagon connaît donc aussi l'adresse aux deux sœurs savoisiennes. Par ouï-dire, sans doute : il les croit parisiennes, ce qui enlève au texte tout son sens.

9. *Épître à Clément Marot responsive de celle par quoi il se pensait purger d'hérésie luthérienne.*

10. *Épître du Général Chambor, responsive à l'épître de Clément Marot qu'il envoya au Roi Très-Chrétien François.*

11. *Le Printemps de l'humble espérant.*

titude de Marot, son insolence alors qu'on l'espérait abattu, tremblant, vaincu ? Une véritable insulte aux « honnêtes gens ». Sagon écrit :

> *Qui est Marot, dont j'ose tant parler ?*
> *C'est ce Marot, dont l'arrogant parler*
> *Ayant crédit sous parole trop haute*
> *A fait tomber l'ignorant peuple en faute*
> *Par trop avoir foi mise en son esprit.*

Leblond, moins abondant et moins plat, s'indigne des attaques contre la Sorbonne. Marot hérétique ? Pas de doute pour lui. Comment ose-t-il pleurer devant la répression catholique ?

> *Tu te accuses, pensant bien t'excuser ;*
> *Au lieu d'éteindre, on te voit attiser*
> *Un feu duquel flamme se formera*
> *Qui ta chair vile enfin consommera.*
>   (v. 223-226)

On n'est pas plus ardent. Chambor, que Marot appellera « le général des veaux », défend la Sorbonne en ses interdits qui, dit-il, sont profitables aux bons chrétiens. Celui-là est peut-être homme d'Église, en tout cas bien versé dans la dialectique des sorboniqueurs. Son opinion sur Marot ? Il mérite son exil. Ses papiers brûlés ? Tant mieux !

> *On a bien su d'eux et leur lettre feinte*
> *Feu allumer et les réduire en cendre*
> *Car trop de maux en eussent pu descendre.*
>   (v. 222-224)

Non, la liberté de lecture et d'expression que réclame Marot dans son *Épître XXXVI* n'est pas encore du goût des réactionnaires. Aucun de ces pamphlétaire ne croit Marot quand il nie être luthérien. Parlement et Sorbonne ? Piliers du droit et du savoir ! Nous mesurons, par ces violentes — et prévisibles — réactions, la force d'âme de Marot quand il écrit au roi ce que peut-être François Ier lira avec indulgence, mais ce qui enragera à coup sûr les intégristes. Depuis l'affaire des Placards, le seul vrai pouvoir appartient au roi, et à ses humeurs. Marot le sait bien.

En ce même été 1535, Clément Marot écrit deux autres poèmes non destinées à l'opinion française : l'*Avant-naissance du troisième enfant de Madame la Duchesse de Ferrare*, adressée à Renée, le deuxième coq-à-l'âne, envoyé au co-exilé Lyon Jamet.

L'*Avant-naissance*, imitée de la quatrième églogue de Virgile, est plaisante, bien menée : « Viens, petit enfant, en ce monde qui est beau. » Beau, grâce aux progrès de la science libérée par les humanistes de pensée libre :

> *Tu trouveras la guerre commencée*
> *Contre Ignorence et sa troupe insensée* [12].
> (v. 23-24)

Suivent dix vers pour lesquels il existe une variante importante. Ce que laissa imprimer Marot après son retour était-il le texte original ou cette version sulfureuse qui courait parallèlement ?

> *Viens écouter vérité révélée*
> *Qui tant de jours nous a été celée*
> *Viens écouter pour l'âme réjouir*
> *Ce que cafards veulent garder d'ouïr.*
> (v. 51-54)

Dans les versions suivantes, il est dit :

> *Viens voir de terre et de mer le grand tour*
> *Avec le ciel qui se courbe alentour*
> *Viens voir, viens voir mainte belle ornature*
> *Que chacun d'eux a reçue de nature*

Ce qu'il y a de certain, c'est qu'en 1538 Marot a préféré la seconde version. N'avait-il pas fait un peu plus tôt abjuration et amende honorable ?

Le deuxième coq-à-l'âne, du même riche été poétique

---

12. Variante : « Sa tourbe insensée. »

1535, est plus amusant à comparer à l'épître au roi. A la différence de l'*Avant-naissance* du fils de Renée, qui d'ailleurs sera une fille, il n'est pas fruit du devoir. Marot écrit, pour le plaisir d'un ami, un jaillissement de formules frappantes, d'images drôles cachant tristesse et amertume. Un autre hymne à la liberté, mais cette fois toutes griffes dehors :

> *Ils écument comme un Verrat*
> *En pleine chaire, ces Cagots*
> *Et ne prêchent que des fagots*
> *Contre ces pauvres hérétiques.*
>   (v. 20-23)

> *Vive l'amour, vivent les Dames*
> *Toutefois, Lyon, si les âmes*
> *Ne s'en vont point en purgatoire*
> *On ne me saurait faire accroire*
> *Que le Pape y gagne beaucoup.*
>   (v. 42-46)

Puis, tristement (on songe au : « Tu mens, Marot... » de l'épître au roi) :

> *Touche là ; je suis en émoi*
> *Des froids amis que j'ai en France.*
>   (v. 68-69)

Il note acidement que des œuvres lestes comme la *Fiametta* de Boccace, la deuxième églogue de Virgile sur l'amour homosexuel, la comédie *La Célestine* de Rojas sont autorisées. Immoralité n'est pas hérésie :

> *Tout cela est bonne doctrine*
> *Il n'y a rien de défendu.*
>   (v. 102-103)

Les régents du temps jadis sont de grandes bêtes (v. 118-119). Melanchthon ne rencontrera pas François Ier (v. 134-138). Suit un cours sur le « bien-parler français » (v. 153-159) et un haro sur les pudibondes qui refusent tous les mots commençant par « vit » (v. 164-168). Puis nous passons à des vers soudain violemment antipapistes. Après avoir recommandé, sur la foi de son Billouart [13], de laisser mourir les sorbonistes (v. 174-176), Marot enchaîne :

> *Pour cette cause, je proteste*
> *Que l'Antéchrist succombera.*
> *Au moins que bientôt tombera*
> *Sur Babylone quelque orage.*
> (v. 178-181)

Antéchrist de Rome ? Babylone ? Voilà qui sonne réformé ! Marot termine en parlant « d'ivrognes et de veaux » imprimés à Paris. Le *Coup d'essai* de Sagon est-il déjà écrit et lu ? Cette fin de l'œuvre semble démontrer que des pamphlets antimarotiques circulent déjà en France et au-dehors.

En quelque sorte, le deuxième coq-à-l'âne constitue une explicitation musclée de l'*Épître XXXVI*. A l'ami Jamet, son voisin, Marot dit crûment ce qu'il doit cacher au souverain : tout ce qui le sépare de Rome et de ses affidés intégristes.

A l'été 1535, Marot exilé réagit non par des pleurs, mais par une indignation de persécuté. Le mal du pays ne va pas tarder à le prendre et à changer le ton des épîtres qu'il adressera à ses protecteurs français. Mais en cette âme complexe, en ce personnage composite, entre les cabrioles, on découvre de la grandeur.

S'ÉTABLISSANT AVEC BONHEUR

L'*Épître XXXVI* livre l'une des raisons grâce auxquelles Marot est bien reçu par Renée d'Este :

> *En son duché de Ferrare venu*
> *M'a retiré (par) grâce, et retenu*
> *(Parce) que bien lui plaît mon écriture.*
> (v. 205-207)

13. Membre viril.

C'est donc bien comme poète que Clément s'installe en sa charge de valet de chambre. Rien ne nous assure que la fille de Louis XII, qui démontrera bientôt son appartenance à la Réforme, ait été grand connaisseur en matière de belles-lettres. Son entourage, pourtant, surtout les dames françaises, guide son goût.

Protectrice de Marot père, Michelle de Saubonne, baronne de Soubise, est fière de Marot fils, cet aigle des poètes de France. Autour d'elle et de ses trois filles, le *boschetto*[14] de Ferrare retrouve un peu de son lustre passé. Il s'y donne des fêtes, on y dit des vers.

Quels vers ? En France, Marot, appliqué à flairer la mode, composait depuis 1527 des rondeaux pétrarquistes. Mais ce pétrarquisme puisait à la source du *strambotto* et des *capitoli*, de Serafino dell'Aquila, d'Olimpo, de Tebaldeo, de Cariteo. Par un étrange tour du sort, notre poète s'est exilé en un lieu où les successeurs et imitateurs de Pétrarque délaissent ces maîtres légers. La nouvelle idole poétique, c'est Pietro Bembo, plus profond, mieux sonore, moins porté sur le clinquant. Ce sera en France la meilleure lecture de Maurice Scève et des Lyonnais ; plus tard, lui et ses épigones feront les délices des auteurs de la Pléiade. Voici donc le « poète étrangé » aujourd'hui mis à l'école de ce qu'il conviendrait d'appeler le « bembisme » : pureté des vers, mais prédominance de l'âme poétique sur sa démonstration.

Faut-il affirmer comme certains que Marot rompt alors avec les formes pétrarquistes qu'il imitait ? La vérité n'est pas si simple. Tebaldeo a laissé trace dans l'esprit ferrarais. Le *capitolo* y est toujours bien reçu. Mais il y a évidemment transfert vers une poésie plus épurée des accessoires mythologiques ou médiévaux. Tandis qu'il apprend la langue ita-

14. Le *boschetto* de Ferrare n'est pas un simple bosquet, mais sans doute une sorte de dépendance estivale — dans le parc du Belvédère — construite sur une île du Pô. Là se perpétuaient des fêtes galantes et poétiques, auxquelles Marot fait allusion en plusieurs endroits. On y tirait des feux d'artifice, d'où peut-être l'incendie du *boschetto* : opposer le feu à l'eau, l'occasion pétrarquiste était bonne. Voir pp. suiv.

lienne, Marot progresse dans la connaissance et la pratique d'un pétrarquisme rénové. La meilleure preuve réside dans la fameuse épigramme *De son feu, et de celui qui se prit au bosquet de Ferrare* :

> *Puisqu'au milieu de l'eau d'un puissant fleuve*
> *Le vert bosquet par feu est consumé*
> *Pourquoi mon cœur en cendre ne se trouve*
> *Au feu sans eau que tu m'as allumé ?*
> *Le cœur est sec, le feu bien enflammé :*
> *Mais la rigueur, Anne, dont tu es pleine*
> *Le voir souffrir a toujours mieux aimé*
> *Que par la mort mettre fin à sa peine.*

Notons qu'Anne devient décidément le nom générique de la bien-aimée pétrarquisée. Il ne sera placé dans cette pièce qu'après 1538. Notons encore que l'incendie — selon témoignages — n'a brûlé que quelques branchages du *boschetto*.

Pénétré d'affection pour Michelle de Saubonne, Marot admire ses trois filles, et coquette avec deux d'entre elles : l'aînée Anne, la cadette, Renée, demoiselle de Parthenay.

Anne, qui a épousé en 1533 Antoine de Pons, comte de Marennes, est célèbre pour sa beauté — son portrait par Girolamo da Carpi l'atteste — comme pour sa vaste culture que chantent les poètes ferrarais. Renée se mariera en 1536. Il ne s'agit pas de passion amoureuse, quand Marot célèbre les sœurs qu'il appelle « les nymphes ». Il leur adresse des bouquets poétiques, un dizain pour chacune. Celui d'Anne est empli de rossignols qui chantent dans le *boschetto*. Celui de Renée souhaite une bonne année 1536. Il adressera également une épître à l'une et l'autre. Celle d'Anne, il la perd au jeu [15]. Élégant badinage, qui ne vaut que par un thème qui servira bien Ronsard :

> *Quand seras vieille, et chez toi en repos*
> *Dire pourras de moi à l'advenir.*
> (v. 76-77)

15. *Épître XXXVIII, perdue au jeu contre Madame de Pons.*

Peut-être le fit-elle, le soir à la chandelle, bien que la fin de sa vie ait été celle d'une exacte fille de la Réforme. L'*Épître XLI* à Renée est plus mélancolique. Elle accompagne en France sa mère chassée de Ferrare par le duc, et Marot voit s'avancer vers lui de mauvais jours :

> *Par quoi adieu vous disons malgré nous.*
> (v. 56)

D'autres beautés, à la cour de Ferrare, attirent l'admiration du très peu misogyne Marot : Anne de Beauregard, qui mourra exilée, et dont il écrira l'épitaphe dans le « Cimetière » de ses œuvres (édition de 1544) ; Françoise Bucyron, d'une famille réformée de Haute-Provence. Cour de dames, cour d'amour. Marot n'en est pas le seul poète. Son meilleur rival, qui célèbre Anne de Pons et Anne de Beauregard, est Jean Baptiste Cintio Giraldi qui écrit en fort bon latin — en italien aussi, étant auteur de tragédies et de nouvelles.

Des savants, il n'en manque pas à Ferrare. Après le déclin des années 1530 et avant le renouveau des années 1550 — entre l'Arioste et le Tasse —, le savoir et la culture demeurent dans l'Université. Guarini, qui eut pour élèves Politien et Aldo Manuce, est mort en 1513, mais Celio Calcagnini[16] est là. Marot, dans l'*Épître XXXVII, au roi, nouvellement sorti de maladie* nous déclare que ce grand savant lui donne des leçons. Il lui apprend l'italien, mais surtout assure son latin, le rendant familier avec les poèmes d'exil d'Ovide, *Les Tristes* et *Les Pontiques*. « *Nescivit latine* » ?

Belles dames, poètes, savants… L'esprit qui souffle autour de Renée de France dans le *boschetto* n'est pas porté par la brise romaine. La contestation religieuse fait des progrès, en 1535, dans ce microcosme. L'année suivante, Jean Calvin surgit pour quelque temps : sa présence n'est pas décisive, comme beaucoup l'ont cru, sur les esprits contestants. Passe aussi Ochino — Bernardin de Sienne —, qui, après avoir été

---

16. 1479-1541, humaniste et astronome, poète de surcroît. En ses œuvres posthumes nous le voyons précéder Galilée, déclarant que la Terre tourne autour du Soleil.

général des Capucins, optera pour la Réforme en 1542. En 1533, nous le trouvions à Naples avec le linguiste espagnol exilé Juan de Valdes et Pier Martire Vermigli[17], ce frère augustin qui, en 1542 également, se fait protestant et passe en Suisse[18].

Dans ce milieu fait pour lui plaire, Clément Marot passe une année relativement heureuse. Il est apprécié. Il emplit ses yeux de beauté féminine, ses oreilles de savoir et d'hérésies moins cachées qu'en France, et bien séduisantes. Il va, par un seul poème, mettre en ébullition la poésie française dont il devient soudain l'arbitre écouté ou haï.

Ce poème, c'est le *Blason du beau tétin*, célébrant les seins de la femme. A peine ce texte arrive-t-il en France — et nous avons vu que les courriers sont rapides — qu'une mode naît, fleurit, envahit de ses arborescences la création poétique des Français : chacun se met à « blasonner ».

Selon Jourda et d'autres avant lui, le *Blason du beau tétin* serait imité de deux *capitoli* d'Olimpo de Sassoferrato. Certes, le succès de l'auteur de *Gloria d'amore* (1520) est loin de retomber. Le bel Olimpo exaltait la blanche poitrine de Madame Pegasea : Marot entend ou lit cela, et compose son « beau tétin »...

A la vérité, les choses ne sont pas si simples. Louer le corps de son amie est recommandé par les poètes depuis l'Antiquité. Ne lit-on pas dans Ovide : « Si tu as à cœur de garder l'amour d'une fille, fais qu'elle te croie émerveillé par sa beauté[19] ? » En Italie, les postpétrarquistes des xve et xvi^e

17. Dit Pierre Martyr (1500-1562). Il enseignera à Oxford et accompagnera Théorore de Bèze au colloque de Poissy (1561), joute entre catholiques et réformés.

18. Autre poète néolatin que Marot dut connaître à Ferrare : Pier Angelo Manzoli (v. 1500-1543), dit Marcellus Palingenius Stellatus, féru d'astrologie. Il venait de publier avec grand succès son *Zodiacus vitae* (1534), qui, appuyé sur la science, attaquait à la fois le pape et Luther.

19. *Sed te, cuicumque est retinendae cura puellae,*
    Attonitum forma fac putet esse sua.
    L'Art d'aimer, II, v. 295-296.

siècles y veillent, Olimpo autant que tout autre. Mais le genre du « blason » existe en France depuis longtemps. Il s'agit de pièces courtes à rimes plates, exaltant ou accusant ce que le poète veut « blasonner ». Ainsi lisons-nous au xve siècle un *Blason des fausses amours*. Marot reprend donc un genre français. En outre, il n'a pas attendu 1536 et l'exil pour cela : il y avait déjà, dans *L'Adolescence clémentine*, quatre poèmes intitulés *Blasons*.

Le *Blason du beau tétin*[20], pourtant, va lancer une mode passionnément suivie. Il n'est pas impossible (ni prouvé) que Marot, envoyant le poème en France, l'ait accompagné d'une proposition de concours poétique : « Blasonnez chacun la partie de la femme qui vous charme le plus. La duchesse Renée de Ferrare décidera du meilleur, et lui donnera le prix. »

Soudain donc, voici la Femme découpée en morceaux, « blasonnés » par une bonne dizaine de poètes, sans compter les rimailleurs. Qu'on en juge : *Blason des cheveux* (Jean de Vaucelles), *des yeux* (Antoine Héroët), *de l'oreille* (Albert le Grand), *de la bouche* (Victor Brodeau), *des dents* (Michel d'Amboise). Quant à Maurice Scève, qui remporte le prix, il s'en est donné les moyens, composant cinq blasons à lui seul (le front, le sourcil, la gorge, les larmes, le soupir). La palme va au *Blason du sourcil*. C'est le premier trait d'union entre Marot et le chef de la nouvelle école pétrarquiste lyonnaise : ils font connaissance à travers la poésie ; désormais ils iront de pair, Marot considéré par Scève, ses émules et ses lecteurs comme le meilleur poète qui soit, la plume magistrale.

Au début de l'année 1536, Marot, charmé par ce succès inespéré, change d'épaule son arc de Cupidon. Comme la tradition française lui en donne le droit, il blasonne[21] non plus les charmes, mais les laideurs de son sujet : le *Blason du laid tétin*, irrévérencieux et cocasse, enfin sauvé des

20. Le *Blason du beau tétin* et celui *du laid tétin* figurent dans l'*Appendice* en fin de volume, p. 411.
21. Le verbe « blasonner » signifiera longtemps vanter, mais aussi rendre repoussant.

compliments et blandices obligatoires, triomphe. La moisson de blasons sera riche en France.

Du coup, Clément lance un second concours, celui du « contre-blason », dont le « laid tétin » sera le modèle. Mais, dit-il aux concurrents dans l'épître qu'il leur adresse[22] :

> Mais je vous prie, que chaque Blasonneur
> Veuille garder en ses Esprits honneur.
> Arrière, mots qui sonnent salement !
> Parlons aussi des membres seulement
> Que l'on peut voir, sans honte, découverts.
>
> (v. 75-79)

Vaines recommandations. Va-t-on arrêter une mode, ou lui fixer des règles morales ? Dans l'*Épître XXXIX*, Marot s'attriste de ne pas avoir convaincu son ami rival Mellin de Saint-Gelais de « blasonner ». Il n'y décide que trop bien Claude Chappuys, qui écrira, outre le *Blason de la main*, des obscénités. Sagon s'y met. Charles « Huet » n'écrit pas moins de dix-sept blasons, dont certains particulièrement répugnants. Sagon veut égaler Marot, mais « Huet » — Clément nomme ainsi Charles de la Huetterie — essaie de se faire donner par François Ier la place et les gages de l'exilé !

Mode chez les poètes, succès auprès des lecteurs. Les différents blasons furent réunis en recueil, édités et réédités de nombreuses fois. Les contre-blasons (*Blason du cul* par Eustorg de Beaulieu, *Blason du con* et *du con de la pucelle* par Chappuys) ne furent pas les moins appréciés. La double écriture à propos de la femme — adoration-obscénités — n'a pas cessé d'aller sur ses voies parallèles.

La vogue de ses blasons donne à Marot en exil une bien douce récompense : le voici à nouveau célèbre et célébré dans son pays. Grâce à lui, Maurice Scève se révèle au public, et Clément y gagne le cœur de Lyon. La fumée de l'encens est bien agréable, la cour de Ferrare, bien ornée, les savants ferrarais, bien savants. Mais la nostalgie commence à étrein-

---

22. *Épître XXXIX*, à ceux qui après l'Épigramme du beau tétin en firent d'autres.

dre le cœur du poète. Il n'est plus temps de se camper sur la dignité de l'innocent châtié, mais de faire valoir ses droits au pardon.

Dès la fin de l'année 1535, cette envie d'être absous, d'être autorisé à revenir en France, paraît dans l'*Épître XXXVII, au roi, nouvellement sorti de maladie*. Marot a l'aplomb de demander à François Ier qu'on lui envoie ses gages en Italie : cela doublerait ce que lui donne la duchesse Renée (v. 37-38). Il explique qu'il étudie sous la férule de Calcagnini, « de qui tant on apprend » (v. 41), et enchaîne :

> *Et si désir après cela te prend*
> *De m'appeler en la terre gallique...*
> (v. 42-43)

... Qu'on le rappelle ! Marot a fait des progrès en latin et en italien : cela le rend apte à mieux servir le roi, dont il reste le serviteur en tout. Mais François ne répond rien, n'envoie pas un sou. Marot se console jusqu'au printemps 1536 par le triomphe de ses blasons et la réputation que cela lui donne — ou plutôt lui rend — dans son pays bien ingrat.

A cette date, le climat de la cour de Ferrare se détériore. Les cardinaux font savoir au duc Hercule, par son ambassadeur à Rome, que le pape supporte mal le nid de luthériens établi autour de Renée. Hercule, qui n'a épousé cette dernière que par raison d'État, n'a pas envie de fâcher Alexandre Farnèse, élu pape en 1534 sous le nom de Paul III. Il donne un coup de semonce en renvoyant en France Michelle de Saubonne (mars 1536). Celle-ci doit s'exécuter. Sa cadette Renée de Parthenay, qui va épouser un Français, l'accompagnera.

Clément Marot ne désarme pas. Si on le renvoyait à son tour en France, lui contumace, il risquerait le bûcher malgré l'édit de Coucy : ses ennemis veillent, Sagon s'acharne. Crânement, le poète écrit une épître à la mère et à la fille chassées par le duc. L'*Épître XLI* à la fille est anodine : « Ne partez pas ! Allons, partez puisqu'il le faut. » L'*Épître XL* à Michelle de Saubonne, baronne de Soubise, renoue avec le grand ton.

Nous voyons ici à quel point Marot adulte, maître de son talent, sait jouer sur tous les registres. A peine a-t-il lancé un concours — ou une vogue — de poésie ultra-légère qu'il revient au registre grave, et de quelle brillante façon ! Chanter les mérites d'une femme disgraciée, c'est encourir la colère d'Hercule. Clément n'hésite pas. Il rappelle tout ce que Michelle de Saubonne, depuis sa jeunesse, a fait pour les lettres, les arts, le père de Marot, Marot lui-même. C'est une femme de tête et de cœur, naguère protectrice de Lemaire de Belges, une fleur de l'humanisme :

> Toi et les tiens aimez littérature
> Savoir exquis, vertus qui le ciel percent
> Arts libéraux et ceux qui s'y exercent
> Cela, pour vrai, fait que très grandement
> Je te révère en mon entendement.
>
> (v. 28-32)

Certes, pas un mot des raisons qui causent ce départ : un choix religieux hétérodoxe. Pas un mot contre le duc : c'est Dieu (v. 49) qui envoie en exil cette femme de bien. Mais une fois de plus, par dignité, le poète se compromet, nomme ses amis. Il doit bien se douter pourtant qu'il est au nombre des suspects, que d'autres mesures d'expulsion seront prises, qu'il y va une fois de plus de sa liberté. Là encore, nous devons admirer son courage. La terrible réputation des Este doit lui revenir en mémoire. A part un dizain de révérence, il n'a rien écrit pour le duc Hercule. Il est à la duchesse Renée, et voici Renée mise en accusation par son mari. Pour des raisons politiques aussi bien que religieuses, l'ogre de Ferrare, descendant d'une famille d'ogres, doit frapper de terreur l'entourage de sa femme. Certes, cette dernière est la proche parente de François Ier et en appellera à lui. Mais sa cour ? Michelle de Saubonne et sa fille une fois exilées, Marot doit trembler pour sa propre sécurité.

A la fin du printemps 1536, le duc Hercule prend une vraie colère contre les luthériens. Inquiète-t-on Marot ?

Certains l'ont affirmé. Il semble que, comme au lendemain de l'affaire des Placards, l' « oiseau du ciel » ait su ouvrir ses ailes judicieusement, « s'excuser d'absence ».

En juin, il quitte la ville subrepticement et se réfugie à Venise.

TRISTE À VENISE

Pour provoquer la crise qui mettra en branle l'inexorable inquisition, Hercule d'Este invente un complot, ou feint de croire ceux qui lui en parlent. Le vendredi saint 14 avril 1536, un réfugié français fait scandale à Ferrare : il quitte l'église avant la cérémonie de l'adoration de la croix. C'est un moine, ancien religieux de Tournay, inscrit sur la liste des personnes recherchées après l'affaire des Placards. Le duc l'avait pris à son service, mais les idées réformistes de cet homme, nommé Jeannet de Bouchefort, ne font aucun doute : il les proclame, lui, avec sa voix d'ancien chantre. Arrêté, il est livré à l'inquisition ferraraise, qui le soumet à la torture pour qu'il nomme ses « complices ». Qui peut-il dénoncer ? En réalité, c'est un coup monté, destiné à purger Ferrare de ses luthériens déclarés et de ceux qui partagent leurs opinions subversives.

Par cet éclat, Hercule fait montre de son attachement au pape. Continuant à frapper des Français, il gagne la bienveillante neutralité de Charles Quint, qui se dispose à envahir la France. Il irrite en revanche François Ier, mis au courant du renvoi de Michelle de Saubonne et de sa fille, puis du « complot » des Français. A la veille de la guerre, chaque camp compte ses amis.

Le contre-feu est allumé par Marguerite de Navarre. La duchesse Renée la prend comme avocate auprès du roi, lui racontant les impertinences de l'inquisition à son endroit. La sœur de François Ier, qui sans doute a été « tenue au courant

jour par jour de ce qui se passait à Ferrare[23] », agit aussitôt
auprès du pape, qui lui a montré de l'amitié. En mai, en juin
même, alors que la guerre est toute proche, qu'Henri de
Navarre est parti défendre les Pyrénées, Marguerite intervient en faveur des persécutés de Ferrare. Que fait Marot ?
Certains documents laissent croire qu'on l'appréhende. Si
c'est le cas, il s'évade. S'il n'est pas encore arrêté, il sait qu'il
va l'être bientôt. Dans l'une ou l'autre de ces hypothèses, il
prend le parti le plus sage : la fuite. Pourquoi à Venise ? La
réponse est simple : la république vénitienne n'est pas
impliquée dans la guerre à venir[24] et, surtout, l'inquisition
n'y a pas force de loi. Il semble que l'ambassadeur de France
à Venise, Georges de Selve[25], ait prêté la main au sauvetage
in extremis d'un Marot bien menacé à Ferrare.

Il s'est enfui, le voilà sauf, n'ayant déjà que trop tardé[26].
De juin à novembre 1536, les documents biographiques
manquent. Les épîtres qu'il écrit de Venise en France sont
connues. Mais leur auteur ? Rien sur son établissement dans
une ville étrangère, cosmopolite, où la vie est chère. Rien sur
les ressources qu'il peut y trouver pour subsister. La
duchesse l'a-t-elle muni d'argent avant son départ ? Supposition non étayée. Marguerite lui envoie-t-elle des subsides ?
Impossible de le savoir. Est-il aidé par l'ambassadeur français, Georges d'Armagnac, qui remplace de Selve à partir du
1er juillet ? Mystère.

Pourtant, comme nous aimerions connaître les pensées et

23. Pierre Jourda *Marguerite d'Angoulême, duchesse d'Alençon, reine de
Navarre*, Paris, 1930, T. I, p. 196.

24. Échaudée tour à tour depuis 1533 par l'empereur et par François
Ier, la Sérénissime s'en tiendra, pour la guerre de 1536, à la plus exacte
neutralité. Ses problèmes graves sont alors d'ordre économique. Le
sultan Soliman étend contre elle ses ambitions.

25. Georges de Selve (1506-1541), diplomate et humaniste, sert
habilement François Ier en Italie. Il traduira huit des *Vies des hommes
illustres* de Plutarque, avant Amyot.

26. Dès le 5 mai, le duc fait ordonner aux Français qui entourent sa
femme, et sont suspects, de se présenter devant l'inquisition. La
duchesse refuse, en appelle à son cousin François Ier, à travers Marguerite
qui prend l'affaire en main.

les sentiments de Marot à cette date! L'exil à Ferrare, auquel il avait frileusement consenti un an plus tôt, s'était révélé agréable, utile, instructif. Il y avait pour finir mis en train la mode des blasons, qui redore le sien dans les lettres françaises. Nostalgie, mal du pays? Nous en avons trouvé des traces dans son *Épître XXXVII* au roi. Mais enfin, il était aimé et respecté par l'entourage de Renée. Les dangers qu'il avait courus après l'affaire des Placards, son arrestation à Bordeaux, la perquisition en son domicile parisien, la confiscation de ses livres et manuscrits n'étaient plus que mauvais souvenirs. Et puis soudain, nouveau coup d'arrêt, exil obligatoire dans une cité orgueilleusement repliée sur elle-même. Jamet est à Rome durant tous les mois de crise et reviendra à Ferrare quand tout sera calmé. Les « comploteurs », c'est-à-dire Jeannet de Bouchefort et le secrétaire de la duchesse, seront libérés par l'inquisition au mois d'août.

Marot est à Venise. Au moins savons-nous qu'il est triste, au bord du découragement. Il le montrera dans l'*Épître XLIV* au roi François et dans l'*Épître XLVI* à Marguerite. L'une et l'autre sont empreintes d'une grande mélancolie : la seconde surtout, dans laquelle il ouvre son cœur à sa protectrice et amie. L'*Épître XLV* au dauphin François[27], en revanche, brille des feux habituels de sa gouaille : il essaie d'amuser le jeune prince. Rien de plus pathétique, en vérité, que cette épître qui supplie le fils après le père : « Prince, priez le roi d'accéder à ma prière : laissez-moi rentrer en France, seulement pour six mois ! » La gaieté, le mordant ne lui reviendront que dans les deux coq-à-l'âne qu'il adresse à l'ami Lyon Jamet : l'un à la fin de juillet et l'autre vers octobre, quand l'espoir de rentrer au pays lui revient.

Comment Marot s'acquitte-t-il de sa dette morale — et peut-être matérielle — envers sa protectrice, la duchesse de Ferrare, qui pour finir l'a sauvé de l'inquisition? Nous

---

27. Le dauphin devait mourir à Tournon le 10 août 1536. L'épître que Marot lui adresse doit dater des derniers jours de juillet. L'a-t-il reçue? Il était déjà en campagne.

possédons deux épîtres de Marot à la duchesse, l'une et l'autre datées de Venise.

L'*Épître XLII* sera publiée en France et même donnée par Clément à Montmorency, chef des catholiques durs, en 1538. Certains estiment donc qu'il s'agit d'une œuvre écrite non de Venise, mais de France, après l'exil. L'auteur invente des fables pour expliquer son départ de Ferrare : il a subi une attaque à main armée. Pas un mot de religion, sinon des paroles acceptables pour tout chrétien, catholique ou réformé. Ce n'est pas une épître, mais un certificat de bonnes vie et mœurs, au reste d'une facture assez fade.

Il est certain au contraire que l'*Épître XLIII*, adressée elle aussi à la duchesse, fut écrite à Venise et à chaud. Non destinée à la publication — elle ne fut connue qu'au xixe siècle grâce à Guiffrey —, elle ne ménage pas ses mots. Pour plaire à Renée, ces mots doivent être antipapistes : ils ne s'en privent pas. Ne disons pas que c'est pour plaire que Marot attaque la religion catholique — d'ores et déjà, son exil l'a confirmé dans son attitude contestante —, mais il veut plaire aussi. Or Renée, excédée par les brimades d'Hercule, laisse monter le ton des réformés qui l'entourent jusqu'à la contestation la plus vive. Dès lors, Marot accentuera la coloration réformée de son épître confidentielle, comme plus tard il épurera de toute parole « malsentante » le texte de rechange qui viendra dans les mains de Montmorency.

Les Vénitiens sont matérialistes et ne s'occupent pas de leur âme (v. 2-20). Marot trouve-t-il bon accueil chez eux ? Non, répond-il dans l'*Épître XLIII* :

> *Advient aussi que de l'amour du proche*
> *Jamais leur cœur partial ne s'approche.*
> (v. 21-22)

Ce sont des païens, des idolâtres : ils prient les statues, et laissent mourir les pauvres de faim, ces gaspilleurs (v. 32-48) ! Prier des pierres, c'est ce que recommande l'Église catholique, la grande Mérétrice, c'est-à-dire la grande Maquerelle (v. 62)...

> *Avec laquelle ont fait fornication*
> *Les rois de terre, et dont la potion*
> *Du vin public de son calice immonde*
> *A si longtemps enivré tout le monde.*
>   (v. 63-66)

Ces Vénitiens sont des épicuriens. Les prostituées chez eux
sont admises et bien réputées (v. 87-89). Venise, c'est la ville
de Vénus, assonance oblige. Ville grouillante où vont « par
troupes » Juifs, Turcs, Arabes et Maures (v. 102). Marot en
montre le train affairé : l'arsenal, les canaux, leurs gondoles
qu'il nomme « mules de bois »... Bref, en quelques vers
(v. 100-111), il sait adroitement décrire ce qu'il voit autour
de lui. Sans ces étonnements, sans le couplet contre les
femmes légères, nous croirions presque en ce Marot strictement campé sur la Réforme la plus exigeante. Mais qu'il
n'aime plus les femmes, qu'il réprouve l'argent gaspillé, il
nous prouvera le contraire dès son retour en France.

Son épître dut plaire, étant faite pour plaire. Le sentiment
qui l'anime — reconnaissance envers Renée de Ferrare —
n'est pas feint. Le poète garde le souvenir des bontés que lui
a montrées cette réformée austère. Il fera pour elle un autre
poème qu'il rapportera à Lyon, un « sonnet » : le premier
sonnet de langue française, selon beaucoup. D'autres en
trouvent, antérieurement, chez Mellin de Saint-Gelais, et
même chez Jean Bouchet. Ce sonnet — au reste bien plat —
fut le premier vraiment célèbre en France. Ce genre n'était pas
fait pour la plume du poète. Il y viendra sept fois en tout, et
jamais n'y brillera comme le feront d'innombrables successeurs.

Une fois de plus, le malheur va bien à Marot. Avec l'*Épître
XLIV* au roi, l'*Épître XLVI* à Marguerite, le *Cantique* qu'il
adresse à cette dernière, il nous donne de grandes œuvres.
Ici, mieux qu'en ses *Élégies* de pure convention, il nous
apparaît comme le premier grand élégiaque français. Certes,
il imitera les poèmes d'exil d'Ovide dans l'une et l'autre de
ces missives : *Les Tristes* pour le roi, *Les Pontiques* pour

Marguerite. Les leçons de Calcagnini à Ferrare ont dû le familiariser avec ces textes : comment un érudit n'en eût-il pas donné leçon à un exilé qui traduisait *Les Métamorphoses* ?

Dans cette *Épître XLIV* au roi, Marot saisit à son habitude la partie de vérité qui peut lui être favorable. Façon de courtisan, entée sur un penchant naturel à l'affabulation. S'il a été chassé de Ferrare, dit-il au roi, c'est parce qu'il est français. Ce n'est pas faux. Ce n'est pas tout à fait vrai. Il veut revoir la France. Il souhaite avoir les ailes de Pégase, le cheval ailé de la mythologie (v. 38). Dès lors, son souffle poétique exhale des vers admirables :

> *Bientôt vers France alors volèterais*
> *Et sur les lieux plaisants m'arrêterais*
> *Pendant en l'air, planant comme un gerfaut ;*
> *Si te verrais peut-être de là-haut*
> *Chassant aux bois ; contemplerais la France*
> *Contemplerais Loire, qui dès enfance*
> *Fut mon séjour, et verrais mes amis*
> *Dont les uns m'ont en oubliance mis*
> *Les autres non ; puis à l'autre volée*
> *Regarderais la maison désolée*
> *De mon petit et pauvre parentage*
> *Qui sustenté était de l'avantage*
> *Que j'eus de toi. Mais pourquoi mets-je avant,*
> *Sot que je suis, tous ces souhaits d'enfant*
> *Qui viennent moins quand plus on les désire ?*
> (v. 45-59)

Suivent un éloge bien tourné au roi, des protestations de fidélité et des accents de tristesse sobre. Marot tourne joliment en français un vers d'Ovide, disant que depuis la colère du roi contre lui :

> *A peine aimé moi-même je me suis*
> (v. 150).

Au nom des enfants royaux, au nom de Marguerite sa « maîtresse et dame » (v. 181), Marot conclut sur une supplication :

Te plaise, Roy, à ton humble Clément
A ton Marot, pour six mois seulement
La France ouvrir, que ses enfants il voie
Et qu'à leur cas et au sien il pourvoie.
                                        (v. 187-fin)

Grand poème, moins connu qu'il ne conviendrait. Il est renforcé par l'*Épître XLVI* à Marguerite. Parlant au roi, incertain des sentiments de ce dernier à son égard, Marot s'efforçait d'une part à la constance, d'autre part à la louange, cherchant et trouvant bon équilibre entre les deux. Mais Marguerite, cette amie tutélaire, qui a pris encore une fois fait et cause pour son protégé, mérite plus d'abandon. La retenue parfois un peu guindée de l'*Épître XLIV* au roi laisse place aux transports de la confiance. Quelques flatteries : les dames en sont friandes, même sages et savantes. Une liberté de ton qui n'exclut pas — et même qui singularise — la beauté des vers. Rien ne manque à cette catharsis de l'exilé : souvenirs, espoirs, regrets, prières. Un Marot d'excellence : le plus bel hommage que son génie puisse rendre à celle qui l'a protégé depuis près de vingt ans.

Cette fois, il lui donne le nom de « mère », et déclare que c'est toujours par elle, dans les épreuves, qu'est venu à lui le réconfort de Dieu (v. 21-24). Il rappelle comment elle l'a reçu à Nérac avant de lui conseiller l'exil (v. 27-32). Il se compare, en sa fuite, à un cerf aux abois, une meute à ses trousses (v. 44-52). Suivent ses peurs, ses doutes en la retraite de Ferrare, sa fuite enfin :

Car chiens du Pô de relais et renfort[28]
Sont jà venus élancer[29] *de son fort*
Ton pauvre serf qui en l'étang salé
Vénitien jeter s'en est allé
Où les mâtins ne l'(oublieront) longtemps
Car clabauder d'ici je les entends.
                                        (v. 79-84)

28. Chiens de relais et de renfort prennent la suite d'une première meute épuisée par la chasse.
29. Faire partir en courant.

Il n'est plus rien qu'une plante déracinée et se plaint en vers aussi touchants qu'harmonieux (v. 88-102). Veut-il dormir ? Il a des cauchemars, et se voit derrière les barreaux d'une prison (v. 103-114). Ou, au contraire, son rêve le ramène chez Marguerite avec laquelle il chante des psaumes : « Car ce sont tes chansons », ajoute-t-il (v. 120). Il se fait pressant, suppliant qu'on l'aide à rentrer :

> *Je te supplie, toi qui es ma Princesse*
> *Me débannir ; un chacun, pour tout sûr*
> *Trouve toujours ne sais quelle douceur*
> *En son pays, qui ne lui veut permettre*
> *De le pouvoir en oubliance mettre.*
> *Ulysse sage, au moins estimé tel,*
> *Fit bien jadis refus d'être immortel*
> *Pour retourner en sa maison petite*
> *Et du regret de mort se disait quitte*
> *Si l'air eût pu de son pays humer*
> *Et vu de loin son village fumer* [30].
> (v. 152-162)

Pour finir, Marot a confiance en la « bonté humaine » du roi (v. 181). Plaisantant enfin, il prie la reine de l'excuser si quelque italianisme est venu gâter cette épître (v. 191-196). Son style ne cessera de se gâter si Marguerite ne veut « d'ici le retirer ».

Or Marguerite le veut et s'y emploie. Une fois terminée sa chevauchée guerrière de l'été 1536, elle rentre à Lyon, où chaque poète exalte le prince Marot. Avant l'automne, elle écrira sa *Complainte pour un détenu prisonnier*. Il y a bonne vraisemblance pour que le prisonnier soit Marot, et la prison, Venise. Le « captif » déclare en effet :

> *J'étais venu pour obtenir franchise*
> *Au beau milieu d'une petite Église*

---

30. Du Bellay n'a pas pris à Marot le thème de son fameux sonnet d'Ulysse : tous deux imitent à leur façon un thème d'Ovide exilé.

Où je trouvai les Muses et les Grâces
Minerve aussi, qui de toutes leurs grâces
Humainement sans délai me reçurent
Et de leurs biens abondamment me purent [31]
Où je trouvai la royale semence
Qui m'accepta des siens par sa clémence.

(v. 251-258)

La « petite église » serait la cour de Renée, les Muses et les Grâces, Michelle de Saubonne et ses filles, la « royale semence », la duchesse elle-même, fille de roi. Du meilleur Marot à l'un des plus faibles poèmes de sa protectrice, la distance littéraire est grande. Elle se réduit à rien quand il s'agit des élans du cœur. La reine a pour Marot une affection aussi profonde que celle qu'il démontre à son endroit.

Outre la splendide *Épître XLVI*, le poète écrit encore de Venise à la reine de Navarre. Un cantique [32] cette fois, le premier de sa plume, mais non le dernier. Il a le bel air de son grand lyrisme que manifestera la traduction des Psaumes un peu plus tard. Œuvre écrite en strophes de quatre vers : trois décasyllabes rimant ensemble, un tétrasyllabe. Cela donne un son bizarre et fascinant à ce long poème baroque qui crie au secours pour la duchesse Renée :

Ha, Marguerite, écoute la souffrance
Du noble cœur de René-e de France
Puis, comme sœur, plus fort que d'espérance
    Console-la.

(v. 21-24)

Tel est le Marot de Venise en ses œuvres élégiaques ou lyriques. Sombre parfois, mais trop ami de la clarté et du sourire pour s'abandonner longtemps au découragement.

31. M'ont pourvu.
32. *Cantique de Clément Marot, banni premièrement de France, depuis chassé de Ferrare par le duc, et retiré à Venise,* appelé aussi : *De la reine de Navarre, de laquelle il avait reçu une épître en rythme.* Il est improbable, mais non impossible, que l'épître de Marguerite à Marot, écrite « en rythme » (en vers), soit tout ou partie de la *Complainte pour un détenu prisonnier,* ou son premier état.

Pour un homme fondamentalement malicieux, l'événement le plus dramatique apparaîtra comme un Janus à deux visages : le malheur, qui incite aux lamentations ; l'absurdité du malheur, qui conduit à rire du pire. Le saint patron de cette espèce d'individus reste le diacre Laurent qui subit le martyre sous l'empereur Valérien. On le déposa sur un gril rougi au feu. Au bout d'un moment, assure la légende, il déclara au bourreau : « Retourne-moi. Je crois que ce côté-ci est assez cuit. »

Clément Marot, nous l'avons vu en chaque saison noire de sa vie, est de cette race. Frappé par le sort, il gémit d'abord et implore de l'aide. Peu après, pourtant, il cherche dans la dérision une manière personnelle de nier la douleur, l'injustice, la frustration. A Venise, privé de ses protecteurs, de ses amis, de ses admiratrices, et sans ressources, il cède d'abord à la mélancolie, écrivant sur le ton de l'élégie deux épîtres de premier rang. Il sourit bientôt des aléas de sa fortune. Dans l'*Épître XLV* au dauphin François, il plaisante. Dans les troisième et quatrième coq-à-l'âne envoyés à Lyon Jamet, il sort ses griffes intactes et, avec une splendide verve satirique, fait rire de ses ennemis. Son espoir reste toujours très fort. L'espoir est l'arme absolue des optimistes impénitents, dont Marot fait partie à tout âge de sa vie, naïvement, *dentibus albis*.

L'*Épître XLV* au dauphin adopte un ton léger, narquois. Est-ce par futilité, par inconscience du mauvais cas dans lequel il s'est mis ? Par adresse, plutôt. Il ne faut pas importuner de plaintes le joyeux fils du roi. Ayons l'air de plaisanter avec ce qui nous arrive, tout en présentant, comme incidemment, cette requête si pressante :

> *C'est qu'il vous plaise au Roi, votre cher père*
> *Parler de moi, si bien qu'il soit induit*
> *A me donner le petit sauf-conduit*
> *De demi-an, qui la bride me lâche*
> *Ou de six mois, si demi-an lui fâche.*
>
> (v. 20-24)

Si un « demi-an » fâche le roi, qu'il accorde six mois de séjour en France à Clément. Voilà qui fera rire : c'est ce que l'on attend de lui à la cour. La suite doit émouvoir. Le poète veut retrouver ses enfants, ses « marotteaux » (v. 26), ses vieux amis, la cour du roi, sa « maîtresse d'école » (v. 34). Il se fait tout petit : est-il assez important pour qu'on l'exile ?

> *Et puis Marot, est-ce une grande viande*
> *D'être de France étrangé et banni ?*
> *Pardieu, Monsieur (je dirai que) nenni.*
> (v. 40-42)

Il s'est calmé, et désormais « parle sagement » (v. 54). Que le dauphin obtienne donc cette levée de l'interdit et le fasse revenir en France pour six mois. Pourquoi six mois ? Sans doute parce que le poète se sentait assuré, si on lui laissait mettre le pied en France, d'y avoir assez d'amis, et puissants, pour l'y retenir. En récompense de son visa de retour, il promet d'écrire une œuvre qui immortalise François Ier et sa famille. « Petite viande ? » Parole de persécuté. La conclusion de l'épître prouve que la vanité reste vive chez le poète, quoi qu'il en ait dit.

Vanité ? Orgueil plutôt, qui éclate à la même date (juillet 1536) dans le troisième coq-à-l'âne. Il débute par une attaque échevelée contre Bédier — l'âne, le fou intégriste de la Sorbonne :

> *En quelque latin de marmite*
> *— Par Notre Dame je le quitte —*
> *Pour vrai, il est le plus savant.*
> (v. 15-17)

Ce sauvage-là veut brûler Marot ou le pendre. Si Marot s'y prête, que ses amis écrivent cette épitaphe sur son gibet :

> *Ci pend le fol qui s'est rendu*
> *A crédit*[33] *pour être pendu.*
> (v. 43-44)

Suit une longue diatribe contre Sagon. Le poète, nous en sommes sûrs à présent, a lu le *Coup d'essai* écrit contre lui par

---

33. De bonne foi.

ce misérable. Marot contre-attaque avec une véhémence des plus réjouissantes :

> *N'en parlez plus, parbieu, c'est il*
> *Tout ce qu'il sait n'est que babil.*
> *Je n'en pourrais plus tant souffrir*
> *Voici ce que (lui) veux offrir :*
> *Lui (donner) mon art et ma muse*
> *Pour en user comme j'en use.*
> (v. 97-102)

Plus loin, Marot propose burlesquement de prendre Sagon comme canon, et de le mettre à feu (v. 111-133). Du coq à l'âne, voici maintenant contée — et embellie — l'arrestation de Marot à Bordeaux, et la leçon qu'il en tire : ne soyez pas pris ! Pour finir, un plaidoyer contre les stupides horreurs de la guerre :

> *C'est ainsi que Clément devise*
> *Vivant en paix dedans Venise.*
> (v. 215 et fin)

En ce texte confidentiel, qui reste un coq-à-l'âne par ses changements de cap, Marot nous apparaît bouleversé encore par sa fuite nécessaire. Drôlerie, certes, aptitude confirmée à rire de soi, mais amertume montrée, incertitude de l'avenir.

Le ton change dans le quatrième coq-à-l'âne, du même au même. Le poète, habile à s'adapter en toutes circonstances, a pris son parti d'être relégué en cette Venise corrompue ; surtout, les nouvelles sont bonnes. Le poème a dû être envoyé en octobre ou novembre 1536, alors que le sauf-conduit tant désiré allait arriver de France. Du coup, l'écriture est plus gaie, les dents moins serrées, la bonhomie revenue. Beaucoup de passages nous paraissent obscurs en ce texte : Marot parle de la guerre, mais fait aussi allusion à des personnages, à des événements qui nous restent inconnus. Il va, cancanant à nouveau comme un courtisan réintégré. Au roi François, il jure une fidélité absolue :

> *Sire, tandis que* [34] *je vivrai*
> *M'emploierai à votre service.*
>   (v. 176-177)

Il exalte la « franche Marguerite » (v. 182). Pour finir, une pirouette autour d'une nouvelle qui doit — il le dit ailleurs — le frapper au cœur :

> *Érasme est mort, et l'on m'a dit*
> *Qu'on joue toujours des gigotteaux.*
> *Adieu jusques aux Blancs Manteaux.*
>   (v. 194 à fin)

Les dames de la rue des Blancs-Manteaux sont les « ennemies » des *Adieux* de 1530. Marot semble donc sûr de les revoir : son exil va prendre fin.

L'édit de Coucy (16 juillet 1535) avait amnistié les « hérétiques » qui se repentaient. Marot, sans doute bien conseillé, n'y avait pas cru au point de rentrer tout de go. Il eut raison. Les persécutions fléchirent, mais sans vraiment cesser. Un an plus tard, passé l'été 1536, la situation a changé. Le roi, dès le 31 mai, a renouvelé clairement l'amnistie pour les luthériens qui abjureraient « leurs erreurs » [35] et promettraient de vivre « en uniformité de foi » avec les catholiques.

Théoriquement donc, Marot pourrait rentrer chez lui sans risquer le pire. Cette fois, de plus, la chance est de son côté. Avant et pendant la campagne de 1536, le duc de Ferrare a joué le jeu de Charles Quint. Bien pis, il a osé persécuter son épouse, qui est de sang royal français. Il a chassé ou contraint à la fuite les amis français de celle-ci. Marguerite, qui a pris en main la défense de la duchesse, chauffe à blanc le sensible amour-propre de François Ier, et aiguise la colère du roi contre Hercule d'Este.

Marot exilé à Ferrare après l'affaire des Placards ? Juste

---

34. Tant que.
35. A condition qu'ils se soumettent dans les six mois. Le sauf-conduit de Marot est arrivé juste à temps pour le garder dans les délais.

punition de ses écarts religieux, pensait le roi. Mais Marot chassé de Ferrare, exilé à Venise ? Il devient un sujet français injustement brimé par les ennemis de la France. Marguerite a beau jeu de plaider son retour. Est-il « si grande viande » ?

Le roi accepte. Le fameux sauf-conduit tant désiré est accordé durant l'automne. Clément Marot peut quitter la ville lagunaire et ses « mules de bois ». Il est autorisé à rentrer en France : non pour six mois, comme il le demandait d'abord, mais pour de bon, à condition d'accepter les conditions de l'amnistie.

CHAPITRE X

Un triomphe attesté

*De nos jours, parmi ceux qui écrivent en fran-
çais, la première place est due à Clément Marot,
poète supérieur à tous les autres.*

Étienne DOLET,
Commentarii (*Lib.* II), 1538.

LYON : LE BÂTON ET LE BAUME

Clément Marot quitte Venise et gagne la France. Non
par le chemin qui longe la mer, mais en suivant l'une des
routes qui, par le passage de Splügen, conduit en Suisse
d'abord. Deux présomptions sérieuses nous portent à le
croire.

D'abord, un témoin affirmera l'avoir rencontré à Genève
à l'automne 1536. Il n'en fallait pas plus à certains commentateurs pour inférer qu'il prenait langue avec des
réformés suisses. Est-ce vraisemblable, alors qu'il rentrait
chez lui pour solliciter — avec toutes les apparences du
repentir — le pardon des autorités catholiques ? Disons
simplement qu'il est passé par Genève en suivant la route
ordinaire qui conduisait à sa destination : Lyon.

Ensuite, il raconte lui-même dans l'*Épître XLVII* —
qu'il va envoyer au cardinal de Tournon — les épreuves de

son voyage : il a souffert du froid, mais l'a ressenti à peine, tant il était heureux de rentrer en France :

> *Bise, verglas, neiges et la froidure*
> *Ne m'ont semblé que printemps et verdure*
> *Si qu'à Dieu rends grâces un million*
> *Dont j'ai atteint le gracieux Lyon.*
>   (v. 32-35)

Voici donc Clément à Lyon, à la fin de novembre ou au tout début de décembre 1536. Il espérait y rencontrer le roi et Marguerite, mais l'un et l'autre ont quitté la ville après l'atroce exécution de l'écuyer Montecuculli, accusé — à tort ou à raison — d'avoir assassiné le dauphin François. Le poète dut être grandement déçu de ne pas trouver là son maître et sa protectrice. Ils auraient peut-être pu le soustraire à la déplaisante contrepartie de la loi d'amnistie : l'abjuration publique de ses erreurs.

En quittant la ville, François Ier avait nommé gouverneur du Lyonnais le cardinal François de Tournon [1]. Ce n'était pas homme à badiner avec les hérétiques. Certes, les Tournon avaient toujours tenu au cœur de Marguerite. Blanche de Tournon, sœur du futur cardinal, avait été sa « maîtresse de mœurs » durant son enfance. Épouse d'un Coligny-Châtillon, elle reste dans la maison de la reine de Navarre jusqu'à un âge canonique. Ses nièces Hélène et Blanche y servirent de même : Marot composa pour elle des épigrammes laudatives qui, nous le verrons, agacèrent le cardinal. Celui-ci vient de réussir à briser tout espoir de rencontre entre François Ier et Melanchthon, malgré les efforts de Guillaume du Bellay. La Sorbonne le porte aux nues. Il restera l'ami de Marguerite jusqu'à ce qu'il tourne, en 1545, au franc

1. François de Tournon (1489-1562) joua un rôle important auprès de François Ier. Sa famille ardéchoise prétendait descendre du roi Turnus, rival malheureux d'Énée qui le tua. Tournon négocia la libération du roi prisonnier en Espagne, bénit son mariage avec Éléonore. Doyen du Sacré Collège des cardinaux (1560), il ne fut pourtant jamais pape. Déjà fâchée contre lui pour avoir béni le mariage de Jeanne d'Albret, Marguerite le détesta après le massacre des Vaudois, qu'il approuva (1545).

persécuteur d'hérétiques. Poète lui-même, il admire l'œuvre de Marot et montre de l'indulgence envers l' « oiseau du ciel ». Pas assez pour le soustraire au châtiment prescrit.

François de Tournon interroge d'abord le poète. Ce dernier, dont nous connaissons les talents de bon apôtre, doit être tout à fait convaincant dans le rôle du repenti. Le 14 décembre, le cardinal écrit à Montmorency : « Clément Marot est depuis quelques jours dans cette ville [...], délibéré de faire abjuration solennelle [...] devant moi et les vicaires de Mgr de Lyon. » Il ajoute qu'il est assuré de la bonne foi du pénitent, précisant qu'il ne le cautionnerait pas s'il avait des doutes à ce sujet : « Je le vois en bon chemin », conclut-il, demandant au grand maître d'en dire au roi pour que « l'abjuration faite, il puisse venir en sûreté vers lui et aller en son royaume ».

Abjuration. La cérémonie était déplaisante pour celui qui la subissait. Ce fut sans doute en la cathédrale Saint-Jean que Marot comparut, en chemise selon l'usage, puis s'agenouilla. L'archevêque ou l'un de ses vicaires prononçait deux psaumes de la pénitence, frappant d'une baguette l'épaule du repenti à la fin de chaque verset. Après la récitation du *Pater noster* et de deux autres prières liturgiques, l'absolution était donnée. Marot rentra ainsi dans le sein de l'Église, blanc comme l'agneau.

Certains ont essayé de nier que l'abjuration ait eu lieu. Cette thèse est insoutenable. Dans l'*Épître XLVII*, Marot demande à Tournon de ne pas le « contempter par mépris » (v. 65), se remettant ainsi entre ses mains : il connaît le prix à payer pour cela. Sagon et ses complices se réjouiront de l'humiliation subie par Clément. On lira dans *Le Rabais du caquet de Frippelippes et de Marot* :

> *Purgé, baptisé et refait*
> *En abolissant son forfait*
> *Cela fut fait dedans Lyon.*

On lira surtout dans *Adieux à la ville de Lyon*, que Marot écrit peu de temps après avoir quitté les lieux :

Va, Lyon, que Dieu te gouverne
Assez longtemps s'est ébattu
Le petit chien en ta caverne
Que devant toi on a battu [2].
                    (v. 41-44)

L'indiscutable abjuration, même tempérée par un sourire de Tournon, en tout cas par son chaleureux message à Montmorency, c'est le côté noir du retour en France. Considérons maintenant son côté brillant : peu de villes, si ce n'est peut-être Paris, eussent accueilli Clément Marot avec autant de faveur. Les *Adieux* à Lyon en témoignent, tout empreints de joyeuse reconnaissance. L'exilé est reçu dès son arrivée en homme d'exception, véritable gloire des lettres.

Les éditions lyonnaises de *L'Adolescence clémentine* et de la *Suite* ont été nombreuses, de 1533 à 1536 : Guillaume Boulle et François Juste les ont assumées. La plus récente, chez ce dernier, inclut le *Premier livre de la Métamorphose d'Ovide* et date de 1536. Est-ce dire que Marot est connu du public lyonnais ? Oui, si l'on limite ce public aux lecteurs émérites, quelques centaines d'érudits, d'universitaires, de lettrés, d'amateurs. Depuis l'exil de Clément, surtout depuis la mode des blasons, ils tiennent ce poète pour le meilleur qu'on puisse trouver.

Lyon passe alors pour la « Florence française » : pas seulement en raison des rapports économiques qui unissent ces deux villes depuis le xve siècle, mais par le lien très fort de la culture, notamment de la poésie. Ce que l'on appellera l'école lyonnaise n'est encore qu'en bouton. Pourtant, Lyon compte d'innombrables imprimeurs, des cercles littéraires, des groupes d'humanistes. La poésie néopétrarquiste à la Bembo y est goûtée autant que Pétrarque lui-même. Le savant médecin Symphorien Champier [3] y a introduit le

2. Équivoque sur l'expression : « battre le chien devant le lion » (réprimander quelqu'un en présence d'un plus grand que lui). Villey, appuyé sur Rabelais (*op. cit.*), pense que le sens de cette expression avait évolué, et signifiait « faire quelque chose d'inutile ». Marot, jouant sur les mots, dénierait ainsi tout sens à son abjuration.
3. 1472-1539.

platonisme revu et christianisé par le Florentin Marsile Ficin[4]. Le terrain est bon. Marguerite de Navarre, quand elle séjourne à Lyon avec son frère, en 1536, goûte les charmes et les leçons de l'intelligentsia lyonnaise. Elle s'y renouvelle en quelque sorte. Désormais, elle « humanisera » son œuvre littéraire, entre deux cris de la « Créature-rien » vers le « Dieu-tout[5] ».

Lyon littéraire bouillonne, avant de rayonner. Il va sortir de ce bouillon de belle culture plusieurs poètes de qualité, et l'un des plus grands du XVIᵉ siècle, Maurice Scève[6]. Nous l'avons vu remporter le prix du concours des blasons. En 1536, il vient d'écrire *Arion*, une églogue encore bien rhétoricienne sur la mort du dauphin. Il admire Marot, le met au-dessus de tous les poètes. Il l'accueille. Avant ou après l'abjuration, Clément fréquentera la maison de Guillaume Scève, le cousin de Maurice, connaîtra les trois sœurs de ce dernier, belles et lettrées. S'il refuse de chanter avec ce joli monde et d'apprendre la musique — « Je ne bois que trop sans cela », déclare-t-il —, il boit du moins les compliments, accueille des vers qui le louent, écrit des épigrammes pour les demoiselles. Des *Étrennes* lui sont envoyées le 1ᵉʳ janvier 1536 par Eustorg de Beaulieu[7] : douce musique de flatterie. Peut-être voit-il aussi celle qui deviendra l'égérie de Scève, la tendre Pernette du Guillet : elle fera de beaux vers et mourra

4. 1433-1499.
5. Marguerite en effet change de style et de ton à cette époque et pour des années. Elle écrit des comédies drôles et vives, *Le Malade* (1535), *L'Inquisiteur* (1536) surtout, qui contient un psaume traduit par Marot. Quant à Ficin, il révèle Platon à Marguerite sous un angle nouveau. Il fait succéder aux rites voisins de l'amour courtois et de l'amour pétrarquiste le faux sens de l'amour platonique, pur sentiment entre deux êtres prédestinés. En 1536, Antoine Héroët, secrétaire de Marguerite, témoigne de ce penchant de la mode dans son *Androgyne,* paraphrase ficinienne du *Banquet* de Platon.
6. 1501-v. 1560. Son chef-d'œuvre, *Délie,* parut en 1544, composé de quatre cent quarante-neuf dizains.
7. Poète mineur, futur adepte de la Réforme, il enseignait la musique à Lyon en 1536. Ses étrennes à Marot le firent remarquer davantage que ses blasons graveleux.

de la peste. Louise Labé ? Il est peu probable qu'elle ait pu l'inspirer avant son exil. Elle est née au plus tôt en 1522, ce qui lui donnerait quatorze ans en 1536. Mais Marot ne dédaignait aucune merveille à caresser des yeux ; il aime toutes les beautés en amoureux perpétuel, incapable de s'attacher, sinon à quelque prénom générique.

Peu d'années passeront avant que fleurisse l'ardent buisson poétique de l'école lyonnaise, le grand Scève aux évidences cachées, la luisante Louise Labé, archétype de la femme de lettres accomplie en sa liberté. En ce bref passage, à la fin de 1536, Marot est ébloui par le feu qui couve dans les cénacles lyonnais. Il ne rencontrera pas Étienne Dolet, qui vient de s'enfuir, ayant tué en duel le peintre Compaing. Mais il verra les amis de ce curieux et attachant personnage, tous humanistes de talent. La grande réunion autour de Dolet aura lieu à Paris au début de 1537, quand Marguerite l'aura tiré d'affaire.

Humilié à l'église, célébré à la ville, Marot quitte Lyon au début de janvier. Il dit en ses *Adieux* tout ce que son corps a trouvé de plaisir, son âme de joie, son esprit d'excitation au contact d'une cité ouverte aux Grâces et aux Muses, qui l'a reçu en prince des lettres. Le prince, hélas ! n'est en France qu'un serviteur qui doit rentrer près de son maître chercher un pardon et quelques subsides.

> *Adieu, Lyon qui ne mords point*
> *Lyon plus doux que cent pucelles*
> *Sinon quand l'ennemi te point* [8]
> *Alors ta fureur point ne cèles.*
>   *Adieu aussi à toutes celles*
> *Qui embellissent ton séjour*
> *Adieu faces claires et belles*
> *Adieu vous dis comme le jour*
>   *Adieu cité de grand' valeur*
> *Et citoyens que j'aime bien*
> *Dieu vous doint* [9] *la fortune et l'heur*
> *Meilleur que n'a été le mien.*

8. Frappe.
9. Donne.

J'ai reçu de vous tant de bien
Tant d'honneur et tant de bonté
Que volontiers dirais combien :
Mais il ne peut être compté.

(v. 1-16)

LES LAURIERS

Pardonné, blanchi par l'Église, reçu triomphalement par le Lyon des poètes et des humanistes, Marot rentre à Paris dès janvier 1537. Le jour même de la nouvelle année, tandis qu'Eustorg de Beaulieu produit pour Clément ses *Étrennes* sous forme d'acrostiche, qu'Étienne Dolet lui envoie ses vœux, la fille du roi se marie. Il s'agit de Madeleine, qui épouse Jacques V d'Écosse. Voilà qui mettra en colère Henry VIII, cet ami douteux. Réintégré en ses fonctions, Marot écrira *a posteriori* un épithalame en l'honneur de ce mariage. Une médiocre pièce de commande. Jugeons-en par les trois derniers vers :

Car pour parents qu'ici tu abandonnes
Enfants auras, enfants (pour abréger)
Qui porteront et sceptres et couronne[10].

(v. 94 à fin)

Ce chant nuptial n'ajoute rien à la gloire de Clément. Le cri de joie de son retour, en revanche, sera le retentissant *Dieu gard de Marot à la cour de France,* qui paraît en plaquette au mois de mai. Ce n'est pas le poète qui le publie : en fait, il ne l'inclut dans aucun de ses recueils. Cela, et le vers 68 :

Dois-je finir l'élégie présente...

10. Il est juste de dire, pour excuser ces vers bien plats, que Madeleine — selon Brantôme — avait toujours désiré être reine, quelque roi qu'on lui donnât en mariage. Elle devait mourir le 11 juillet suivant. Phtisique, elle n'avait quitté la France qu'en mai 1537 : Marot eut donc tout le temps de lui donner le chant nuptial qu'il était censé avoir écrit au moment de ses noces.

rendent cette pièce difficile à classer par les méthodiques. Élégie ? Il s'agit d'un cri de bonheur et de soulagement. Il a réussi à revenir ! Les « mal-parlants » (v. 5) n'ont pas eu contre lui le dernier mot. Dieu garde le grand roi, la belle France, la reine Éléonore, les enfants royaux, la Marguerite « pleine de dons exquis » (v. 28). Dieu garde ceux qui « combattent et conseillent », sans oublier la cour des dames. Tout le monde est beau et gentil. En passant, un coup de patte à Ovide, cet exilé pleurnicheur. Comment aller plus loin ? En cédant pour finir au doux sentiment de générosité. Peut-on, lorsque l'on est si heureux, entretenir des rancunes ? Revenons au vers 68 :

> *Dois-je finir l'élégie présente*
> *Sans qu'un Dieu gard encore je présente ?*
> *Non ! Mais à qui ? Puisque François pardonne*
> *Tant et si bien qu'exemple à tous il donne*
> *Je dis Dieu gard à tous mes ennemis*
> *D'aussi bon cœur qu'à mes plus chers amis.*
>
> (v. 68-fin)

Cette déclaration de paix, Clément Marot la fait « de bon cœur », dans l'euphorie du retour. Le roi, la cour, ses confrères l'ont reçu avec honneur. Marguerite aussi, qui a pourtant d'autres soucis en ce début d'année.

Le roi pardonne, le roi sourit. Aussitôt, Marot rassuré s'inquiète du principal : « Les gages ravoir. » L'adresse qu'il envoie à son maître est plaisante : on s'y attendait. Elle a le front de réclamer le salaire qui courait pendant l'exil, ce fâcheux exil, ces « orages » suscités par des ennemis, ces « contraires ». Elle fait sourire, proclamant que ce coup d'arrêt, retenant des arrérages, a conduit le poète à être — contre sa nature — « ménager », c'est-à-dire économe :

> *Plaise au Roi me faire payer*
> *Deux ans d'absence de mes gages*
> *Tant seulement pour essayer,*

Après que l'on s'est vu rayer,
Combien sont doux les arrérages.
J'en chasserai tous les orages
Qui loin de vous m'on fait nager,
Et saurai gré à mes contraires,
Qui croyant troubler mes affaires,
M'auront fait si bon ménager.

Une autre épigramme à Guillaume Preud'homme, trésorier de l'Épargne, tente de presser le mouvement. Les textes nous prouvent que le poète eut gain de cause et toucha deux cent quarante livres : il a eu de l'augmentation ! Il s'agit maintenant de retrouver officiellement sa place, d'où l'épigramme *Au roi, pour être remis en son état :*

Soit de sa chambre, ou sa loge, ou sa tente
Ce m'est tout un, mais que je sois au roi.

Pour l'instant, il sera payé, comme en 1528, par un « acquit au comptant », mais figure à nouveau sur le rôle en 1538, avec le titre retrouvé de valet de chambre du roi. Tout est donc mal qui finit bien.

De leur côté, les confrères de Marot viennent de confirmer l'accueil fait au poète dans la ville de Lyon. Au mois de février 1537, Étienne Dolet, relaxé après son inculpation de meurtre par duel, donne un banquet à Paris. Cette fête, Marot en est le héros, et tous les invités y chantent ses louanges. Et quels invités ! la fine fleur de l'humanisme français : Guillaume Budé en personne, ses deux brillants élèves Jacques Toussain [11] et Pierre Danès [12], les célèbres poètes néolatins Salmon Macrin, Nicolas Bourbon, Jean Voulté ; François Rabelais aussi, que Marot a rencontré à Ferrare, où il accompagnait le cardinal Jean du Bellay, son maître ; Bonaven-

11. 1499-1547. Ami d'Érasme, élève de Budé. Il enseigna le grec et composa un dictionnaire grec et latin, publié après sa mort.
12. 1497-1577. Élève de Budé et de Lascaris. Lui aussi professeur de grec chez les Lecteurs royaux, puis évêque de Lavaur.

ture Des Périers enfin, ce singulier et attachant personnage que Marguerite vient de prendre à son service.

Marot, ce roué candide, n'a jamais caché le goût qu'il a
pour les compliments. Il appréciait certes les hommages
des poètes français, tel son nouvel ami Maurice Scève, ou
Charles Fontaine. Mais qu'un cicéroné comme Dolet, des
hellénistes célèbres et le grand Budé lui-même l'encensent, cela le transporte de joie. Boyssonné, son ami. toulousain, y va de son éloge. Les voici l'admirant, ces
savants érudits qu'il a toujours enviés, lui relativement
sans culture. Ils l'assurent qu'entre poètes de langue française — chacun le dit et l'écrit — il est le meilleur.
Douces paroles !

Dolet ? Dans une épigramme, Marot le présentera
comme la réincarnation de Cicéron, ce cher puriste : leur
brouille postérieure sera aussi vivement écrite que les compliments qu'ils échangent alors. Les érudits, les néolatins ?
Il n'en prononcera que des éloges et en restera bien reçu
toute sa vie, fussent-ils, comme plus d'un, des cuistres.

Tel est l'accueil que reçoit l'exilé à son retour. Il se
rengorge un peu, papillonnant auprès des dames. Ainsi,
dans l'épître — ou élégie [13] ? — publiée au xixᵉ siècle par
Génin, chante-t-il son amour pour une dame non identifiée.
Tout éclatant de sa gloire nouvelle, il promet à la belle —
après tant d'autres, avant plusieurs — qu'elle gagne l'immortalité, étant célébrée par un poète tel que lui :

> *Et mon renom en autant de provinces*
> *Est (répandu) comme celui des princes.*
> *S'ils vainquent gens en faits d'armes divers*
> *Je les (surpasse) en beaux écrits et vers ;*
> *S'ils ont trésors, j'ai en trésors des choses*
> *Qui ne sont point en leurs coffres encloses ;*
> *S'ils sont puissants, j'ai la puissance telle*
> *Que faire puis ma maîtresse immortelle.*
> (v. 65-72)

13. Élégie à coup sûr pour Claude-Albert Mayer, mais titrée jusque-là : *Épître faite par Marot.*

Clément ajoute qu'il dit cela pour plaire à la dame, non par « vantance » (vantardise). Que serait-ce, s'il se vantait !

Après les grisailles du véritable exil de Venise, voici donc la gloire, le triomphe littéraire. Chacun, sinon les jaloux, trouve en Marot un nouveau maître en poésie, un ton jamais entendu, une façon preste de donner vie à la langue poétique française. C'est assez pour le persuader, cet inquiet, ce honteux qui ne sait pas trousser l'hexamètre, de sa singularité. Non qu'il soit difficile à décontenancer : nous verrons le cardinal de Tournon y parvenir. Mais désormais, quand ses ennemis l'attaqueront, il les affrontera carrément : ses ennemis littéraires, s'entend. Les autres, les sorbonicoles qui n'ont pas fermé son dossier malgré la déroute de Bédier, ont pour eux la patience.

Avec Marot, rien ne traîne jamais. Son exil ? Décidé le jour même de l'affaire des Placards. Son joli temps de Ferrare ? Liquidé en moins d'un an. Son purgatoire de Venise ? Six mois. Le renouveau de sa gloire en France ? Un hiver. Il est amusant à cet égard de considérer trois lettres écrites au duc Hercule d'Este par son ambassadeur en France, Geronimo Ferussino. Au début de janvier 1537, il mande à son maître que Marot se cache à Genève, n'osant entrer en France. En février, nouveau son de cloche, avec encore un temps de retard : Marot est « caché » à Lyon. Début mars, rectificatif *de visu* : « Le bon Clément Marot est revenu à la cour, et le roi lui fait bon visage. » Le mauvais mari de la duchesse Renée, que Marguerite défiait toujours de tout son pouvoir, dut s'étonner de la rapidité de ce revirement royal.

Célébré, encensé, Marot va-t-il à ce point de sa vie mettre noir sur blanc son cheminement de la rhétorique au pétrarquisme strambottiste, puis son retour à Pétrarque par Bembo, et surtout les lois selon lesquelles il ordonne, à travers son évolution, ses œuvres ? Va-t-il en un mot nous donner un *Art poétique,* le sien, qui tranche sur le passé et prépare une autre poésie française ? Il ne le fait pas. Les

« marotiques » — Brodeau, Fontaine, Chappuys, et de certaine façon Héroët — sont des admirateurs, non des élèves que le maître conseille. Certes, il lui est arrivé, il va lui arriver de paterner tel ou tel : Brodeau ou Sainte-Marthe [14], qu'il appelle tous deux « mon fils ». Charles de Sainte-Marthe le saluera du reste dans un pauvre dizain qui commence ainsi, le déclarant son « père d'alliance » :

> *Que dira-t-on de me voir si hardi*
> *De composer après toi, ô Clément ?*

Mais Marot, s'il veille à bien titrer ses poèmes, à en assurer après 1539 des publications exactes et correctement chapitrées, ne s'est jamais senti vocation de véritable chef d'école. Il en fait figure, comme le note Pierre Jourda [15], mais sans en porter le plumage. Souvent déjà, en sa jeunesse, nous l'avions vu prendre ombrage d'un poème mal fait. Son *Deuxième Rondeau* est une véritable leçon de choses en la matière : voici comment inventer, écrire, user de mots simples « en un rondeau ». Ailleurs, il prend à parti « un poète ignorant » :

> *Car en rime ce n'est qu'un veau*
> *Qu'on mène aux champs.*

Œuvres de jeunesse, que l'on pouvait trouver présomptueuses avant 1525. Il semble qu'en exil il ait réfléchi sur le bon usage de la langue française et sur les barbarismes dont il faut la purger. Il en dit à Jamet dans le deuxième coq-à-l'âne. D'Italie encore, il écrit à un certain Alexis Jure, de Chieri en Piémont, l'*Épître XLVIII :* une leçon, une souriante critique littéraire en réponse à des vers maladroits, rédigée avec une étonnante virtuosité en vers de trois syllabes. Dans l'épigramme *Sur quelques mauvaises manières de parler*, il raffine sur ses remarques à Jamet, moquant les

14. Charles de Sainte-Marthe (1512-1555), poète discret, protégé tardif de Marguerite de Navarre. Après la mort de cette dernière, il s'indigna du silence dans lequel on l'ensevelissait, et provoqua les hommages bien tièdes de quelques ingrats.

15. *Op. cit.*

formes dialectales. La pièce intitulée *A ses disciples* ne va pas plus loin que conseils de grammaire.

Ce que la poésie française lui doit, nous le trouverons dans l'*Art poétique* de Sébillet, publié après la mort du poète. Ce texte rend compte des apports novateurs de Marot, les détaille : pas une page où il ne soit nommé. Il est trop tard : le temps de la Brigade approche, et bientôt Sébillet lui-même donnera des gages à du Bellay. L'*Art poétique* du premier sera chassé de la scène littéraire par la claironnante mauvaise foi de la *Défense et illustration de la langue française*, et Marot enterré profond.

Apprend-on à imiter Marot ? A travers lui presque seul, en vingt ans, s'épanouit la Renaissance poétique française née de la formidable poussée humaniste. Dans le registre grave, elle engendre les beaux textes de Marguerite de Navarre. Au niveau romanesque, Rabelais. Au milieu de ses « fils » et de ses disciples, nous ne pouvons que constater cette solitude de Marot, née d'un grand don incommunicable. En 1537, après son retour glorieux en France, il prend conscience, comme étonné, de cette grandeur reconnue.

Le « sagouin »

Succès, triomphe, gloire littéraire, cela va toujours de pair avec les contre-feux de la jalousie. Marot a son Sagon comme Racine aura son Pradon, soutenus comme il est d'usage par une coterie d'imbéciles. La querelle Marot-Sagon, que nous avons vue éclater peu avant l'affaire des Placards, n'avait pas cessé durant l'exil à Ferrare. Pendant l'été 1537, elle flambe à découvert, fait éclore des milliers de vers, forme deux camps, semble devoir créer un événement littéraire. Or tout est réglé en trois mois. Des torrents d'injures échangés pour rien, si ce n'est un nouveau chef-d'œuvre de Marot, l'*Épître de Frippelippes*.

Reprenons les faits dans l'ordre. Le 16 août 1534, Marot et Sagon se prennent de querelle aux fêtes du mariage d'Ysabeau d'Albret à Alençon. Marot tire son poignard et se met dans son tort. Sagon écrit alors sa *Défense contre Clément Marot,* ayant perfidement soin de traiter son rival d'hérétique. Le 18 octobre, c'est l'affaire des Placards : Marot se cache en France puis s'exile à Ferrare. De là, il adresse son *Épître XXXV, à deux sœurs savoisiennes,* et son admirable *Épître XXXVI* au roi. Nous avons dit que le « général Chambor », l'avocat Leblond et Sagon prennent feu en lisant ces textes d'autodéfense. Sagon écrit son *Coup d'essai* et — dit-on — le présente au roi en janvier 1536. Un macaronique énoncé de vilenies. Dans son deuxième coq-à-l'âne, Marot semblait y faire allusion, parlant...

> *D'un tas de gros Anes ou ivres*
> *Qui font imprimer leurs sots livres*
> *Pour acquérir bruit d'être Veaux.*
>   (v. 193-195)

Durant l'été 1536, Marot, qui a lu — et nomme — le *Coup d'essai,* en écrit dans le troisième coq-à-l'âne, mais avec un certain détachement. Que Sagon arrête ses attaques, Clément pardondonnera, bien qu'il ne renie rien de ce qu'il lui avait dit à Alençon :

> *Par quoi ne puis me repentir*
> *D'en avoir dit ce qui est vrai*
> *(S'il me point* [16] *je découvrirai* [17]
> *De plus grands cas* [18] *qu'il a commis.)*
> *Qu'il ne fasse plus d'ennemis ;*
> *Il en a trop qui vivent bien*
> *Lors serai son ami, combien* [19]
> *Qu'il ne l'ait en rien mérité*
> *Le traître plein de vanité ;*
> *Mais Dieu veuille que l'on oublie*
> *Ce que souffrons pour sa folie.*
>   (v. 51-61)

16. Me frappe.
17. Ferai connaître.
18. Mauvais coups.
19. Quoique.

Les intentions de Marot sont claires : oublions tout cela, qui nous a fait tant de mal. A son retour nous avons lu, à la fin du Dieu gard, la confirmation de ces propos généreux : le poète pardonnera à ses ennemis.

L'acte suivant se joue à Saint-Cloud en juillet 1537. La famille royale souffre d'une maladie épidémique. Marguerite conduit son mari à la porte de Saint-Cloud, en un domaine prêté par l'évêque de Paris, où une médication inconnue le débarrasse de sa « jauneur » : il devait s'agir d'une hépatite. Henri d'Albret bien soigné, Marguerite réunit ses fidèles dans un banquet. Marot est là, ainsi que Sagon. Selon ce dernier, c'est Des Périers qui allume le feu, couvrant d'insultes l'auteur du *Coup d'essai,* sans que Marot s'en mêle[20]. La reine de Navarre, qui est présente, n'intervient pas. La réunion rompue, Clément Marot décide que ce Sagon mérite une leçon. Tant pis pour les promesses de paix du *Dieu gard.* Le poète compose l'une de ses plus brillantes œuvres satiriques, traînant son adversaire dans la boue. Y toucher lui-même ? Il s'y salirait les mains. Le pamphlet sera signé par Frippelippes, le valet supposé de Marot.

Le procédé est adroit. Il indique au départ le mépris de Marot pour Sagon : un laquais suffit pour répondre à la *Défense* et au *Coup d'essai* commis par cet individu. Un laquais nommé de plus Frippelippes, c'est-à-dire « bouche dédaigneusement plissée[21] ». Il ne parlera pas des accusations d'hérésie portées contre son maître, ce qui évite tout parcours en terrain brûlant. Le texte, *cum commento* — assorti de commentaires marginaux —, est intitulé : *Le Valet de Marot contre Sagon. Cum commento. Frippelippes, secrétaire de Clément Marot, à François Sagon, secrétaire de l'abbé de*

20. Marot exilé, plusieurs plumes, dont celles de Bonaventure Des Périers, avaient vertement répondu au *Coup d'essai.* A Saint-Cloud, Des Périers persiste.

21. D'autres interprétations du nom « Frippelippes » ont été proposées, notamment « gâte-sauce ». Cela tient sans doute à ce que Frippelippes est le nom de l'un des cuisiniers de Pantagruel (IV, 11), explication qui ne tient pas compte du mot à mot : fripper sa lippe.

Saint-Évroult [22]. Cela commence fort, indiquant qu'un valet peut être secrétaire, et donc qu'un secrétaire n'est pas mieux qu'un valet. Frippelippes va droit au but :

> *Par ma foi, il est grand foison*
> *Grande année et grande saison*
> *De bêtes qu'on dût mener paître*
> *Qui regimbent contre mon maître.*
> *Je ne vois point qu'un Saint Gelais*
> *Un Héroët, un Rabelais*
> *Un Brodeau, un Scève, un Chappuys*
> *(Aillent) écrivant contre lui,*
> *Ni Papillon pas ne le point*
> *Ni Thénot* [23] *ne le tenne* [24] *point*
> *Mais bien un tas de jeunes veaux*
> *Un tas de Rimasseurs nouveaux*
> *Qui (pensent) élever leur nom*
> *Blâmant des hommes de renom.*
>   (v. 1-14)

Les deux camps sont tranchés. Dans l'un, tout ce qu'il y a de mieux parmi les auteurs du moment. Dans l'autre, non seulement Sagon, mais Leblond et le général Chambor, et la Huetterie — alias Huet — qui a essayé de voler la charge de Marot durant l'exil de ce dernier. Ce sont des ânes, dit Frippelippes : grossiers, écrivant un français épouvantable, ne sachant faire des vers (v. 18-56).

Sagon ? C'est un « marmot » — un petit singe —, un sagouin. Il écrit « concluer » au lieu de « conclure » (v. 63) ! Mais à quoi bon critiquer en détail sa littérature ?

> *Au reste, de tes écritures*
> *Il ne faut vingt ni cent ratures*

22. Bizarre coïncidence : Félix de Brie, abbé de Saint-Évroult, « patron » de Sagon, avait été l'aumônier de Charles d'Alençon et de sa jeune épouse Marguerite, future reine de Navarre.
23. Étienne Dolet.
24. Ne le tourmente pas.

Pour les corriger. Combien donc ?
Seulement une tout du long.
                    (v. 65-68)

Sagon : Œil de grenouille, fils de juif marrane[25] (v. 92). Vilaine calomnie, en ce temps d'antisémitisme à bonne conscience.

Le ton monte. Sagon a la vérole (v. 113). Il était saoul en écrivant ce *Coup d'essai* dont il a volé le titre à Marot lui-même[26] (v. 124-129). Et le poète d'appeler ses amis à la rescousse — La Borderie, Charles Fontaine, Gallopin[27], Des Périers, Brodeau (v. 151-178). Sagon n'écrit que des sottises, il a insulté la royale duchesse de Ferrare (v. 200). Frappons-le !

Zon[28] dessus l'œil, Zon sur le groin
Zon sur le dos du Sagouin
Zon sur l'âne de Balaan !
                    (v. 210-212)

Pour finir, le Sot, le Veau « qui vaut un navet », doit s'estimer très flatté d'avoir...

Reçu une Épître à outrance
D'un valet du Maro de France.
                    (v. 251-252)

Un valet qui regrette, au dernier vers, d'avoir écorché un âne mort, mais a jeté un beau pavé dans la mare sagonesque.

Sagon répond, interminablement médiocre, par le *Rabais*

25. Les marranes étaient des juifs espagnols qui avaient accepté le baptême pour éviter les persécutions. Sagon était bien d'origine espagnole, mais rien n'indique qu'il fût descendant de marrane.
26. Dans la préface de *L'Adolescence clémentine*, Marot appelle en effet cet ouvrage son « coup d'essai ».
27. Équivoque pour Papillon (à une lettre près). Notons que Frippelippes appelle ces amis des « disciples » de son maître. Ne prenons pas ce mot au sens propre (*cf.* p. 296).
28. Onomatopée (« Vlan ! ») ; ici, plus précisément, le « Zou ! » méridional. « Zon » servait et servira jusqu'au XIXᵉ siècle de ritournelle dans les chansons. Ces vers seront cités par Montaigne (livre II, chapitre XVIII, « Du démentir »).

*du caquet de Frippelippes et de Marot, dit Rat Pelé, additionné
avec le comment[aire]. Fait par Mathieu de Boutigny, page de
Maître François de Sagon, secrétaire de l'abbé de Saint-Évroult.*
Des milliers de vers navrants. Il n'est pas juif, mais
descendant des habitants de Sagonte, qui donnèrent du fil à
retordre à Hannibal. L'ignorant, c'est Marot, qui prend pour
un âne l'ânesse de Balaam. Des milliers de vers après quoi
Sagon écrit quatre autres réponses, aussi nulles les unes que
les autres. Même une élégie !

Marot se tait. Certains de ses partisans, après Fontaine et
Des Périers, croient bon de répondre au « sagouin » et à la
Huetterie, qui s'est défendu dans un pauvre libelle. Ils ne
valent guère mieux dans leurs laborieuses apologies que les
amis de Sagon, dont la plume soutient les indignations. Ces
pauvretés seront réunies en volume. Réimprimées, elles
n'ont valeur que de curiosité. Certaines d'entre elles, comme
la *Grande Généalogie de Frippelippes* par un « jeune poète
champêtre » sont des collections d'ordures et de scatologies.
Deux textes, l'*Apologie faite par le grand abbé des conards de
Rouen* et le *Banquet d'honneur sur la paix faite entre Clément
Marot, François Sagon, Frippelippes, Huetterie et autres de leurs
ligues,* mettent fin à ce déchaînement de médiocrités. L'été
finit, la querelle avec lui. Sagon sort de la vie de Marot.

Cette lutte contre un sot, Clément la résume en une
épigramme meilleure que ces centaines de pages écrites pour
rien. Attaquer Sagon ? A quoi bon, décidément ?

> *Si je fais parler un valet,*
> *Sagon fera parler un page.*
> *Si je peins le premier feuillet,*
> *Sagon peint la première page.*
> *Si je postille*[29] *mon ouvrage,*
> *Sagon tout ainsi voudra faire.*
> *Quand tout est dit, vu son affaire,*
> *Je trouve que le babouin*
> *Ne fait rien, sinon contrefaire*
> *Comme vrai singe ou sagouin.*

29. Annote.

Tout est dit. Par chance l'*Épître de Frippelippes* ajoute un brillant éclat à cette querelle insipide où plusieurs ont tenté sans succès de se faire un nom.

Clément Marot à quarante ans

Clément Marot a eu quarante ans en 1536. Pour nous faire une idée de sa personne au-delà de son personnage, nous avons plusieurs documents. Le premier, c'est la gravure que nous reproduisons en début d'ouvrage et qui constitue le frontispice de l'édition des *Œuvres* par Georges Guiffrey. Nous l'avons déjà comparée au portrait de Marot — ou supposé de lui — qui figure sur la couverture de ce livre : le même homme, disions-nous, à dix ans de distance. Dix ans qui ont fait bien des ravages[30].

« Le premier poète français de son temps », dit l'inscription du cartouche : honneur et primauté durement acquis par la persécution, l'exil, le triomphe sur des détracteurs acharnés. Acquis encore au prix d'un vieillissement sensible. Du beau jeune homme de Corneille de Lyon, il ne reste que l'oreille et la belle arcature sourcilière. La forme aussi de la barbe, portée longue et pointue. Sagon s'en moque, la comparant à la « laine d'un noir mouton ». Plus tout à fait noire déjà. Au début de 1537, dans ses *Adieux à la ville de Lyon*, le poète écrit :

> *Je dirais : Adieu ma maîtresse*
> *Mais le cas viendrait mieux à point*
> *Si je disais : Adieu jeunesse*
> *Car la barbe grise me point.*
> (v. 37-40)

De même, nous pouvons voir que son beau front s'est agrandi par une calvitie déjà avancée. Gardant ce portrait

---

30. Dix ans est une estimation : ces deux images sont séparées par un laps de temps qui peut varier de dix à dix-sept ans.

sous les yeux, lisons les ignobles injures qui parsèment les textes de Sagon. Nous voyons qu'il s'en prend non seulement à l'œuvre et aux opinions de Marot, mais à son physique même. Il a la vérole, bien entendu : c'est la plus banale des imputations, et un rendu pour un prêté. Il est camus : nous le savions déjà, la gravure nous le confirme. Ses yeux avaient un léger strabisme non dénué de charme. Le charme n'agit pas sur Sagon, qui écrit dans le *Rabais du caquet de Frippelippes* :

> *Et son regard si très difforme*
> *Qu'il n'ensuit des autres la forme.*

Autrement dit : il louche si fort qu'il ne distingue pas les gens. Injurieuse exagération, bien entendu. Le regard est toujours perçant pour détailler d'une part les « sagouins », d'autre part les charmes des Vénus de cour et de basse-cour. Mais regardons comme la paupière tombe sur le globe oculaire proéminent. Marot a les yeux malades. Nous lirons dans ses *Épigrammes* ce dizain si étrange qu'il est contesté, mais que je crois de sa main :

> *Le vin qui trop cher m'est vendu*
> *M'a la force des yeux ravie*
> *Pour autant il m'est défendu*
> *Dont tous les jours m'en croit envie.*
> *Mais puisque lui seul est ma vie,*
> *Malgré les fortunes senestres* [31]
> *Les yeux ne seront point les maîtres*
> *Sur tout le corps, car, par raison*
> *J'aime mieux perdre les fenêtres*
> *Que perdre toute la maison.*

Pris au pied de la lettre, ce poème est propos ordinaire de gros buveur lucide. Il déclare que le vin seul est sa vie. L'alcool est un dur maître. Ce texte comporte tous les éléments de la vantardise masochiste de l'intoxiqué émérite : « L'alcool me détruit, je le sais, je bois quand même. » Si

31. Adverses.

nous comparons cet aveu — poignant malgré ce qu'il comporte de bravade — avec ce vers du dizain à Maurice Scève cité plus haut :

Je ne bois que trop sans cela.

Nous tenons pour évident le penchant exagéré de Marot pour le vin, et les incommodités qui s'ensuivent : les yeux, le reste à l'avenant.

Le poète a pris du poids. Sur la gravure, depuis le cou, la pente de sa robe est accentuée vers l'avant. Le dos se voûte. Traçons-nous un portrait au noir ? Que diable, Clément est redevenu la coqueluche de ces dames ! Il va rimant de plus belle des vers admiratifs ou amoureux pour toute jolie créature.

Ton Marot pue en bouche et sous les ailes
J'en veux bien croire aucunes [32] *demoiselles*
Qui l'ont baisé et ont dit puis après
Marot sentir plus fort que le cyprès [33].

Voilà calomnie pure de l'immonde Sagon. Marot le coquet, auquel on reprochait ses pourpoints à la mode et ses souliers de velours, négligerait-il son hygiène corporelle ? Amoureux perpétuel, admirant toute belle femme, oublie-t-il ce qu'il faut pour ne pas dégoûter, quand son apparence physique tourne déjà à la rondeur camuse, ornée de calvitie frontale [34] ? Nous avons là-dessus un document tout à fait intéressant, qui figure dans le manuscrit de Chantilly, antérieur donc à 1538, et sans doute écrit après le retour de Venise . Il s'agit d'une épigramme très caustique adressée à Marot et de sa réponse. L'attaque viendrait d' « une savante demoiselle ». Beau joueur, le poète reproduit ce texte avant de lui répondre. Cela frappe dur. Voici Clément vilainement dépeint :

32. Certaines.
33. *In Le Rabais du caquet de Frippelippes.*
34. Le « Rat pelé » de Sagon évoque à la fois la fable du Lion et du Rat (*in L'Enfer*), où Marot était le rat, et la calvitie de Clément.

Un fâcheux corps vêtu d'un satin gras
Un satin gras doublé d'un fâcheux corps
Un lourd marcher, un branlement de bras
Un sot parler, avec un museau tors
Contrefaisant le gracieux ; alors
Qu'il pense mieux d'amour faire butin
Que dessert-il [35] *? D'être jeté dehors*
Et l'envoyer dégraisser son satin.

Guiffrey, cependant, a identifié l'auteur de ce dur coup d'étrille. « Une savante demoiselle » ? C'est ce que l'on lira dans l'édition Dolet de 1538. Mais la même année, dans le manuscrit de Chantilly offert à Montmorency, nous lisons en exergue de cette épigramme : « Monseigneur le cardinal de Tournon ».

Ce serait donc le cardinal fouettard, celui qui délivra Marot d'hérésie, l'ami — provisoire — de Marguerite, qui aurait écrit ces lignes. Voilà qui fustige Marot plus durement que les verges de son abjuration. Cette fois-ci, Tournon le fouette non sur l'épaule, mais en son amour-propre, peut-être agacé parce que Marot, ce bellâtre, écrit des vers à ses nièces, Hélène et Blanche de Tournon — parmi plusieurs autres, il est vrai, et sans offense à leur vertu. Le cardinal dénonce donc les vilaines apparences de ce joli cœur sur le retour, plus pour égratigner que pour blesser. En plaisantant un peu lourdement : « Marot, tu es vêtu d'une robe riche mais sale. Tu as un vilain nez. Vas-tu faire le gracieux, avec ta démarche balourde, auprès des demoiselles ? » Sévère, mais bien éloigné des injures de Sagon. Amicalement sévère. Cela est pire. Nous avons peur que le portrait brossé par le cardinal soit à peine noirci.

Voulons-nous la preuve qu'il s'agit d'une plaisanterie, si acérée soit-elle ? Marot rit et fait imprimer dans ses œuvres le dizain qui le moque. Titre de l'épigramme qu'il écrit en réponse dans le manuscrit de Chantilly : *A ce propos*, et dans les éditions suivantes : *A la dite demoiselle*. Si c'est une dame qui se moque de lui, le coup de griffes paraît

35. Que mérite-t-il ?

plus glorieux à montrer. Il peut s'agir d'une belle jalouse !
Marot répond, alors qu'il ne daignait pas répliquer aux
injures sagonesques :

> *Un lourd vêtu de satin est ici*
> *Suivant la cour — sans propos — à la trace*
> *De bonne graisse est son satin farci*
> *Et tout son corps plein de mauvaise grâce*
> *Quant à la grâce, à peine qu'on l'efface*
> *Car il sent trop son écolier latin*[36]
> *Quant à la graisse, il l'a soir et matin*
> *— Comme je crois — en trois ans amassée*
> *Mais (donnez)-lui douze aunes de satin*
> *Voilà sa robe en un jour dégraissée.*

Marot reprend le pas sur le cardinal ! Ses vers sont
meilleurs : toute sa goguenardise y paraît. « Je suis lourd
et peu gracieux », avoue-t-il. Mais — remarquons l'inci-
dente soulignée par le « sans propos » — « je suis la
cour », autrement dit : « Je suis bien en cour. » « Ma
robe s'est graissée en 1534, 1535, 1536, trois ans d'exil
(comptés large !). Conclusion habituelle : « Qu'on me
donne un bon métrage de satin, et nul n'aura plus à
médire de moi. »
   En cette réplique amusante à un texte accusant son
physique désormais ingrat, sa vêture négligée, nous trouvons une autre façon de considérer Marot vieillissant
avant l'âge. Il prend du poids, perd ses cheveux, marche
lourdement, son regard est franchement bizarre. Mais cela
compte peu si on le met en balance avec ce qu'il a de
charme. En quelques vers, il s'entend à émouvoir, à faire
rire, à tourner un compliment délicieux. Moins joli à
regarder qu'un muguet de cour, il sait faire briller les
yeux féminins, qui oublient dès lors son « museau tors »
et les taches de son habit. Le plumage de l' « oiseau du
ciel » est carrément défraîchi, mais son ramage reste aussi
fascinant.

36. Son latin d'école.

S'est-il assagi ? C'est à cette époque que Marguerite lui écrit des vers, prenant la plume, précisément, pour Hélène de Tournon qui la sert. Nous avons cité ce dizain :

Si ceux à qui devez, comme vous dites,
Vous connaissaient comme je vous connais [37]...

Marot répond par l'une de ses plus célèbres épigrammes : « Mes créanciers, qui de dizains n'ont cure [38]... »

C'est dit, il continue à faire des dettes, malgré ses gages à demi récupérés, malgré les cinq cents livres que Marguerite lui donne, ses comptes l'attestent, en 1537. Malgré le cheval qu'il mendiera à Henri d'Albret. Un peu gros, un peu laid, un peu bigle, un peu ivrogne, pas très net en sa mise, dépensier, endetté, volage... Quoi de plus ? Plein de ce charme que dispensent ses vers, homme d'esprit, poète désormais placé au premier rang. Caractériel, irresponsable, irrésistible.

VOYAGES D'AGRÉMENT

Après son retour d'exil et pour quelques années, Clément Marot est un auteur heureux. Le roi lui sourit à nouveau, lui rend sa faveur. Les érudits, dont il envie le savoir, ne tarissent pas d'éloges sur son talent de poète. Ce talent, par de brillantes épigrammes, lui attire la bienveillance des dames de la cour.

Clément peut-il dormir sur ses belles oreilles ? Il est assez léger pour se réjouir de ses succès, mais assez lucide pour constater l'évolution des méthodes des ultras. Ils ne crient plus « à mort l'hérétique ». Ils font mieux. Ayant gagné à leur cause une partie de la haute noblesse — et Montmorency tout le premier —, ils préparent dans un silence relatif une contre-réforme dure. Le temps des hurleurs est passé. En

37. Cité p. 176.
38. Cité p. 176.

janvier 1537, tandis que Clément Marot boit le vin des louanges, l'ancien syndic de Sorbonne, Noël Bédier, meurt en son exil du Mont-Saint-Michel : il y était relégué depuis mars 1535, cet « ânier[39] » que l'on ne peut plaindre. Désormais, la Sorbonne et les ultras de cour travaillent en profondeur : ils augmentent d'année en année leur pression sur le roi, l'attirant, ordonnance après ordonnance, dans le camp des intolérants. Nous parlerons de cette escalade qui, après 1543, conduira Marguerite à une demi-retraite à Nérac, Marot lui-même à l'exil sans retour, Dolet au bûcher.

Pour l'instant, tout sourit au poète. Durant l'été 1537, la reine de Navarre avait veillé la reine Éléonore, malade. Libérée en octobre par la guérison de sa patiente, Marguerite peut se rendre à Blois où se trouve sa fille Jeanne, qui relève aussi de maladie. Elle emmène avec elle Bonaventure Des Périers et Clément Marot. A Blois, toute la compagnie prend un bateau et descend la Loire jusqu'à Tours. La fillette, qui a tout juste neuf ans, est de la partie. Son perroquet et son écureuil l'accompagnent. Si Marguerite a des ennuis — elle n'en manque pas alors —, du moins peut-elle jouir pleinement de la présence de sa fille et de ses deux brillants amis. Pour ces paisibles vacances, ou en leur mémoire, Marot écrit deux poèmes ravissants. Le premier est adressé à Jeanne malade. Tourné en vers de trois syllabes sur un rythme de comptine, il a la simple vivacité qu'il faut pour plaire à une enfant et la faire rire :

> *Ma mignonne*
> *Je vous donne*
> *Le bonjour.*
> *Le séjour*
> *C'est prison ;*
> *Guérison*
> *Recouvrez*
> *Puis ouvrez*

39. « Âne Bédier » était synonyme d'âne bâté, ou d'ânier. Marot, qui doit ignorer les mésaventures de Bédier, ou souhaite les aggraver, en écrivait encore à Jamet dans le troisième coq-à-l'âne (été 1536).

> *Votre porte*
> *Et qu'on sorte*
> *Vitement*
> *Car Clément*
> *(Vous le) mande.*
>   (v. 1-13)

Le second poème est une adresse écrite *Pour la petite princesse de Navarre à Madame Marguerite*. Marot prête sa plume à Jeanne d'Albret et lui fait rédiger un texte attendrissant, plus délicat que brillant. La petite y parle du perroquet, de l'écureuil et d'un troisième animal qui est aussi du voyage, Bure, sans doute son chien. Elle babille de paysages, de danse, de ses petites bêtes ; Marot ne la met au-dessus de son âge que dans deux vers très « margaritiens » :

> *Joie entière on ne peut avoir*
> *Tandis que l'on est en ce monde.*
>   (v. 50-51)

Cela plaira à la reine, qui en ses poèmes ne déclare « joie » qu'en Dieu. Le long de la Loire, qui grossit de plaisir à se voir honorée de telle façon (ainsi parle Marot), c'est un doux répit aux soucis pressants de Marguerite, un agréable moment voué à l'amour maternel et à l'amitié. Connaissant la suite, nous lui donnons sans doute plus de prix qu'il n'en eut en réalité : c'est qu'à la fin de l'année suivante l'oncle terrible — François Ier — fera saisir Jeanne pour la mettre à Plessis-lez-Tours en résidence surveillée. Il avait peur qu'Albret et Marguerite ne marient la petite contre les intérêts de la couronne française. Du moins gardera-t-elle la fidèle Izernay, qui est aussi de la promenade fluviale ; elle restera le meilleur trait d'union entre Marguerite et sa fille.

De Tours, la reine de Navarre part pour la Bretagne, en expédition de secours vers Ysabeau d'Albret, épouse d'un Rohan présentement réduit à la misère. Malade, enceinte, Ysabeau sera ramenée à Alençon par sa belle-sœur Marguerite. Pour la distraire, Marot lui dédie une « mommerie » qui sera jouée en privé au château d'Alençon. Rien de bien « marotique » : bons sentiments, plume facile.

Dans les derniers jours de l'année, Marguerite, toujours télécommandée par François Ier, prend la route du Midi. Elle doit attendre à Limoges la favorite, duchesse d'Étampes, qui n'est pas là. C'est Henri d'Albret qui survient. Le couple royal de Navarre, toujours accompagné de Marot, se dirigera vers Toulouse ; sa route passe par Cahors.

Voici donc le poète de retour dans sa ville natale, qu'il a quittée plus de trente ans auparavant. Sa réputation l'y a précédé, et c'est sur un ton carrément vaniteux qu'il écrit l'épigramme *De l'entrée des roi et reine de Navarre à Cahors*. Il se pavane, sous couleur d'encenser le couple royal :

> *Prenons le cas, Cahors, que tu me doives*
> *Autant que doit à son Maro* [40] *Mantoue*
> *De toi ne veux, sinon que tu reçoives*
> *Mon second Roi d'un cœur qui s'évertue*
> *Et que tu sois plus gaie et mieux vêtue*
> *Qu'aux autres jours, car son Épouse humaine*
> *Y vient aussi, qui ton Marot t'amène*
> *Lequel tu as filé, fait et tissu.*
> *Ces deux (bien) plus d'honneur te feront pleine*
> *D'entrer en toi que moi d'en être issu.*
>
> (v. 1-10)

« Prenons le cas » a un furieux accent de fausse modestie. Le dernier vers oppose « entrer » et « sortir » de façon très rhétoricienne. mais le vers 8, par sa césure déplacée après la sixième syllabe, accentuant la septième, arrête l'attention sur l'origine cadurcienne du poète. Marot — et, « prenons le cas », Maro ! — est de Cahors. Il s'y emplit les yeux de souvenirs d'enfance : la vieille ville, sa maison natale, le fleuve couleur de cuivre, les ponts, la campagne où il allait vagabonder... Un fonds qui soudain s'ouvre au cœur, ravive la mémoire. Clément a été « filé, fait et tissu » en ce lieu. Les

40. Virgile.

souvenirs qui l'assaillent alors, il les mettra en 1539, vivaces et touchants, dans l'*Églogue au roi*.

Si Cahors lui renouvelle son enfance, Marot n'oublie pas son rôle de courtisan dès qu'Henri d'Albret est là. Il lui adresse d'abord une épigramme gaillarde pour commencer l'année 1538 : qu'il mette la reine enceinte si vite qu'elle accouche d'un fils dans l'année :

> *A cette fin que d'une seule étrenne*
> *On puisse voir tout un peuple étrenné.*

« Prenons le cas » avait plus d'orgueil que de génie. L'épigramme à Henri pour engrosser Marguerite n'est pas légère. Où donc Marot donnera-t-il sa mesure dans cet heureux voyage ? Dans l'un des exercices où il excelle : la sollicitation. Cette fois, il va prier Albret de remplacer son cheval fourbu, sa vieille haquenée. Que le « second roi » daigne « remonter » le poète !

> *Mon second roi, j'ai une haquenée*
> *D'assez bon poil, mais vieille comme moi*
> *A tout le moins longtemps a qu'elle est née*
> *Dont elle est faible, et le maître en émoi :*
> *La pauvre bête — aux signes que je vois —*
> *Dit qu'à grand peine ira jusqu'à Narbonne.*
> *Si vous voulez m'en donner une bonne*
> *Savez comment Marot l'acceptera ?*
> *D'aussi bon cœur comme la sienne il donne*
> *Au fin premier qui la demandera.*

Henri, sans doute, se laissa toucher : ce Marot est badin ! La compagnie chevauche jusqu'à Toulouse, où les amis de Clément, Boyssonné, Vignals, La Perrière, l'accueillent par de joyeux festins. Il semble qu'ensuite les souverains de Navarre aient poursuivi seuls leur route vers Carcassonne et Montpellier. Les pourparlers de Leucate, où Montmorency discutait de la paix avec les envoyés de Charles Quint, les préoccupaient au premier chef : la Navarre allait-elle récupérer sa partie méridionale, annexée en 1512 par Ferdinand II le Catholique ? A Leucate, Montmorency le propose. Charles

Quint s'y oppose. Grande colère d'Henri d'Albret. Il est si furieux qu'il peut donner sa fille à n'importe qui, songe François Ier : il « confisquera » la fillette.

Marot semble, après son séjour à Toulouse, n'avoir pas conduit sa nouvelle haquenée même jusqu'à Narbonne. Il devance sans doute le roi à Lyon. Il passera dans cette ville une bonne partie de l'année 1538. En mai, il adresse un sonnet médiocre à Trivulce, gouverneur de la cité rhodanienne.

Chose assez rare pour être signalée, Marot vient d'obtenir du roi une « couverture littéraire » complète. Les autorités civiles auront désormais le devoir de poursuivre et punir ceux qui publieront incorrectement, et sans autorisation de l'auteur, les poèmes de Clément. Mandement officiel en est fait « au prévôt de Paris, aux baillis de Rouen et Dijon, aux sénéchaux de Lyon, Toulouse et Guyenne, ou à leurs lieutenants [41] ».

Ce texte, que François Ier signe, nous prouve d'abord que le roi aime de nouveau son poète, ensuite que ledit poète a très peur des contrefaçons qui courent, et enfin qu'il se dispose à donner de ses œuvres une impression qu'il surveillera. C'est pour cela qu'il est à Lyon. Entre cent libraires et imprimeurs, il a choisi le nouveau venu, Étienne Dolet, et l'un des mieux établis : Sébastien Gryphe [42]. Grâce à l'un et à l'autre, non sans grincements, vont paraître, après *L'Adolescence* et sa *Suite*, les *Œuvres*.

41. Pour explicite qu'il soit, ce texte fut tourné. Jusqu'à la mort de Marot, et longtemps après, pullulent les éditions fautives, les attributions indues, le faux-Marot dont nous ne sommes pas encore tout à fait dépêtrés.
42. 1493-1556. Originaire d'Augsbourg, établi à Lyon de 1524 à sa mort, il y brilla parmi les grands libraires et éditeurs. Il publia des livres savants, mais aussi Rabelais, Dolet, Marot, et la Bible latine (1550).

RECUEIL MANUSCRIT, ŒUVRES IMPRIMÉES

L'année 1538 est pour Marot l'une des plus importantes. Durant l'été, à Lyon, Étienne Dolet et Sébastien Gryphe publieront presque en même temps les *Œuvres* de Marot en des éditions identiques. Au printemps, Marot avait offert à Montmorency un florilège de ses poèmes récents : *Recueil des œuvres de Clément Marot non imprimées, et premièrement celles qu'il fit durant son exil et depuis son retour.* Deux façons différentes mais finalement complémentaires de donner à lire une somme de ses vers.

Le 10 février 1538, Montmorency reçoit l'épée de connétable [43]. Marot lui tourne aussitôt un dizain de pure flatterie. Ce n'est pas assez. Le compagnon, l'ami d'enfance du roi est confirmé par cette élévation dans son rôle d'arbitre : il tient le glaive du roi contre ses ennemis de l'extérieur, mais aussi de l'intérieur du royaume. Catholique de choc il a été ; il sera avec plus de force le bras séculier des ultras de Sorbonne [44]. Marguerite elle-même devra compter avec ce soldat magnifique doublé d'un prédateur et d'un avaricieux.

Peu après 1530, Marot avait offert un premier manuscrit à Montmorency ; nous n'en avons plus trace. En 1538 il recommence et, miracle, le manuscrit offert au connétable le 1er mars de cette année-là, en son château de Chantilly, s'y trouve encore de nos jours. A vrai dire, on l'avait égaré, mais il fut retrouvé en 1898 et figure au musée Condé, exposé au public après trois cent soixante ans passés dans un placard.

Comme son titre l'indique, le manuscrit de Chantilly propose au nouveau connétable un recueil des œuvres récentes du poète, mais tout ce qui sonnait hérétique en est

43. Le connétable est le chef de toutes les armées françaises, sous l'autorité royale.
44. N'oublions pas que le cardinal de Tournon n'accepte l'abjuration de Marot qu'après en avoir écrit à Montmorency (14 décembre 1536). Ce dernier est alors grand maître, c'est-à-dire chef de la maison du roi : il était déjà, il sera plus clairement encore après 1538 l'arbitre laïque d'une orthodoxie imposée par les ordonnances royales successives.

banni : l'*Épître XXXV* aux sœurs savoisiennes, les trois coq-à-l'âne de Ferrare et Venise. A l'intérieur même des pièces citées, de pieuses corrections sont effectuées. N'en citons qu'une, dans l'*Épître XLIII* écrite de Venise à la duchesse de Ferrare, qui se trouve par ailleurs bien édulcorée. Le meilleur vient à la fin. Le texte original remercie Renée, qui a accueilli le poète :

> *Quand il fuyait la fureur serpentine*
> *Des ennemis de la belle Christine*[45].
> (v. 125-fin)

Ces vers deviendront dans le manuscrit de Chantilly :

> *Quand il fuyait les fureurs et les ruses*
> *Des ennemis d'Apollon et des Muses.*

Y avait-il donc persécution contre les poètes ? dut se demander le duc-connétable. De bonnes âmes surent, n'en doutons pas, lui ouvrir les yeux. Il a toujours eu un faible pour Marot. Faiblesse relative. Le coriace Montmorency n'est pas insensible à la flatterie, et ce manuscrit l'honore.

Cette offrande poétique ressortit aux lois du genre, issues d'une tradition ancienne. Ce n'est pas une édition cohérente, comme le sera celle de Dolet, mais un florilège, un éventaire divisé en sections, un « bouquet composé[46] ». L'usage d'offrir en manuscrit un échantillonnage poétique à un grand de ce monde est alors banal : les rhétoriqueurs s'y étaient pliés. De nos jours, si l'on imprime les *Mélanges*, la pratique universitaire les utilise encore pour honorer tel ou tel maître reconnu de la littérature ou de l'enseignement ; parfois même un mécène, oiseau rare.

45. La foi selon les réformés.
46. Le mot « fleurs », désignant un recueil de poèmes courts (épigrammes au sens primitif), a donné le nom d' « anthologie » (du grec *anthos*, fleur, et *legein*, choisir). Les anthologies de l'Antiquité sont perdues. Celle de Constantin Kephalas (Byzance, xe siècle) n'était pas encore retrouvée au xvie siècle. Les érudits et les poètes puisaient dans un texte dérivé de Kephalas, *L'Anthologie grecque*. Le moine Planude (xive siècle) et quelques autres en avaient fait la précieuse collecte.

Florilège donc, le manuscrit de Chantilly ne serait qu'un
vénérable objet de curiosité s'il n'introduisait dans l'œuvre de
Marot une grande première, les *Épigrammes*[47]. Elles y
occupent deux sections, les unes « De l'invention de
Marot », les autres « A l'imitation de Martial ». En ce texte
d'apparat, épigrammes et dizains cohabitent. Ce sera la
dernière fois. Désormais, Marot renoncera pour ses pièces
courtes et pointues (huitains, dizains, douzains, blasons,
envois...) à la terminologie d'usage, qu'il trouve avec raison
démodée. La mode étant à l'admiration complète des
Anciens latins et grecs, le mot d' « épigramme », qui traîne
dans les lettres depuis plus de deux mille ans, fera l'affaire.
Le tout est d'en rajeunir le contenu : Archiloque l'avait fait
dans la Grèce archaïque, Catulle dans la Rome du 1er siècle
avant notre ère, Martial dans celle du 1er siècle après Jésus-
Christ. Martial et ses successeurs donnèrent à l'épigramme
une vocation satirique quasi obligatoire. Vaste évolution d'un
genre qui découlait à l'origine d'inscriptions lapidaires sur les
pierres tombales ! Ce qui demeure constant en cette dérive,
c'est la brièveté des poèmes désignés par cette étiquette.

Le manuscrit de Chantilly date précisément l'époque où
Marot commence à nommer *Épigrammes* toutes ses pièces
courtes d'inspiration vive. Bouquet à offrir, ce choix de
textes respecte les goûts que l'on peut attribuer au connétable
d'après sa personnalité : penchant marqué pour le traditiona-
lisme, voire l'archaïsme. Aimait-il le rire grivois ? Soyez-en
sûrs, dès que Marot inclut dans son recueil l'épigramme
navrante *Jeanneton a du téton*[48].

En ce même mois de mars où Montmorency reçoit le
manuscrit de Marot, Étienne Dolet obtient son privilège
d'imprimeur. Il s'installe aussitôt à Lyon et fait sans doute

47. Nous avons souvent, dans le courant de ce livre, nommé « Épigrammes » ce qui n'était en première version que dizains, huitains...
Cette dénomination ne leur a été conférée qu'à partir de l'édition des
Œuvres.
48. Elle vient à la dernière page du manuscrit de Chantilly. Est-ce par
hasard ? Croyons plutôt à une habileté de Marot. Le connétable, plus
soudard qu'humaniste, refermait ainsi l'ouvrage en éclatant de rire.

ses premières armes chez Gryphe. Le 31 juillet 1538, il éditera sur les presses de ce dernier les *Œuvres* de Marot, avec la permission et même la collaboration de l'auteur, du moins dans la conception de l'ouvrage.

Clément Marot, en effet, dans la louangeuse préface qu'il adresse à Dolet, se plaint d'éditions précédentes qui lui ont fait un tort « si grand et si outrageux qu'il a touché mon honneur et mis en danger ma personne ». Certains lui ont attribué des œuvres indignes de lui ou — ce qui est pire — susceptibles d'attirer sur sa tête la justice et ses foudres. Certains ont signé de son nom des poèmes honorables, mais qui appartiennent à d'autres. Pour en finir avec tout cela, le poète déclare à Dolet : « Après avoir revu [l'ancien] et le nouveau, changé l'ordre du livre en mieux et corrigé mille sortes de fautes infinies procédant de l'imprimerie, j'ai conclu [de] t'envoyer le tout afin que, sous le bel et ample privilège qui, par ta vertu méritoire, t'a été octroyé par le roi, tu le fasses — en faveur de notre amitié — réimprimer. »

Le travail préalable d'aménagement, de retouches notables à *L'Adolescence* et à la *Suite* est effectivement accompli par Marot. Le livre nouveau comprendra ces deux textes en leur dernier état, après adjonctions successives de 1533 à 1537. Y figure ensuite le *Premier livre de la Métamorphose d'Ovide*. Suivent deux livres d'*Épigrammes*, le second dédié à cette Anne naguère aimée, devenue nom générique de la femme adorée [49].

A partir des *Œuvres* de 1538, le pavillon « épigramme » va courrir toutes les œuvres courtes et percutantes du poète. Celui-ci prend donc toutes les petites pièces de *L'Adolescence* et de la *Suite*, et les classe dans les *Épigrammes*. Voilà satisfait une fois de plus ce goût de la partition, du classement par genres, qui fait de Marot le premier en date des novateurs de notre Renaissance [50]. Plus de pêle-mêle, plus de « menu ».

49. Rappelons que l'original de ce portrait angélique, la vraie Anne d'Alençon, va se marier en 1540. Marot lui dédiera alors quelques vers égrillards, sans trace de regrets.

50. Marot classe, non sans laisser du flou dans son classement, ce qui alimente depuis les querelles des spécialistes.

Comme il a enfin clairement séparé la complainte de l'élégie, singularisé l'épître, écrit — le premier en langue française — l'élégie précisément, mais aussi l'églogue, l'épithalame, peut-être le sonnet venu d'Italie, Marot francise l'épigramme dans laquelle il excelle.

Qui poussa Marot à nommer épigrammes ses pièces courtes passées, présentes et à venir ? Nous savons la date à laquelle il s'y décide par écrit : mars 1538. Est-ce Dolet, ce latiniste hors pair, qui l'y conduit, comme on l'admet souvent ? Dolet, qui place Cicéron à la proche droite de Dieu, doit aussi connaître les poèmes à l'emporte-pièce de ce coquin fieffé, Martial[51], et les satires aiguës de son ami Juvénal. Peut-être persuade-t-il Clément Marot qu'il a écrit jusqu'alors des épigrammes sans les nommer ainsi. Peut-être aussi — restons dans le domaine de l'hypothèse — Celio Calcagnini l'avait-il déjà fait à Ferrare quand il enseignait à Marot le « latin élégant ». Mystère.

Seconde question, second mystère. Pourquoi Marot, qui voue désormais à Martial l'admiration qu'on lui doit, n'a-t-il pas fait imprimer les *Épigrammes à l'imitation de Martial* qui figurent dans le manuscrit de Chantilly ? Pierre Villey croit que le poète préparait une livraison à part de ces imitations qu'il poursuivit assidûment. Elles parurent en effet en 1547 sous le titre *Épigrammes de Clément Marot faits à l'imitation de Martial*. Mais en 1547, Marot est mort depuis trois ans. Rien ne vient étayer les vraisemblables suppositions de Villey. Un fait demeure. Après 1538, le poète se reconnaît, pour une part, de la lignée de Martial, et, loin de le traduire littéralement, l'imite avec bonheur. Il lui rend un hommage appuyé. Plus tard, le mot d' « épigramme » restera lié à Marot. Ceux qui honoreront ce genre ne méconnaîtront pas leur précurseur. Notons que la mode existe déjà en France, après 1530, chez les poètes néolatins. Nicolas Bourbon et

---

51. Marcus Valerius Martialis (v. 40-v. 104), auteur de 1 500 épigrammes en quatorze livres : pièces courtes et percutantes, satire sociale et piques triviales jusqu'à l'obscénité. Il naquit et mourut en Espagne près de l'actuel Calatayud. Il fut à Rome le protégé de Titus, le courtisan de Domitien. Pline paya le prix de son voyage de retour en Espagne.

Salmon Macrin y sacrifient allègrement[52], ainsi que d'autres moins connus (Gilbert Ducher, Claude Rousselet). Mieux, ces érudits ont traduit ou traduiront en latin des pièces brèves de Marot. Ducher donnera deux d'entre elles sous le titre : *Epigrammata ex rythmo mei Maroti*, c'est-à-dire « d'après les vers de mon cher Marot ».

En 1538, Marot donne à Montmorency un important manuscrit. Il publie deux fois ses *Œuvres*. Par cet écrit, par cet imprimé, il assure la faveur dont il jouit à nouveau après l'exil, et la gloire qu'il a retrouvée.

Les *Œuvres* — édition Dolet du 31 juillet 1538 — pèchent pourtant de façon grave par leur forme. Marot est certes intervenu pour fixer le contenu, l'intitulé, la réécriture de certains passages. Ce qui manquera, c'est le dernier regard de l'auteur attentif sur les « épreuves » d'imprimerie. Dolet, dès lors que Marot s'en désintéresse, reprend les versions précédentes. Coquilles et erreurs graphiques continuent à déparer les poèmes, parfois à rompre le rythme d'un vers, même à en altérer le sens.

Est-ce la raison pour laquelle Marot et Dolet se brouillent ? En tout cas, leur fâcherie soudaine ne fait pas de doute. Presque aussitôt après la parution des *Œuvres*, une édition nouvelle est imprimée par Sébastien Gryphe. La préface n'est plus adressée à Dolet. Les compliments qui le concernent sont supprimés. Mais cette reprise reste un coup pour rien. Gryphe utilise les « épreuves » de Dolet, qui avait imprimé les *Œuvres* chez lui, n'ayant pas encore équipé sa « Douloire d'or », sa propre maison d'édition.

Bien qu'incorrectes, les *Œuvres* de 1538 en leur double sortie lyonnaise constituent un pan essentiel de l'édifice Marot. Le poète n'éditera plus que des fractions de son œuvre en cours : les *Étrennes* de 1541, par exemple, ou ces admirables *Psaumes* qui lui feront tant de mal. Les *Œuvres*

52. Bourbon dans ses célèbres *Nugae* (1533) ; Macrin dans ses *Aliquot epigrammata* (quelques épigrammes) publiées en 1537 chez Gryphe. Bourbon et Macrin, ne l'oublions pas, sont des amis de Marot, ses admirateurs, qu'il admire en retour. Ils étaient présents au banquet offert par Dolet à Marot au début de 1537 à Paris.

resteront le texte de référence sur lequel on empilera parfois
bien des faux. Marot devra encore à Dolet des éditions utiles
à sa gloire, dangereuses pour sa sécurité. Réconciliés ou non,
ils restent dans le même camp, celui de la contestation. Dolet
sera pendu et brûlé à Paris, place Maubert, en 1546. Quant à
Marot, la faveur royale le protégera encore pour quelques
brillantes années.

CHAPITRE XI

Le grand ton

Puis je songeais : où sont les cendres du Psalmiste ?

Jules LAFORGUE, *Poésies*.

LES CANTIQUES DE LA PAIX

Réintégré dans la maison du roi, Clément Marot reprend le harnais pesant de la poésie officielle. De 1537 à 1541, il le fera comme d'habitude, avec plus d'habileté que d'originalité. Il va nous donner, dans l'*Églogue au roi,* une œuvre d'exception, imitant les Anciens, farcie de mythologie, et pourtant plus personnelle qu'aucune autre. Cependant, il s'élève avec ses *Psaumes* au plus haut point de son lyrisme.

Dès lors, nous nous demandons pourquoi il reste si timoré, conventionnel, rétrograde même, en sa forme dans les pièces imposées par son état. La réponse est simple. L'œuvre commandée doit d'abord et avant tout plaire à son commanditaire. Nous savons par les *Épîtres,* si bien accueillies, que le roi aimait rire et plaisanter, à condition que ce fût aux dépens des autres, de l'épistolier lui-même par exemple. Mais quand il s'agissait de célébrer en vers des événements d'importance, raillerie et badinage, ironie et goguenardise devaient rester dans l'encrier. Cela, le malin Marot l'a su toute sa vie, assuré que les têtes sont enflées qui portent les grandes couronnes.

Il flatte, il courtise. Ce faisant, il ne peut utiliser ses armes ordinaires : l'esprit, la malice. Poète de cour, Marot ne sera jamais mieux qu'un habile versificateur. Mécène éclairé, mais souverain absolu vers qui doit monter la louange excessive, François Ier l'y contraint par sa vanité.

Marot se plie donc aux règles du genre, et manie l'encensoir d'une main sans nuances. Cela le sert. Il est rétabli dans la faveur royale. Pierre Jourda, qui, plus que tout autre seiziémiste peut-être, a examiné à la loupe les fluctuants états d'esprit du monarque par rapport à sa famille et à ses familiers, écrit à propos de cette période : « Il n'est à la cour qu'un seul poète, et c'est Marot[1]. » Devenu la plume de référence après sa réintégration, Clément ne peut se permettre le moindre clin d'œil quand on le prie de chanter les triomphes du roi, la venue de la paix, la gloire d'hôtes illustres.

Toute sa vie, même jouissant de la faveur royale, il s'était plaint d'être peu de chose devant les grands. Désormais, tant que cela durera, il profite de sa gloire, qui valorise ses coups d'encensoir. François Ier le regarde, satisfait : ne l'a-t-il pas découvert, ce Marot, avant que l'unanimité se fasse sur son nom ? Se trouver assuré en ses goûts par le suffrage des meilleurs, cela flatte un mécène. Le goût du roi en matière d'architecture est d'une rare sûreté ; la Renaissance lui doit ses élans admirables. En matière de beaux-arts, même œil juste : il « importe » Léonard de Vinci, invite Andrea del Sarto, essaie en vain d'arracher le Titien à Venise. S'il se rabat ensuite sur Primatice et Rosso, cela va peut-être avec la rareté soudaine de grands peintres de murs. Durant ces années même où Marot va entonner sans génie les *Cantiques de la paix*, Michel-Ange, cloîtré dans la Sixtine, peint l'extraordinaire *Jugement dernier*.

Voici donc plusieurs pièces qui vont s'ajouter au médiocre cantionnaire de Clément. Le premier illustre les entrevues qui devaient aboutir en juillet 1538 à l'établissement d'une paix provisoire entre François Ier et Charles Quint : *Cantique*

1. Pierre Jourda, *op. cit.*

de la chrétienté sur la venue de l'empereur et du roi au voyage de Nice. Quand on connaît ce ballet en deux actes — Nice et Aigues-Mortes —, on ne peut s'empêcher de penser à la version comique que Marot — s'il avait été informé, et surtout s'il avait osé — eût pu tirer de la fausse rencontre de Nice. Le pape Paul III, qui veut la paix, a décidé de ce tête-à-tête niçois entre les deux souverains. Il réussit à moitié. François et Charles se rendent bien à Nice, et c'est l'imbroglio. Le duc de Savoie, dont cette ville est l'un des derniers bastions, refuse l'accès du château fort. Le roi de France s'établit dans un hôtel particulier, Charles Quint boude sur sa galère. Le pape doit papillonner entre ces deux obstinés, dont chacun refuse de faire le premier pas. Le pontife, pourtant, vient à bout de leur entêtement. Le 14 juillet 1538, le roi et l'empereur acceptent de se rencontrer à Aigues-Mortes, cette fois avec grandes embrassades et échange de décorations. Tout le contentieux semble oublié, effacées tant d'années de guerre. Sont-ils dupes l'un de l'autre ? Croient-ils l'un comme l'autre à la bonne foi de leur « bien-aimé frère » ? Les vrais perdants, ce sont les alliés des deux camps, laissés à eux-mêmes. La paix ? Une bonne et belle guerre froide commence, riche en embûches sournoises et en coups de griffes dans le contrat.

Marot sait-il cela ? En juillet, il est à Lyon : ses *Œuvres* vont y être éditées le 31 de ce mois. Il se lance dans un honnête cantique de forme rhétoricienne où l'exaltation reste de commande :

> *Approche-toi, Charles, tant loin tu sois*
> *Du magnanime et puissant roi François*
> *Approche-toi, François, tant loin sois-tu*
> *De Charles, plein de prudence et de vertu.*
>
> (v. 1-4)

Ce commencement plaît si fort à Marot courtisan qu'il le répète pour finir (v. 87-90). Et entre les deux ? Les malheurs que répand Mars, dieu de la Guerre, tueur de nobles et beaux guerriers :

> *Si maintenant faites ce que pouvez*
> *Paix descendra, portant en main l'olive*

Laurier en tête, en face couleur vive
Toujours riant, claire comme le jour
Pour venir faire en mes terres séjour.

(v. 60-64)

En octobre 1538, Marie d'Autriche, sœur de Charles Quint, est invitée en France. Marie, veuve du roi de Hongrie Louis II — noyé après sa défaite devant le sultan Soliman —, a été nommée en 1531 gouvernante des Pays-Bas. Faisant prospérer les affaires de son frère, elle menace François Ier sur ses frontières du Nord. Le roi et sa cour vont à sa rencontre. Marot écrit un autre cantique, cette fois un peu moins médiocre. Il désire saluer cette « chaste Diane » par une « épître immortelle » (v. 15), et se pavane humblement :

Je, de ma part, le plus petit de tous
M'enhardirai humble salut et doux
Te présenter : non en voix et parole
Qui parmi l'air avec le vent s'envole,
Mais par écrit, qui contre le temps dure
Autant ou plus que fer ou pierre dure.

(v. 5-10)

Diane devient Penthésilée (v. 33) puis Saba (v. 51), le poète croyant que la reine visitant Salomon se nommait ainsi, non son pays d'origine. Il lui déclare que les peuples sont enclins à aimer les princes (v. 54), mais davantage les princesses, qui n'ont pas à chercher, comme les rois, de l'honneur à la guerre (v. 55-60). Poésie d'exercice, bouquet de fleurs banales en décasyllabes à rime plate AABB.
Durant l'hiver 1539, enfin, Charles Quint profite des assurances données à Aigues-Mortes pour faire à François Ier une demande stupéfiante. Ses bourgeois de Gand se sont révoltés. Pour les mater, il veut amener une armée sous leurs murs. D'où ? D'Espagne. Comment ? En passant par la France. Cette prétention, venant de l'ennemi de toujours, soulève les légitimes protestations des bons politiques. François Ier, lui, reste le roi chevalier au noble cœur, croyant à la

parole donnée. Il accorde le passage. Mieux, il reçoit Charles Quint à Paris le 1er janvier 1540 avec un faste extraordinaire, après un Noël de gala au château de Fontainebleau encore inachevé. Nouveau cantique de Marot sur l'honneur que fait à la France et à Paris le puissant empereur. N'en citons rien, car rien ne mérite d'en être retenu.

Sourions cependant de l'habileté du poète à profiter de sa faveur en cour. Il persuade — ou fait persuader — François Ier de le présenter à Charles Quint. Marot offre à l'empereur un manuscrit de ses *Psaumes*. N'était-ce pas une façon adroite de les « couvrir » contre l'accusation d'hérésie, les présentant à un monarque tout à fait catholique ? Bonne affaire, de surcroît. Charles Quint, qui peut se permettre de se montrer généreux, offre au poète une récompense de deux cents doublons d'or. Le temps des vaches maigres est passé.

Naïf comme son maître, Marot se félicite donc — en son cœur et sa bourse — d'une grave faute politique ; avoir laissé le loup traverser la bergerie française. Devait-il être plus politique que le roi ? En tout cas, il a eu soin de composer ses cantiques en une langue et sur un ton capables de plaire aux traditionalistes. En septembre 1539, il en fait un autre, bien différent, dont le lyrisme s'apparente à celui des *Psaumes* : *Cantique de la reine sur la maladie et convalescence du roi.*

Le roi était tombé gravement malade, et guérit juste à temps pour accueillir l'empereur en France. En fait, il ne retrouvera plus jamais la pleine santé, et, le roi tiré provisoirement d'affaire, Clément Marot prend donc la plume pour la reine Éléonore, cette fois avec autant de talent que de sentiment. Nous avons souri en constatant qu'il n'est jamais meilleur que dans l'art de solliciter. Nous avons aussi remarqué qu'il retrouve ses plus hautes qualités poétiques dans la peine véritable. C'est ici le cas : le beau lyrisme du *Cantique de la reine* nous persuade de la sincérité de Clément : il aime ce roi parfois dur et injuste, souvent délicieux envers ses protégés. Sa maladie l'affligeait, sa guérison l'exalte.

Dans cette pièce, Marot reprend cette façon de versifier qu'il avait utilisée dans le cantique adressé à Marguerite

depuis son exil à Venise. Nous en avions noté[2] la nouveauté
et l'efficacité. Le poème est composé de strophes de quatre
vers : trois décasyllabes sur la même rime AAA, un tétrasyllabe qui ne rime avec rien, et tire sa force de sa brièveté.
L'alternance entre rime masculine et rime féminine, qui sera
de règle dans les *Psaumes,* y est rigoureusement respectée :
elle deviendra bientôt obligatoire dans la poésie française.
Nous retrouverons la même strophe, rimée AAAB, dans la
traduction par Marot du si important Psaume XXII.

La reine, ici, déclare son amour envers le roi mourant,
avec de grands accents. Elle adresse à Dieu une prière
fervente :

> *Si pitié n'a de mon cœur languissant*
> *Si pitié n'a du bon Roi périssant*
> *Ai-e pitié du peuple gémissant*
> > *Par ta clémence.*
> > (v. 21-24)

Si Marot a hésité longtemps entre les dénominations de
« cantique », de « complainte », voire d' « hymne », il assure
« cantique » par les meilleurs morceaux de ce genre, dédiés
aux grands de ce monde, mais placés sous l'invocation divine.
Marot, traducteur zélé des Psaumes, fait passer dans ces
strophes une foi chrétienne profonde :

> *Mais pourquoi suis-je ainsi de douleur pleine ?*
> *Est espérance en moi ou morte ou vaine ?*
> *Le tout-puissant par sa bonté humaine*
> > *Le guérira.*
> > (v. 49-52)

Le roi guérit en effet. Que la joie revienne :

> *Ôtez ce noir, ôtez-moi ces préfaces*
> *Chantant des morts ; ôtez ces tristes faces*
> *Il n'est pas temps que ce grand deuil tu fasses*
> > *Pays heureux.*
> > (v. 81-84)

2. Voir ci-dessus, p. 276.

Et plus loin, avant le dernier quatrain qui, lui, rime sagement ABAB :

> *Faites que tout pleure fort et puis rie*
> *Ainsi que moi, votre dame chérie ;*
> *Certes souvent de grande fâcherie*
> *Grand plaisir vient.*
> (v. 129-132)

Nous ne savons pas si le cœur de la reine Éléonore était si plein d'harmonieux amour pour son époux volage. Mais un tel poème ne pouvait que charmer le roi et enchanter Marguerite, qui aime si fort son frère, son « second Christ ». Outre une belle œuvre, le *Cantique de la reine* est pour Marot une bonne affaire.

En janvier 1540, Marot publiera ses cantiques laïques chez Étienne Roffet, le « relieur du roi »[3]. Ce sera l'ensemble des *Cantiques de la paix*. On y trouve : *La Chrétienté à Charles empereur et François roi de France, Clément Marot à la reine de Hongrie, Sur la maladie et la convalescence du roi, Sur la venue de l'empereur en France.*

La paix va s'ébrécher de tous côtés. Les compliments adressés par François Ier à Charles Quint ne font que dater les années 1538-1540. Il reste que, en ce temps-là, Marot, chantre officiel des grands événements, reçu et couvert d'or par l'empereur lui-même, prend de l'importance, se hausse à la mesure de sa gloire littéraire. Voilà de quoi réjouir ses amis déclarés. Quant à ses ennemis, il croit les avoir désarmés par les gages qu'il donne à l'orthodoxie : le manuscrit de Chantilly est expurgé d'hérésies ; les *Œuvres* montrent des écrits antérieurs soigneusement désherbés de toute broussaille « mal sentante » ; les *Cantiques*, enfin, louent à travers les princes un Dieu adoré congrûment.

Sont-ils dupes, les haïsseurs ? Ils doivent plutôt lire avec avidité les « écrits défendus » auxquels le poète s'est déjà attelé, et qui permettront un jour de rouvrir son procès.

---

3. Voir ci-dessus, p. 225.

LES QUATRE SAISONS DE MAROT

En 1539, Clément Marot offre à François Ier l'une de ses œuvres les plus importantes et les mieux venues : l'*Églogue au roi sous les noms de Pan et Robin*.

Nous avons vu comment il introduit l'églogue dans les lettres françaises en 1531, pour déplorer la mort de la reine mère. Dans ce genre, il ne brille guère de feux originaux. Pour l' *Avant-naissance* du troisième enfant de Renée de France, duchesse de Ferrare, il trouve des couleurs plus vives et de beaux couplets réformistes, reniés après 1538. L'*Églogue au roi*, la troisième, a un triple mérite. D'abord, elle reste conforme au genre tel que le transmet la tradition[4]. Ensuite, elle ouvre harmonieusement la voie à un renouvellement de la pastorale et de la bergerie médiévales. Enfin, sous les masques de la mythologie pour le roi, de la tradition bergère pour le narrateur, elle constitue une réflexion de Marot sur les quatre saisons de sa vie : souvenirs et espoirs.

Parlons d'abord de ces masques, levés, sitôt mis, par des annotations en marge et le titre même. Pan, c'est le roi ; Robin, le berger poète. Pan, dieu grec — et spécialement arcadien — des bergers, des troupeaux, de la vie au grand air, des fêtes champêtres, est une divinité qui aura la vie longue. Contrairement à la plupart des hôtes du panthéon grec, son nom ne change pas dans le ciel latin. Pan est-il « le grand tout », comme sa probable étymologie le suggère ? Pan est le neutre du grec *Pâs :* tout. *To pàn*, c'est l'univers. De là viendra que Pan recouvre la religion de la Terre[5] devenue objet absolu de culte (panthéisme). Le dieu Pan, cette pièce rapportée dans la panoplie olympienne, finit par être le plus grand de tous. C'est lui qui sème, dans les bois obscurs, la

4. *Eklogè* en grec, *ecloga* en latin signifient d'abord « morceau choisi ». Le mot recouvre bientôt certaines pièces de vers de type idyllique ou pastoral.

5. Non seulement la Terre elle-même, mais la création tout entière identifiée à son créateur, des stoïciens à Plotin, de Spinoza jusqu'à Hegel, avec des dizaines de nuances et un trait commun panthéiste.

terreur panique. Pan, dieu de la Nature, une fois passée
la mode des pastorales, restera commun chez les poètes.

François Ier est ainsi tout désigné pour endosser l'autorité du roi des troupeaux, des bergers, des bergères.
Marot sera Robin. Ce nom, dès le XIIIe siècle, désigne le
gardien de troupeaux de façon bien établie[6].

Or que va conter Robin au grand Pan ? Un chant
pastoral, bien sûr :

> *Écoute un peu de ton vert cabinet*
> *Le chant rural du petit Robinet.*
>   (v. 13-14)

Mais voici Marot qui, d'une manière inhabituelle, fait
en quelque sorte au roi l'offrande de sa vie. Cette vie, il
va la raconter, puis l'imaginer en quatre parties correspondant aux quatre saisons de l'année : il a vécu le printemps et l'été. En l'année quarante-troisième de son âge,
il aborde l'automne. Plus loin se dessine l'hiver. Au roi,
Marot fait hommage de son passé, allégeance pour le
présent. Quant à l'avenir, il le confie aux soins de son
souverain seigneur.

Ce thème est-il original ? Pour Claude-Albert Mayer[7],
c'est Gian Battista Spagnoli[8] qui a eu l'idée d'une églogue
— la cinquième de ses *Bucolica*, pour comparer le cours
de la vie à celui de l'année. Cela importe peu, surtout en
un temps où emprunter littérairement restait pratique
courante. Ce qui compte, c'est la « marotisation » des
emprunts. Rien de plus marotique que l'*Églogue au roi*,
même si au procédé du Mantouan nous ajoutons

6. En particulier depuis *Le Jeu de Robin et de Marion* (1282)
d'Adam le Bossu, que l'on donne pour le premier vaudeville à couplets.

7. *Clément Marot, op. cit.*

8. Dit le Mantouan (1448-1516), né à Mantoue comme Virgile,
auquel Érasme le compare avec trop d'indulgence. Il écrivit cinquante
mille vers latins. L'Église le béatifia près de quatre siècles plus tard,
sans doute pour d'autres raisons. Une traduction des *Bucolica* avait
été donnée en français par Michel d'Amboise (1530), et Marot en fit
son profit, à ce qu'il semble.

l'influence des néolatins français et italiens, des *Opere toscane* sans enflure de Luigi Alamanni, dédiés au roi en 1533.

Nous avons longuement cité la partie « Printemps » de cette églogue, qui s'étend du vers 15 au vers 107. Elle débute par ce célèbre mouvement :

> *Sur le printemps de ma jeunesse folle*
> *Je ressemblais (l'hirondelle) qui vole*
> *Puis ça, puis là : l'âge me conduisait*
> *Sans peur ni soin, où le cœur me disait.*
>
> (v. 15-18)

Marot raconte-t-il ici de vrais souvenirs d'enfance, ou reprend-il un texte de Lemaire de Belges ? Il fait mieux que répéter : il se reconnaît dans le petit brigand lanceur de pierres et voleur de fruits qu'il nous dépeint. Cahors en Quercy, déjà évoqué dans *L'Enfer*, revient dans l'*Églogue au roi*, paré des charmes de l'enfance. C'est là que Pan résidait. Ce qu'il fit pour le jeune Clément, entouré de son père Janot et du berger Jacquet, Marot nous le dit avec attendrissement en son âge mûr. Q'importent ces « blanches hermines » sorties du chapeau de Lemaire de Belges ? Le joli temps que ce fut là !

Voici l'été qui vient pour Marot. Datons-le de la fin de son *adulescentia*, de sa trentième année, quand le poète ose lire au roi — mais non publier — des passages de *L'Enfer*. Qu'y fait-il ? Le récit n'est plus aussi précis que celui des vagabondages d'enfance. Il faut user de prudence et ne pas mentionner des écarts de conduite. A peine avoue-t-il en commençant que, s'il devient sensé, il n'en reste pas moins insouciant :

> *Aussi, quand hors du printemps j'eus été*
> *Et que mes jours vinrent en leur été*
> *Me crût le sens, mais non pas le souci.*
>
> (v. 109-111)

Il travaille de corps et d'esprit à charpenter, réparer les clôtures, tresser des paniers pour une certaine Hélène la Blonde — encore une Anne (v. 112-123). Robin « apprend » aussi : la géographie, ce qu'un berger doit savoir de botanique et d'art vétérinaire (v. 124-133). Fiction pure, bergerie intégrale ? Ou veut-il montrer qu'il s'aguerrit aux tâches d'homme, à ce qu'il faut de connaissances pratiques à un « oiseau du ciel » pour vivre en société ?

> *Mais par sus toutes choses*
> *D'autant que plus plaisent les blanches roses*
> *Que l'aubépin, plus j'appris à sonner*
> *De la musette, et la fis résonner*
> *En tous les tons et chants de bucoliques.*
> (v. 133-137)

C'est dire : « Je devins poète, et si bien que les demi-dieux en pleuraient d'attendrissement » (v. 141). Margot elle-même — Marguerite de Navarre — pleure quand Robin chante la mort de sa mère Louise (v. 143-148).

Il chante ensuite pour l'amour de sa mie et rivalise avec Mellin de Saint-Gelais. Antoine Héroët les départage : fiction pure une fois encore (v. 149-158). Puis un long passage dédie les chants — les œuvres — de la vie de Robin-Marot à François Ier-Pan. Ce dernier tient à la main cette flûte à sept tuyaux qui porte son nom et qui figure les sept arts libéraux qu'encourage le royal mécène (v. 159-188). « En mon été, conclut le poète, rien ne me plaisait, grand Pan, sinon t'être agréable » (v. 189-198).

Suit la venue de l'automne, la saison en laquelle Marot se croit établi en 1539. Ne dira-t-il pas plus loin que ses cheveux blanchissent ? Clément, alors comblé d'honneurs et de faveurs, montre une tendance affirmée à la mélancolie. Le « soing » — c'est-à-dire les soucis — l'accable. Sa façon de « chanter » devient « triste et lente ». Sa flûte, suspendue à un arbre, lui reproche de la rendre oisive (v. 199-206). Il réagit, mais les soucis l'assaillent à nouveau :

> *Dont tout à coup mon désir se réveille*
> *Qui de chanter voulant faire merveille*
> *Trouve ce Soing devant ses yeux planté*
> *Lequel le rend morne et épouvanté*
> *Car tant est Soing basané, laid et pâle*

Qu'à son regard la Muse pastorale,
Voire la Muse héroïque et hardie
En un moment se trouve refroidie.
                    (v. 207-214)

Mélancolie ? Certes, mais d'affreux oiseaux chantent leur effrayante chanson :

J'oy d'autre part le pivert jargonner
Siffler l'escouffle[9] et le butor tonner.
                    (v. 217-218)

D'autres, étourneau, hirondelle, héron, prennent leur envol : l'hiver approche La bise qui se lève l'annonce, épouvantant le bétail (v. 219-229). Que veulent-ils, ces moutons effrayés ? La même chose que le berger Robin-Marot. Être protégés par le roi :

Je ne quiers pas — ô bonté souveraine —
Deux mille arpents de pâtis en Touraine
Ni mille bœufs errants par les herbis
Des monts d'Auvergne, ou autant de brebis :
Il me suffit que mon troupeau préserves
Des loups, des ours, des lions, des loups-cerves
Et moi du froid, car l'hiver, qui s'apprête,
A commencé à neiger sur ma tête.
                    (v. 231-238)

Que d'humilité chez ce Robin aux cheveux déjà neigeux ! Elle ne durera pas longtemps, si le roi secourt le poète et sa famille :

Lors en science, en musique et en son
Un de mes vers vaudra une chanson ;
Une chanson, une églogue rustique ;
Et une églogue, une œuvre bucolique.
Que dirai plus ? Vienne ce que pourra
Plus tôt le Rhône encontremont[10] courra,
Plus tôt seront hautes forêts sans branches,

9. Le busard.
10. A contre-courant.

Les cygnes noirs et les corneilles blanches
Que je t'oublie — ô Pan de grand renom —
Ni que je cesse à louer ton haut nom.
  Sus, mes brebis, troupeau petit et maigre
Autour de moi sautez de cœur allègre :
Car déjà Pan, de sa verte maison
M'a fait ce bien, d'ouïr mon oraison.
                            (v. 247-fin)

Qu'il y ait du Virgile dans ce dernier mouvement n'enlève rien à sa vivacité. La « verte maison » du dieu Pan, évoquée à l'avant-dernier vers, répond au début de l'œuvre :

Écoute un peu, de ton vert cabinet
Le chant rural du petit Robinet.
                            (v. 13-14)

C'est de la « verte maison » de Pan qu'il s'agit, non de celle que le roi offre à Clément en juillet 1539, « ayant regard aux bons, continuels et agréables services que notre cher et bien aimé valet de chambre ordinaire, Clément Marot, nous a par ci-devant et par longtemps faits... »

En remerciement de la superbe églogue qu'il lui adresse et pour loger la famille, le « maigre troupeau » du poète, le roi donne une maison à Marot, située dans l'actuelle rue de Tournon. L'*Églogue au roi*, antérieure à ce don, démontre, discrètement pour une fois et en sa dernière partic, que Clément, ayant bien loué le roi, sollicite encore ses bontés. Il y réussit pleinement. C'est bien un royal cadeau que cette maison avec ses dépendances, « grandes et jardin, le tout clos de murailles », située au cœur de Paris, en bordure du « pays latin ». Le roi l'avait d'abord achetée pour Rustici [11], qui devait y fondre une statue équestre du souverain. D'où le nom de « maison du cheval de bronze » qui fut donné à cette habitation. La statue ne vit pas le jour. La maison revint à

11. Giovan Francesco Rustici (1474-1554) fut l'ami de Michel-Ange et de Léonard de Vinci. On lui doit les trois sculptures du baptistère de Florence. François Ier le décida à venir en France, où il mourut, après 1528.

Marot. Le quartier fut par la suite remodelé, si bien qu'il est illusoire de désigner aujourd'hui tel ou tel bâtiment sous le nom de « maison de Marot ». Quoi qu'il en soit, le don qui en fut fait permet de juger de la faveur du poète, de son crédit auprès du souverain en cette année 1539. Le roi, meilleur critique que poète, juge à sa juste valeur l'églogue qui lui est dédiée.

Toute sa vie, nous avons vu Marot s'efforcer, avec plus d'application que de légèreté, de retrouver les voies poétiques des grands auteurs de l'Antiquité. Elles seules étaient données pour nobles par les humanistes et les néolatins. Marot accepte leur prééminence. Étrange aveuglement qu'imposent les savants aux artistes. Après Rutebeuf et Villon, Marot invente une poésie libérée des archétypes anciens. Il crée un style dont, pendant des siècles, bien des poètes vont s'inspirer. Il réhabilite — au sens architectural — les grands genres poétiques de l'Antiquité gréco-latine : élégie, églogue, épithalame, épigramme.

Le mérite qu'il gagne à cette réhabilitation n'est pas mince. Il trace des routes pour ses successeurs ingrats de la Pléiade. Les élégies qu'il a composées, les épithalames, les deux premières églogues sont d'appréciables exercices. Il n'y manque que son génie. Ces habits qu'il endosse sont visiblement de confection. Pour l'épigramme, qu'il nomme tardivement après l'avoir pratiquée de bonne heure, c'est une autre musique. Même imitant Martial, il sera bien plus qu'un imitateur. En ce genre à ses mesures, il deviendra Marot l'inimitable, comme en ses épîtres, comme dans *L'Enfer*.

L'*Églogue au roi* ne se borne pas à la réintroduction d'un genre dans le jardin poétique français. Il demeure méritoire de « bergeriser » à la manière de Théocrite ou de Virgile. La vraie grandeur de ce texte sera d'inventer, dans le chant pastoral de l'églogue, des accents personnels, tour à tour pittoresques et émouvants. Comme la plupart de ses pièces maîtresses, ce n'est pas dans la diversité métrique, le jeu hardi des rimes que Marot cherche et trouve sa réussite. L'*Églogue au roi* est écrite en sages décasyllabes, rimant en AABB. La perfection est dans le ton, l'invention, la très

marotique manière de rendre poétique la réalité. Que de
progrès accomplis depuis 1531, l'année où Marot « églo-
guait » la mort de Louise de Savoie avec les Cymbales de la
rhétorique. Pariant d'être Robin, il subordonne à sa force
vive deux siècles et demi de « robineries ». Il accepte les
contraintes d'un genre sans rien céder de son originalité. Bien
peu de ses successeurs sauront se dépêtrer des guirlandes
pastorales et des fables mythologiques. Une grande vague de
fadaises mariniennes et gongoristes va déferler, gâter un
d'Urfé qui ne manquait pas de qualités. Auparavant, la
Pléiade ingrate utilisera les trouvailles du pionnier Marot. La
postérité des critiques oubliera cette étrange églogue qui, en
costumes convenus, démontre une personnalité unique en
notre poésie.

Que ceux qui ne connaissent pas Marot, et qu'il fascine
déjà, lisent l'*Églogue au roi* après les *Œuvres*. Y venir pour
commencer serait risquer de trébucher dans la pauvreté d'un
décor, et méconnaître, parce qu'elle cède au pathos de
bergerie, la grandeur poétique de l'œuvre. Marot, sur la
porte de sa vie, en évoque de façon admirable les quatre
saisons, et les offre au roi son maître. Les oripeaux que leur
impose le genre ne font que nous persuader d'une agréable
évidence : après avoir introduit l'églogue dans la poésie
française, Marot la conduit, en 1539, à une perfection qui
restera inégalée.

PLUME PRÊTÉE

Nous n'avons guère prodigué de louanges au Marot
traducteur. Certes, de la première églogue de Virgile au
deuxième livre des *Métamorphoses* d'Ovide [12], il fait des
progrès sur deux fronts. Progrès en latin d'abord : Calcagnini

12. Publié pendant le second exil de Marot (1543). Le poète y
travaillait sans doute depuis longtemps, si on en juge du moins par le
temps qu'il mit à parfaire le premier livre (1526-1534).

est passé par là. Dextérité ensuite : poète d'expérience, il adapte mieux une poésie à l'autre, sinon deux métriques radicalement différentes. Réussit-il mieux dans la translation de Pétrarque ? Le *Chant des visions*, publié dans la *Suite de l'adolescence clémentine*, nous en a fait douter. Marot, en son séjour à Ferrare et à Venise, se familiarise avec l'italien. Cela, et la maturité poétique dans laquelle il est établi, explique la superbe réussite d'une nouvelle traduction : six sonnets de l'amant de Laure, qu'il publie en plaquette à Paris chez Gilles Corrozet [13].

D'abord, notons le goût avec lequel Marot choisit. Au risque de choquer les pétrarquistes — il en existe encore, et de remarquables —, disons que le *Canzionere* comporte des hauts et des bas. Que depuis 1470 on ait imité surtout les bas renforce l'admiration que l'on doit à l'œil de Marot : il sélectionne six sonnets ravissants.

Ensuite, admirons sans réserve, pour une fois, le travail du traducteur. Certes, le décasyllabe français transpose, avec plus de fidélité qu'il ne le faisait de l'hexamètre latin, le décasyllabe italien. Mais il y a plus. Le charme des vers de Pétrarque ne succombe pas, comme il est tristement d'usage, à la conversion des mots en langue différente. Prenons pour exemple le quatrième *Sonnet* [14], et citons-le en entier avec sa traduction :

> *Lasciato ài, Morte, senza sole il mondo*
> *Oscuro et freddo, Amor cieco et inerme,*
> *Leggiadria ignuda, le belleze inferme,*
> *Me sconsolato et a me grave pondo,*
>
> *Cortesia in bando, et honestate in fondo*
> *Dogliom' io sol, né sol ò da dolerme,*
> *Ché svelt' ài di vertute il chiaro germe :*
> *Spento il primo valor, qual fia il secondo ?*

13. 1510-1568. Libraire et poète, il met en vers français les fables d'Ésope. Il publie un utile ouvrage sur les monuments et les transformations de Paris (1550).

14. *Sonnet 338*, selon l'excellente édition des *Rime* chez Sansoni à Florence (1905), d'après un texte établi par Giuseppe Salvo Cozzo.

Pianger l'aer et la terra e'l mar devrebbe
L'uman legnaggio, che senz'ella è quasi
Senza fior prato o senza gemma anello.

Non la connobe il mondo mentre l'ebbe :
Connobil'io, ch'a pianger qui rimasi [15]
E'l ciel, che del mio pianto or si fa bello.

Ce qui devient, dans la version poétique française de Clément
Marot :

Mort, sans soleil tu as laissé le monde
Froid et obscur, sans arc l'aveugle archer,
Grâces, beautés prêtes à trébucher
Moi désolé en angoisse profonde.

Bas et bannis sont honneur et faconde ;
Seul fâché suis, seul n'ai à me fâcher,
Car de vertu fis la plante arracher :
C'est la première, où prendrons la seconde ?

Plaindre devraient l'air, la mer et la terre
Le genre humain qui comme anneau sans pierre
Est demeuré, ou comme un pré sans fleurs.

Le monde l'eut sans la connaître à l'heure ;
Je la connus, qui maintenant la pleure
Si fait le ciel qui forne [16] *de mes pleurs.*

La traduction est aussi réussie que l'original. Presque aussi
riche en tous cas, parfois non littérale pour rimer bien (v. 2),
assurant les antithèses pétrarquiennes, conservant le ton
dolent du regret de l'aimée morte. A l'exception du dernier
vers, un sonnet en langue accessible à l'œil et à l'oreille de nos
contemporains. Un sonnet marotique, aussi bien que littéralement pétrarquien.

Dans ce joyau mal connu on trouve une qualité « clémentine » essentielle : l'ingéniosité dans le choix des mots. Ici,
pour traduire ; ailleurs, pour définir, préciser. Clément

15. Variante : *romasi* (que je rejette).
16. Se rejouit de.

Marot, dans la satire — où cela fait sa force — comme dans le lyrisme — où cela fait sa grâce —, est un grand ajusteur de mots. Désormais admirateur et disciple de Martial, il donnera de ce dernier de brillantes paraphrases, plutôt que d'exactes traductions : il faut, pour garder la flèche épigrammatique, chercher des équivalences, non des conformités. Au contraire, ces six sonnets — et eux seuls peut-être dans toute l'œuvre de Marot — nous montrent à la fois une traduction fidèle et un grand poème en regard du modèle.

Ces sonnets de Pétrarque sont publiés en 1539, mais la date de leur translation ne nous est pas connue. Même mystère en ce qui concerne la traduction en vers de trois des *Colloques* d'Érasme par Marot. Nous avons vu ce dernier, durant son exil, apprendre la mort d'Érasme et la noter dans un coq-à-l'âne avec une négligence feinte. Feinte à coup sûr, car il traduit une épitaphe composée en l'honneur du grand humaniste, et la tourne ainsi :

> *Le grand Érasme ici repose*
> *Quiconque n'en sait autre chose*
> *Aussi peu qu'une taupe il voit*
> *Aussi peu qu'une pierre il oyt.*

Érasme, avec Lefèvre d'Étaples, sera le maître à penser des évangélistes européens [17]. Si Lefèvre demeure ancré dans le catholicisme formel, Érasme n'y fait qu'acte de présence. Il attaque à la fois Luther et le papisme intégriste. Rien de plus vif, joyeux, impertinent que ses *Colloques* (1518). Dans un latin suprêmement élégant, cet ancêtre de Voltaire moque bien des idées pieusement reçues. Ces piécettes sont si percutantes que l'on s'étonne de ne pas les voir mises sur une scène de théâtre. Je pense — sans preuves — que Marguerite de Navarre doit aux *Colloques* d'Érasme — ce serviteur de Charles Quint qu'elle a refusé de fréquenter — la façon et le ton de ses remarquables œuvres théâtrales : *Le Malade*, *L'Inquisiteur* (1535-1537). Avait-elle déjà lu le texte versifié

17. Il est important de noter que le mentor de Marot à Ferrare, le savant Celio Calcagnini, était l'un des plus fervents admirateurs d'Érasme. Comment n'aurait-il pas vanté ce maître à son élève ?

de Marot ? L'avait-il envoyé de Ferrare ou Venise ? Nous ne savons même pas s'il l'avait seulement rédigé. Les trois *Colloques* qu'il traduit ne seront publiés qu'après sa mort.

Entre exil et gloire, Marot transpose donc en vers le *Colloque de l'abbé et de la femme savante,* celui *de la vierge méprisant mariage,* et celui *de la vierge repentie.* Dans le premier, Ysabeau déclare à un ecclésiastique rétrograde le droit de toute femme à se plonger dans les livres. Dans le deuxième, le personnage nommé Clément essaie de persuader une certaine Catherine que l'état de nonne est absurde, dangereux même pour la vertu des filles (v. 660). Dans le troisième, mêmes interlocuteurs : Catherine raconte à Clément son séjour très bref dans un couvent, sa sortie précipitée, et l'argent qu'il en a coûté à son père.

Les deux premières pièces montrent l'aversion ordinaire d'Érasme (et de Marot) pour l'état monastique, jugé antichrétien [18]. Œuvres tout à fait « hérétiques », donc. Qu'il les ait composées en Italie ou lors de son retour en France, Marot prit bien garde de ne pas les publier. Répétons qu'après son abjuration, il s'efforce de passer pour un catholique irréprochable.

Cette occultation volontaire n'est pas étrangère à la méconnaissance de cette adaptation adroite d'un texte incisif. Marot reconduit le dialogue érasmien en octosyllabes pimpants. Rien n'y est perdu de la satire gouailleuse de l'original. Il s'agit d'équivalence en vers français, non de traduction littérale. L'esprit du texte est pourtant magistralement sauvegardé. Ainsi, dans le deuxième *Colloque,* par exemple, les devisants parlent du couvent :

CLÉMENT.
          Propos final :
Souvent tout n'est pas virginal
Parmi ces Vierges.

18. Les *Colloques* restent l'un des points brillants de l'œuvre d'Érasme. En 1518, ils déplurent à la fois à la jeune Réforme non encore constituée et aux catholiques formalistes. Abrité dans Bâle, Érasme sut toujours rester chrétien en prodiguant ses flèches à l'un et l'autre camp.

CATHERINE.
                    Non, beau sire,
Et pourquoi ?

CLÉMENT.
                Je le vous vais dire :
Parce que parmi ces pucelles
Se trouvent grand nombre de celles
Qui de mœurs ressemblent Sapho
Plus que d'entendement.

CATHERINE.
                    Ho, ho,
Quel jargon ; je ne l'entends point.

CLÉMENT.
Aussi l'ai-je dit tout à point
Afin que ne fût entendu.
            (v. 345-355)

La chaste Catherine n'entendra donc point en quoi consistent les mœurs saphiques, que de méchants contes prêtaient à certaines cloîtrées. Adroite et leste, cette traduction de Marot mérite qu'on y revienne. Elle procure un habit singulier, Érasme aidant, à la satire marotique. Le poète, qui sait ce qu'il doit à son modèle, écrit en exergue du *Colloque de l'abbé et de la femme savante :*

> *Entends (Lecteur) que ce Colloque*
> *Qui est d'un Abbé ignorant*
> *Duquel une femme se moque*
> *Religion ne met à néant*
> *Mais l'abus un peu découvrant*
> *Des gens savants l'honneur ne touche ;*
> *Ainsi l'entends en le lisant :*
> *Qui sera morveux, (qu') il se mouche.*

En octobre 1541 enfin paraîtra, après deux éditions « sauvages » que Marot déclare fautive avec emportement, l'*Histoire de Léandre et de Héro. Premièrement fait en grec par*

Muséus[19], *poète très ancien, et depuis mis de latin en français par Clément Marot.* Clément en surveille lui-même l'impression à Lyon chez Sébastien Gryphe. Le récit qui fit la gloire de Muséos est resté célèbre, et a souvent été imité jusqu'au XIXe siècle. La belle Héro, secrètement unie au beau Léandre, habite une tour au bord des Dardanelles. La nuit, elle allume un feu au sommet de la tour. Léandre, qui se tient de l'autre côté du détroit, le traverse à la nage en se guidant sur le signal et rejoint son amante. A l'aube, il accomplit le trajet inverse. Une nuit, un vent de tempête éteint le phare improvisé sans qu'Héro s'en avise. Léandre se noie, son corps est rejeté sur les rochers de la côte. Héro le voit et se précipite du haut de sa tour pour retrouver Léandre dans la mort.

Marot, dans une avalanche de décasyllabes à rimes plates, échoue comme il l'avait fait souvent en ses traductions des Anciens. Boursouflure du style, incohérence des images, brouet mythologique, tout nous conduit à ce qui était alors à la mode. Rien ne paraît de l'auteur lui-même en ces six cent deux vers. De beaux passages en émergent, çà et là :

> Ainsi leur grand'amitié conduisaient
> Et, en plaisir secret, se déduisaient[20]
> Mais peu vécu ont en cette manière
> Et peu joui de l'amour marinière.
>   (v. 518-521)

Ni chef-d'œuvre ni même morceau à choisir, ce poème était dans le droit fil des goûts du public : l'*Histoire de Léandre et Héro* obtint un vif succès.

---

19. Mousaïos ou Muséos, poète grec du VIe siècle après J.-C. Marot dut le prendre dans une traduction latine dont nous ne savons rien. Pour vérifier la crédibilité de ce conte, Lord Byron traversa l'Hellespont à la nage : plus d'un kilomètre.
20. Faisaient l'amour.

Naissance du lyrisme français : les « Psaumes »

Depuis des années, peut-être depuis 1527, certainement passé 1532, Clément Marot a entrepris de traduire en vers français les Psaumes de l'Ancien Testament. Le sixième psaume de David, ainsi « translaté », paraîtra en plaquette sans date : il figure cependant, en 1533, à la suite de la réédition du *Miroir de l'âme pécheresse* de Marguerite de Navarre.

La reine qui protège le poète est à l'origine de ce goût pour les beaux emportements du Psalmiste. Marot lui écrira de Venise, dans l'*Épître XLVI*, qu'il rêve des appartements de Marguerite :

> *Où que me fais chanter en divers tons*
> *Psaumes divins, car ce sont tes chansons.*
>   (v. 119-120)

Le christianisme emporté de la sœur du roi goûte ces poèmes vibrants. Elle s'en fait l'écho dans ses œuvres, notamment les *Chansons spirituelles*. Son maître à penser, Jacques Lefèvre d'Étaples, traduit la Bible. Le grand érudit François Vatable, l'un des réformistes du cénacle de Meaux (1521-1525) — donc un familier de la duchesse qui sera reine —, est un excellent latiniste et helléniste mais aussi le premier grand hébraïsant français. Quand François Iᵉʳ crée les Lecteurs royaux, Vatable obtient la chaire d'hébreu ; il l'occupera jusqu'à sa mort (1547). Nul n'est mieux placé ni plus compétent pour faire goûter à Marguerite les splendeurs du psautier. On ne sait s'il aida Marot dans sa traduction et si ce dernier, après 1535, se fia à la Bible qu'Olivétan [21] traduit pour son cousin Calvin. On ignore également si certaines traductions de psaumes faisaient partie de ces « papiers » que la police brûla chez Marot lors de son départ en exil, en saccageant sa demeure. Les ennemis du poète nous le font

---

21. Pierre Robert, dit Olivétan (1506-1538). Certains pensent que Marot put s'aider aussi des travaux scripturaires de Martin Bucer.

croire, affirmant que ces écrits comportaient des interprétations de textes sacrés.

Les Psaumes étaient-ils donc jugés « mal sentants » dès 1535 ? Bien au contraire : ils arment toute la liturgie romaine depuis le début du christianisme. Les cent cinquante psaumes, nés du génie d'un roi, David, et de plusieurs poètes entre le xie et le iie siècle avant Jésus-Christ, constituent l'un des plus beaux mouvements lyriques de l'humanité. Ces poèmes en hébreu, destinés à être chantés, démontrent tous les sentiments du croyant envers un Dieu unique, à la fois tutélaire et vengeur, refuge des fidèles. C'est le plus beau des liens cultuels entre judaïsme et christianisme. Le chant des Psaumes perdure dans la religion juive, tandis que peu à peu les chrétiens s'en emparent pour leurs célébrations.

Dès le premier tiers du iie siècle paraît la traduction en grec de l'Ancien Testament[22], bientôt complétée. Saint Jérôme la traduit en latin[23]. Sa version, à peine modifiée, deviendra le texte biblique officiel de l'Église, la Vulgate, qu'officialisera le concile de Trente (1545) après des siècles d'usage. Les Psaumes trament déjà les « Sacramentaires » qui précèdent l'intronisation de la messe, du vi[e] au viiie siècle. Ils charpenteront ensuite l'ordinaire de la messe, les « heures » liturgiques de toute journée, les grandes fêtes de l'Église romaine. Depuis bien des siècles, donc, un frisson d'émotion passe dans les assemblées de fidèles catholiques qui chantent, ou écoutent chanter, les Psaumes en latin.

L'absurdité consiste, après 1540, à déclarer hérétique — donc à interdire sous peine d'exclusion ou de mort — toute traduction de la Vulgate, elle-même traduction latine d'une version grecque traduite de l'hébreu. La tradition explique cette attitude de refus. La Vulgate a si parfaitement annexé le Psalmiste qu'il est « devenu catholique », et doit le rester en latin. On tolère les traductions des érudits : Marguerite

22. Elle est due à soixante-douze traducteurs, réunis près d'Alexandrie, et que par simplification numérique on appelle les Septante.
23. En 382-386, à Rome puis à Bethléem.

protège Lefèvre. Olivétan, Bucer sont réformés et n'ont pas
besoin de l'aval de Rome.

Lorsque Marot, après 1539, fait connaître sa traduction
des Psaumes en vers français, il la montre au roi de France,
puis l'offre à l'empereur, avons-nous dit, en toute innocence
de cœur. La sœur du roi les commande au poète, car ce sont
« ses chansons ». Le roi, en 1541, leur accorde privilège
d'édition. En 1542, le dauphin Henri composera lui-même la
musique du Psaume 128 de Marot. Plus extraordinaire
encore, François Ier reconduit en 1543 le privilège royal pour
une nouvelle édition des *Psaumes* marotiques. Or le poète est
reparti pour l'exil l'année précédente, et sa traduction des
Psaumes semble avoir été pour beaucoup dans sa décision de
fuir la France : en 1542, la Sorbonne condamne ses traductions bibliques, condamnation confirmée plus tard avec
véhémence.

Que s'est-il passé ? Les réformés, qui depuis 1520 ont renié
la messe, cherchent une liturgie de remplacement. Quels
textes chrétiens seraient plus beaux à chanter que les
Psaumes de David et de ses successeurs hébreux ? Luther
met en musique un psaume de la Vulgate. Calvin, lui, a
connaissance à Strasbourg, en 1539, des premières traductions de Marot, éditées clandestinement en cette ville avec
leur ligne mélodique[24]. Bientôt, la chrétienté réformée tout
entière s'enthousiasme aussi pour la traduction de Marot.
Dès 1540 on la chante en Suisse. De nombreux musiciens
trouvent des airs nouveaux[25]. Avant la fin du XVIe siècle, plus
de cinq cents éditions des *Psaumes* de Marot paraîtront.
Théodore de Bèze complète la traduction du psautier. Tel, il
traversera les siècles avec des retouches[26], et les temples
protestants, de nos jours, retentissent encore de ces accents
harmonieux et pieux.

24. *Aucuns psaumes et cantiques mis en chant*, publiés à Strasbourg en
1539 sans nom d'auteurs. Douze des *Psaumes* de Marot y figurent.
25. Claude Goudimel (1505-1572) en particulier. Il fut tué à Lyon lors
des massacres de la Saint-Barthélemy.
26. Valentin Conrart (1603-1675) se donnera les gants de dire qu'il les
« corrige ».

A la fin de 1541 paraissent chez Étienne Roffet à Paris *Trente psaumes* traduits par Marot, avec privilège du roi. En 1543, chez le même éditeur, la seconde édition augmentée titrée ainsi : *Trente-deux psaumes de David, translatés et composés en rime française par Clément Marot, vus et visités, outre les précédentes éditions par ledit Marot, et autres gens savants, avec arguments sur chaque psaume. Plus vingt autres psaumes. Nouvellement envoyés au roi par ledit Marot.* Envoyés par Marot en fuite, ces psaumes sont pourtant couverts par un privilège royal. Le texte déclare en effet que les vingt psaumes ajoutés aux trente premiers — dix-neuf en fait[27], et trente, non trente-deux, pour la première édition — sont purs de toute hérésie, ayant été « visités par gens savants et docteurs en théologie de notre université de Paris, lesquels nous ont certifié n'y avoir en ladite traduction chose contre la foi et ordonnance de notre mère sainte Église ».

Marot est en fuite, et le succès de ses *Psaumes* y est pour beaucoup. Couvert en principe par l'*imprimatur* royal, le poète reçoit en revanche le *deleatur* des intégristes. Absurdité complète ! Absurdité durable, si l'on considère la suite. Après avoir été baptisés catholiques par la Vulgate, les Psaumes le resteront dans le rite romain jusqu'à nos jours, même au temps de la messe en toute langue vivante. C'est dire que les catholiques les ont chanté ou entendu le dimanche, mais jamais dans la magnifique version de Marot : celle-là, ils doivent la découvrir dans les livres, ou l'écouter chanter dans les temples protestants, où ils sont devenus à leur tour une manière de Vulgate, mieux tournée certes qu'en saint Jérôme, mais comme figée dans sa forme de prière.

Ainsi Clément Marot, avec sa traduction des Psaumes, gagne-t-il tout : la mode qui en vient chez les catholiques de haut rang, le concours de nombreux musiciens renouvelés de siècle en siècle, l'honneur de devenir un usuel dans la liturgie protestante. En même temps, il perd sur tous les tableaux. La Sorbonne condamne ces textes que le roi a autorisés. En la

27. Auxquels il faut ajouter le Cantique de Siméon : « *Nunc dimittis...* ».

terrible année 1542, la chasse aux sorcières est rouverte. Les *Psaumes ?* Manière d'hérétique, ils régleront le vieux compte courant du « mangeur de lard ». Suspect aux catholiques, Marot fuira vers Genève, où on l'accueille mollement. Il fuira aussi Genève.

Par les *Psaumes,* voici Marot devenu l'homme le plus connu, le plus récité et chanté de son temps. Quand il sera mort et ses *Psaumes* devenus classiques religieux, il n'y gagnera qu'une gloire incomplète. L'élégant badinage d'une part, le lyrisme chrétien de l'autre, mais combien les mettent ensemble pour recomposer cet immense talent aux aspects multiples ? Les penseurs se sont toujours fait des poètes une opinion simpliste. Les poètes échappent aux classificateurs. De Boileau à Sainte-Beuve et aux manuels scolaires encore en vigueur, il est constant d'admettre la légère déclaration de Platon dans le dialogue d'*Ion :* « Chaque poète ne réussit que dans le genre où sa muse le pousse [28]. » Il en est, parmi les plus grands, qu'elle pousse de tous les côtés.

Considérons les *Psaumes* marotiques du point de vue strictement littéraire. En 1539, Marot lyrique n'est pas nouveau : ses chansons nous en ont persuadé. Or les Psaumes sont d'abord des hymnes à chanter : empreints du plus ardent lyrisme religieux, mais chansons tout de même, dont il peut varier les formes. Il s'imprègne du texte en ses emportements, et le transpose. Étant donné la beauté du modèle, que la Vulgate même n'éteint pas en ses à-peu-près, la tâche de l'adaptateur est rude s'il ne veut pas dégrader l'original.

Le texte hébreu des Psaumes paraît sans commune mesure — au sens musical — avec celui de Clément. Pourtant, la traduction devient une substitution, et le grand lyrisme demeure. Comme dans les chansons, Marot adopte la forme strophique. Il en tire des tours originaux, des « chutes » renouvelées, des effets de dialogue, les répétitions incanta-

28. *Ion,* V, c.

toires fréquentes dans le modèle. Il varie la facture des vers
d'un psaume à l'autre pour souligner les sentiments exprimés
par le Psalmiste : joie, douleur, regret, pénitence, exaltation.
Ainsi, des rythmes de substitution, avec l'aide de la rime, il
nous donne une version à la fois différente et proche des
poèmes hébraïques. Par cette transposition étonnante, Marot
invente dans les cinquante psaumes qui sont assurément de
sa main[29], sur le modèle initial de chansons triviales, une
façon d'élever la poésie des accents de l'âme. Le nouveau
lyrisme français.

Dans cette entreprise d'équivalences, la force du Psalmiste
passe, la plupart du temps, dans l'étrange crible marotique.
Mais parfois, le traducteur échoue et ne nous donne plus
d'équivalence : seulement du Marot médiocre. Il y a échec
quand les vers français montrent leurs chevilles, sautillent ici
sans vigueur, et là s'étirent dans la pompe. Réussite complète
au contraire quand Marot nous saisit par un tour original qui
ne trahit pas son modèle. Il nous transporte alors et met le
lecteur dans cet état de partage que crée le lyrisme abouti.

Il faut admirer la variété et l'adresse des procédés.
Regardons comment Marot traite le Psaume 22, l'un des plus
importants pour les chrétiens puisqu'il contient la prophétie
de David sur la mort du Christ. Le Christ, selon les
Évangiles, en a récité le début lors de sa crucifixion : « Mon
Dieu, mon Dieu, pourquoi m'as-tu abandonné ? » Ces mots
sont à contre-courant de l'hymne, qui est d'espérance
absolue. Clément le traduit en décasyllabes, rimant AAAB
par quatrains, comme dans les cantiques à Marguerite et à la
reine. C'est un pari gagné. Les sonorités prolongées par la
triple répétition de la rime viennent buter comme une longue
vague sur le tétrasyllabe final, qu'ils détachent :

Ja ma dépouille entre eux ont divisée
Entre eux déjà ma robe déposée

29. Le texte de référence, plus tard, sera une édition des cinquante
Psaumes postérieure au Roffet de 1543. Certains y trouvent des erreurs et
ne croient pas que Marot l'ait revue en personne : l'essentiel pourtant y
demeure.

> *Ils ont au sort hasardeux exposée*
> *A qui l'aura.*
> (v. 69-72)

L'habileté du poète, si inspiré soit-il, paraît dans la diversité des choix pour les mètres, les rimes, les strophes. Parfois, il semble s'être trompé. Le Psaume 19, par exemple, marie mal un contenu contemplatif à une forme allègre. Le Psaume 103, à l'inverse, chante les bontés de Dieu avec quelque lente pesanteur. Mais les *Psaumes* sont les hymnes d'une foi profonde, et Marot psalmiste bénéficie chez certains de l'immunité biblique et devient sacré. D'autres le découvrent, surpris. Beaucoup l'ignorent : il est rare de lire un psaume de Marot dans ses *Morceaux choisis*, entre un coq-à-l'âne tronqué et une épître raccourcie [30].

Cette œuvre étrange a traversé les âges, sans cesse rajeunie par des musiciens successifs, de Goudimel jusqu'à César Franck. Elle possède un mérite peu banal [31] : Ronsard, dans ses *Odes,* a repris tous les procédés métriques et strophiques des *Psaumes* de Marot. Rien n'y manque des trouvailles qui conduisent la chanson à l'œuvre lyrique de premier rang. N'accusons pas Ronsard de plagiat — le procédé à cette époque allait de soi — mais plutôt de mépris pour la poésie française qui le précède. Si du Bellay l'appuie dans la *Défense et illustration*, c'est Ronsard qui, avec les *Odes,* se pare des plumes de l'aigle sans le nommer.

Le badin Marot, le poète de cour, le goguenard, n'est donc pas seulement le réintroducteur de genres latins en français, un grand satirique, un épistolier hors du commun. C'est un immense novateur. Par ses *Psaumes* il

30. On lira en fin de volume le Psaume 114, qui est à mon avis l'un des plus réussis en tant que poésie d'une part, équivalence biblique de l'autre.
31. Mérite mis en lumière en 1909 par Paul Laumonier (1867-1949), grand spécialiste de Ronsard dont il a donné une édition critique en dix volumes (1914-1939).

devient le premier inventeur d'un nouveau lyrisme de langue française qui, de Ronsard jusqu'à Malherbe, puis Lamartine et Victor Hugo, fera la gloire de nos lettres.

Nous avons dit ailleurs qu'il est inimitable dans sa façon de tourner l'épigramme, de pousser la pointe, d'être devant le roi d'une insolente humilité. Ce Marot-là, passé la Pléiade, sera admiré comme un phénomène littéraire isolé. Désormais, nous voyons qu'il a au contraire fait longue école. La gloire d'initiateur du lyrisme, attribuée à Ronsard en ses *Odes*, revient à Marot, qui a inspiré leur facture dans le moindre détail. Impossible dès lors d'évoquer Marot avec un sourire un peu condescendant. Ce novateur obstiné sort enfin de la mode gréco-latine. Il plante l'arbre du lyrisme à venir. C'est peut-être en cela, non en ses œuvres personnelles les plus réussies, qu'il donne la mesure de son génie.

CHAPITRE XII

Le dernier voyage

Sais-tu pourquoi il te tira de France
Où tu vivais en repos sans souffrance ?

MARGUERITE DE NAVARRE,
Complainte pour un détenu prisonnier.

ÉTRENNES ET PERRONS

Un poète à succès, s'il a le prudent devoir de ménager son mécène, de ruser avec la censure, doit veiller aussi à combler cette partie du public qui assure les réputations : au milieu du XVIᵉ siècle, les confrères d'une part, les gens de cour de l'autre.

Marot a su se faire élire prince des poètes à la fois par les Lyonnais, les rimeurs d'hexamètres [1] et les érudits. Restait, pour la gloire — pour la vanité du moins — à saisir l'oreille des courtisans et des dames de cour. Sitôt rentré d'exil, sitôt renoués et renforcés ses liens avec le succès, Marot donne des gages aux beaux papillons qui volettent autour du roi. De 1537 à 1542, il sollicite avec élégance l'admiration du public.

Avant sa promenade sur la Loire en compagnie de Marguerite à l'automne de 1537, il écrit l'*Adieu aux dames de la cour*, daté dans le titre même : octobre 1537. Une fois de

---

1. Ou de distiques élégiaques (hexamètre et pentamètre). Les néolatins l'emploient dans leurs épigrammes. Certains choisissent une métrique iambique, plus adroits que mémorables.

plus, la guerre est imminente. François Ier doit renforcer le Piémont, qu'il tient depuis l'année précédente. Le 4 octobre, il est à Briançon, à la tête des troupes. Les gentilshommes de sa cour piaffent d'impatience, désireux de paraître dans une nouvelle campagne italienne. Montmorency va traverser le pas de Suse, massacrant tout, et rétablir la France en Piémont sans rencontrer de résistance vraiment acharnée.

Marot écrit-il l'*Adieu* des chevaliers français à leurs dames abandonnées par la guerre ? Plus adroit que vraiment brillant, ce poème s'étire sur cent octosyllabes AABB faits pour plaire, mal armés pour durer. Claude-Albert Mayer doute de l'authenticité de l'œuvre. Je suis tenté de le suivre, n'étant pas persuadé du caractère marotique de ce long roulement de tambours. Qu'il ait plu aux guerriers sur le départ et enchanté leurs belles délaissées, cela n'est pas douteux. Voilà au moins une pièce qui — si elle est apocryphe — ne fit rien pour discréditer Marot auprès de ses lecteurs.

En 1538 paraissaient les *Œuvres*. En 1539, l'*Églogue au roi*, les premiers *Psaumes*. Marot semble attaché désormais au grand ton. Mais il ne renonce pas à ses poèmes légers qui lui attirent la faveur des frivoles. En l'année 1541, il gagne le cœur des dames et des seigneurs par deux coups de maître successifs dans la virtuosité : en janvier, les *Étrennes ;* en juin, le divertissement organisé à Châtellerault pour le mariage de Jeanne d'Albret.

Le 1er janvier 1541, le roi et sa suite sont à Fontainebleau où le château s'étoffe. La cour Ovale vient d'être entourée d'une galerie à colonnes. Clément Marot est de la fête. Il en devient même le phénix en offrant à quarante et une dames un petit poème en forme d'étrennes. Chacune de ces œuvres diffère des autres par l'esprit et la verve. Ce tour de force démontre, s'il en était besoin, la variété de l'imagination marotique. Chaque étrenne est composée, si l'on peut dire, « à la tête de la cliente ». Enjouées, drôles, touchantes, parfois un peu coquines, elles émerveillent d'autant plus par leur diversité que Marot les compose sur un modèle invariable ; cinq vers dont le premier, le troisième et le quatrième ont sept syllabes, le deuxième et le dernier, trois. Les rimes vont par AABBA. De ce moule strict, Marot tire quarante et un compliments singuliers, évitant toute redite. Seul regret pour le lecteur contemporain : les allusions du poète à des événements ou des détails touchant telle ou telle élue, et qui restent obscures pour nous.

Les *Étrennes* sont publiées sitôt écrites, dès février 1541, dans une plaquette qui contient aussi une pièce de l'ami et admirateur de Marot, comme lui né en Quercy, comme lui valet de chambre du roi : Hugues Salel[2]. Elles y sont classées par ordre d'importance des personnes ainsi honorées. La reine d'abord, la dauphine, Marguerite, Jeanne d'Albret... Citons-en trois parmi les mieux venues. A Mme de Nevers :

> *La duchesse de Nevers*
>   *Aux yeux verts*
> *Pour l'esprit qui est en elle*
> *Aura louange éternelle*
>   *Par mes vers.*

A Mme de l'Estrange :

> *A la beauté de l'Estrange*
>   *Face d'ange*
> *Je donne longue vigueur*
> *Pourvu que son gentil cœur*
>   *Ne se change.*

Anne d'Alençon, la belle Anne qui vient de se marier, bénéficie de la seule étrenne qui tombe dans la grivoiserie. Pétrarque n'eût pas approuvé cette vilaine pique, ni qu'on brûlât ce qu'on adorait depuis si longtemps. Rappelons ce tour d'un malicieux, vexé d'être enfin supplanté :

> *Votre mari a fortune*
>   *Opportune*

2. Hugues Salel (1504-1553), né à Cazals près de Cahors. Il traduisit en vers français une partie de *L'Iliade*. Marot lui écrit dans une épigramme : « Quercy, Salel, de toi se vantera/Et (je le crois) de moi ne se taira. »

Si de jour ne veut marcher
Il aura beau chevaucher
  Sur la brune.

Il est facile d'imaginer le succès qu'obtinrent, dans le microcosme de la cour royale, ces gracieuses *Étrennes*. Les dames qui se piquaient de poésie — et celles qui, pour suivre la mode, faisaient semblant — goûtèrent ce plat nouveau. Certes, Marot n'a pas inventé le genre. Pourtant, l'idée de rimer plus de quarante pièces courtes toutes différentes sur un modèle unique est nouvelle, à la mesure d'un talent d'exception. Habituées à des hommages moins compendieusement exprimés, les belles apprécièrent, les laides ronronnèrent. Bonne occasion pour le poète de renforcer son crédit. La favorite du roi, Anne d'Étampes, a droit à deux étrennes. Est-ce suffisant pour qu'elle aime cet impertinent ?

En juin, Marot récidive, cette fois pour plaire aux seigneurs. Après bien des péripéties, le mariage de Jeanne d'Albret avec le duc de Clèves est décidé pour cette date. Le roi le veut, même si le père de la petite rechigne. Guillaume de Clèves possède un duché rhénan qui peut être une épine au flanc de Charles Quint. Le mariage a lieu à Châtellerault. Marguerite, qui rentre de Cauterets où elle soignait ses rhumatismes, y amène sa fille, en compagnie d'un Henri de Navarre résigné.

Les fêtes sont splendides. Marot et ses amis y ont ordonné un spectacle tiré du roman à la mode, *Amadis de Gaule*. Clément a écrit les épigrammes pour le perron[3] de six seigneurs qui figurent dans un simulacre de tournoi entre chevaliers errants. D'abord le dauphin Henri. Ensuite Charles d'Orléans, second fils survivant du roi et duc de Châtellerault. Outre les enfants royaux, quatre éminents seigneurs vont voir leur perron honoré par des épigrammes

3. Le perron, que l'on trouve au livre II d'*Amadis*, est une sorte de colonne placée sur un tumulus. Les chevaliers en lice y suspendent un écu à leurs armes. Ceux qui les défient doivent toucher cet écu avec la pointe de leur lance.

marotiques : Antoine de Bourbon, duc de Vendôme[4] ;
François de Bourbon, comte d'Enghien, le futur vainqueur
de Cérisoles ; François de Clèves, duc de Nevers ; François
de Lorraine, duc de Guise et d'Aumale, prince de Joinville.

A mettre en scène le grand spectacle des « chevaliers
errants », Marot ne gagne que des félicitations. Mais ses
épigrammes pour les perrons attendent mieux que de bonnes
paroles : flattant de très hauts personnages, elles assurent le
poète d'éminents appuis, ou tentent de le faire.

La valeur proprement poétique de ces faire-valoir n'est pas
à la mesure de leurs intentions. Ils sont tous médiocres.
Marot en varie le mètre, de l'hexasyllabe à l'alexandrin, mais
aucun ne brille. Tous exaltent les vertus du seigneur
concerné, et parfois de sa dulcinée. J'emploie ce mot à
dessein, car l'épigramme pour le perron de François d'Aumale pourrait convenir à don Quichotte en personne[5] :

C'est pour la souvenance d'une
Que je porte cette devise,
Disant que nulle est sous la lune
Où tant de valeur soit comprise.
A bon droit telle je la prise,
Et de tous doit être estimée
Qu'il n'en est point, tant soit exquise
Qui soit si digne d'être aimée.
Si quelqu'un d'audace importune
Le contraire me veut débattre
Faut qu'il essai-e la fortune
Avecques moi de se combattre.

Le 16 juin, la compagnie se sépare, après la fête. Deux
ombres au tableau : la fiancée a rédigé une protestation
formelle, déclarant qu'on la marie de force. Cela servira à

4. Par un tour du sort, Antoine de Bourbon assiste là au mariage de sa
future femme. Après l'annulation du mariage du duc de Clèves et de
Jeanne d'Albret, Antoine épousera cette dernière. Il en aura un fils, qui
sera Henri IV.
5. Cervantès écrira *Don Quichotte* à partir de 1605, précisément pour
railler la vogue des romans de chevalerie.

annuler l'union jamais consommée, quand Clèves ne servira plus à François Ier. De plus, Montmorency a été sommé par le roi de porter devant l'autel la mariée qui refusait de s'y rendre. Grave offense envers le connétable que ce travail de valet : il a montré à toute l'assistance que Montmorency n'est plus très bien en cour.

Marot, en revanche, le poète metteur en scène, se voit couvert de compliments. 1541 est une bonne année : en janvier, il s'assurait du cœur des dames par ses *Étrennes*; en juin, il conquiert l'estime des grands seigneurs avec les épigrammes des perrons, avec le beau « chamaillis » d'armes courtoises qu'il organise. Quand il rentre chez lui à Paris, en sa maison bourgeoise du « cheval de bronze », il peut penser que le temps des malheurs est désormais derrière lui. Réussite littéraire, succès mondain, faveur royale : que faut-il de plus ?

Il faut ce qui jamais ne lui a été rendu depuis 1525, malgré son abjuration récente : le pardon des catholiques ultras. En 1541, le poète se trouve au sommet de la gloire et des honneurs. En 1542, il doit quitter la France précipitamment.

La fuite

Quand Marot s'exile pour la première fois, à Nérac puis à Ferrare, la raison de son départ est évidente : l'affaire des Placards, qui fait de tout suspect d'hérésie un coupable et un condamné en puissance. Les raisons pour lesquelles il prend la fuite à la fin de 1542 ne sont pas aussi simples à démêler. Qu'il s'en aille pour échapper une fois encore à la haine des ultras, cela est clair. Ce qui l'est moins au premier abord, c'est le fait précis qui transforme en terreur son inquiétude grandissante et le pousse à quitter la France.

Depuis qu'il est arrivé à Lyon en 1536, nous avons montré son chemin de gloire, sa réputation confortée, sa victoire sur Sagon, ce que le roi lui accorde de sourires et de cadeaux. Il nous faut maintenant suivre ces années du côté de l'ombre, l'ombre à l'abri de laquelle les théologiens de Sorbonne préparent de nouveaux excès.

Après l'affaire Bédier, les sorbonicoles ont changé d'épaule leur arbalète sacrée. Attaquer la sœur du roi, c'était une folie vouée à l'échec. Se battre à découvert, cela prêtait le flanc à la contre-attaque. Désormais, les ultras ont un objectif unique : réchauffer la colère du roi contre les « mal-sentants de la foi ». François Ier n'est pas un homme de rancune, un sournois. Il ne dirait pas comme Louis XI : « Pardonner n'est pas oublier. » Il le prouve à la fin de 1539, quand il autorise Charles Quint à traverser la France avec une armée et le reçoit en frère réconcilié.

Les ultras ont donc fini par comprendre qu'il faut pousser insidieusement le roi à une escalade contre les « hérétiques », en le persuadant que ces derniers commettent le seul péché impardonnable aux yeux du monarque : celui de lèse-majesté. Pratiquer la religion autrement que le roi, c'est l'offenser. Il doit ordonner de plus en plus clairement de rester catholique si l'on se veut sujet fidèle. De 1536 à 1542, les ultras vont s'emparer peu à peu de l'esprit du roi, dont le corps d'hercule se délabre.

Le dossier Marot est toujours là, marqué du sceau définitif de la condamnation : « hérétique », malgré son abjuration lyonnaise. Les savants, les poètes, les gens de cour l'encensent ? Plus dure sera sa chute, puisqu'il tombera de toute façon. Il a écrit — notamment dans la *Déploration de Florimond Robertet* puis en mainte pièce publiée ou non — des paroles de luthérien, des offenses à l'orthodoxie.

Faut-il croire que Marot est une assez « grande viande » pour devenir un objectif majeur, sur qui se concentre la haine ecclésiastique ? Ce serait lui faire trop d'honneur. Il est l'un de ceux dont la Sorbonne veut la peau. Ils sont nombreux. Bien peu échapperont, même parmi les plus grands. Après 1544, Marguerite de Navarre ne quittera plus guère sa retraite de Nérac. Après 1559, Renée de France, désormais veuve du duc de Ferrare, sera assignée à résidence à Montargis jusqu'à sa mort (1575). On peut juger que si les ultras sont parvenus à éliminer des avenues du pouvoir la sœur et la cousine de François Ier, réduire à néant des personnages aussi peu consistants qu'un Dolet ou un Marot leur a été facile. En 1542, Dolet est en prison, Marot en fuite. En 1546, Dolet sera exécuté, Marot mourra en exil.

Suivons l'escalade de l'intolérance à travers les actes que les ultras, année après année, extorquent par persuasion au roi. Après sa grande colère de 1534, François Ier cesse de suivre, pour un temps, les brûleurs d'hérétiques. L'édit de Coucy du 16 juillet 1535 arrête les tueries en cours. On pardonne à ceux qui se repentent, et le pardon est confimé l'année suivante. Beaucoup de « mal-sentants » exilés rentrent en France — dont Marot — sous réserve d'abjuration.

L'édit de Coucy et sa confirmation sont de petits pas en arrière : il faut rassurer les princes allemands réformés dont l'alliance est précieuse. Mais après l'entrevue d'Aigues-Mortes en 1538, une paix de principe règne à nouveau entre la France et l'empire. Plus besoin de ménager les « protestants » qui sont groupés depuis 1531 autour de Philippe le Magnanime, landgrave de Hesse, dans la ligue de Smalkalde. Dès le mois de décembre 1538, l'édit de Coucy est rapporté. En juin 1539, un nouvel édit est adressé à tous les parlements de France[6]. Il est ordonné de traquer, emprisonner, appliquer la torture « où elle sera requise » et condamner les hérétiques, ceux qui les cachent ou les aident à diffuser leurs idées. L'édit de Fontainebleau, en date du 1er juin 1540, confirme le fait que les coupables seront jugés par des tribunaux civils, la justice ecclésiastique étant sinon plus clémente, du moins trop tatillonne. Les magistrats peu zélés dans la chasse aux suspects seront arrêtés à leur tour. L'obligation de dénoncer les « mal-sentants de la foi » est faite à tout sujet du roi.

François Ier franchit ici le pas que les ultras attendaient : assimiler l'hérésie à un crime contre sa personne. Jusqu'à sa mort, il ne fera que rendre plus sévères les termes de l'édit de

---

6. Dès le mois de décembre 1538, un texte de la même encre avait été adressé au seul parlement de Toulouse, recommandant la plus extrême sévérité à propos de procès en cours.

Fontainebleau. D'une année sur l'autre, les ultras n'ont de cesse de montrer au monarque les progrès de la Réforme en sa diversification. Le 1er août 1535, François Ier reçoit une lettre de Calvin qui lui présente son *Institution chrétienne*. Calvin va la publier et déclare que les réformés se veulent fidèles sujets de la couronne. L'*Institution* paraît en latin et séduit beaucoup de contestants. En 1541, elle est traduire en français. Les ultras ont beau jeu d'expliquer au roi de France que l'auteur n'est plus un fidèle sujet. Il règne dans Genève désormais : non seulement sur les croyances, mais sur la morale et la politique d'une ville qu'il gouverne absolument. A peine parue, l'*Institution* va faire l'objet de réimpressions successives, vite épuisées.

En France la poussée du calvinisme est immense. Il réunit beaucoup d'isolés, vaguement établis entre évangélisme et Réforme. Calvin propose une doctrine, une méthode, une foi définie. Ce qui aide les ultras à le présenter à François Ier comme l'Antéchrist, c'est qu'il souhaite établir son Église non sous l'autorité des monarques mais sans eux, même s'ils ne sont pas hostiles à sa doctrine.

Ainsi les camps se tranchent-ils par la création d'un hiatus absolu entre catholiques et réformés. Ce qui était vers 1530 un fossé de séparation encore franchissable devient après 1540 un abîme. Il faut être bon catholique, soumis au dogme, sous peine d'être dénoncé, saisi par la justice temporelle, torturé, emprisonné, brûlé le cas échéant. Mais qu'est-ce qu'un bon catholique? A la demande du roi, la Sorbonne le déclare en 1543 par un *Credo* de vingt-cinq articles qui vont avoir force de loi en France. Marot n'est déjà plus là. Plus réaliste que Dolet, il a senti la fumée des bûchers.

Comment expliquer, tandis que les positions des catholiques se renforcent et se radicalisent devant une Réforme de plus en plus structurée, ce qui semble légèreté chez Marot : pièces frivoles à l'usage des gens de cour? D'abord, par l'essence même de l' « oiseau du ciel », son insouciance et son optimisme. Ensuite, par son habileté : mettre de son côté dames et seigneurs est de bonne guerre, même si personne n'a le dernier mot devant le roi. Enfin, il profite d'une embellie. De l'automne 1540 jusqu'au moment où, en juillet 1542, une guerre nouvelle sera « criée », la religion passe après la politique. Le duel Montmorency-Chabot de Brion tourne au match nul âprement disputé. En 1541, Chabot est condamné, dépouillé de ses biens. Il sera réintégré en 1542, mourra en 1543. Nous avons vu l'étoile de Montmorency pâlir en 1541 au mariage de Jeanne d'Albret.

Le parti le mieux placé en ces luttes intestines restera jusqu'à la guerre celui des du Bellay, Jean et Guillaume, le cardinal et le diplomate. Ils aiment Marguerite, la paix, et penchent vers la tolérance. Tandis que l'*Institution chrétienne* de Calvin fait traînée de poudre, nous pouvons bizarrement noter une accalmie dans les persécutions, en 1541-1542.

Marot commet une erreur de jugement en publiant ses *Psaumes* chez Roffet, même assortis d'un privilège royal. Ces textes que Marguerite a suscités, que le roi admire, dont les gens de cour raffolent, deviennent aussitôt les hymnes des réformés, en France et en Suisse. Il y a pis. En 1541 également, une édition des *Psaumes* paraît à Anvers. Elle est accompagnée d'un poème pompeux et médiocre, mais résolument anticatholique, appelé ailleurs *Bergerie spirituelle* et dans cette édition : *Sermon très utile et salutaire du bon pasteur et du mauvais.* La Sorbonne jubile. Voilà la preuve définitive que Marot est un hérétique confirmé. Preuve en effet, si ce *Sermon* est bien de Clément. Or la plupart des critiques ont fini par en douter. Marot étant célèbre et réputé « malsentant », on va lui faire endosser, cette année-là et les suivantes, des œuvres marquées du sceau de la Réforme la plus clairement proclamée.

La paix religieuse en France de 1541 à la fin de 1542 n'est qu'un temps de préparation à la furieuse reprise des affrontements. Marot le comprend-il ? Nous pouvons croire que non. Ce malin n'est pas un politique, sa perspicacité fait souvent long feu. Établi sur sa gloire réelle mais fragile, il écrit au roi

une pauvre épître pour lui recommander Papillon[7] malade
(*Épître LII*). Ce texte sans grande valeur littéraire plaide avec
cœur pour le poète ami. Marot y a du mérite puisque Papillon
est dans le camp des misogynes tandis que Marguerite et son
Héroët vont exaltant les vertus féminines dans la nouvelle
querelle des Amies[8]. Méritoire plaidoyer, certes : il semble
en effet que ce soit Papillon en personne qui ait écrit ce
Sermon du bon pasteur et du mauvais, lequel sera décisif pour
la perte de Marot.

Le 10 juillet 1542, la guerre contre Charles Quint est
« criée ». Ses sbires ont assassiné sous Milan deux émissaires
de François Ier à Soliman. Le dauphin Henri commande au
sud et met le siège devant Perpignan. Marguerite dissuade le
roi malade de combattre auprès de son fils. Elle s'établit avec
François Ier à Sallèles-d'Aude, puis le quitte brusquement et
rentre à Nérac. Ce départ précipité n'est-il pas lié aux deux
édits que proclame le roi à la fin du mois d'août, et qui
relancent en les exagérant encore les fulminations antihéréti-
ques de l'édit de Fontainebleau ? La chasse est rouverte. Les
parlements doivent abandonner les affaires courantes pour ne
plus s'occuper que d'arrêter et condamner les réformés de
toute obédience. Si Marguerite désapprouve son frère, elle
l'aime toujours de cet amour naïf et fou qu'elle lui a voué une
fois pour toutes. La guerre en Roussillon tournant court, le
roi rentre à Fontainebleau en faisant un détour par Nérac, où
Marguerite le reçoit avec joie.

Durant le siège, Marot a écrit pour Catherine de Médicis
une épître[9] à la reine de Navarre. Prenant la plume de la
dauphine, il lui fait dire sa tristesse d'être restée à Fontaine-

7. Almanque Papillon (1487-1559), valet de chambre du roi, auteur de
Victoire et triomphe d'argent contre Cupido dieu d'amours et autres pièces
contre les femmes.
8. La querelle des Amies, ou des Dames, date au moins de Jean de
Meung, le second rédacteur du *Roman de la Rose*. Elle renaît après 1540.
Antoine Héroët, dont Marguerite se fait l'agent littéraire, répond par *La
Parfaite Amie de cour* (1542) à la salace et misogyne *Amie de cour* de La
Borderie.
9. *Épître LV*, qui restera inédite au xvie siècle.

bleau tandis que son Henri guerroyait sous Perpignan [10]. François Ier n'est pas oublié dans ce « coup d'essai » de la dauphine :

> Processions, regrets, deuil et souci
> Sont les ébats que nous prenons ici
> En (attendant) la fortune prospère
> Des fils aimés et de l'honoré père.
>   (v. 75-fin)

Cette fois pourtant, Clément se met en frais pour rien. En cet automne, tandis que se déchaînent partout en France les chasseurs de sorcières, il apprend qu'il est sur la liste des suspects et que son salut, une fois encore, réside dans la fuite.

Certains ont prétendu que l'édition de *L'Enfer*, que vient de donner Dolet, en est la cause directe. C'est une pierre de plus dans son jardin : aucun parlement ne condamne alors *L'Enfer*. Mais Dolet vient d'être arrêté pour avoir publié des écrits hérétiques, notamment son *Cato christianus*. Autres raisons de cette fuite, les *Psaumes* soudain devenus chants réformés par excellence, malgré l'aval du roi, et l'attribution au poète du *Sermon du bon pasteur et du mauvais*. Mais l'événement subit qui l'oblige à ne plus atermoyer et à compter ses appuis se trouve dans une lettre de Calvin à Pierre Viret. Citant Marot qu'il vient de voir arriver à Genève [11], le poète « entendit parler d'un décret rendu par la faculté de théologie de Paris, ordonnant qu'il soit amené devant elle aussitôt que possible ». Écrit en latin, le texte ne laisse aucun doute. Marot devait être conduit *quam primum*, le plus tôt qu'il se pourrait, devant les juges d'Église. Étrennes, perrons, gloire et faveur dès lors pèsent peu. Les bûchers flambent, Dolet et beaucoup d'autres sont en danger de mort à peine arrêtés.

10. Le siège de Perpignan dura du 23 août au 15 septembre 1542. Certains croient que Louise Labé, qui n'était pas encore célèbre, s'y montra.

11. Lettre en date du 8 décembre 1542.

Marot se sent-il « coupable » ? Depuis son abjuration en 1536, il a pris grand soin de gommer toutes ses imprudences passées et de n'en pas commettre de nouvelles. Il ne peut faire oublier qu'il fut « mangeur de lard ». Fiché, il l'est pour toujours. Les écrits qu'on lui prête suffiront à le confondre. Les *Psaumes*, « qui sont les chansons » de Marguerite, deviennent des provocations. Il comprend tout cela. Reste une question sans réponse : qui l'a prévenu ? Qui lui a dit qu'il était sous le coup d'un mandat d'arrestation ? Marguerite est à Nérac, où elle va faire une fausse couche au début de 1543. Mais elle est la confidente du roi, elle est renseignée de toutes parts. Si ce n'est elle-même — de par son éloignement — qui donne le mot à Marot, c'est assurément l'un des nombreux fidèles que compte encore le camp des évangélistes, ces ennemis de toute répression.

Marot s'enfuit donc assez vite pour qu'on ne puisse prévoir son départ, ni par conséquent le rattraper. Sa longue prudence n'a servi à rien. Il pourrait écrire une seconde fois :

> *Il vaut mieux s'excuser d'absence*
> *Qu'être brûlé en sa présence.*

Cette fois, pourtant, il n'a envie ni de plaisanter ni de chercher des excuses. A la Noël, quelques semaines après son départ hâtif, la Sorbonne commence à établir une liste des ouvrages — et donc des auteurs — jugés hérétiques. Quatre œuvres sont attribuées à Marot dans cet index. Deux d'entre elles ne sont pas de sa plume : le *Sermon du bon pasteur et du mauvais*, et l'on ne sait quels psaumes de Daniel. Deux recueils des psaumes traduits par Marot figurent aussi sur la liste. Il a bien fait de partir. Ironie amère, ces poèmes constituent le sommet du lyrisme chrétien au xvie siècle. Ironie encore, le privilège royal accordé à cette traduction, en 1543 comme en 1541, n'empêche pas leur mise à l'index.

Marot quitte la France en novembre 1542. Il n'y reviendra pas.

MAROT À GENÈVE

Marot s'est-il alors rendu en Savoie ? Seule une épître adressée au président du parlement de Chambéry, Raymond Pélisson, le faisait croire. Villey ayant démontré que ce texte n'est pas de Marot, repoussons cette légende. Ce ne sera pas la seule qui désormais s'interposera entre l'exactitude des faits, l'authenticité des textes et l'affabulation. Rien de moins sûrement balisé que cette année 1543 quand on suit la vie de Marot. Le voici désormais tiraillé entre deux camps qui se haïssent, catholiques et réformés. A la fin du xvie siècle, quand l'horreur des guerres de Religion se déchaînera, chacun voudra « son » Marot, déclarant au moyen d'anecdotes de pure invention ce qu'il a souffert du parti adverse. Une certitude toutefois : il s'établit à Genève.

Sous le coup du mandat d'amener lancé contre lui, Marot se trouve « exposé en proie ». A-t-il pu réunir de l'argent pour son exil ? A-t-il assuré la subsistance de ses enfants, ses « marotteaux », en les confiant à des amis ? Silence des textes. Ses éditeurs lui feront-ils parvenir l'argent des poèmes réédités — et des *Psaumes* édités — en 1543 ? Silence encore, mais notons contre cette hypothèse le fait que le poète fera publier en Suisse *L'Enfer,* avec l'autorisation du Conseil de Genève (11 juillet 1543). Il reçoit aussi l'autorisation d'y imprimer les *Psaumes,* à la condition — déclare le Conseil — que l'on en retire l'*Ave Maria* qui y figurait. Nous reviendrons sur cela, qui n'est pas un détail et nous éclaire sur la naïveté de Marot concernant la doctrine des réformés genevois. Ces derniers, pourtant, l'ont accueilli à son arrivée par une amicale et verbeuse épître en vers du pasteur Malingre. Très faible du point de vue littéraire, elle est cependant importante par son contenu, une fois largement émondées ses boursouflures. La date et le lieu d'expédition sont mentionnés à la fin : Yverdon, le 2 décembre 1542, une semaine donc avant la lettre de Calvin à Pierre Viret [12].

L'épître de Malingre est une mise en condition, un tableau de ce que Marot trouvera en Suisse. Feignant de s'enquérir des raisons qui ont poussé Clément à quitter la France, le pasteur l'avertit de ce qui l'attend à Genève : finie la bonne chère. Plus de liaisons amoureuses, il le sait bien :

> Amour de prendre avec femmes ébats
> Pour y jouter sans selle ni sans bâts
> T'aurait-il fait habiter à Genève ?
> Je crois que non, car Vénus y a trêve
> Et n'ose plus user de privautés.

Le voilà prévenu. Il n'est pas là pour s'amuser, mais pour continuer la traduction des Psaumes :

> Dépêche-toi, ô poète royal
> De besogner comme servant loyal
> Et d'achever le Psautier davidique
> L'œuvre sera chef d'œuvre poétique
> Parfais-le donc ainsi que l'attendons.

La cour de France, conclut Malingre, est un lieu de perdition. Heureux Marot qui pourra en Suisse « finir sa pauvre vie » en la joie de Jésus.

Connaissant les mœurs et penchants de Clément, nous pouvons supposer que ce préambule, tout plein qu'il fût de louanges, lui fit faire la grimace. Malgré l'accueil amical de Jean Calvin, il n'a pas fini de déchanter. Certes, il va essayer de jouer le jeu, mais les règles en sont dures pour un épicurien. Calvin est le maître temporel et spirituel de Genève depuis septembre 1541 : la cité l'a rappelé après

---

12. Il reçoit aussi une longue épître en vers macaroniques d'Eustorg de Beaulieu, qui l'avait déjà « étrenné » à Lyon après avoir écrit le *Blason du cul*. Beaulieu se vante d'être né non loin de Cahors, mais il semble que Marot n'appréciait pas ce personnage qui s'était réfugié en Suisse depuis 1537 : il ne répond pas à ses avances amicales.

l'avoir d'abord obligé à se réfugier, avec Farel[13], chez les sacramentaires de Strasbourg. Genève est désormais libre du joug savoyard[14]. Elle devient capitale des réformés de la Suisse. Calvin veut que ses zélateurs, par leurs mœurs, donnent au monde catholique un exemple de pureté évangélique. La loi est dure à Genève pour les ivrognes, les joueurs, les fornicateurs. Être absent aux offices mérite une convocation devant les juges. Après 1560, l'adultère sera puni de mort.

Rassuré d'abord par le sourire de Calvin — n'est-il pas un obligé de Marguerite ? —, Marot s'installe. Comme à Ferrare, il s'établit dans la dignité et ne pleurniche pas pour être pardonné. Cela paraît dans la préface de son édition des *Psaumes* de 1543. Une adresse au roi pour le louer et le distinguer des loups de Sorbonne qui condamnent ce travail de traduction, agréable au souverain :

> *Puisque voulez que je poursuive, ô sire*
> *L'œuvre Royal du psautier commencé*
> *Et que tout cœur aimant Dieu le désire*
> *D'y besogner m'y tiens pour dispensé[15]*
> *S'en sente donc qui voudra offensé,*
> *Car ceux à qui un tel bien ne peut plaire*
> *Doivent penser, si jà ne l'ont pensé*
> *Qu'en vous plaisant me plaît de leur déplaire.*

Flatterie au roi, adroite perfidie envers les sorbonicoles. Ce texte est daté « de Genève, le 15 mars 1543 ». Le 1er août, il est renforcé, toujours en préface aux *Psaumes* qui vont paraître, par une adresse aux dames de France. Ce morceau est tout empreint des recommandations du ministre Malingre

13. Guillaume Farel (1489-1565) est le premier des Meldiens à avoir quitté le cénacle et adhéré à la Réforme. Réfugié à Bâle, puis à Strasbourg, il fut d'abord un disciple de Zwingli, de ligne dure. Il amena, puis ramena Calvin à Genève.

14. Politiquement, grâce au traité de combourgeoisie Berne-Fribourg-Genève (1536) ; religieusement, en chassant son évêque et en se donnant à la Réforme.

15. Autorisé.

et de la pruderie exigée par le Conseil genevois. Marot déclare aux dames qu'elles ne peuvent vivre sans chansons d'amour. Mais qu'elles renoncent aux chansons « mondaines ou sales » (v. 11) : les psaumes de ce recueil sont les chants d'amour véritable, celui de Dieu. Bientôt viendra le « siècle doré » (v. 1 et 57) où Dieu seul sera adoré.

Le ton lui-même est différent du Marot ordinaire : calqué, dirait-on, sur celui des prêches qu'il entend. Il comporte cet accent d'exaltation biblique qui marquera la littérature réformée du xvie siècle. Il doit, par cette forme, plaire aux Genevois. Rien pourtant dans son contenu n'est anticatholique. En août, Marot sait depuis longtemps que ses *Psaumes* figurent à l'index de la Sorbonne, mais il ne veut pas couper les ponts. Sans parler encore de pardon ni de retour, il y pense et se garde des excès de langage. C'est pourquoi je refuse, avec d'autres, de croire à l'authenticité de l'immonde poème, le pseudo-coq-à-l'âne baptisé *Le Grup de Clément Marot*, qu'il aurait composé à Orléans au moment de sa fuite. Un torrent d'obscénités. La favorite y est grossièrement insultée. Est-il vraisemblable que le poète ait, même sans le publier, laissé traîner un document accablant pour lui, rendant, si la duchesse d'Étampes l'avait sous les yeux, son exil irrémédiable ? Argument secondaire. Le *Grup* est grossier sans nuances : il y manque l'esprit, et cela suffit pour le croire étranger à Marot[16], incapable de ces balourdises qui finissent par une vantardise de soudard. Il vient de forniquer avec l'aubergiste :

Écrit à Orléans sur Loire
Près du feu en chauffant ma fesse
Après avoir fringué l'hôtesse.
(v. 260-fin)

16. Ses ennemis tentèrent de lui attribuer mainte pièce capable d'irriter le roi et Anne d'Étampes, qui avait depuis 1526 un grand pouvoir sur François Ier. Le distique :

Il n'est que du sablon d'Étampes
Pour faire reluire un vieux pot.

illustre bien ces tentatives. On fit croire qu'il était de Marot.

Refusons le *Grup* non par pudibonderie, mais par estime pour Marot. Ce texte ne fut exhumé que par Guiffrey, avec d'autres d'une encre douteuse.

Revenons en terrain plus sûr avec, précisément, le Marot pudibond de l'*Adresse aux dames de France*. Durant l'année 1543, il essaie avec application de s'intégrer à Genève. Mais la ville n'est pas faite pour lui, ni lui pour elle. Les « historiens » intégristes essaieront de le démontrer en propageant des racontars sans fondement : il aurait été condamné à mort pour adultère, fouetté en public avant d'être chassé de Genève... Fables inutiles. Marot s'en ira parce que Genève ne lui offre aucun débouché financier, malgré le soutien de Calvin. Ce dernier, le 15 octobre — près d'un an passé sans ressources pour le pauvre Clément —, déclare, les registres de la ville en font foi, que le poète a demandé qu'on lui fasse « quelque bien », mais qu'il doit « prendre patience pour le présent ».

C'est en juin que le Conseil avait accepté de patronner en quelque sorte une édition des *Psaumes*. Il fallait en retirer l'*Ave Maria*, la salutation angélique, qui y figurait. Marot n'avait donc pas compris, lui si adroit dans l'exercice de la sollicitation, qu'un hommage à la Vierge Marie était incompatible avec les croyances de ses hôtes genevois. Après avoir tancé ceux qui veulent faire de lui un catholique à peine contestant, élevons-nous contre les réformés ultras qui essaient de le donner d'abord pour un luthérien de choc, puis pour un calviniste exact. Il a besoin d'aide morale et surtout matérielle des conseillers de Genève. Pourtant, il laisse figurer la prière à la Vierge Marie dans le texte qu'il soumet à leur aval. Nous dirons un mot, dans la conclusion de cet ouvrage, de la religion de Marot telle qu'elle apparaît à travers ses œuvres : plus fermement contestante par rapport au dogme catholique et aux loups de la Sorbonne qu'engagée dans l'idéologie des divers courants de la Réforme.

Sur le plan de la morale, mais surtout de la moralité, Marot n'est guère armé pour vivre dans une cité aux mœurs puritaines, si l'on nous permet cette épithète anachronique [17]. Adultère, fouetté en public ? Sornettes. Les très précis registres de la ville nous en diraient. Ils ne mentionnent qu'une partie de trictrac à laquelle on le trouve mêlé dans une taverne. Sa robe noire — graisseuse ou non — l'avait fait prendre pour un pasteur, auquel ce divertissement était interdit. Mais l'eût-on condamné quand on apprit que son partenaire n'était autre que le grand Bonivard [18], héros de l'indépendance genevoise ?

A Genève, Marot a peu d'amis, pas d'argent. Interdiction de boire, de jouer, d'honorer les dames, de festoyer, de contester, de rire fort en compagnie. Il est correctement traité, avec déférence même. Noble et exemplaire, Genève n'en est pas moins une sévère cage, endroit mal toléré par les « oiseaux du ciel ». A la fin de 1543, il va quitter la ville et passer en Savoie.

Depuis que Marot a quitté la France, il n'écrit plus de vers d'amour. Du moins s'il le fait, nous n'en avons pas trace. On peut dater de 1542 l'épigramme *A deux jeunes hommes qui le louent*, et dans laquelle il déclare :

> *Laissez moi là, et louez-moi Louise*
> *C'est le doux feu dont ma muse est éprise.*

S'agit-il de Louise Labé, désormais en sa splendeur d'amazone ? On en disputera longtemps. Tardive également, cette œuvre en forme de cantique *Sur la maladie de s'amie*, émouvante prière à Dieu pour qu'il rende force et beauté à une aimée — mais laquelle ?

17. Le grand écrivain et théologien calviniste Théodore de Bèze (1519-1605), qui continua la traduction des Psaumes, note que la réputation morale du poète n'était pas très bonne à Genève. Il écrit : « Il n'amenda point, même en la partie la plus avancée de son âge, ses mœurs peu chrétiennes. »
18. François Bonivard (1493-1570) fut l'un de ceux qui arrachèrent Genève à la Savoie du duc Charles III, qui l'emprisonna de 1530 à 1536. Il devint héros national. Byron écrira à sa mémoire *Le Prisonnier de Chillon* (1816).

Passé la première période d'exil où, comme à Ferrare, le poète choisit la dignité contre la rancune, Marot ne perd pas la France de vue. Rentrer ? Il n'en parle pas encore. Mais lorsque meurt en 1543 l'ancien général des Finances Guillaume Preud'homme, le poète salue par une complainte le décès de ce coriace financier, qui refusait en 1527 d'honorer l'acquit de ses gages. Nous avons évoqué cette œuvre parmi les poèmes de Marot influencés par les rhétoriqueurs[19]. C'est à l'évidence un clin d'œil de Clément à sa jeunesse, au temps où il labourait le champs des lettres avec les charrues à la mode, celles de Crétin ou de Molinet. L'argument même vient de l'ancienne poésie française : dans un songe, l'âme de Jean Marot parle à son fils des talents qui illustrèrent le début du siècle. Ils sont dignes de la mémoire due à de grands prédécesseurs. L'âme de Lorris se mêle au jeu. Après la génération de Jean Marot, on évoque celle de Clément, qui est donné pour l'un des trois poètes vivants dont on déclare :

> *Malgré le temps vos esprits dureront*
> *Tant que français les hommes parleront.*
> (v. 129-130)

Les deux autres, ce sont Mellin de Saint-Gelais et Héroët, dont la postérité ne parlera guère. Ce poème, en quelque sorte autoparodique, est un signe d'attendrissement, d'apitoiement sur soi, ressenti en exil : Preud'homme, « général des argenteuses sommes » (v. 89), était après tout un honnête personnage. Il meurt, et voici regrettée toute l'époque qu'il représente : la sortie d' « enfer » pour Marot, son admission dans la maison du roi. D'où le pastiche des formes et formules rhétoriciennes qui plurent au vieux « général ». C'est que Preud'homme a un gendre, un précieux gendre qui occupe la même charge de grand argentier, trésorier de l'Épargne : Jean du Val, à qui Marot dédie cette complainte, le nommant « fils » du défunt. Il y avait eu échange d'épigrammes entre le poète et ce financier. Le ménager est

---

19. Voir chapitre II, pp. 71-73.

un devoir en ces temps difficiles qui peut-être finiront un jour.

La *Complainte de Monsieur le Général Guillaume Preud'-homme* est donc pour Marot à la fois un acte pieux, une façon d'évoquer le passé en « rimassant » comme autrefois, et une manière de plaire au parent du défunt, qui tient encore en France les cordons de la bourse. Cette œuvre enfin est datée par l'hommage qu'elle rend en passant à Guillaume du Bellay, ce grand soldat, cet éminent diplomate, mort en janvier 1543 à l'âge de cinquante-deux ans[20]. Le parti de la tolérance religieuse perdait avec lui l'un de ses tenants, et le Piémont un représentant du roi de France de grande sagesse.

La seconde édition Roffet des *Psaumes* paraît dans le courant de l'année 1543. Le poète travaille-t-il encore sur d'autres textes du Psalmiste ? Cela est plus qu'improbable : nous en aurions des traces. La *Complainte de Preud'homme* est la seule œuvre que l'on puisse assurément dater du séjour de Marot à Genève.

Après sa mort, on « retrouva » ses papiers à Chambéry, et l'on en profita pour y faire des ajouts apocryphes. Cela est sans doute le cas du poème intitulé très rhétoriciennement : *Le Riche en pauvreté, joyeux en affliction et content en souffrance*, trois cents octosyllabes sans la moindre trouvaille heureuse dans l'invention ni la versification. Un sermon somnifère :

Si ma sentence est pour vrai-e tenue
Je dis que c'est chose très salutaire
D'être en ennui et en déconvenue
Vu que par là à lui nous veut attraire
Dieu tout-puissant.

Autre attribution douteuse à l'exilé : la piteuse *Complainte du pastoureau chrétien*, également « retrouvée » à Chambéry,

---

20. Marot rédigera son épitaphe et celle du général Preud'homme. Ni l'une ni l'autre n'ont grand mérite.

après la mort de Marot[21]. Le grand Pan est là, cette fois Dieu lui-même. La bergerette Marion et le berger narrateur le prient en vers de mirliton qui — c'est le meilleur signe d'une contrefaçon — imitent parfois les accents de l'*Églogue au roi,* mais sans jamais convaincre. Marot a-t-il écrit ces pauvretés en Suisse ? Les amène-t-il en Savoie où il émigre ? Cela, répétons-le, est fort douteux. Ce qu'il se met à écrire une fois délivré de la sévérité genevoise nous montre qu'il est toujours d'attaque et que son encre ne pâlit pas.

Les « Muses savoisiennes »

Quittant Genève à la fin de l'année 1543, Marot se rend en Savoie. Cela n'est pas bien dangereux pour sa sécurité, mais hasardeux tout de même. Au début de 1536, avant la guerre contre Charles Quint, François Ier voulait s'assurer la maîtrise des cols alpins. Quel meilleur garant de tranquillité que l'invasion, puis l'annexion administrative de la Savoie[22] ? Le parlement de Chambéry est établi par la France. La province, quadrillée par des fonctionnaires français, comprend le Piémont, en presque totalité rattaché à la Savoie. Guillaume du Bellay était lieutenant du roi et garda Turin jusqu'à sa mort : il en revenait quand nous l'avons vu mourir.

C'est donc dans la mouvance de François Ier que le poète se trouve désormais, non en pays étranger. Rien ne serait plus facile, s'il était vraiment un ennemi de l'État, que de le faire

21. Le navrant Michel Marot, fils de Clément, « retrouvera » lui aussi à Chambéry une épître de son père. En fait, il la rime lui-même platement : elle recommande ledit Michel, qui se croit poète, à Marguerite de Navarre, par l'entremise d'Antoine Couillard, seigneur du Pavillon ; elle prétend aussi — ce qui est faux — que la reine l'a déjà agréé comme page. Seul autre enfant connu comme « marotteau » : une fille entrée au couvent.

22. En 1536, François Ier ne laissa au duc de Savoie — le frère de sa mère — qu'une Savoie réduite à presque rien, mais gardant Nice : on comprend pourquoi Charles a refusé l'accès à la citadelle de Nice, en 1538, aux retrouvailles du roi de France et de l'empereur.

arrêter. Il n'y croit pas, mais prendra des assurances : il écrit au roi une épigramme adroite qui tente d'expliquer sa fuite et lui demande sûreté en Savoie :

Lorsque la peur met aux talons des ailes
L'homme ne sait où s'enfu-ir, ni courre
Si en enfer il sait quelques nouvelles
De sa sûreté, au fin fond il se fourre.
Puis peu à peu sa peur vient à escourre [23]
Ailleurs s'en va. Sire, j'ai fait ainsi :
Et vous requiers de permettre qu'ici
(En) sûreté, service je vous fasse.
Puni assez je serai en souci
De plus ne voir votre royale face.

Le ton est celui de la sincérité. Épouvanté, il a fui au hasard, d'abord en l' « enfer » de Genève. Il doit dire cela au roi catholique, mais le mot « enfer » nous indique qu'il a mal supporté la rigueur genevoise.

Ne prenons pas pour simple politesse la demande de « faire service ». Marot veut dire : « Reprendre du service. » Avec ses gages de valet de chambre, bien entendu. Déjà en 1542, au moment de fuir, il avait pris la précaution d'écrire ces lignes, qui seront sa dernière sollicitation amusante à la générosité royale :

Plaise au roi congé me donner
D'aller faire le tiers d'Ovide [24]
Et quelques deniers ordonner
Pour l'écrire, couvrir, orner
Après que l'aurai mis au vide [25]
Ils serviront aussi de guide
Pour me mener là où je veux :

23. Secouer, se secouer.
24. Le second livre des *Métamorphoses* d'Ovide, traduit par Marot, ne parut qu'en 1543 dans une édition des *Œuvres* par Dolet Il ne traduira pas le troisième livre pour lequel il sollicite.
25. Terminé, vidé de ses obscurités.

Mais au retour, comme je cuide[26]
Je m'en reviendrai bien sans eux.

Cette plaisante requête n'aboutit pas. Celle qu'il adresse en gagnant la Savoie n'aboutira pas davantage. Le roi de France ne veut plus entendre parler de son Marot, qui s'est déclaré contre lui en cherchant asile chez les protestants.

Jusqu'à la fin, Marot refusera de croire à l'inflexibilité royale, et que franchir les limites de la ville de Genève était un pas de trop. Il demande à demeurer en sûreté dans cette Savoie désormais française. Sans qu'il en soit informé, on le laissera tranquille, et tranquille aussi quand il ira dans l'autre partie annexée de la Savoie, le Piémont. Il n'est pas arrêté. Voilà tout ce qu'on fait pour lui. Mais il est rayé de la liste des valets de chambre du roi, et jamais plus ne recevra d'argent de la trésorerie royale. Marot devra se débrouiller seul, ou du moins avec l'aide de ses amis personnels. Marguerite ? Elle est en retrait de la cour : elle s'occupe du divorce — accepté par Rome — de sa fille Jeanne. Marot lui demande-t-il une aide financière ? Aucun document ne l'établit.

Il semble que le bon ange de Marot, quand il quitte Genève, ait été Bonivard, dont il avait fait un ami. Tout acquis à la Réforme, le « prisonnier de Chillon » devait aimer les gais compagnons : ne l'a-t-on pas vu boire et jouer aux dés avec Clément dans une taverne ? Nous trouvons Marot chez la belle-sœur de Bonivard, dans un château près d'Annecy. Ensuite, il se rend au château de Bellegarde, où l'accueille un important personnage qui va devenir son protecteur momentané. La dame d'Annecy, c'est Pétremande de la Balme, dont la beauté et le savoir étaient vantés. Combien de temps le poète loge-t-il chez elle ? Nous ne le saurons pas, et connaissons seulement l'épigramme galante qu'il lui adresse en s'en allant :

Adieu ce bel œil tant humain
Bouche de bon propos armée
D'ivoire la gorge et la main.

26. Je crois, j'estime.

Taille sur toutes bien formée ;
Adieu douceur tant estimée,
Vertu à l'ambre ressemblant ;
Adieu, de celui mieux aimée
Qui moins en montra de semblant.

Se savoir aimée en silence et avec respect a toujours touché la plus vertueuse des femmes. Marot excelle encore dans les compliments. Se fait-il des illusions sur son pouvoir de séduction, alors qu'un précoce vieillissement l'enlaidit ? Nous avons à ce sujet une épigramme significative, dédiée à une dame qui l'aimait à travers ses œuvres, désira le connaître, et vit un vieil oiseau déplumé :

Ains que[27] *me voir en lisant mes écrits*
Elle m'aima, puis voulut voir ma face.
Si m'a vu noir et par la barbe gris
Mais pour cela ne suis moins en sa grâce.
   Ô gentil cœur, nymphe de bonne race
Raison avez : car ce corps jà grison
Ce n'est pas moi, ce n'est que ma prison.
Et aux écrits dont lecture vous fîtes
Votre bel œil (à parler par raison)
Me voit trop mieux qu'à l'heure que me vîtes.

Le « bel œil » est-il le même que celui de l'épigramme citée précédemment, celui de la superbe Pétremande ? En tout cas, rien de plus significatif que ces vers de Marot : la vieillesse qui vient ne le concerne pas. Le corps « prison de l'âme », c'est une expression banale chez les mystiques. La « prison d'amour » est un lieu commun chez les troubadours et leurs successeurs. Marot, lui, garde et ne peut perdre la jeunesse du cœur en la prison d'un corps déjà marqué par l'âge : vieil enfant il est, enfant toute sa vie, avec ce que cela comporte d'émerveillements et de vulnérabilité.

Il entre en Savoie et, toujours par la grâce de Bonivard, se rend près de Chambéry, au château de Bellegarde, recommandé à François, le second fils de la famille, personnage

27. Sans même.

éminent dans le duché. Marot trouve à Bellegarde asile, amitié et peut-être aide matérielle. De joyeux compagnons aussi, comme il l'écrira à François de Bellegarde dans l'une de ses dernières épîtres (*Épître LVI*).

Un événement survient alors, qui — croit Marot — peut travailler en faveur de son rappel en France. La dauphine Catherine de Médicis accouche d'un garçon le 19 janvier 1544. François Ier est ravi, et demande que l'enfant porte le même prénom que lui. Quel excellent moyen de rentrer en grâce ! Rappelons-nous la forte impression que l'*Églogue au roi* avait faite en 1539 sur son destinataire. Sans tarder, Marot compose une *Églogue sur la naissance du fils de Monseigneur le Dauphin*.

La troisième églogue de Marot, nous l'avons dit, était un chef-d'œuvre. Celle-ci, appuyée sur la quatrième églogue de Virgile, est terrassée par son modèle. Rien de plus étonnant que cette œuvre virgilienne, d'où le ton pastoral est banni. Dédiée à Pollion, elle annonce la venue d'un enfant qui va changer le monde. Écrite en 40 avant Jésus-Christ, elle a été bien légèrement qualifiée de « messianique » par des chrétiens aventurés. Son invention, sa fantaisie, son côté mystérieux sont soutenues par des vers splendides. Marot la paraphrase laborieusement. Il commence bien, pourtant, s'appliquant à ôter les pierres de son jardin :

> *Confortez-moi, Muses Savoisiennes*
> *Le souvenir des adversité miennes*
> *Faites cesser, jusques à quand j'aie* [28]
> *Chanté l'Enfant dont la Gaule est si gaie.*
>
> (v. 1-4)

Mais ensuite, essayant de transposer un texte extrêmement original, donc reconnaissable entre tous, il ne le « marotise » pas. Cette fois, il copie, il traduit, et fort mal. Le ronronnant décasyllabe, rimant AABB, ne cède qu'aux trouvailles, à la fantaisie. Ici, il reste bien loin de la superbe avenue des hexamètres. Virgile annonce l' « âge d'or » qui suivra la

28. Jusqu'à ce que j'aie.

naissance du fils de Pollion. Plus de commerce : toute terre produira tout. Les béliers, dans les prés, se teindront eux-mêmes en rouge ou en jaune, et d'un autre rouge les agneaux. Ainsi, dit le poète en un élégant raccourci, « *nec varios discet mentiri lana colores* » (v. 42), ce qu'un Marot mal inspiré traduit lourdement, avant d'introduire le « violet » pour rimer avec « agnelet » :

> *La laine plus n'aura besoin d'apprendre*
> *A faintement*[29] *diverses couleurs prendre.*

L'*Églogue sur la naissance du fils de Monseigneur le Dauphin*[30] eût-elle remis Marot en grâce si elle avait été de meilleure facture ? Il nous est permis d'en douter fortement. Cette fois, Marot est mis à l'index, et le parti des ultras a sur François Ier une forte influence. Il n'est plus limité aux théologiens et forme un camp politique inexorable quant à l'orthodoxie. Dès 1544, même les évangélistes seront mis dans le sac des réformés, et le sac au feu quand il se pourra. La longue marche vers les guerres de Religion commence, les conciliateurs sont réduits l'un après l'autre au silence. En 1545 va s'ouvrir le concile de Trente. Vingt ans plus tôt, Rome aurait pu en faire celui de la tolérance. Désormais, il lâche sur l'Ancien Monde, et sur le Nouveau, les zélateurs ardents de la Contre-Réforme, jésuites en tête. Marguerite de Navarre en vient à haïr ce pape dans lequel elle avait tant espéré et qui lui avait fait des ouvertures amicales au début de son pontificat. Que peut-elle, d'ailleurs, pour ses fidèles ? En 1544, Des Périers se suicide — ou « on » le suicide[31]. Dolet est arrêté. En 1545, la reine de Navarre apprendra, tremblant de rage, le massacre des réformés vaudois.

29. Par tricherie.
30. Ce dernier fut peu de chose. Le nouveau-né chanté par Marot deviendra l'insignifiant François II, marié à Marie Stuart, et qui mourut à seize ans après une enfance maladive.
31. Bonaventure Des Périers (1520-1544), valet de chambre de Marguerite, a publié son *Cymbalum mundi* (1537) sous le pseudonyme de Du Clénier (anagramme d' « incrédule »). Il se fit chez les intégristes des ennemis puissants qui peut-être le « suicidèrent ».

Plus de neutralité possible en matière de religion, sinon dans le silence et la prudence. Marot passe pour un hérétique qui a de la chance d'avoir sauvé sa vie. Sa fuite fait désormais figure de bannissement. Le poète le comprend-il ? C'est improbable. Il va essayer une fois encore de rentrer en grâce.

« ICI MOURUT »

La guerre continue entre Charles Quint et François Ier. Le printemps la relance en 1544. Au nord, les Anglais d'Henry VIII marchent vers la Somme. En Italie, les combats se rallument. Le jeune François d'Enghien commande en Piémont. Devant lui se présente l'armée des impériaux, qu'a renforcée en Milanais le marquis del Vasto. Faut-il livrer bataille ? Monluc en personne — ses *Mémoires* l'attestent — parvient à convaincre François Ier de prendre l'offensive. Le comte d'Enghien a vingt-cinq ans, c'est un guerrier-né. Le 14 avril 1544, ayant pour l'instant abandonné le siège de Carignan, il affronte les troupes de del Vasto. Malgré la fougue un peu maladroite de ses charges de cavalerie, il remporte une victoire complète devant Cérisoles.

Marot apprend la nouvelle à Chambéry, ou à Bellegarde. Il n'hésite pas. Cette victoire redonne à la France les clés du Milanais. Enghien et son état-major vont s'établir à Turin. Or on compte parmi ces brillants officiers des amis de cour du poète. N'a-t-il pas écrit en 1541 une épigramme pour le perron d'Enghien lui-même ? Elle commençait ainsi, redonnant à ce tout jeune homme le surnom dévolu à Bayard défunt :

> Le Chevalier sans peur et sans reproche
> Se tient ici. Qu'aucun ne s'en approche...

Marot n'hésite pas. Il passe les Alpes au début de l'été et se dirige vers Turin, non en Italie — répétons-le —, mais en Piémont, dans une province où vient de se confirmer la juridiction française. Auparavant, il a pris ses précautions, s'est fait annoncer par une épigramme sur la victoire de Cérisoles. Il dit aux chevaliers de vaincre et tuer les ennemis qui leur en donnent pouvoir,

> *Et à Marot occasion et veine*
> *De par écrit vos noms perpétuer.*

Se mettant en route, il adresse son *Épître LVII, à Monsieur d'Enghien, lieutenant pour le roi au-delà des monts.* Encore une pauvre œuvrette pleine d'hyperboles. Enghien est digne d'Hannibal et de Scipion. Dans le dernier vers, il sera

> *Notre Achille, et Marot son Homère.*

Une terrible déconvenue attend Marot. Ni son épigramme — que Ronsard jugera trois ans plus tard inférieure à ses propres vers sur le sujet — ni son épître ne le servent. Le gros des troupes d'Enghien a été rapatrié, officiers devant. Au nord, les affaires de la France vont mal. François Ier, pris en tenaille par les Anglais et les impériaux, abandonné par ses alliés, a besoin de tout son monde. Paris sera bientôt menacé. Il faut une fois de plus dire adieu au rêve milanais. A Turin, Marot ne trouvera plus personne d'importance. Enghien mourra en 1546.

Dernier rêve brisé. Porté par l'espoir de gagner l'appui d'un général qui vengeait Pavie, Marot avait entrepris un voyage harassant et inutile. Il va demeurer à Turin, y passer les derniers mois qui lui restent à vivre. Son état d'esprit ? Des regrets, certes, mais une digne résignation. Elle passe dans la très belle *Épître LVI* qu'il envoie à son protecteur savoyard, François de Bellegarde. Marot se félicite d'abord que l'amour de la poésie lui ait acquis son amitié. Plût à Dieu, continue-t-il,

> *Qu'auprès de toi user mes jours je pusse*
> *Loin de tumulte et loin des plaisirs courts*
> *Qui sont en ces ambitieuses cours.*
> *Là me plairait mieux qu'avec Princes vivre*
> *Le Chien, l'Oiseau, l'Épinette, le Livre*

Le deviser, l'amour à un besoin,
Et le Masquer serait tout notre soin.

(v. 22-28)

Il nomme et salue tous les compagnons avec lesquels il a mené joyeuse vie à Bellegarde[32]. Cette évocation de l'existence qu'il aurait aimée n'est pas sans rappeler l'épigramme qu'il adressait naguère à Rabelais, condamné comme lui à suivre un mécène au lieu d'habiter l'abbaye de Thélème. Rappelons-en les dix premiers vers :

S(i) on nous laissait nos jours en paix user
Du temps présent à plaisir disposer
Et librement vivre comme il faut vivre
Palais et cours ne nous faudrait plus suivre
Plaids ni procès, ni les riches maisons
Avec leur gloire et enfumés blasons.
Mais sous belle ombre, en chambre et galeries
Nous promenant, livres et railleries
Dames et bains seraient les passe-temps
Lieux et labeurs de nos esprits contents...

Six ans plus tard, il n'a pas changé. Hélas ! poursuit-il dans sa touchante épître à Bellegarde, on lui a pris tout ce qu'il avait, mais il lui reste son esprit :

Ne vois-tu pas, encore qu'on me voie
Privé des biens et états que j'avais
Des vieux amis, du pays, de leur chère,
De cette Reine et maîtresse tant chère
Qui m'a nourri, et si, sans rien me rendre
On m'a (ravi) tout ce qui se peut prendre
Ce néanmoins, par mont et par campagne
Le mien esprit me suit et m'accompagne.
Malgré fâcheux, j'en jouis et j'en use :
Abandonné jamais ne m'a la Muse.
Aucun n'a su avoir puissance là :
Le Roi portait mon bon droit en cela

---

32. Notons que presque tous sont savoyards, opposés à la domination française, et que la plupart penchent vers la Réforme.

Et tant qu'ou-i et nenni se dira
Par l'univers le monde me lira.
(v. 71-84)

Plus qu'une lettre, c'est une sorte de testament spirituel, adressé au dernier ami qu'il s'est fait. Un rappel de son affection immuable pour cette Marguerite si chère, de l'estime du roi pour ses vers. Un credo inébranlable en la valeur de son œuvre, que le temps n'ensevelira pas.

Marot reste à Turin, où il n'a ni ressources ni protecteurs connus. Sent-il ses forces le quitter, et venir son heure dernière ? Marot, à coup sûr, est usé, pléthorique, son dernier portrait nous l'a montré. Gros buveur, il l'a déclaré. La lecture des documents domestiques de cette époque nous indique que l'abus de nourriture, souvent avariée, entraînait des ennuis intestinaux graves et répétés chez les amateurs de bonne chère. Marot va sur ses quarante-huit ans, ce qui est, au milieu du xvie siècle, dépasser l'âge moyen d'espérance de vie.

Le « prince des poètes français », fêté trois ans plus tôt, est devenu un émigrant sans feu ni lieu, dépouillé soudain de son dernier espoir : être reçu par un général français vainqueur bien disposé en sa faveur. Que va-t-il faire ? Vers qui se tourner ? L'*Épître LVI* à Bellegarde est émouvante. Elle remet à sa vraie place frivole la vie de cour que Marot a menée près de ses protecteurs. Elle évoque l'existence épicurienne qu'il eût aimée, entre bons compagnons, sans gagner son pain par des flatteries intéressées. Comme à Venise en 1536, il connaît le véritable exil, non protégé par quelque grande main. Il a huit ans de plus, huit années qui ont pesé lourd sur sa santé.

L'inlassable confiance qui l'a conduit intact à travers les malheurs le quitte-t-elle ? Il n'y paraît pas dans l'épître à François de Bellegarde. Après Horace, qu'il connaît à peine, après ceux qu'imite Horace en un poème poncif[33], il déclare son œuvre durable. Son « doux nenni » vivra aussi longtemps que la langue française. Si cette certitude d'immortalité se

33. « *Non omnis moriar* » (« je ne mourrai pas tout entier »).

répète d'un poète à l'autre, est-elle pour cela assurée chez celui qui l'exprime ? Certains doutent à la fin, tel Virgile qui, malade, demande à ses proches de brûler *L'Énéide :* elle n'est pas aussi parfaite qu'il l'avait voulue. D'autres, tel Marot, croient en la pérennité de leur œuvre.

Est-ce la seule question qui le préoccupe en ce second exil, tissu de déceptions ? Ne s'interroge-t-il pas sur ce qui l'a tiré hors de France et déchu de sa gloire, sur ce qui lui aliène le roi François, sur cette façon d'être chrétien que les ultras lui reprochent ? A Ferrare, il en disait avec un double langage : fronde contre l'Église catholique dans les coq-à-l'âne et les adresses à Renée ; par ailleurs, il écrivait au roi dans l'*Épître XXXVI* que la Sorbonne avait contre lui « une vieille dent » (v. 76) et le calomniait :

> *De Luthériste ils m'ont donné le nom*
> *Qu'a droit ce soit, je leur réponds que non.*
>   (v. 87-88)

A Turin, écrit-il *Le Baladin ?* Beaucoup en doutent, surtout les catholiques. Quant aux protestants, ils trouvent en cette œuvre une profession de foi réformée qu'il faut bien nuancer. Pour ma part, je crois que *Le Baladin* est bien de Clément Marot. Ce texte est publié dès 1545, quelques mois à peine après la mort du poète. Cela ne veut pas dire qu'il est de sa main, mais qui l'eût écrit ? Ce qui me pousse à le croire authentique, c'est sa qualité poétique, son élévation de pensée que soutiennent des vers superbes. Le titre même, *Le Baladin,* est bien digne d'un homme qui a toujours aimé Villon. Un baladin, c'est un de ces danseurs d'intermèdes qui distraient le public sur les places, un amuseur vagabond. Par dérision devant sa vie matériellement manquée, vouée à l'instabilité, l'exilé a pu choisir de se donner ce nom tout en assignant à son œuvre une place éminente dans les lettres. Baladins, les troubadours. Baladin, Rutebeuf. Baladin, le délinquant Villon. Baladin, Marot, le poète « étranger et banni ».

Le texte, dans ses six premiers vers, résume les espoirs sans cesse déçus des chrétiens qui rêvent d'unification des Églises. Le baladin attaque :

Verrai-je point à mon gré bien danser
Ne saurait-on tenir [34] de s'avancer
Trop ni trop peu ? Verrai-je point la danse
Et les sonneurs [35] tous deux d'une accordance ?
Ne sont-ils pas de leurs instruments sûrs ?
Est-ce leur faute, ou s'il tient aux danseurs ?

(v. 1-6)

En un mot, qui déraille ? Les fidèles, ou l'orchestre des théologiens ? Car il va s'agir de théologie. Deux dames sont en lice. Christine, vierge admirable, née au temps du Christ, comme son nom l'indique. Les abus de Simone l'arrachent à sa solitude, l'amènent à la conversion des humains. Christine, c'est l'amour absolu. Simone, c'est l'Église de Rome : insolente, fardée, armée jusqu'aux dents. Elle possède les trois quarts des biens terrestres — simonie ! — et convoite le reste (v. 97-98). Paresseuse, orgueilleuse, sans grâce à la danse. Ceux qui la suivent le font par profit et tuent les servants de Christine (v. 125-128). Christine laisse pendant mille ans Simone mener sa vie détestable, puis se tourne vers les humains pour leur donner sa leçon unique :

Venez à moi, qui d'aimer vous convie.

(v. 158)

A ses amoureux, elle parle une langue claire qu'il n'est pas besoin d'être cicéroné pour comprendre (v. 199 et suivants). Pour finir, elle vient solliciter l'auteur de ce poème :

Tant chemina la belle qu'elle vint
Au fleuve Loire où des fois plus de vingt
Jeta son œil de sur moi la première
Car mes gros yeux n'avaient propre lumière
Pour regarder les siens premièrement.

(v. 222-226)

« Réveille-toi », dit Christine au poète. Et plus loin :

34. S'empêcher de.
35. Musiciens.

Tu as été des amants de Simone
Mais si tu veux que d'aimer te sermonne
Laisser te faut toutes vieilles couleurs
Et pour un bien souffrir mille douleurs.
                              (v. 262-265)

Le doute n'est pas permis. Si l'on attribue *Le Baladin* à Marot, c'est une contre-abjuration. Il renonce à la religion des persécuteurs pour choisir celle des persécutés. Il choisit Christine, qui ne commande que d'aimer. Une question reste posée, bien que les réformés aient tranché tout de suite. Simone, c'est l'exécrable Église des persécuteurs. Mais Christine, est-ce la troupe de Luther, de Calvin? Pas la moindre trace d'hérésie dogmatique dans ce texte. Christine est née avec le Christ. C'est la prêtresse de l'amour, en face des excès d'une Simone corrompue par l'argent et le pouvoir. Les évangélistes, qui restent attachés à un catholicisme que l'on doit rénover, non supprimer, peuvent adopter cette Christine-là. Malgré son nom, attaché à la Réforme, elle conduit également ce qu'il reste du réformisme. S'il est de Marot, comme je le crois, ce poème déclare Marot contre l'intégrisme, non pour les rites et dogmes de la Réforme.

Ce qui justifie son annexion par les réformés, Marot le dit pourtant dans les vingt derniers vers. Christine, jusque-là, n'a parlé que d'amour chrétien. Elle demande maintenant à Marot de s'instruire en lisant les livres qu'elle a inspirés. Ce sont, à l'évidence, les ouvrages qui instituent la Réforme :

Dont suis d'avis qu'accointance tu prennes
A mes amants, et que d'iceux apprennes,
Et que souvent tu écoutes le son
De mon hautbois recordant[36] *sa leçon,*
De jour et nuit aux livres que j'ai faits,
De révérence et des simples parfaits.
Si fais ainsi, bon danseur deviendras
Lors assuré devers moi reviendras.
                              (v. 280-287)

36. Se rappelant.

On trouve clairement noté ici que Marot doit lire les livres qui enseignent la Réforme, autrement dit qu'il ne les a pas lus. Nous sommes — si le poème est de lui, ne nous lassons pas d'être prudents — à un tournant de la vie spirituelle de Marot. Jusqu'alors il a tout souffert des intégristes romains de Sorbonne : fiché à vie, emprisonné, exilé deux fois, déchu de son piédestal de poète officiel. Va-t-il, après les rigueurs du second exil, le silence de François Ier à ses clins d'œil, la déception turinoise, passer carrément à la Réforme ? Va-t-il répondre « oui » aux objurgations de Christine ? Il y semble décidé :

> *J'étais piqué du grand zèle des zèles*
> *Et puis amour me portait sur ses ailes.*
> *Je traversai les bois où a été*
> *Ourson [37] d'une ourse en enfance allaité.*
> (v. 290-293)

Il va, il est ravi d'amour, il ressemble à ce personnage de la « Ravie en Dieu », dans la *Comédie jouée à Mont-de-Marsan*, que Marguerite de Navarre écrira en 1548, désabusée de tout sauf de l'amour divin. Va-t-il franchir le dernier pas, déclarer son appartenance à la religion de Christine ?

> *Je traversai la beauté spacieuse*
> *En la vallée humble et délicieuse...*
> (v. 294-295)

Et ensuite ? ...Ensuite, après trois points de suspension, une main inconnue écrit, au bout du poème inachevé pour l'essentiel :

Ici mourut.

Clément Marot mourut en effet à Turin vers le 10 septembre 1544. Nous ignorons de quel mal et en quelles circonstances. L'ami des mauvais jours, Lyon Jamet, fut-il mandé par le mourant ? Ce dont nous sommes sûrs, c'est qu'il arriva à point pour lui donner des funérailles décentes, dans le

---

37. Héros d'un roman de chevalerie, allaité par une ourse.

cimetière de l'hôpital Saint-Jean-Baptiste à Turin. Il orna la tombe d'une plaque de marbre portant une épitaphe de sa façon.

La tombe, la plaque même ont disparu. Guiffrey tenta plus tard de trouver au moins, dans les archives obituaires de l'église, trace de l'enterrement : l'archivation s'arrête peu avant le 10 septembre. Tout semble avoir conspiré pour faire disparaître jusqu'aux cendres de Clément Marot, comme les poètes de la Pléiade vont essayer d'abolir sa réputation.

L'épitaphe, elle, a été conservée, imprimée dans une édition posthume des *Œuvres*. Donnons-la pour ce qu'elle vaut : non une perle littéraire, mais le témoignage d'une amitié touchante, même si elle n'est plus « insculpée » en marbre :

> *Ici devant, au giron de sa Mère*
> *Gît des Français Le Virgile et l'Homère.*
> *Ci est couché et repose à l'envers*
> *Le non-pareil des mieux disants en vers.*
> *Ci-gît celui qui peu de terre couvre*
> *Qui toute France enrichit de son œuvre.*
> *Ci dort un mort qui toujours vif sera*
> *Tant que la France en français parlera* [38]
> *Bref, gît repose et dort en ce lieu-ci*
> *Clément Marot de Cahors en Quercy.*

---

38. Reprise de l'épître à François de Bellegarde. Ainsi, comme par un dernier tour malicieux, Marot pourvoit à sa propre épitaphe.

Solitude de Marot

Marot mort, voici son œuvre confrontée au plus terrible des exils : l'ingratitude et l'oubli. Elle en triomphera à la longue, mais non dans son entier ni dans sa plénitude. Les « marotiseurs » à venir, qui n'en finissent pas de « badiner », n'admirent que le tour de main de Clément, non ses tours de force.

Est-ce bien étonnant ? Rien de plus impatient, de plus injuste envers ses devanciers qu'une nouvelle génération de poètes doués. Injuste, considérant comme futiles les trouvailles de ses prédécesseurs. Quand elle les nie avec emportement, elle se nourrit d'abord de cette négation même, avant de chercher autre chose, d'avancer ou non, d'être ensuite sous-estimée par les suivants, s'ils ne sont des moutons ni des disciples. Cette perpétuelle remise en question de la forme poétique montre, dans les époques lumineuses, la bonne santé d'une langue et d'une culture. Quand ne coulent plus les torrents de la contestation se forme un marécage littéraire.

C'est dans le marécage rhétoricien, envasé depuis plus d'un siècle, que Marot a commencé sa carrière. Nous en avons suivi les étapes. Pour finir, considérons ses lignes de force. Nous voyons qu'elles s'ordonnent d'après la qualité essentielle de ce poète, qui est de savoir, en toutes circonstances, et pour progrès ou profit, s'adapter. Ne disons ni céder, ni plagier, ni rester indéfiniment dans les traces des autres : seulement s'adapter à un métier, un milieu, une mentalité.

Tout commence par une leçon. Le fils du chapelier a dû être strictement chapitré par son père, quand il a décidé de devenir lui aussi poète à gages. La leçon, nous la connaissons, car elle a été, elle est, elle sera toujours la même, s'adressant à un carriériste impatient par péché de jeunesse : « Commence par être bien reçu, et pour cela, sache t'adapter : veille à ne pas faire des vagues. »

Clément s'adapte à son rôle d'abord, qui est d'écrire pour ses employeurs des vers susceptibles de leur plaire. Pour réussir dans sa profession, c'est-à-dire en tirer profit, il faut se conformer à la mode qui plaît. Marot jeune homme, tout émerveillé qu'il soit par un hors-de-mode comme Villon, suivra docilement le train de la rhétorique. Un nouvel air vient-il d'Italie ? Est-il galant de « baroquiser » le vieux Pétrarque ? Marot s'adapte. Le pétrarquisme se dégraisse-t-il ensuite, perd-il ses enflures, notamment sous l'influence de Bembo ? Marot s'adapte. Avant le du Bellay de *L'Olive*, avant Maurice Scève il « bembise » pour rester « dans le vent ».

Pour être reçu, il s'adaptera toujours à la mode. Mais bien vite apparaît cette force d'appoint qui lui permettra de rester singulier. Marot s'adapte d'abord, mais il aménage ensuite. Esprit original, génie singulier, il comprend que rester « dans le vent » revient au bout du compte à rester dans le rang. Il accepte d'abord les règles du jeu littéraire en ses formes succcessives, puis les infléchit par sa propre interprétation.

Pour la rhétorique, pas d'obstacles. Il s'agit d'en faire plus que le voisin dans le genre « clinquetaille », de varier les empilages d'assonances, d'équivoques, d'à-peu-près sonores. Dès sa ballade par ac, oc, uc[1], Clément démontre qu'il surclasse le fin du fin des rhétoriqueurs, aménageant les vieilles recettes pour en tirer encore des effets surprenants. Que ce genre lui ait plu, qu'il ait satisfait son péché mignon de malaxeur de mots, cela est indiscutable : abandonnant la rhétorique quand le goût s'en perd, il en garde l'usage pour

1. Voir chapitre iv, pp. 110-111.

son amusement personnel : la *Complainte pour le général Preud'homme* (1543) nous l'a démontré s'il en était besoin.

Voici pourtant après 1520 venir la mode de Pétrarque revu et boursouflé par les Italiens. Jean Marot déjà imite Serafino. Quand l'Italie vient au goût du jour, son fils écrira, s'adaptant, des *capitoli* français. D'abord, la sœur Anne en sa tour montée n'y voit rien venir de neuf, sinon l'épithète qui poudroie et la métaphore qui verdoie. Ensuite Marot s'adapte à la façon italienne de soigner la pointe finale du poème court, et voici venir l'épigramme en français.

Quand l'admiration vouée à Pétrarque ferme son cercle, revient purifiée à la manière de son inspirateur, Marot suit cette voie. Il se dépouille des ornements rococo des Cariteo, des Tebaldeo. Son exquise traduction fidèle de *Six Sonnets* de Pétrarque marque ce point d'évolution[2].

Ayant trouvé le chemin ordinaire de la poïétique de Marot, nous comprenons pourquoi il n'a jamais été le héraut claironnant l'arrivée d'une avant-garde[3]. Il s'adapte à toute nouveauté, l'aménage, invente ensuite une façon de s'en dégager. Cet homme qui bouleverse le terrain littéraire n'est pas un révolutionnaire déclaré. Cet inventeur de mots ne dira jamais qu'il a mis « un bonnet rouge au vieux dictionnaire ». Ce créateur ou introducteur de genres nouveaux ne se flatte pas d'innover. Cela facilitera par la suite non seulement les contresens à son sujet, mais de regrettables simplifications. Plus vantard — si l'on excepte sa certitude d'immortalité —, il aurait empêché la critique myope de le limiter pendant des siècles à son badinage.

Marot est-il donc modeste, lui qui se déclare sûr de vivre aussi longtemps que la langue française ? Disons qu'il ne se soucie pas de mettre en avant ses exceptionnelles qualités de

2. Voir chapitre XI, pp. 334-335.
3. Le refus total du pétrarquisme ne viendra qu'après 1550. Le meilleur témoignage en est donné en France par du Bellay. Ce dernier, reniant les sonnets de *L'Olive* (1549), écrit l'*Ode contre les pétrarquistes* (1553). Nous y lisons :
J'ai oublié l'art de pétrarquiser.
Je veux d'amour franchement deviser.

novateur, qui suivent et transcendent ses efforts d'adaptation et d'aménagement. Bonimenteur d'élite quand il s'agit de trouver de l'argent, fulgurant dans la satire, il n'appartient pas à la bruyante espèce de ceux que l'on pourrait nommer les « exploitants littéraires », par analogie avec les exploitants agricoles. Il invente, il sème, et ne récolte qu'une partie de sa moisson. Il laisse à d'autres — Ronsard par exemple — le bénéfice à venir des grands chemins qu'il a labourés trop discrètement.

Adaptation, aménagement, élan original enfin à l'intérieur d'un système clos. Le processus est le même quand on considère Marot versificateur. Je n'ai pas poussé cette étude qui concerne davantage les savants seiziémistes et n'intéresse que les érudits. Notons pourtant en ce domaine la permanence de sa démarche : il s'adapte sans peine au ruissellement rhétoriqueur des octosyllabes et des décasyllabes à rime plate AABB. Il y souscrit même dans ses œuvres les plus étincelantes. Là, il tire l'étincelle de son pouvoir d'invention, d'opposition, de juxtaposition des mots et des formules, et du don qu'il a d'étonner. Ensuite, il aménage la métrique selon son plaisir. Il utilise tout mètre, du vers de trois syllabes à l'alexandrin, quand cela — pesons le mot — lui chante. Il choisit son rythme non contre ni sans les usages, mais selon la montée de ce « big-bang » interne du poète, qu'il est pauvre d'appeler « inspiration ».

Soulignons bien le fait que Marot, ce singulier Marot, invente toujours à partir d'un système existant. Il ne fera que porter les genres anciens ou vieux à une perfection si complète qu'il dégoûtera tout génie à venir de mettre les pieds dans ses traces. Du moins, il les contraindra à avouer ce qu'ils lui doivent. Ainsi, Marot tire la porte de l'oubli sur la poésie de type médiéval, et oblige à nommer « marotiques » les grands auteurs d'épigrammes qui le suivent en l'admirant : Boileau, Racine, Voltaire.

A cause de cela, voici Marot dressé comme un monolithe au milieu du xvie siècle. Est-il du passé, lui qui révère le passé ? Est-il de l'avenir, lui qui ouvre des routes nouvelles ? Il est seul. Nul ne peut faire à son œuvre ce qu'il fait à celle des autres : s'adapter, aménager, tirer ensuite de ce jeu une épingle d'or. Des disciples ? Il n'a que des élèves qui ne dépassent pas le niveau scolaire. Une référence ? Ah, pour cela oui, il témoigne du bien qu'ont fait aux lettres les grands humanistes, les penseurs de la génération qui lea précède : Érasme, Lefèvre. Marot, c'est avec Rabelais la référence de ce premier XVIe siècle qui finit avec lui, lorsque le concile de Trente (1545) bâtit les citadelles de l'ordre nouveau. Marot n'est pas un lien entre la rhétorique et la Pléiade. Son œuvre est une sonore frontière entre *Le Roman de la Rose* et la rose ronsardisée.

Adaptation, aménagement, singularité. N'est-ce pas ainsi qu'il procède dans cette partie de son œuvre, importante en volume sinon en qualité, les traductions ? Quand il ne va pas à Virgile ou à Ovide en simple écolier, mais en maître original, il sait digérer un texte admirable pour en tirer un autre, semblable par la trame et même par les enjolivements, différent tout de même par une force poétique nouvelle, admirable à son tour.

Tout cela nous conduit à souligner une qualité de Marot trop méconnue : c'est un grand travailleur. Complexé par ses courtes études, il s'approche de son mieux du « latin élégant », mal guidé qu'il était au début par des traductions dérisoires. A Ferrare, le voici — il s'en vante — écolier chez Calcagnini. Il y a aussi en lui le perfectionniste. Marot n'est pas de ceux qui croient avoir écrit sous la dictée d'un dieu, et en restent au premier jet. Les nombreuses corrections qu'il apporte d'une édition à l'autre en témoignent, mais aussi la rage qu'il manifeste contre les publications clandestines et fautives de son œuvre. Comme il arrive souvent, cette insatisfaction révisionniste n'a pas toujours des effets heureux. Plus d'une de ses corrections a plus de justesse que de grâce. En poésie, il est hasardeux de se repentir.

★

Il faut bien en venir, après avoir donné çà et là des éléments de réponse, à une question posée en d'innombrables

écrits contradictoires. Qu'en est-il de la religion de Marot ?
Donnant notre avis, préparons-nous à choquer ceux qui lient
étroitement les convictions religieuses du poète à la valeur
profonde et durable de son œuvre. Ils sont nombreux et
irréconciliables. Les choquer pourquoi ? Parce que je suis de
ceux qui n'abandonnent complètement Marot à aucun des
deux camps toujours opposés malgré les victoires actuelles de
l'œcuménisme chrétien.

Marot catholique ? Certes non, si l'on considère le *Credo*
qu'édicte la Sorbonne en 1543. Nous avons relevé ses
attaques musclées contre l'autorité du pape, les mœurs du
clergé, l'intolérance, le refus de mettre les textes sacrés à la
portée de tout fidèle. Dès 1520, salarié puis ami d'alliance de
Marguerite de Navarre, il est exposé au grand vent de
l'évangélisme, c'est-à-dire de la contestation religieuse modé-
rée. Dès *L'Enfer*, dès surtout la *Déploration de Florimond
Robertet*, il va plus loin que son amie tutélaire. Il expose des
thèses qui sont bel et bien celles des disciples de Luther. Il se
moquera du carême dans le deuxième coq-à-l'âne. Il déclare,
dans le *Second chant d'amour fugitif*, l'excellence de la foi et
l'inutilité des œuvres. Il brocarde non les saints eux-mêmes,
mais le culte abusif qu'on leur rend (premier coq-à-l'âne).
Enfin, si comme je le crois il a écrit *Le Baladin* avant de
mourir, il dresse contre Simone, la vieille Église romaine
simoniaque et intolérante, la belle Christine, le christianisme
pur, issu de l'Évangile, qui ne prêche que l'amour des gens.

Marot est-il donc protestant ? Je ne le crois pas, en
conscience. Marguerite de Navarre, qui ne manquera jamais
la messe, jusqu'à une mort précédée des derniers sacrements,
n'est à l'évidence plus tout à fait catholique, sinon par
obéissance au roi son frère, peut-être par respect des
traditions, ou fol espoir d'un concile unificateur. Protestant
déclaré, Marot eût-il consenti à affirmer au roi, depuis
Ferrare, qu'il n'est luthérien d'aucune façon (*Épître
XXXVI*) ? Eût-il abjuré en 1536 ? Eût-il surtout — c'est le
fait le plus frappant — conservé l'*Ave Maria*, la salutation à la
Vierge Marie, dans le recueil des *Psaumes* qu'il soumet à
l'aval du Conseil de Genève (1543) ? N'est-ce point, cet *Ave*

Maria conservé, le signe que Marot garde au cœur le culte de la mère de Jésus, réprouvé par les protestants, et que par ailleurs il ignore l'importance de cette réprobation ?

Marot bon catholique ? Non. Marot vrai protestant ? Rien de convaincant ne le prouve. Marot contestataire en matière de religion ? Nous voici en terrain sûr. Lors de son premier exil, nous avons parlé d'héroïsme. Nous pouvons confirmer ce mot pour le Marot de 1542 : il a atteint le sommet de la gloire, de la faveur royale, il est enfin à l'abri du besoin dans la maison du « cheval de bronze. » « Il ne tenait qu'à lui, écrit Jourda[4] de terminer sa carrière dans l'honneur, l'aisance et la paix s'il avait su se tenir tranquille. »

Seulement, il ne se tient pas tranquille. Sachant déjà que les psaumes qu'il traduit sont reçus avec fureur par le parti ultra, il persiste. Aveuglé par l'aval du roi ? Explication courte. Déjà échaudé, il doit se méfier, ou devons-nous le prendre pour un franc niais ? La foi chrétienne contestante est l'un des moteurs essentiels de sa vie, et il s'y est, une fois pour toutes, engagé. Considérons pourtant, malgré la rigidité des credo protestants exprimés dès 1530, l'indécision des frontières entre le catholicisme contestant et le protestantisme déclaré. Le *Credo* des vingt-cinq articles est proclamé après le second exil de Marot. Le missel romain sera imposé — contre d'innombrables variantes — par saint Pie V en 1570 : il devait remplacer tout missel local ayant moins de deux cents ans. Mais en 1542 ?

En 1542, Marot tombe sous le coup d'une condamnation prononcée contre lui plus de quinze ans auparavant par des ultras sans nuances. Marot n'est pas tout blanc, il est donc tout noir, et les chrétiens de Sorbonne ne savent rien du pardon. Marot n'est donc pas condamné pour ses idées hétérodoxes, mais parce que, déclaré naguère coupable d'hérésie, il reste hérésiarque pour les sorbonnards : qui traduirait des psaumes, sinon un « mangeur de lard » ?

Croyant cela, je me mets à dos les ultras qui pullulent encore sur les boulevards du christianisme. Marot doit être à

4. *Op. cit.*

CLÉMENT MAROT

eux : catholique brimé ou protestant mal reçu, mais porteur d'une lisible étiquette religieuse. Cette conviction reste ancrée dans les deux partis[5].

Malgré certaine vague de jalousie qui déferla récemment sur Lucien Febvre, il faut revenir à un livre capital de ce grand esprit : *Le Problème de l'athéisme au XVIe siècle. La religion de Rabelais*. Cet ouvrage préfigure le bel élan qui allait pousser l'histoire contemporaine à se préoccuper des faits à la lumière des mentalités. Je crois avec Febvre qu'il n'y a pas d'athée radical au XVIe siècle, car la notion même d'incroyance en Dieu est impossible en une société absolument christianisée au quotidien. Je crois que même Des Périers l'incrédule n'était pas armé pour l'agnosticisme. Appeler Dieu le grand Pan, ce n'est que changer de vocable, ou de statue pour qui en veut.

Marot, comme Rabelais, comme Luther, comme Calvin, comme Paul III au début de son pontificat, devient conscient de la nécessité d'une réforme complète de l'Église : ses mœurs d'abord, son état d'esprit ensuite. De là jusqu'à extrapoler aux dogmes eux-mêmes, il n'y avait qu'un pas pour les plus hardis. Marot sera persécuté non parce qu'il suit les théologiens réformés — en est-il capable, en son ignorance du dogme ? Il fait partie de ces généreux qui se mettent hors la loi intolérante des « acquis » protégés à tout prix. Simple avis personnel. Je ne partirai pas en croisade pour le défendre, et me déclare prêt à suivre celui qui prouvera l'appartenance de Marot au catholicisme ou au protestantisme. Il faudra seulement que la preuve soit formelle, et qu'elle démontre non seulement Marot lié à un credo, mais dépendant de lui en sa création poétique.

En l'état actuel des recherches, je ne suis convaincu que de ceci : Marot croit en Dieu, et l'élan vers le ciel fait partie de sa vie, de son œuvre ; Marot est révolté par les abus d'un catholicisme encroûté dans sa suffisance ; Marot penche vers

5. Il nous faut nous excuser de ne citer aucun des ogres des deux camps, affabulateurs souvent sincères. Leur sincérité interdit qu'on les moque. Leur mauvaise foi défend de prendre au sérieux ce qu'ils prennent au tragique.

les « idées nouvelles » et en écrit parfois, surtout quand il s'adresse à des protestants ou à des réformés en puissance, comme la duchesse de Ferrare. Mais prend-il la peine et le soin, dans le difficile épanouissement de la Réforme, d'en assimiler les croyances, les interdits, les refus ? Contestataire, à coup sûr, et marqué dès sa jeunesse au fer de la Sorbonne : voué par là, et par penchant, à la plus téméraire des contestations. Membre à part entière de l'une des Églises réformées ? Rien n'autorise à le croire, même pas cette forme de martyre qu'il subit, « étrangé » et banni par deux fois.

★

Pour finir, avant d'en venir à l'essentiel, c'est-à-dire à nous plonger dans le poème nu, disons un mot de cette échelle des valeurs littéraires, qu'il faudra bien finir par tirer une fois pour toutes. La distance que laisse la critique depuis des siècles entre les *majores* et les *minores* subsiste, même quand paraît une nouvelle façon de critiquer. Surgit un nouveau jeu de miroirs, et voici un poète qui sort du purgatoire, un autre qui s'y trouve jeté. Lisons-nous avec les yeux de nos grand-mères ? Disons-nous sans rire « enfin Malherbe vint » ? Pourtant, le tableau d'honneur de la poésie reste de rigueur, retouché de temps en temps par quelque « Lagarde et Michard ». Marot a été classé auteur de second ordre, écrivain mineur, poète de transition. Qui va changer l'ordre des contrefacteurs de l'histoire littéraire ? En 1936, une nouvelle façon de lire les écrivains français aveuglait soudain le public accablé par les vieux aigles de la critique sorbonicole : par Lanson qui venait de mourir, par Faguet avant lui, avant lui Nisard, Sainte-Beuve, et pourquoi pas La Harpe ? En 1936, Albert Thibaudet, en disparaissant, nous donnait à relire tout le XIXᵉ siècle français. Qui l'a remplacé ? Qui persuadera les enfants aux yeux encore poétiques qu'il n'y a pas d'échelle, et que les valeurs sont établies, en littérature, avec une mentalité de retard sur l'évolution des esprits ? Quels textes globaux récents sur la poésie pouvons-nous lire, qui soient autre chose qu'un inventaire après décès ?

Dans leurs forteresses-couvents, les seiziémistes travaillent à des éditions critiques souvent magistrales, toujours réservées à l'élite non des intelligents, mais des scolarisés. Il en est de même pour chaque siècle, qui possède des grands spécialistes du détail ; ils restent séparés du simple amateur par le rempart de l'érudition. Je suis certain qu'il faut récrire l'histoire de la littérature du xvie siècle, les deux xvie siècles, dont l'un finit par Marot, et l'autre commence par lui : écrire non pour les savants, mais pour les « émerveillables », sans peur de briser les idoles, ni d'agrandir certaines statues.

Pour terminer, affirmons avec une force naïve que tout poète, de surcroît, est grand pour qui s'y trouve à l'aise, en bonne compagnie, charmé au sens propre par un langage qui lui plaît. L'un des reproches que faisait à Marot la critique « globale » du xixe siècle finissant, c'était d'être à mesure de l'homme vivant, riant, mangeant, buvant, courtisant les demoiselles. Pas sérieux ! Sans élans prodigieux vers le majuscule et le mystérieux ! Les hommes du mésolithique avaient déjà découvert que l'on peut creuser, tailler et former à l'aide d'outils minuscules, et s'en tirèrent sans doute bien !

Le lecteur de Marot sort de ses poèmes en souriant. Leur jovialité goguenarde traverse les siècles pour nous montrer un homme entier, c'est-à-dire vivant. Son lyrisme même, tout voué à la grandeur de Dieu, reste à mesure humaine par sa forme plaisante.

Première Scève, seconds ex-aequo du Bellay et Ronsard ? Ou le contraire ? Marot hors concours dans sa petite niche ? Évitons de nous ranger parmi ceux qui font métier et commerce de peser les réputations. Rabelais et Marot sont plantés au milieu du xvie siècle, inévitables témoins de l'homme tel que le rêvait Érasme, tel que Montaigne le définira. Rabelais possède un registre plus vaste, Marot des flèches poétiques bien pointues. Une fois que nous aurons démêlé ce que Marot doit au mécénat, à l'amitié d'une reine, à l'amour de Dieu, à sa révolte contre les interdits, nous n'aurons fait vers lui qu'un pas. Il est utile de savoir qu'il incarne tout l'espoir de la Renaissance française, disant :

Mon Dieu que nous verrons des choses
Si nous vivons l'âge d'un veau !

Ressuscité moins qu'à moitié, on l'ânonna enfin dans les écoles. Est-il de nos jours admiré pour les véritables raisons qui le montrent admirable, ou loué à travers nos anachronismes ? Cela, au fond, importe peu. « Ici mourut ». Ici demeure.

Januq, le 31 juillet 1989.

APPENDICE

Au roi, pour avoir été dérobé

On dit bien vrai, la mauvaise fortune   v. 1
Ne vient jamais, qu'elle n'en apporte une
Ou deux ou trois avecques elle, Sire
Votre cœur noble en saurait bien que dire ;
Et moi chétif, qui ne suis roi de rien   5
L'ai éprouvé. Et vous conterai bien
Si vous voulez, comment vint la besogne.
   J'avais un jour un valet de Gascogne
Gourmand, Ivrogne et assuré Menteur,
Pipeur[1], Larron, Jureur, Blasphémateur,   10
Sentant la Hart[2] de cent pas à la ronde,
Au demeurant le meilleur fils du monde,
Prisé, loué, fort estimé des Filles
(Dans) les Bordels, et beau Joueur de quilles.
   Ce vénérable Hillot[3] fut averti   15
De quelque argent que m'aviez départi,
Et que ma bourse avait grosse apostume[4] ;
Si[5] se leva plus tôt que de coutume
Et me va prendre en tapinois icelle,
Puis vous la mit très bien sous son (Aisselle)   20
Argent et tout — cela se doit entendre —

1. Tricheur.
2. La corde du bourreau.
3. Garçon.
4. Enflure.
5. Alors.

Et ne crois point que ce fut pour la rendre
Car (jamais plus) n'en ai ouï parler.
    Bref, le Vilain ne voulut s'en aller
Pour si petit ; mais encor il me happe   25
Saye et Bonnet, Chausses, Pourpoint et Cape ;
De mes Habits en effet il pilla
Tous les plus beaux, et puis s'en habilla
Si justement, qu'à le voir ainsi être
Vous l'eussiez pris — en plein jour — pour son Maître.   30
    Finalement, de ma Chambre il s'en va
Droit à l'Étable, où deux Chevaux trouva ;
Laisse le pire, et sur le meilleur monte,
Pique et s'en va. Pour abréger le compte
Soyez certain qu'au partir dudit lieu   35
N'oublia rien (sinon) me dire Adieu.
    Ainsi s'en va, chatouilleux de la gorge [6]
Ledit Valet, monté comme un Saint Georges,
Et vous laissa Monsieur dormir son saoul
Qui au réveil n'eut su (trouver un sou).   40
Ce Monsieur-là — Sire — c'était moi-même
Qui, sans mentir, fus au Matin bien blême
Quand je me vis sans honnête vêture,
Et fort fâché de perdre ma monture ;
Mais de l'argent que vous m'aviez donné   45
Je ne fus point de le perdre étonné ;
Car votre argent — très débonnaire prince —
Sans point de faute [7] est sujet à la pince [8].
    Bientôt après cette fortune-là
Une autre pire encore s'en mêla   50
De m'assaillir, et (chaque) jour m'assaut
Me menaçant de me donner le saut [9]
Et de ce saut m'envoyer à l'envers
Rimer sous terre et y faire des vers.
    C'est une lourde et longue maladie   55
De trois bons mois [10], qui m'a tout alourdie

6. Rengorgé, se rengorgeant.
7. Sans exception.
8. Au cambriolage.
9. Tuer.
10. Nous avons dit de cette peste et que, malade trois mois, il mit
presque un an à se rétablir.

La pauvre tête, et ne veut terminer
(Mais) me contraint d'apprendre à cheminer
Tant affaibli m'a d'étrange manière ;
(Elle) m'a fait la cuisse héronnière   60
L'estomac sec, le ventre plat et vague ;
Quand tout est dit, aussi mauvaise bague [11]
— Ou peu s'en faut — que femme de Paris,
(Sauf soit) l'honneur d'elles et leurs Maris.
   Que (dire) plus ? Au misérable corps   65
Dont je vous parle il n'est demeuré fors [12]
Le pauvre esprit, qui lamente et soupire,
Et en pleurant tâche de vous faire rire.
   Et pour autant — Sire — que suis à vous
De trois jours l'un viennent tâter mon pouls   70
Messieurs Braillon, Lecoq, Akakia,
Pour me garder d'aller jusqu'à quia.
   Tout consulté ont remis au Printemps
Ma guérison ; mais, à ce que j'entends,
Si je puis au Printemps arriver,   75
Je suis taillé (pour) mourir en Hiver,
Et en danger — si en Hiver je meurs —
De ne voir pas les premiers Raisins mûrs
   Voilà comment, depuis neuf mois en ça,
Je suis traité. Or, ce que me laissa   80
Mon Larronneau — longtemps a — l'ai vendu,
Et en Sirops et Juleps dépendu [13] ;
Ce néanmoins, ce que je vous en mande,
N'est point pour faire ou requête ou demande :
Je ne veux point tant de gens ressembler   85
Qui n'ont souci autre que d'assembler [14] ;
Tant qu'ils vivront ils demanderont, eux ;
Mais je commence à devenir honteux
Et ne veux plus à vos dons m'arrêter.
   Je ne dis pas, si voulez rien [15] prêter   90
Que ne le prenne. Il n'est point de Prêteur

11. Variante du sens cité plus haut. Ici : « aussi mauvaise affaire ».
12. Rien, sauf...
13. En potions dépensé.
14. Amasser de l'argent.
15. Un peu, un rien.

— S'il veut prêter — qui ne fasse un Debteur[16].
Et savez-vous, Sire, comment je paie ?
Nul ne le sait, si (d'abord) ne l'essaie.
Vous me devrez — si je puis — de retour   95
Et vous ferai encores un bon tour ;
A (telle) fin qu'il n'y ait faute nulle
Je vous ferai une bonne Cédule
A vous payer — sans usure il s'entend —
Quand on verra tout le Monde content ;   100
Ou — si voulez — à payer ce sera
Quand votre Los[17] et Renom cessera.
    Et si sentez que suis faible de reins
Pour vous payer, les deux Princes Lorrains
(Cautionneront). Je les pense si fermes   105
Qu'ils ne faudront pour moi à l'un des termes[18]
Je sais assez que vous n'avez pas peur
Que je m'enfuie ou que je sois trompeur.
Mais il fait bon assurer ce qu'on prête.
Bref, votre paie — ainsi que je l'arrête —   110
Est aussi sûre, advenant mon trépas
Comme advenant que je ne meure pas[19].
    Avisez donc, si vous avez désir
De rien prêter[20] ; vous me ferez plaisir,
Car (depuis peu) j'ai bâti à Clément,   115
Là où j'ai fait un grand déboursement
Et à Marot, qui est un peu plus loin.
Tout tombera (si l'on n'en a pas) soin.
    Voilà le point principal de ma Lettre
Vous savez tout, il n'y faut plus rien mettre.   120
Rien mettre ? Las ! Certes (ainsi) ferai
Et ce disant mon style j'enflerai
Disant : ô Roi amoureux des neuf Muses
Roi en qui sont leurs sciences infuses
Roi plus que Mars d'honneur environné   125
Roi le plus Roi qui fut oncq couronné,

16. Débiteur.
17. Louange.
18. Manqueront pas une échéance.
19. Aussi sûre que je meure ou non.
20. Prêter un peu.

Dieu tout Puissant te doint pour étrenner
Les Quatre Coins du Monde gouverner,
Tant pour le bien de la ronde Machine
Que pour autant que sur tous en es digne.   130

Au roi, du temps de son exil à Ferrare

Je pense bien que ta magnificence,   v. 1
Souverain Roi, croira que mon absence
Vient par sentir (le remords) qui me point[1]
De (maint) méfait, mais ce n'est pas le point[2].
   Je ne me sens du nombre des coupables ;   5
Mais je sais tant de juges corrompables
Dedans Paris que par pécune[3] prise
Ou par amis, ou par leur entreprise,
Ou en faveur et charité piteuse
De quelque belle humble solliciteuse,   10
Ils sauveront la vie orde[4] et immonde
Du plus méchant et criminel du monde ;
Et au rebours, par faute de pécune
Ou de support, ou par quelque rancune
Aux innocents ils sont tant inhumains   15
Que content suis ne tomber en leurs mains.
Non pas que tous je les mette en un compte[5]
Mais la grand'part la meilleure surmonte.
Et, tel mérite y (fait autorité)
Dont le conseil n'est ouï ni prisé.   20
Suivant propos, trop me sont ennemis

1. En arrive à ressentir le remords qui me blesse.
2. Ce n'est pas le cas.
3. Argent, pots-de-vin.
4. Sale, sordide.
5. Dans le même sac.

Pour leur Enfer, que par écrit j'ai mis,
Où quelque (uns) de leurs tours je découvre
Là me veut-on grand mal pour petite œuvre
Mais je leur suis encor plus odieux   25
(D'avoir osé la lire sous) les yeux
(Si) clairvoyants de ta majesté haute
Qui a pouvoir de réformer leur faute.
   Bref, par effet, voire par fois diverses
Ont déclaré leurs volontés perverses   30
(A mon encontre ; et) même un jour ils vinrent
A moi malade, et prisonnier me tinrent
Faisant arrêt sur un homme arrêté
Au lit de mort, et m'eussent pis traité,
Si ce ne fut ta grande bonté, qui à ce   35
Donna bon ordre avant que t'en priasse,
Leur commandant de laisser choses telles,
Dont je te rends (des) grâces immortelles.
   (Tout autant) qu'eux, sans cause qui soit bonne
Me veut de mal l'ignorante Sorbonne ;   40
Bien ignorante elle est d'être ennemie
De la trilingue et noble Académie
Qu'as érigée[6]. Il est tout manifeste
Que là-dedans, contre ton vueil[7] céleste
Est défendu (que l'on aille) alléguant   45
Hébreu ni Grec, (ni) Latin élégant,
Disant que c'est langage d'hérétiques
Ô pauvres gens, de savoir touts éthiques[8] !
Bien faites vrai ce proverbe courant :
Science n'a haineux que l'ignorant.   50
   Certes, ô Roi, si le profond des cœurs
On veut sonder de ces Sorboniqueurs
Trouvé sera que toi ils se deulent[9]
Comment, douloir ? Mais que grand mal te veulent
(Pour avoir) fait les lettres et les arts   55
Plus reluisants que du temps des Césars
Car leur abus voit-on en façon telle

6. Les Lecteurs royaux, futur Collège de France.
7. Vouloir, ordre.
8. Moralisateurs abstraits.
9. Ils se plaignent.

C'est toi qui as allumé la chandelle
Par qui maint œil voit mainte vérité
Qui sous épaisse et noire obscurité   60
A fait — tant d'ans — ici-bas demeurance
Et qu'est-il rien plus obscur qu'ignorance ?
   Eux et leur cour, en absence et en face
Par plusieurs fois m'ont usé de menace,
Dont la plus douce était en criminel   65
M'exécuter. Que plût à l'Éternel
Pour le grand bien du peuple désolé,
Que leur désir de mon sang fut saoulé,
Et tant d'abus dont ils se sont munis
Fussent (au) clair découverts et punis !   70
Ô quatre fois et cinq fois bienheureuse
La mort, tant soit cruelle et rigoureuse
Qui ferait, seule, un million de vies
Sous tels abus n'être point asservies !
   Or, à ce coup, il est bien évident   75
Que (contre) moi ont une vieille dent
Quand, ne pouvant crime (dans) moi prouver,
Ont (bien cherché) et très bien su trouver
Pour me fâcher [10] briève expédition,
En te donnant mauvaise impression   80
De moi ton serf, pour (ensuite) à leur aise
Mieux (accomplir) leur volonté mauvaise ;
Et pour ce faire ils n'ont certes eu honte
Faire courire de moi vers toi maint conte,
Avecques bruit plein propos menteurs,   85
Desquels ils sont les premiers inventeurs.
De Luthériste ils m'ont donné le nom
(En vérité) je leur réponds que non.
Luther pour moi des cieux n'est descendu.
Luther en croix n'a point été pendu   90
Pour mes péchés et, tout bien avisé,
Au nom de lui ne suis point baptisé ;
Baptisé suis au nom qui (si) bien sonne
Qu'au nom de lui le Père éternel donne
Ce que l'on quiert : le nom seul sous les cieux   95
En et par qui ce monde vicieux

10. Nuire.

Peut-être sauf ; le nom (si) fort puissant
Qu'il a rendu tout genou fléchissant,
Soit infernal, soit céleste ou humain ;
Le nom par qui du Seigneur Dieu la main   100
M'a préservé de ces grands loups rabis [11]
Qui m'épiaient (sous des) peaux de brebis.
   Ô seigneur Dieu, permettez-moi de croire
Que réservé m'avez à votre gloire.
Serpents (tordus) et monstres contrefaits,   105
Certes, sont bien à votre gloire faits.
Puisque n'avez voulu donc condescendre
Que ma chair vile ait été mise en cendre,
Faites au moins, tant que serai vivant,
Qu'à votre honneur soit ma plume écrivant.   110
Et si ce corps avez prédestiné
A être un jour par flamme terminé,
Que ce ne soit au moins pour (raison) folle,
(Mais bien) pour vous et pour votre parole ;
Et vous supplie, père, que le tourment   115
Ne lui soit pas donné si véhément
Que l'âme vienne à mettre eu oubliance
Vous, en qui seul gît toute sa fiance [12] ;
(Qu'ainsi) je puisse, avant que d'assoupir [13],
Vous invoquer jusqu'au dernier soupir.   120
   Que dis-je ? Où suis-je ? Ô noble roi François
Pardonne-moi, car ailleurs je pensais [14].
   Pour revenir donques à mon propos,
Rhadamantus [15] avecque ses suppôts,
Dedans Paris, (quoique) je fusse à Blois   125
Encontre moi fait ses premiers exploits
En saisissant de ses mains violentes
Toutes mes grand'richesses excellentes
Et beaux trésors d'avarice delivres [16],

11. Enragés.
12. Confiance.
13. M'endormir dans la mort.
14. Je pensais à autre chose.
15. Rhadamante, c'est le lieutenant criminel : au temps de *L'Enfer*, Maillard ; désormais, Morin.
16. Exempts d'avarice.

C'est assavoir mes papiers et mes livres   130
Et mes labeurs. Ô juge sacrilège,
Qui t'a donné (ou) loi (ou) privilège
D'aller toucher et faire tes massacres
Au cabinet des saintes Muses sacres [17] ?
Bien il est vrai que livres de défense [18]   135
On y trouva ; mais cela n'est offense
A un poète, à qui l'on doit lâcher
La bride longue, et rien ne lui cacher
Soit d'art magi(que), nécromance ou Kabbale ;
(Il) n'est doctrine écrite ni verbale   140
Qu'un vrai poète au chef ne dut avoir
Pour faire bien d'écrire son devoir [19].
    Savoir le mal est souvent profitable,
Mais en user est toujours évitable.
Et d'autre part, que me nuit de tout lire ?   145
Le grand donneur m'a donné sens [20] d'élire
En ces livrets tout cela qui (s') accorde
Aux saints écrits de grâce et de concorde
Et de jeter tout cela qui diffère
Du sacré sens, quand près on le confère [21].   150
Car l'écriture est la touche [22] où l'on trouve
Le plus haut or. Et qui veut faire épreuve
D'or quel qu'il soit, il le convient toucher
A cette pierre, et bien près l'approcher
De l'or exquis, qui tant se fait paraître   155
Que, bas ou haut, tout autre fait connaître.
    Le Juge donc affecté [23] se montra
(A) mon endroit, quand des premiers outra [24]
Moi, qui étais absent et loin des villes
Où certains fous firent choses trop viles   160

17. Sacrées.
18. Livres défendus.
19. Pour écrire bien ce qu'il doit.
20. Faculté.
21. Quand on le compare de près.
22. La pierre de touche, qui servait à reconnaître l'or, est évoquée en ces vers.
23. Indisposé.
24. Mit à mal.

Et (du) scandale, hélas, au grand ennui,
Au détriment et à la mort d'autrui[25].
Ce que sachant, pour me justifier,
En ta bonté je m'osai tant fier
Que hors de Blois (m'en allai vers) toi, Sire   165
Me présenter. Mais quelqu'un vint me dire :
Si tu y vas, ami, tu n'es pas sage ;
Car tu pourrais avoir mauvais visage
De ton seigneur. Lors, comme le nocher
Qui pour fu-ir le péril d'un rocher   170
En pleine mer se détourne tout court,
Ainsi, (c'est vrai) m'écartai de la cour,
Craignant trouver (danger) de dureté
Où (toujours eus) douceur et sûreté.

    Puis je savais, sans que de fait[26] l'apprisse   175
Qu'à un sujet l'œil obscur[27] de son prince
Est bien la chose en la terre habitable
La plus à craindre et la moins souhaitable.
(Donc) m'en allai ; évitant ce danger,
Non en pays ni (vers) Prince étranger,   180
Non point usant de fugitif détour,
Mais pour servir l'autre Roi[28] à mon tour
Mon second maître, et ta sœur, son épouse,
A qui je fus, des ans a quatre et douze[29]
De ta main noble heureusement donné.   185

    Puis, (peu) après, Royal chef couronné,
Sachant plusieurs, de vi-e (bien) meilleure
Que je ne suis, être brûlés (sur) l'heure
Si durement que mainte nation
En est tombée en admiration[30],   190
J'abandonnai, sans avoir commis crime,
L'ingrate France, ingrate, ingratissime
A son poète, et en la délaissant,
Très grand regret ne vint mon cœur blessant.

25. Les placards de 1534.
26. Par expérience.
27. Fâché : le regard noir.
28. Le roi de Navarre.
29. Il y a seize ans, c'est-à-dire en 1519.
30. Stupéfaction.

Tu mens, Marot : grand regret tu sentis,   195
Quand tu pensas à tes enfants petits.
   Enfin, passai les grand'froides montagnes
Et vins entrer aux Lombardes campagnes ;
Puis (l') Italie, où Dieu qui me guidait
Dressa mes pas au lieu où résidait   200
De ton clair sang une princesse humaine
Ta belle-sœur et cousine germaine,
Fille du Roi[31] tant craint et renommé,
« Père du peuple » aux Chroniques nommé
   En son duché de Ferrare venu,   205
M'a retiré (par) grâce, et retenu,
Parce bien lui plaît mon écriture,
Et pour autant que suis ta nourriture.
   Par quoi, ô Sire, étant avecques elle
Conclure puis, d'un franc cœur et vrai zèle   210
Qu'à moi, ton serf, ne peut être donné
Reproche aucun que t'aie abandonné ;
En protestant, si je perds ton service,
Que (c'est) plutôt (par) malheur que (par) vice.

31 Louis XII.

Blason du beau tétin

Tétin refait, plus blanc qu'un œuf   v. 1
Tétin de satin blanc tout neuf
Tétin qui fait honte à la rose
Tétin plus beau que nulle chose,
Tétin dur, non pas tétin, voire[1],   5
Mais petite boule d'ivoire,
Au milieu duquel est assise
Une fraise, ou une cerise,
Que nul ne voit, ne touche aussi,
Mais je gage qu'il est ainsi :   10
Tétin donc au petit bout rouge,
Tétin qui jamais ne se bouge
Soit pour venir, soit pour aller,
Soit pour courir, soit pour baller[2] :
Tétin gauche, tétin mignon,   15
Toujours loin de son compagnon,
Tétin qui portes témoignage
Du demeurant[3] du personnage,
Quand on te voit, il vient à maints
Une envi-e dedans les mains   20
De te tâter, de te tenir :
Mais il se faut bien contenir
D'en approcher, bon gré ma vie,

1. Vraiment.
2. Danser.
3. La stabilité.

Car il viendrait une autre envie.
  Ô Tétin ni grand ni petit,   25
Tétin mûr, tétin d'appétit,
Tétin qui nuit et jour criez :
Mariez-moi tôt, mariez,
Tétin qui t'enfles et repousses
Ton gorgerin[4] de deux bons pouces,   30
A bon droit heureux on dira
Celui qui de lait t'emplira,
Faisant, d'un tétin de pucelle
Tétin de femme entière et belle.

4. Lingerie couvrant la poitrine et le cou.

Blason du laid tétin

Tétin qui n'as rien que la peau   v. 1
Tétin flac[1], tétin de drapeau
Grand'tétine, longue tétasse
Tétin, dois-je dire besace :
Tétin au grand vilain bout noir   5
Comme celui d'un entonnoir,
Tétin qui brimballe à tous coups
Sans être ébranlé ni secous[2],
Bien se peut vanter qui te tâte,
D'avoir mis la main à la pâte :   10
Tétin grillé, tétin pendant,
Tétin flétri, tétin rendant
Vilaine bourbe au lieu de lait,
Le Diable te fit bien si laid :
Tétin pour tripe réputé,   15
Tétin, ce (pensé-je) emprunté
Ou dérobé en quelque sorte
De quelque vieille chèvre morte :
Tétin propre pour en enfer
Nourrir l'enfant de Lucifer   20
Tétin boyau long d'une gaule,
Tétasse à jeter sur l'épaule
Pour faire — tout bien compassé[3] —

1. Flasque.
2. Secoué.
3. Mesuré.

Un chaperon[4] du temps passé :
Quand on te voit, il vient à maints   25
Une envi-e dedans les mains
De te prendre, avec des gants doubles,
Pour donner cinq ou six couples
De soufflets, sur le nez de celle
Qui te cache sous son aisselle.   30
Va, grand vilain tétin puant,
Tu fournirais bien en suant
De civettes[5] et de parfums
Pour faire cent mille défunts.
Tétin de laideur dépiteuse,
Tétin dont Nature est honteuse,
Tétin des vilains le plus brave ;
Tétin dont le bout toujours bave :
Tétin fait de poix et de glu :
Bran[6], ma plume, n'en parlez plus,   40
Laissez-le là, ventre Saint Georges,
Vous me feriez rendre ma gorge.

4. Le couvre-chef des docteurs de Sorbonne.
5. Petit mammifère d'Afrique ou d'Asie, qui secrète un liquide musqué utilisé en parfumerie.
6. Merde !

In exitu Israel de Agypto

Quand Israël hors d'Égype sortit   v. 1
Et la maison de Jacob se partit[1]
D'entre le peuple étrange[2]
   Juda fut fait le saint peuple de Dieu
Et Dieu se fit prince du peuple Hébreu,   5
Prince de grand' louange.

La mer le vit qui s'enfu-it soudain,
Et contremont[3] l'eau du fleuve Jourdain
Retourner fut contrainte.
   Comme moutons montagnes ont sauté   10
Les petits monts sautaient d'autre côté
Comme agnelets en crainte.

Qu'avais-tu donc, mer, à t'enfuir soudain ?
Pourquoi amont l'eau du fleuve Jourdain
Retourner fut contrainte ?   15
   Pourquoi avez, monts, en moutons sauté ?
Pourquoi sautiez, mottes, d'autres côté
Comme agnelets en crainte ?

Devant la face au Seigneur qui tout peut
Devant le Dieu de Jacob quand il veut   20
Terre tremble craintive.
   Je dis le Dieu, le Dieu convertissant
La pierre en lac et le rocher puissant
En fontaine d'eau vive.

1. Se sépara.
2. Étranger.
3. A contre-courant.

Bibliographie

Œuvres de Clément Marot

Éditions ou rééditions accessibles en librairie :
Œuvres, Paris, Éd. Georges Guiffrey, 1911, 5 vol. (réimpression Genève, 1969), I : *La Vie de Clément Marot*, éd. mise à jour d'après les papiers posthumes de l'éditeur avec des commentaires et des notes par Robert-Yves Plessis ; II : *Œuvres diverses*, éd. mise à jour d'après les papiers posthumes de l'éditeur avec des commentaires et des notes par Jean Plattard, 1929 ; III : *Les Épîtres* ; IV : *Épigrammes, Étrennes, Épitaphe, Cimetière, Complaintes, Oraisons*, éd. mise à jour d'après les papiers posthumes de l'éditeur avec des commentaires et des notes par Jean Plattard, 1929 ; V : *Élégies, Ballades, Chants divers, Rondeaux, Chansons, Psaumes, Œuvres posthumes, Œuvres inédites*, id., 1930.

MAYER (Claude-Albert), *Œuvres complètes* de Clément Marot, édition critique, tome I : *Les Épîtres*, Paris, rééd. 1977 ; tome II : *Œuvres satiriques*, Londres, 1962 ; tome III : *Œuvres lyriques*, Londres, 1964 ; tome IV : *Œuvres diverses*, Londres, 1966 ; tome V : *Les Épigrammes*, Londres, 1970 ; tome VI : *Les Traductions*, Genève, 1980 ; *L'Enfer, Les Coqs-à-l'âne, Les Élégies*, Paris, 1977.

L'homme et l'œuvre

DROZ (E.) et PLAN (P. P.), *Les Dernières années de Clément Marot*, Paris, B.H.R. (Bibliothèque d'Humanisme et de Renaissance), 1948.

Guy (Henri), *Histoire de la poésie au xvie siècle*, Paris, 1926, rééd. B.H.R., 1968, tome II : *Clément Marot et son école*.

Jourda (Pierre), *Clément Marot : l'homme et l'œuvre*, Paris, 1950.

Kinch (C. E.), *La Poésie satirique de Clément Marot*, Paris, 1940.

Mayer (C.-A.), *Clément Marot*, Paris, Nizet, 1973.

—, *La Religion de Marot*, Paris, Nizet, 1973.

—, *Bibliographie des éditions de Clément Marot publiées au xvie siècle*, Paris, Nizet, 1975. L'ensemble des travaux de C.-A. Mayer constitue d'une part l'édition critique qui manquait, d'autre part une brillante approche de forme et de fond. Cet ensemble complète, rectifie, clarifie le fonds antérieur récent, sans toutefois en faire oublier les mérites inhérents à chaque auteur, ni l'intérêt durable.

Picot (E.), *Querelle de Marot et Sagon*. Pièces réunies en collaboration avec P. Lacombe, réimprimé à Genève, 1969.

Plattard (Jean), *Clément Marot, sa carrière poétique et son œuvre*, Paris, 1938, réimprimé à Genève, 1972.

Rollin (J.), *Les Chansons de Clément Marot*, Paris, 1951.

Saulnier (Verdun-Louis), *Les Élégies de Clément Marot*, Paris, 1952.

Vianey (J.), *Les Épîtres de Marot*, Paris, 1962.

—, *L'Art du vers chez Marot*, Mélanges A. Lefranc, 1936.

Villey (Pierre), *Les Grands Écrivains du xvie siècle : Marot et Rabelais*, Paris, 1923, rééd. B.H.R., 1968.

Le terrain

Batiffol (L.), *Le Siècle de la Renaissance*, Paris, 1947.

Bellay (Martin et Guillaume du), *Mémoires*, Paris, 1908-1919, 4 vol.

Bembo (Pietro), *Prose e rime di Pietro Bembo*, Turin, 1960.

Bonnaffé (E.), *Études sur la vie privée de la Renaissance*, Paris, 1898.

Boucher (F.), *Histoire du costume en Occident*, Paris, 1965.

Brantôme, *Œuvres*, Paris, 1867, rééd. Garnier, s.d.

Bufo (G.), *Nicolas de Cuse*, Paris, 1964.

Bulletin de la Société de l'histoire du protestantisme français.

Champion (P.), *Histoire littéraire du xve siècle*, Paris, 1923.

Chartier (Alain), *La Belle Dame sans merci*, Genève, Éd. A. Piaget, 1949.

CHARTIER (Roger), *Lectures et lecteurs dans la France d'Ancien Régime*, Paris, Seuil, 1987.

CLOULAS (I.), *La Vie quotidienne dans les châteaux de la Loire au temps de la Renaissance*, Paris, 1983.

DELUMEAU (J.), *Les Civilisations de la Renaissance*, Paris, 1967.

DOUCET (R.), *Les Institutions de la France au XVIe siècle*, Paris, 1948, 2 vol.

ERASME, *Opus epistolarum*, Oxford, 1906-1958, 12 vol.

—, *Éloge de la folie*, Paris, 1936.

FESTUGIÈRE (J.), *La Philosophie de l'amour de Marsile Ficin*, Paris, 1948.

GAL (R.), *Histoire de l'éducation*, Paris, 1966.

GOTTSCHALK (F.), *Histoire de l'alimentation et de la gastronomie*, Paris, 1948.

GOUBERVILLE (G. de), *Le Journal du sire de Gouberville*.

HAUTECŒUR (L.), *Histoire de l'art*, Paris, 1959, t. II.

—, *Histoire de l'architecture classique en France*, Paris, 1963, t. I.

Journal d'un bourgeois de Paris sous le règne de François Ier, anonyme, Paris, 1910.

LACROIX (P.), *Mœurs, usages et coutumes à l'époque de la Renaissance*, Paris, 1973.

LE FÈVRE (Pierre, dit Fabri), *Le Grand et vrai art de pleine Rhétorique*, Genève, 1969, 3 vol.

LEFRANC (A.), *Les Grands Écrivains français de la Renaissance*, Paris, 1914.

—, *La Vie quotidienne au temps de la Renaissance*, Paris, 1938.

LÉON (A.), *Histoire de l'enseignement en France*, Paris, 1967.

LOTE (G.), *Histoire du vers français*, Paris, 1949 à 1955, 3 vol.

MANDROU (R.), *Introduction à la France moderne. Essai de psychologie historique (1500-1640)*, Paris, 1974.

MARGOLIN (J. C.), *L'Humanisme en Europe au temps de la Renaissance*, Paris, 1981.

MÉNAGER (D.), *Introduction à la vie littéraire du XVIe siècle*, Paris, 1968.

MONTLUC (Blaise de), *Commentaires*, rééd. Paris, 1964.

MORE (Thomas), *Écrits de prison*, Paris, 1953.

PAUPHILET (A.), *Poètes français du Moyen Âge*, Paris, 1952.

PÉROUSE (G.), *Les Nouvelles françaises du XVIe siècle, images de la vie du temps*, Paris, 1977.

PICOT (E.), *Les Français italianisants au XVIe siècle*, Paris, 1906-1907.

PLATTER (Thomas), *Mémoires*, Genève, 1966.

RENAUDET (A.), *Érasme, sa pensée religieuse et son action d'après sa correspondance*, réimp. Genève, 1970.

—, *Humanisme et Renaissance*, réimp. Genève, 1981.

Revue d'histoire littéraire de la France.

Revue du XVIe siècle.

SAINTE-BEUVE, *Tableau historique et critique de la poésie et du théâtre français au XVIe siècle*, Paris, 1828.

SCHMIDT (A.-M.), *Poètes français du XVIe siècle*, Paris, 1953.

SIMONE (E.), *Umanesimo, Renascimiento, Barocco in Francia*, Milan, 1968.

—, *La notion du genre à la Renaissance*, Genève, Éd. G. Demerson, 1984.

VIANEY (J.), *Le Pétrarquisme en France*, réimp. Genève, 1969.

MÉCÈNES, PROTECTEURS SOLLICITÉS PAR MAROT

BOURRILLY (V. L.), *Guillaume du Bellay*, Paris, 1905.

BUISSON (A.), *Le Chancelier Antoine Duprat*, Paris, 1935.

CASTELOT (A.), *François Ier*, Paris, 1983.

CAZAURAN (N.), *L'Heptaméron de Marguerite de Navarre*, Paris, 1976.

CHAMPOLLION-FIGEAC (A.), *François Ier, Louise de Savoie et Marguerite de Navarre. Poésies, et correspondance intime du roi*, réimp. Genève, 1970.

CLOULAS (I.), *Henri II*, Paris, 1985.

DECRUE (E.), *Anne de Montmorency, grand-maître et connétable de France, à la cour, aux armes et au conseil du roi François Ier*, Paris, 1885.

DÉJEAN (J.-L.), *Marguerite de Navarre*, Paris, 1987.

FRANÇOIS (M.), *Le Cardinal de Tournon, homme d'État, diplomate, mécène et humaniste*, Paris, 1951.

JACQUART (J.), *François Ier*, Paris, 1981.

JOURDA (P.), *Marguerite d'Angoulême, reine de Navarre*, Paris, 1930, réimp. Genève, 1973, 2 vol.

—, *Répertoire chronologique et analytique de la correspondance de Marguerite de Navarre*, réimp. Genève, 1973

KNECHT (R. J.), *Francis I.*, Cambridge, 1982

LA FERRIÈRE (H. de), *Marguerite, sœur de François Ier. Son livre de comptes (1540-1549). Études sur ses dernières années*, Paris, 1891.

LEFRANC (A.), *Marguerite de Navarre et le platonisme de la Renaissance*, Paris, 1914.

—, et BOULENGER (J.), *Comptes de Louise de Savoie et de Marguerite d'Angoulême*, Paris, 1905.

MARTINEAU (C.), VEISSIÈRE (M.), HELLER (H.), *Guillaume Briçonnet et Marguerite d'Angoulême. Correspondance (1521-1524)*, Genève, 1975.

NAVARRE (Marguerite de), *Les Marguerites de la Marguerite des Princesses*, réimp. Genève, 1970.

—, *Dialogue en forme de vision nocturne*, Helsinki, Éd. Salminen, 1985.

—, *Le Miroir de l'âme pécheresse*, Helsinki, Éd. Salminen, 1979.

—, *Les Chansons spirituelles*, Genève, Paris, Éd. G. Dottin, 1971.

—, *La Coche*, Genève, Paris, Éd. R. Marichal, 1971.

—, *Théâtre profane*, Genève, Paris, Éd. V. L. Saulnier, 1978.

—, *Correspondance*, réunie par F. Génin, Paris, 1841-1842, 2 vol.

RODOCANACHI (E.), *Une protectrice de la Réforme en Italie et en France : Renée de France, duchesse de Ferrare*, Paris, 1896.

SCHEURER (R.), *Correspondance du cardinal Jean du Bellay*, Paris, 1969.

MAÎTRES, AMIS, « DISCIPLES »

BRODEAU (Victor), *Poésies*, Genève, Éd. H. M. Tomlinson, 1982.

CHAPPUYS (Claude), *Poésies intimes*, Genève, Éd. A. M. Best, 1967.

CHENEVIÈRE (A.), *Bonaventure Des Périers, sa vie, ses poésies*, Paris, 1880.

COPLEY-CHRISTIE (R.), *Étienne Dolet, le martyr de la Renaissance*, Paris, 1886.

CRÉTIN (Guillaume), *Œuvres poétiques*, Genève, Éd. K. Chesney, 1977.

DUPIRE (N.), *Jean Molinet, la vie, les œuvres*, Paris, 1932.

HAUVETTE (H.), *Un exilé florentin à la cour de France au XVIe siècle . Luigi Alamanni, sa vie, son œuvre*, Paris, 1903.

HÉROËT (Antoine), *La parfaite Amye de cour et œuvres poétiques*, Genève, Éd. F. Gohin, 1943.

JACOUBET (H.), *Les Poésies latines de J. de Boyssonné*, Toulouse, 1931.

LABÉ (Louise), *Œuvres*, Genève, 1981.

—, *Œuvres complètes*, étude originale par K. Berriot, Paris, 1985.

LEMAIRE DE BELGES (Jean), *Œuvres*, réimp. Genève, Éd. J. Stecher, 1969, 5 vol.

MAROT (Jean) et MAROT (Michel), *Œuvres*, réimp. Genève, 1970.

MESCHINOT (Jean), *Les Lunettes des princes*, réimp. Genève, Éd. O. de Gourcuff, 1971.

PERNETTE DU GUILLET, *Rymes*, Genève, Paris, Éd. V. Graham, 1968.

RABELAIS (François), *Œuvres*, Paris, Éd. J. Plattard, 1946-1948, 5 vol.

—, *Gargantua, Pantagruel*, Paris, Éd. Maurice Rat, 1962.

SAINT-GELAIS (Mellin de), *Œuvres*, Paris, 1873, 3 vol.

SAULNIER (V. L.), *Maurice Scève*, Paris, 1948, 2 vol.

SCÈVE (Maurice), *Œuvres poétiques*, Paris, Éd. B. Guégand, 1927.

LA RELIGION

BEDOUELLE (G.), *Lefèvre d'Étaples et l'intelligence des Écritures*, Genève, 1976.

CALVIN (Jean), *Institution de la religion chrétienne*, réimp. Genève, 1978, 2 vol.

DOUEN (O.), *Clément Marot et le psautier huguenot*, Paris, 1878.

FEBVRE (Lucien), *Au cœur religieux du XVIe siècle*, Paris, 1957.

—, *Le Problème de l'incroyance au XVIe siècle. La religion de Rabelais*, Paris, 1968.

—, *Amour sacré, amour profane. Autour de L'Heptaméron*, Paris, 1971.

HAAG (E. et E.), *La France protestante*, Paris, 1877-1888, 6 vol.

HAUSER (H.) et RENAUDET (A.), *Les Débuts de l'âge moderne : la Renaissance et la Réforme*, Paris, 1956.

HERMINJARD (A. L.), *Correspondance des réformateurs dans les pays de langue française*, Genève, 1866-1897, 9 vol.

Histoire des protestants en France, collectif, Toulouse, 1977.

IMBART DE LA TOUR (P.), *Les Origines de la Réforme*, réimp. Genève, 1978, 4 vol.

MOORE (W. G.), *La Réforme allemande et la littérature française*, Strasbourg, 1930, faculté des lettres, fascicule 32.

PACAUT (M.), *Histoire de la papauté jusqu'au concile de Trente*, Paris, 1976.

PIDOUX (P.), *Le Psautier huguenot du XVIe siècle*, Bâle, 1962.

RENAUDET (A.), *Préréforme et humanisme (1494-1517)*, Paris, 1955.

SCREECH (M.A.), *Marot évangélique*, Genève, 1967.
TÜCHLER (H.), ROUMAN (C.A.), LE BRION (J.), *Nouvelle Histoire de l'Église*, Paris, 1968, t. III.

L'APRÈS-MAROT

BELLAY (Joachim du), *Œuvres*, Paris, Éd. H. Chamard, 1908-1931, 6 vol.
—, *L'Olive*, Genève, Éd. Caldarini, 1974.
—, *Deffence et illustration de la langue française*, Paris, Éd. Chamard, 1970.
CHAMARD (H.), *Histoire de la Pléiade*, Paris, 1961, 4 vol.
DEFAUX (G.), *Marot, Rabelais, Montaigne : l'écriture comme présence*, Genève, 1987.
GORDON (A.L.), *Ronsard et la rhétorique*, Genève, 1970.
LAFOND (J.) et STEGMANN (A.), *L'Automne de la Renaissance : 1580-1630*, Paris, 1981.
LAUMONIER (P.), *Ronsard poète lyrique*, réimp. Genève, 1972.
—, *Revue de la Renaissance*, 1903, t. III.
MONTAIGNE, *Essais*, Paris, Gallimard, « Pléiade », 1950. Texte établi et annoté par A. Thibaudet.
PELETIER DU MANS, (J.), *Art poétique*, réimp. Genève, Éd. P. Laumonier, 1971.
—, *Œuvres poétiques*, réimp. Genève, Éd. P. Laumonier et L. Séché, 1970.
PONTUS DE TYARD, *Œuvres poétiques complètes*, Paris, 1966.
RONSARD (P. de), *Œuvres*, Paris, Éd. P. Laumonier, 1914-1967, 20 vol.
SÉBILLET (Thomas), *Art poétique français*, Paris, Éd. F. Gaiffe et F. Goyet, 1988.

LA LANGUE

BAYLE (P.), *Dictionnaire historique et critique*, 1696-1697, rééd. Genève, 1969, 16 vol.
CATACH (N.), *L'Orthographe française à l'époque de la Renaissance*, Genève, 1968.
GOUGENHEIM (G.), *Grammaire de la langue française du XVIᵉ siècle*, Lyon, Paris, 1951.
HUGHET (E.), *Dictionnaire de la langue française du XVIᵉ siècle*, Paris, 1925-1966, 6 vol.

Index

COLIGNY-CHÂTILLON : 284.

COLIN (Germain) : 218.

COLIN (Jacques, abbé de Saint-Ambroise) : 33.

COMPAING : 288.

CONRART (Valentin) : 342.

CORINNE : 138.

CORNEILLE DE LYON : 171, 172, 301.

CORROZET (Gilles) : 334.

COUILLARD (Antoine) : 370.

COURTOIS (Hilaire) : 218.

COZZO (Giuseppe Salvo) : 334.

CRÉTIN (Guillaume) : 54, 59, 62-64, 66-68, 71, 72, 74, 86, 110, 153, 157, 192, 198, 368.

CYNTHIE : 138.

DANÈS (Pierre) : 291.

DANIEL : 361.

DANTE ALIGHIERI : 16, 69, 112, 137.

DAVID : 151, 340, 342, 343, 345.

DE L'ORME (Philibert) : 18.

DES PÉRIERS (Bonaventure) : 24, 292, 297, 299, 300, 307, 375, 392.

DESCHAMPS (Eustache) : 59.

DOLET (Étienne) : 69, 79, 123, 214, 283, 288, 289, 291, 292, 298, 304, 307, 311-318, 356, 357, 360, 371, 375.

DOMINIQUE (saint) : 231.

DOMITIEN : 316.

DOSSO DOSSI (Giovanni et Battista LUTERI, dits) : 249.

DUBOIS : voir Guillaume CRÉTIN.

DUCHER (Gilbert) : 317.

DU CLÉNIER : voir DES PÉRIERS.

DUMAS (Alexandre) : 14.

DUPRAT (Antoine, chancelier) : 85, 157, 158.

ÉLÉONORE DE PORTUGAL : 182, 185, 186, 284, 290, 307, 323, 325.

EMMANUEL DE PORTUGAL : 186.

ENGHIEN (François d') : 376.

ÉRASME (Didier) : 18, 40, 56, 89, 184, 206, 213, 253, 280, 291, 327, 336-338, 389, 394.

ÉSOPE : 334.

ESTE (famille d') : 248.

ESTIENNE : 216.

ESTRANGE (Mme de l') : 351

EUGÈNE IV : 51.

FABRI (Pierre LEFÈVRE, dit) : 68, 69.

FAGUET : 393.

FAREL (Guillaume) : 118, 119, 219, 364.

FARNESE (Alexandre) : voir PAUL III.

FEBVRE (Lucien) : 208, 213, 392.

FERDINAND II D'ARAGON : 35, 310.

FERUSSINO (Geronimo) : 293.

FICIN (Marsile) : 16, 200, 287.

FONTAINE (Charles) : 195, 292, 294, 299, 300.

FOULHIAC (abbé de) : 30.

FOUQUET (Jean) : 56.

FRANCK (César) : 346.

FRANCO (Nicolo) : 115.

MARMITTA : 230.
MAROT (Jean, dit Des Maretz) :
29, 30, 32-38, 42, 43, 45, 47,
62, 64, 71, 72, 86, 98, 110,
113, 138, 153-157, 163, 178,
248, 387.
MAROT (Michel) : 173, 178, 370.
MAROT-ROZIÈRES ou ROU-
ZIÈRES (dit Lalbencat) : 31.
MARTIAL : 314, 316, 332, 336.
MARTIN V : 50.
MARY D'YORK : 36, 37.
MASACCIO (Tommaso di SER
GIOVANNI, dit) : 50.
MAXIMILIEN DE HABSBOURG : 35,
51, 55.
MAYER (Claude-Albert) : 11, 95,
121, 145, 168, 217, 292, 327,
350.
MAZURIER : 119.
MÉCÈNE (Caius Cilnius) : 108,
155.
MÉDICIS (Catherine de) : 171,
204, 223, 359, 374.
MÉDICIS (Cosimo de) : 50.
MÉDICIS (Jules de) : voir
JULES II.
MÉDICIS (les) : 50.
MÉDICIS (Lorenzo de) : 50.
MÉLANCHTHON (Philippe) : 206,
207, 228, 233, 237, 258, 284.
MESCHINOT (Jean) : 59, 61, 63,
70.
MEUNG (Jean de) : 60, 63, 69,
231.
MICHEL (saint) : 238.
MICHEL DE TOURS (Guil-
laume) : 86.
MICHEL-ANGE (Michelangelo
BUONAROTTI, dit) : 320, 331.
MICHEL : 176-178.

MICHELET (Jules) : 14, 101.
MIÉLOT (Jean) : 88.
MILET (Jean) : 59, 61.
MOLINET (Jean) : 44, 55-57, 59,
62-67, 74, 75, 87, 91, 94, 110,
192, 368.
MONLUC (Blaise de) : 376.
MONTAIGNE (Michel EYQUEM
DE) : 15, 39, 40, 55, 299, 394.
MONTALVO (Garcia Ordonez
de) : 136.
MONTECUCULLI : 97, 284.
MONTMORENCY (Anne, duc de) :
104, 152, 159, 160, 185, 188,
271, 285, 286, 304, 306, 310,
312-314, 317, 350, 354, 358.
MORE (Thomas) : 253.
MOSCHOS : 198, 230.
MUSÉOS : 339.
MUSSET (Alfred de) : 58, 74.

NASIER (Alcofribas) : 228.
NEPVEU (Pierre) : 42.
NEUFVILLE (Nicholas II de) : 43,
44, 46, 47, 77, 80, 86, 90,
137, 174.
NEVERS (Mme de) : 351.
NICOLAS V : 50.
NISARD : 393.
NODIER (Charles) : 74.

OCHINO : voir BERNARDIN DE
SIENNE.
OLIMPO DE SASSOFERATO (Bal-
thazar) : 114, 263, 264.
OLIVÉTAN (Pierre ROBERT, dit) :
340, 342.

73, 88, 127, 174, 192, 203, 228, 252, 253, 286, 291, 295, 298, 311, 378, 389, 392, 394.

RACINE (Jean) : 74, 295, 388.

RAIMOND VI : 95.

RAPHAËL (Raffaello SANZIO, dit) : 16, 249.

RENÉ : 151.

RENÉE D'ESTE : voir RENÉE DE FRANCE.

RENÉE DE FRANCE (duchesse de Ferrare) : 34, 129, 182, 183, 199, 213, 221, 242, 248-251, 257-259, 262, 264, 266-268, 270-272, 276, 293, 313, 326, 355, 380.

RHADAMANTE : voir Gilles MAILLART.

ROBERTET (Florimond) : 120, 158, 163, 177, 208, 210, 214, 216, 355, 390.

ROBERTI (Ercole de) : 248.

ROFFET (Étienne) : 216, 219, 225, 342, 344, 358.

ROFFET (Pierre) : 217, 219, 225, 369.

ROHAN (René de, comte de Porhoët) : 234, 308.

ROJAS (Fernando de) : 258.

RONSARD (Pierre de) : 70, 143, 261, 346, 347, 394.

ROSSO FLORENTINO (Giovanni di JACOPO, dit) : 320.

ROSTAND (Edmond) : 64.

ROUSSEL (Gérard) : 118, 120, 121, 207, 227-229, 233.

ROUSSELET (Claude) : 317.

RUDEL (Jaufré) : 61.

RUSTICI (Giovan FRANCESCO) : 331.

RUTEBEUF : 121.

SAGON (François) : 54, 73, 122, 234-236, 255, 256, 259, 265, 266, 278, 279, 285, 295-299, 300-304, 354.

SAINT-DENIS (Jean) : 216.

SAINT-GELAIS (Mellin de) : 72, 73, 199, 200, 265, 272, 298, 329.

SAINT-GELAIS (Octovien de) : 59, 62, 63, 72, 95.

SAINTE-BEUVE (Charles Augustin) : 344, 393.

SAINTE-MARTHE (Charles de) : 199, 294.

SALEL (Hugues) : 351.

SALUTATI : 16.

SANNAZAR (Jacopo) : 143, 149.

SANSONI : 334.

SANTEUIL (Jean-Baptiste de) : 121.

SARTO (Andrea del) : 320.

SAUBONNE (Michelle de) : 34, 35, 248, 260, 261, 266-268, 276.

SAULNIER (Verdun Louis) : 11.

SCÈVE (Guillaume) : 287.

SCÈVE (Maurice) : 73, 74, 149, 223, 264, 265, 287, 288, 292, 298, 303, 386, 394.

SCIPION L'AFRICAIN : 88.

SÉBILLET (Thomas) : 49, 69, 143, 187, 295.

SELVE (Georges de) : 269.

SEMBLANÇAY (Jacques de BEAUNE, baron de) : 125, 156, 166-168, 170, 223.

SÉNÈQUE (Lucius Annaeus Senneca) : 53.

SERAFINO AQUILANO : 113, 114, 138.

SÉRAULT (Nicole) : 200.

VOITURE (Vincent) : 201.
VOLTAIRE (François Marie AROUET, dit) : 168, 194, 201, 336, 388.
VOULTÉ (Jean) : 291.
VUYARD (Pierre) : 160, 191, 197, 220.

YSABEAU D'ALBRET : 234, 295, 308, 337.

ZWINGLI (Ulrich) : 208, 237, 364.

Table des matières

DEUXIÈME PARTIE
Un succès empoisonné

TROISIÈME PARTIE
Un triomphe foudroyé

*Cet ouvrage a été composé
par l'Imprimerie BUSSIÈRE
et imprimé sur presse CAMERON
dans les ateliers de la S.E.P.C.
à Saint-Amand-Montrond (Cher)
en février 1990*

35-61-8236-01

ISBN : 2-213-02464-2

N° d'édit. · 7008. N° d'imp. 123-024.
Dépôt légal : février 1990.

Imprimé en France

35-8236-8